KB148007

평생학습,
또 하나의 오래된 미래

평생학습, 또 하나의 오래된 미래

초판 1쇄 펴낸날 | 2021년 7월 5일

지은이 | 정민승
펴낸이 | 류수노
펴낸곳 | (사)한국방송통신대학교출판문화원
03088 서울시 종로구 이화장길 54
전화 1644-1232
팩스 02-741-4570
홈페이지 http://press.knou.ac.kr
출판등록 1982년 6월 7일 제1-491호

출판위원장 | 이기재
편집 | 신경진
편집 디자인 | 성지이디피
표지 디자인 | 김민정

ⓒ 정민승, 2021
ISBN 978-89-20-04068-9　93370

값 22,000원

평생학습,
또 하나의 오래된 미래

LIFE, LIFELONG, LIFELONG LEARNING

정민승 지음

에피스테메
EPISTEME

서문

1.

교수라는 직함을 갖게 된 지 만 20년이 지났다. 연구를 하겠다고 처음 발을 디딘 지는 30년이다. 그런데 아직도 평생학습과 평생교육은 개념상의 혼란을 넘어서지 못하고 있고, 평생교육학은 여전히 변방에 있다. 마음이 무겁다.

평생교육을 전공하겠다고 선택한 것은, 평생교육이 기존의 학교를 넘어서는 새로운 영역처럼 보여서였다. 신문방송학과에 다니면서 학부에서 배웠던 교육학 과목들은 답답하고 느렸다. 그런데 졸업 이후 내가 한 일들은 대부분이 교육이었다. 노동야학을 만들고 운영하면서, 그리고 출판사에서 책을 기획하고 문화운동단체를 만들면서 주로 한 일은 가르치고 배우는 일이었다. 그 과정에서 나는 사람들과 함께 새로운 것을 만들어 내는 과정에는 반드시 교육이 수반된다는 것을 알았다. 교육활동에는 퍼 올릴수록 맑아지는 샘물 같은 쾌감이 있었다. 뭔가 새로운 연구 분야가 있을 것이라는 막연한 믿음으로 교육학을 전공해 보기로 했다.

"우리가 걸어가면 길이 됩니다."

민중교육의 교본에 예외 없이 등장하는 문구이다. 없는 길을 만들어 가야 하는 사람들은 이미 충분히 힘겨운 상황에 있다. 넓고 편한 길을 이용할 수 없는 사람들, 길이 없거나 길이 막혀 망연자실해 있는 사람들. 이런 사람들이 걷기 시작하도록 만드는 일이 교육이었다. 사람들은 일어나 걸었고, 또 걸었고, 이어서 걸었다. 그렇게 해서 길이 만들어지면 사람들의 막막함도 줄었다. 이런 교육의 현장들을 탐색하고 확장하는 학문이라면 그 자체가 하나의 실천일 수 있다는 생각을 했다. 1992년 서울대에 평생교육전공이 신설되었고 그것은 실천적 학문의 탄생을 예고했다.

평생교육과 민중교육은 용어만큼이나 내포도 달랐다. '평생'은 기본적으로 개인의 인생을 겨냥하고 있어서 집단적이고 사회학적 존재인 '민중'과 일정한 거리감을 가지고 있었다. 평생교육은 민중교육의 계급적인 마그마적 에너지를 담아내기 어렵다는 개인주의적 한계를 가지고 있었지만, 동시에 계급으로 모든 것을 환원시키는 경직된 교육관을 탈피할 수 있는 개념이기도 했다. 그러나 학교라는 답답하고 경직된 틀을 깨고 교육의 본질을 다시 보는 일은 생각보다 어려웠다. 평생교육이라는 개념의 외연은 한없이 넓어서 노인에서 여성, 농민에서 장애인에 이르는 여러 대상층이 교육의 틀 안으로 포섭되었지만, 그것은 동시에 교육소비자나 학습상품, 자기계발 등의 신자유주의적 개념이 무리 없이 스며들게 하는 개념이기도 했고, 학습자를 지나치게 중시하다가 교육자 무용론으로 흐르는 오류를 범하기도 했다.

나무가 잘 자라게 하려면 물을 주고 볕이 들게 보살펴야 하지만, 적절하게 가치를 쳐 내는 과감함도 필요하다. 평생교육이라는 나무도 마찬가지이다. 탐구의 에너지를 충분하게 투여해야 하지만 그 못지않게 평생교육이 아닌 것을 솎아 내야 한다. 인적자원개발, 긍정주의 담론, 교육상품은 물론 학교에 대한 무조건적 적대감도 평생교육에서 잘라내야 할 가지였다. 다행히 학습 마을 만들기와 지역학습공동체 운동과 같은 평생교육 본연의 열매가 단단하게 열렸다. 보이지 않는 곳에서 열정적으로 평생학습운동을 실천한 사람들 덕분에 평생교육의 나무는 그래도 이만큼 자라난 것 같다.

평생교육적 실천의 마디들이 굵어지고 뚜렷해지는 데 반해 이론의 성장은 더뎠다. 그래도 최근에는 많은 평생교육사들이 석사와 박사 학위를 취득하고 연구의 스펙트럼도 다양해지고 있다. 실천적 문제의식이 이론에 스며들고, 이론이 현장을 바꾸는 맞물림이 시작되었다. 사실 평생교육학이 갖는 이론적 잠재력은 상당하다. 철학이 계속 고민해 왔던 삶의 문제를 배움의 관점에서 명쾌하게 해명하고, 사회학의 난제인 행위와 구조를 연계하는 개념으로 학습을 제안하며, 공동체의 생성과 발전을 생활정치적 차원에서 드러내 줄 수 있다. '개인과 사회', '너와 나'라는 이분화된 개념들은 관계나 활동이라는 매개적 개념을 통해 재규정된다. 인간의 본성도, 죽음의 의미도 평생학습의 관점에서 보면 재해석이 가능하다. 인문학의 중심 개념이 평생학습이고, 그 평생학습을 체계적으로 지원하는 실천이 평생교육이다. 평생학습을 통해 시민적 주체성이 가능하고 생애설계의 방향이 결정된다. 하지만 이런 넓고 깊은 이론의 틀거리는 그간 충분하게 논의되거나 진중하게 공유되지 못했다.

빚진 마음에 이론서를 내보기로 했다. 20년이 흘렀으니 그간의 연구물을 잘 정리하면 세상을 보는 평생교육학적 관점을 제안하고 함께 이야기할 자료 정도는 만들 수 있을 것 같았다. 결론부터 말하자면 착각이었다. 세월이 이론의 깊이를 보장하는 것은 아니었다. 원고를 정리할수록 난감했다. 완전히 다시 쓰자니 책이 나올 수 없을 것 같고 그대로 내자니 용납이 안 되었다. 결국 수정에 수정을 거듭하여 중간 어느 지점에서 타협하기로 했다. 그래도 책이라는 꼴을 갖추어 학문공동체에 건네는 것이 조금은 도움이 될 수 있을 것이라는 희망을 가지기로 했다.

2.

제목을 '평생학습, 또 하나의 오래된 미래'로 정했다. 익히 알려져 있듯이 '오래된 미래'는 인류의 미래를 가능하게 할 생태적 회복력을 오래전의 사회에서 길어 올린다는 의미를 가지고 있다. 평생학습도 마찬가지가 아닐까? 학교가 상당 부분 교육의 공간으로 기능하지 못하게 된 것은 사실이지만, 그렇다고 교육 자체를 폐기하는 것은 가능하지도 않을뿐더러 우리의 미래를 망치는 일이다. 오히려 인간이 사회를 만들 무렵부터 시작된 배움과 그 배움을 이끄는 가르침의 본질에 집중하여, 그 정수가 미래를 이끌어 가는 추동력이 되게 해야 한다. 이렇게 본다면, 평생교육학은 이미 우리가 다 알고 있지만 간과해 왔던 '가르침과 배움의 원형을 회복하는 일'로 오래된 미래 찾기 작업의 일환일 수 있다. 평생교육의 여러 실천에 작동하는 교육 현상들에 주목하고, 오래된 물건들의 먼지를 떨어내어 그 모양새를 드러내듯 익숙한 개념들을 찬찬히 짚어 보는 일은 교육뿐 아니라 사회적으로도 필요한 일이겠다는 생각이 들었다.

그간 진행해 왔던 연구 결과들을 펼쳐 보았다. 논문들이 가리키는 방향은 분명했다: *평생학습으로 사회를 바꾸자!* 각 논문들은 이 주장을 다양한 방식으로 번안한 결과물이었다. 주제는 다양하지만 현재 사회의 모습은 특정한 학습 방식이 만들어 놓은 것이니, 구성원인 우리 스스로가 학습의 주체로 나선다면 사회문제가 해소될 것이라는 믿음을 가지고 쓴 글이었다. 되짚어 보니 문제의식이 단순했기 때문에 교육학에서는 별로 다루지 않는 공공성이나 욕망과 같은 주제도 손을 댈 수 있었고, 학습운동이라는 최종적 지향을 늘 연결시킬 수 있었던 것 같다.

주제별로 보자면 이 책의 내용은 크게 세 영역으로 구분된다. 1부는 평생교육연구가 처음 진행된 시점부터 쟁점화되었던 개념들을 다룬다. 오래전부터 제안되었고 여전히 미래를 견인해 나갈 개념들이다. 공공성이나 집단성은 평생교육에서 계속 논의되는 주제 범주이지만 정작 무엇이 공공적인 것인지, 학습집단은 어떤 의미를 갖는지에 대한 깊이 있는 논의는 별로 이루어지지 않았다. 교육자가 학습자와 평등해야 한다는 주장은 많지만, 학습자의 위치를 기획자나 교육자로 이동시킨 여러 실험적 시도에 대해 그 의미를 따져본 연구도 별로 없었다. 평생교육 참여동기에 대한 연구는 석사논문의 전형이라 할 정도로 많지만, 이성적 동기라는 틀로 분석할 때의 한계에 대한 비판은 거의 없었다. 이런 아쉬움 속에서 학습욕망이나 교육적 소통과 같은, 늘상 중요하다고 여겼던 평생교육의 개념들을 재정위해 보았다. 말하자면 1부는 *오래된 물건들의 먼지를 떨어내어 그 모양새를 드러내고자 했던* 글들이라고 볼 수 있겠다.

평생교육의 현장과 관련한 쟁점들은 2부에 담았다. 우선 평생교육의 동력에 해당하는 평생교육사 관련 글을 두 편 실었다. 평생교육사 관련 연구는 교육자의 정체성을 규명하는 일과 맞닿아 있다. 학교 교사가 교실에서의 수업 전문성을 중심으로 삼음에 비해, 평생교육현장에서 교육자는 기관운영에서 수업보조에 이르는 전 영역을 담당한다. 교장에서 교사, 행정보조에서 상담자, 사회운동가에 이르는 모든 역할을 평생교육사가 담당하며, 이 모든 일들은 학습자에 대한 촉진이라는 점에서 교육적 지원으로 통합된다. 본래적인 교육자의 정체성에 대한 탐색을 통해서만 이에 대한 답을 찾을 수 있다. 이런 문제의식 위에서 평생교육사의 정체성과 전문성 발달도 다루었다. 이어지는 입시, 다문화, 온라인의 쟁점은 현장의 딜레마에 해당하는 문제들이다. 평생교육은 입시로 인해 왜곡된 교육지형을 바꾸고자 노력하지만 중등학교의 경험은 평생교육 자체를 왜곡시킨다. 출생률의 저하로 인해 급격하게 유입된 결혼이주여성들은 기초문해교육을 받지만 상당수가 대졸자들이다. 전환학습을 거쳤다고 여겨졌던 386세대들은 그들의 중등학교 문법에 여전히 사로잡혀 온전한 전환으로 나아가지 못했다. 평생교육사의 딜레마 상황만큼 여러 차원의 다양한 딜레마가 존재하며, 그것이 현재 평생교육의 지형이다.

　마지막 3부는 평생교육학의 복잡성을 위한 몇 가지 개념을 이론적으로 고찰한다. 복잡한 것은 복잡하게 보아야 한다. 서로 다른 문화맥락을 가지고 교실로 들어서는 학습자의 복잡성을 고려하지 않으면 교육은 실패한다. 교육은 정확히 말하자면 교실 밖 일상에서 더 많이 일어난다. 교육학은 지식이 아니라 정체성을 다루어야 하며, 이론과 실천은 길항하면서도 결합해야 한다. 오랫동안 교육학이 '교육은 인간행동의 계획적 변화이다'라는 행동주의의 정의에서조차 벗어나지 못했던 것은 복잡한 인간의 형성을 실험상자 속 비둘기처럼 단순하게 보았기 때문이다. 복잡한 것을 복잡하게 보려면 평등이나 맥락과 같은 교실 밖의 개념이 교육학의 주요 개념으로 재정위되어야 하며, 온라인 상호작용이나 페미니스트의 실천은 평생교육학적 관점에서 재조명되어야 한다. 3부의 마지막에는 생태주의적 관점에서 평생교육의 사회운동적 특성을 조명, 이 책의 전체를 아우르는 글을 배치했다. 상당 부분을 수정했지만 원래의 문제의식을 이어가고 있다는 점에서 각 글의 출처를 책의 뒤쪽에 실었다.

3.

　평생학습은 모르는 것을 배우고 익히는 일에서 나아가 습득한 것을 다시 배우는 일에 관심을 둔다. 일반적으로 배운다는 것은 자신이 몰랐던 지식이나 기술을 접하는 일學을 말하며, 배움은 자신의 것으로 만들기 위해 익혀야習 마무리된다. 학령기에는 이런 학-습이 주로 진행된다. '모르는 것을 알게 되는 것'이라는 배움의 개념에 머물러 있었기 때문에 우리는 학습자를 모르는 사람 혹은 부족한 존재로 생각해 왔다. 성인학습자는 학습자 개념에 변전을 가져왔다. 온전한 존재인 성인이 부족한 존재인 학습자와 만나니 학습자에 대한 새로운 조명이 이루어졌다. 교육이 학습자를 돕는 개념으로 전환된 것이다.

성인기에 더 중요한 학습은 이미 습褶이 되어버린 배움의 결과물들을 거리를 두고 다시 보며 그 습이 어떤 작용을 하고 있는가를 성찰하는 습-학이다. 그것은 내면화되는 과정인 자신의 습을 알게 되는 일로 존재론적 차원의 배움에 대한 배움이며, 소크라테스가 말한 '너 자신을 알라'의 내용이다. 나에게 질문을 던져 보자. 나는 '내가 배우고 싶은 것'을 알고 있는가? 별로 그렇지 않은 것 같다. 나는 '나의 배움이 나에게 남긴 습성'에 대해 잘 알고 있는가? 역시 그렇지 못한 것 같다.

평생학습의 관점은 근대적 교화나 지적 교만에 대해 경고한다: 당신은 당신도 모르는 사이에 내면에 스며들어 버린 여러 종류의 배움을 자각하지 못한다. 그간의 배움을 되짚어 거기서 시작된 자아에 대한, 타자에 대한, 사회에 대한 비난과 상처를 확인해 보라. 내면의 불안과 혐오에 대해 거리를 확보하고 연대와 생성의 순간들을 체험해 보라.

평생학습은 지구적 자본이 낳은 습관적 착취가 개개인의 내면으로 들어오지 못하도록 방어하는 마음의 방패이다. 잃어버린 돌봄과 배려의 원형을 교육장면에서 찾자는 제안이다. 함께 배우는 것은 문화코드를 새롭게 교직해 나아가자는 운동이다. 아마도 책은 이런 변화의 흐름을 만들어 내는 과정의 마디마디에 잠시 필요한 덧댐 나무일 것이다. 방송대와의 인연으로 평생교육운동을 신나게 펼쳤던 이규선, 홍은진, 지희숙, 전달래, 전지숙, 한성근, 한경옥 활동가가 떠오른다. 전국 곳곳에서 평생학습이라는 또 하나의 오래된 미래를 일구어, 새로운 교육의 지형을 현재로 만들고 있는 실천가들에게 이 책을 바친다.

차례

1

평생교육의 핵심 개념
다시 찾기

1장

평생교육과 공공성

Ⅰ. 공공성과 교육, 교육의 공공성

교육에서 공공성은 학교의 전유물처럼 해석되어 왔다. '공교육'은 곧 학교교육으로, 학교는 당연히 모든 사람을 위한 '공공적인 교육'으로 인식되어 왔다. 학교교육은 특정한 개인이나 집단을 위한 것이 아니므로 학교교육과정과 학교 관련 정책은 국가적 차원에서 설정되었다. 사람들은 국가적인 것이 공공적인 것이고, 공공적인 교육이란 국가가 관할해야 마땅하다고 생각한다.

그러나 국가와 공공성 사이에는 틈이 있다. 국가가 관장하는 교육이라고 해서 반드시 공공을 위한 교육이라고 볼 수는 없다. 나치즘이나 파시즘을 생각해 보자. 독재나 전체주의 국가의 교육은 공공적일 수 없다. 학교는 단지 정권을 수호하기 위한 통치기구로 기능한다. 반대로, 공공적인 교육을 국가가 하지 않을 수도 있다. 몇몇 시민이 운영하는 작은 교육단체라도 충분히 공공적일 수 있다. '사적인 교육단체'는 이윤을 추구하는 것처럼 보이지만 비영리로 공적 목적을 가지며 운영되는 경우도 많다.

원론적으로 말하자면 교육은 본질적으로 공공적이다. 특정인이나 특정 정당의 이익을 추구한다거나 경제적 이윤을 유일한 목적으로 삼는 행위는 교육이 아니어야 한다. 하지만 현실은 이보다 복잡하다. 지식전달 행위가 '교육'으로 명명되고 '학교'에서 이루어지는 활동이 '교육'이라고 인식되는 상황에서는 교육의 외피를 쓴 비교육이 만연하다.

구체적으로 학교를 둘러싼 변화의 흐름 속에서 공공성이 어떻게 다루어졌는지 간략하게 살펴보자. 1980년대 이후로 서구에서는 국가의 학교운영방식을 비판하는 차원에서 신자유주의 운동이 일어났다. 관료적 운영으로 비효율적으로 진행되는 학교를 더 이상 믿을 수 없으며, 따라서 시장경제의 메커니즘을 학교에 도입하자는 것이었다 Clune & White, 1990.

문제는 관료적 운영방식에 대한 비판으로 시작된 개혁운동이 공공성 비판으로 이어지면서, "시장경제적 질서를 도입해야 합리적-효율적이다"라는 인식을 낳았다는 점이다. 신자유주의는 19세기 고전적 자유주의와 사회주의의 영향을 받은 진보적 자유주의와 달리 "사회적 관계의 총체를 시장경제적 관계에 적합하게 개편하거나 종속시킬 것을 요구" 강내희, 2000: 22 하는 이념으로서, '자본에 의한 사회의 잠식'을 정당화하는 담론으로 평가된다.

교육에서 신자유주의는 기존의 공공적 교육이 합리적 운영을 하지 못한 결과 현재의 비효율성을 낳았으며, 시장의 질서에 맞게 교육을 편성하는 것이 '학습자 중심'적인 교육을 위해서도 시급히 요청된다는 논리를 피력한다. 공공성과 관련해서 보자면 이런 설명은 '개인의 선택＝시장성', '집단/사회의 강조＝공공성'이라는 이분법에 근거한다. 공공적 교육이란 "상당히 관료화되고 구성원의 의견은 전혀 반영하지 않는 대의제적 기구" Aronowitz, 1990: 299를 통해 제공되며, 따라서 국가 교육의 문제는 곧 공공성의 해체운동으로 나아가는 것이다. 우리사회에서도 '개인＝시장＝효율성', '사회＝공공성＝당위성'이라는 등식은 상식으로 받아들여지고 있다.

이런 이원론적 도식은 문화에도 영향을 미친다. 공공적인 것은 비효율적이라는 믿음 속에서 시장만능주의적 사고가 일상화된다. 조금만 생각해 봐도 공공적인 문제를 고려하고 공공의 이익을 중시한다고 해서 비효율적인 것은 아니며, 시장기제에 따라 운영된다고 해서 개인학습자의 수월성이 곧바로 높아지는 것도 아니다. 시장주의는 학습자를 인간이 아닌 역량 단위로 축소시키고 사물화시키는 경향이 있음에도 불구하고, 이런 이원론으로 보면 시장성이야말로 학습자를 존중하는 원리가 된다.[1] 즉, 위의 등식은 다양한 원인으로 창출된 문제를 '공공성'과 '시장성'으로 대립시켜 이원적으로 단순화하는 오류를 낳고 있는 것이다.

그렇다면 효율적이면서 공공적인 교육이 가능할까? 사회를 고려하면서도 개인을 존중하는 교육은 어떻게 제공될 수 있을까? 공공성의 개념사를 분석해 보면 '공교육=국가교육'이라는 왜곡된 등식에서 벗어날 수 있는 고리를 발견할 수 있고, 이런 공공성은 평생교육의 합리적 핵심을 이루고 있다는 사실을 알 수 있다. 즉, 학교교육의 비효율성의 문제는 교육의 문제가 아니라 관료적 운영의 문제이며, '공공성'은 교육의 본질을 복원해 나가는 핵심적 개념이다.

이런 문제의식에 기초하여 이 장에서는 공공성의 근거, 교육이 공공성을 가진다는 말의 의미, 공공영역 안에서 교육이 위치하는 방식 등을 검토한다. 구체적으로 공공성의 개념사에 대한 추적[2] 위에서 평생교육과 공공성이 상호적으로 개념적 외연을 넓히는 데 기여한다는 사실을 밝힐 것이다. 이는 교육의 본질적 특성으로부터 공공성 개념을 이끌어 내고 공공성 개념에서 평생교육의 방향을 모색하는 변증적 과정으로 교육에 대한 신자유주의적 담론 비판이라는 의미를 가진다.

Ⅱ. 공공성의 다차원적 규정성

'공공적'이라는 말을 정의하는 가장 손쉬운 방법은 반대말인 '사적 私的'인 것을 밝히는 일이다. '공적인 것'은 '사적이 아닌 것'을 의미하므로 사적인 것을 정의하면 공공성에 대해 어느 정도 해명이 가능하기 때문이다. 그러나 사적인 것을 정의하는 것 역시 쉬운 일은 아니다. 내밀한 관계에서부터 경제적 행위에 이르는 넓은 스펙트럼이 '사적'이라는 개념의 망에 걸려 있다.

만약 공적인 것이 사적인 것이 아니고, 사적인 것은 공적인 것이 아닌 것으로만 정의된다면 교육의 정당화 근거로 제시되는 '공공성'은 사실상 어떤 준거도 제시하지 못하는 빈 개념의 악순환에 빠진다. 이런 문제의식하에 이 절에서는 역사적인 고찰을 통해 그간 막연하게 '차이'로만 규정되어 오던 공적인 것의 내용이 무엇인지를 파악해 보도록 하겠다.

1. 개인의 양심

공공성이라는 용어가 성립 가능하기 위해서는 두 가지 전제가 필요하다. 하나는 공통의 관심영역이고, 다른 하나는 모두에게 선한 결과를 낳는 공동의 합의가 가능하다는 믿음이다. 첫 번째 전제는 비교적 쉽게 충족된다. 개인의 이해관계가 타인과 연결되어 존재하는 것이 사회의 존립조건이기 때문에 생존을 위해서는 사람들 간 공통의 관심 영역이 생긴다. 공통의 관심영역은 사회가 존재하는 한 필연적으로 생겨난다.

두 번째 전제는 보다 논쟁적이다. '공동의 합의에 대한 믿음이 존재한다'라는 것은 공공의 문제에 대해 특정한 결정이 이루어졌을 때 그 결정이 사회의 일반의지와 대립되지 않을 것이라는 믿음을 구성원들이 가지고 있음을 말한다. 즉, 다른 사람이 자신의 이해관심[3]이 얽힌 문제를 결정하더라도 그것이 최종적으로는 자신에게 선하게 작용할 것이라고 믿을 때 공공성이 작동한다. 이런 믿음은 다른 사람들이 그들 스스로의 이해관심을 위해 타인의 이익을 침해하지 않을 것이라는 믿음과 다르지 않다. '공적인 것'은 '사적인 것'과 대립하는 용어이지만 역설적이게도 종국적으로는 타인에 대한 개인적 신뢰에 근거를 두고 있다는 말이다. 그래서 등장한 개념이 '양심'이다.

양심은 개인적인 수준에서 논의되지만 사실 매우 사회적인 영역에서 작동한다. 양심이 '공적인 것'의 1차적인 원천이 되는 이유도 그 때문이다. 공공적인 것을 개인의 양심에 근거한 '도덕적인 것'으로 파악한 학자로는 홉스를 꼽을 수 있다. 홉스의 주권이론은 '양심의 세계를 정치의 세계로부터 추방한다'는 것으로 '정치에서 배제된 양심의 세계'라는 도덕적 세계와 '양심을 배제한 정치 세계'의 탈도덕적 세계를 전제로 삼는다 Koselleck, 1988. 사적인 양심이 '투명한 도덕의 세계'로 존재하며 그 반대편에 비도덕적인 어둠의 '정치 세계'가 있다. 따라서 도덕을 통한 정치의 비판, 즉 사적 세계에 의한 정치 세계 비판이 공공영역의 중요한 활동으로 자리 잡는다. 따라서 공공적인 것이란 정치적인 영역이 아니라 사적 양심의 세계를 통해 수립된 다분히 '도덕적인 영역'에서 작동한다. 어떤 정치적 결정도 사적 양심의 집결체를 통해 비판받을 수 있다는 것이다.

이렇게 공공적인 것을 도덕적인 것으로 보는 태도는 오늘날에도 설득력을 가지고 있다. '그것은 공적인 문제야'라는 말은 특정한 개인에게 피해가 가지 않게 해야 한다는 양심에 호소한다. '사회운동이 공공적인 활동이다'라는 말도 사회운동이 누구에게나 호소력을 갖는 '도덕성'에서 그 정당성을 길어 올리고 있음을 뜻한다 신광영, 1999. 즉, 공공성은 개인의 양심에 기반하여 출현하며 개인의 양심에 호소하는 측면을 가지는 것이다. 이런 점에서 공공성과 도덕성은 역설적이게도 내적으로 얽혀 있는 관계라고 볼 수 있다. 공공성은 '사사로운 이익'이나 '악한 정치적 의지'에 반하는 '도덕적 일반 의지'에 기대어 발전하는 개념이다.

이런 관점에서 보면 학교의 공공성에 대해서도 새로운 판단이 가능하다. 대개 학교는 국가가 설립한 공공적 기관이지만 학교에서 이루어지는 활동은 도덕적이지 않을 수 있다. 반대로 학교에서 이루어지는 교육활동은 도덕적이니 학교는 도덕적이라고 판단할 수도 있다. 공공적인 것을 양심과 같은 개인 내적인 영역과 연결되는 것으로 판단하면 이런 상반된 입장은 하나의 공통된 고리로 연결될 수 있다. 학교의 공공성은 양심을 키우고 양심에 따르는 한에서 작동하며 그것이 교육의 기반이 되는 한에서 도덕적이다. 이렇게 보면 학교의 여러 활동은 공공적인 것과 그렇지 않은 것으로, 나아가 교육적인 것과 비교육적인 것으로 구분할 수 있다.

다시 말해 공공성을 '양심'과 같이 실체적 내용으로 규정하는 것은 '학교활동＝공공활동'이라는 잘못된 등식에서 벗어나는 고리를 마련하는 일이다. 공공성의 근거를 개인의 양심에서 찾을 경우 사회 전체의 문제를 사고하는 능력이나 타인의 이해관심을 자신의 것처럼 배려하는 능력 등이 공공성을 실현하는 전제조건이 된다. 따라서 이러한 차원의 교육의 공공성은 국가가 보장해 주는 것이 아니라 교육의 과정에서 확보되어야 하는 것이 된다.

2. 합리적 절차: 의사소통

개인의 양심이 사회라는 집단을 경유하면서 공공성을 성립시키는 근거지 역할을 한다면 합리적 의사소통은 공공성이 형성되는 절차적 구성요소라고 할 수 있다. 사실 개인의 양심은 공공성의 최종적 근거로 설정될 수 있으나 이렇게 파악할 경우 공공성이 전제로 삼고 있는 '사회적인 것'이 사라진다는 모순이 생긴다. 개인의 양심이 공공성의 근거가 된다고 해도 그것이 사회적 동의를 얻기 위해서는 일정한 절차가 필요하다.

공공적인 결정 과정은 사회구성원 누구에게도 설득력을 가지는 타당한 절차를 의미한다. 예컨대 '합리적 의사소통'이 그런 것이다. '합리적'이란 합의를 도출하는 준거가 될 수 있고, '소통'은 사람들 간의 대화라는 점에서 개인을 넘어서는 사회를 전제로 한다. 역사적으로 보더라도 개인의 양심은 직접 정치의 영역에 난입하는 것이 아니라 '합리적으로 매개된 형태'로 정치로 이행한다. 예컨대 부르조아는 살롱이나 커피하우스 등 시민사회의 다양한 장치를 통해 사적 개인들 간의 만남을 시작했으며, 이에 따라 구체적으로는 서신 교환이나 토론 등의 활동으로 개인 간의 취향에 근거한 교류가 발생했다. 이것이 처음에는 문예 공공영역을, 후에는 정치적 공공영역을 형성했다 Habermas, 1989.[4] 이렇게 보면 공공성이란 토론과 서신 교환 등에서 보듯이 개인의 생각과 양심이 사회와 연결되어 이루어 내는 시너지적 결과물이라고 할 수 있다. 하버마스에 따르면 이런 시너지가 공공성의 개념 내용을 이루는 근거이다. 즉, 개인의 양심이 있다고 해도 양심이 공공적이기 위해서는 정당한 절차를 거쳐야 하는데 현재 가장 타당한 절차가 합리적 담론이라는 것이다.

공공성이 합리성과 관련되는 방식은 칸트를 통해서도 확일할 수 있다. 칸트는 〈계몽이란 무엇인가?〉 Kant, 1992 라는 논문에서 이성의 사적 사용과 공적 사용을 구분한 바 있다. 그에 따르면 같은 이성이라고 해도 공무원이 이성을 사용하는 것은 사적인 것이지만, 독자 대중을 향해 전개된 이성의 사용은 공적인 것이다. '공적'이라는 말은 독자 대중, 즉 글을 읽을 줄 아는 사람들이 살롱이나 커피하우스 등에 모여 자신의 견해를 발표하고 토론해 나가는 이성적 과정을 지칭하는 말로 사용되었다. 공공적인 것이란 이성의 제약 없는 사용이며 논의에 붙여질 것을 고려한 이성적 행동이라는 점에서 '공적'이다. 곧, '이성의 공적 사용'이 공공성의 핵심 내용을 이루고 있다.

하버마스는 이성의 공적 사용이 이루어지던 공간을 공공성의 발원지로 설정하며 현대modern 정치의 장을 형성하는 것으로서 공 개념의 기반을 개인들의 '이성적 토론의 장'으로 본다. 개인이 이성을 사용해서 집합적 담론을 거치는 것은 개인만의 주관적 감성영역인 사적 공간과 구분되는 공공성의 형성 과정이다. 이런 분석은 개인의 양심이 어떻게 사회적 힘을 가지게 되었는지 설득력 있는 근거를 제공해 준다. 정치와 양심의 구분이 합리적 담론이 형성되는 공공영역 속에서 융합되며 국가는 부르주아 혁명의 성공으로 합리성을 보장하는 정당성을 획득하는 것이다.

합리적 담론이 이루어지기 위한 일차적인 조건은 '자유롭게 이야기할 수 있어야 한다'는 것이다. 경제적-정치적 이유로 소통에서 억압이 일어난다거나 특정한 규범에 얽매어 자신이 하고자 하는 말을 스스로 포기한다면 토론의 시작은 불가능하다. 나아가 이런 이야기는 이성적인 반응을 통해 다음 단계로 나아가야 한다. 발화의 자유와 발화를 합리적으로 반박하는 자유가 주어질 때 합리적 소통이 가능하다.

공공성을 합리성과 연관시키는 관점에서 본다면 교육의 공공성이란 학습자들이 합리적인 소통의 주체로 나서게 해 주는 교육을 통해 실현될 수 있다. 교육의 장면에서 위에서 언급한 의사소통상의 자유를 보장하고 미성숙한 학습자들이 소통의 주체가 되도록 돕는 과정이 보장될 경우에 공공적 교육이 가능해진다는 것이다. 이는 자유주의적 교양을 목적으로 교육기관에서 제공되는 토론과 합리적 추론의 조건과 유사하다.

이런 설득력 있는 주장에도 불구하고 합리성이 전제하는 바를 곰곰이 따져보면 합리적 담론은 특정한 계층을 배척한다는 한계에 봉착한다. 즉, 공공영역은 이성을 공공적으로 사용하는 행위를 통해 존립하며 그것은 이성적 논의와 같은 행위를 하는 "누구에게도 개방되어 있"Habermas, 1995: 105지만 논의의 흐름은 합리적이어야 한다. 따라서 이런 공공성은 합리성이라는 티켓을 가진 사람에게만 열린 공공성이라는 점에서 진정 '공공'적인 것은 아니라는 배타성을 가진다.

> 단지 지성을 가진 사적 인간들만이 비판적 정치토론에 참여하는 공적 인간으로 인정된다. 왜냐하면 그들의 자율성은 상품교환의 영역에서 비롯된 것이기 때문이다. 임금노동자가 그들의 노동력을 순수히 상품으로 교환하게끔 되어 있는 반면에 재산을 가진 사적 인간은 상품의 소유주로서 재화의 교환을 통해 타인과 연결된다. 후자만이 자신의 주인이 될 수 있다 Habermas, 1995: 109-110 .

이런 한계에 대한 인식이 확산됨에 따라 공공성은 '합리성'을 넘어서는 '담론'으로 나아간다. 다양한 계층의 경험에 기반을 둔 집합적 담론이 그것이다.

3. 집합적 담론

공공성의 세 번째 근거는 집합적 담론이다. 이는 공공성의 상식적인 기반인 '합리성'을 갖추지 않은 담론도 공공성의 기반이 될 수 있다는 입장이다. 위에서 언급한 '합리적 논의'를 할 수 있는 사람이란 사실상 훈련받은 지식인으로서 소외계층은 여기에서 배제되기 십상이다. 논의에 참여할 수 있는 사람은 대부분 '교육받은 중산층 백인 남자'이기 때문이다. 이런 제한이 작동하는 한 "부르주아적 공공영역이 모든 사람이 참여하는 공간이다"라는 규정은 허구에 지나지 않는다" Fraser, 1992 . 즉, 합리적 담론에 근거한 공공성의 실현은 엄밀한 의미에서 '모든 사람'을 개념 안에 담고 있는 공공성이라고 볼 수 없다는 것이다.

합리적으로 논리를 전개할 수 없는 소외된 사람들은 공공성을 구현할 수 없는 존재인가? 반대로 합리적 추론에 철저히 기반하여 '정치적 악'이 관철된다면 그것은 정말로 공공적인가? 이런 질문을 던져 보면 합리적인 소통이나 논리적인 대화를 공공성의 핵심으로 삼는 입장은 분명한 한계가 있음을 알 수 있다. 물론 이런 비판의 주체는 주로 합리적 공공영역에서 배제된 여성과 노동자 계층이다.

합리적인 소통에 비판적인 학자들은 노동자나 여성과 같은 소수자가 합리적 담론으로 작동하는 공공영역에 참여하기 위해서는 "자신의 경험을 파괴하고 배제"해야 한다고 주장한다 Negt & Kluge, 1993: 45-46. 합리적 추론에 익숙하지 못한 소외계층이 합리적 공공영역에 참여하기 위해서는 낯선 논리와 추론을 해야 하며 이는 자신의 과거를 지우는 일이 된다. 합리적 추론을 하기 위해서는 "언어를 모방하는 지적인 훈련"이 되어 있어야 하며, 타인에 대해 "문법적으로 옳고 경제적인 사고"를 요청해야 한다.

네이트와 클룩, 그리고 페미니스트인 프레이저나 펠스키 등은 이런 문제의식을 가지고 '노동자나 여성이 참여할 수 있는 대안적 공공영역'을 제시했다. 이들은 현대사회에는 하나 이상의 공공영역이 있으며 이를 관통하는 공공성도 다양하다고 보았다. 노동파업, 축구경기, 가족의 생활, 아이들, 그리고 여성의 모임 들도 모두 공공영역이라는 것이다. 이런 공공영역은 구성원의 삶과 유기적으로 결합한다는 의미에서 '유기적' 공공영역이라 불리며, 이곳은 "경험으로 가득 차 있고 의식 있는 삶을 위한 실질적 맥락을 제공한다" Negt and Kluge, 1993: 47. 유기적 공공영역은 구성원의 필요에 따라 자신의 용어로 운영된다는 것이다.

이런 시각에서 보면 기존의 공공영역은 국가, 관료, 자본 혹은 정치인, 재력가, 유지, 엘리트 등에 의해 정의되고 전유되며 분할되어 왔으며, 시급한 과제는 공공영역을 새롭게 문제화할 수 있는 대중 집단의 형성이라고 할 수 있다. 대중들의 직접적인 자기욕망의 해방, 즉 대중들의 자기구성적, 상호소통적 과정의 집합효과를 전제하는 자율적이고도 공공적인 사회공간이 필요하다. 이는 일상생활 속에서 국가-관료-자본과 대결하거나 교섭하면서 혹은 그런 세력이 조작해 내는 공공영역에서 탈주하면서 새로운 공공영역의 상황을 창출하는 일로 구체화된다 고길섶, 2000: 56.

그러나 그렇다고 해서 공공영역이 대중의 욕망을 추수하는 모든 집단의 행동을 의미하는 것은 아니다. 이런 장들은 자기표현이 배제되거나 막혀 있는 집단의 상황적 필요에 따라 생겨났지만 여전히 보편성을 가진다. 펠스키는 다음과 같이 말한다.

> 여성해방론자들의 공론은 사회 내에서 주변화된 여성의 관점에서 문화적 가치를 비판한다. 이런 의미에서 그것은 당파적인 혹은 대항적인 공공영역을 구성한다. … 차별, 억압, 문화적 배제의 경험은 자기의식적 차원에서 적대적 정체성을 발달시키는 자극을 제공한다. 그러나 그것이 '공적'인 한 그 주장은 동시에 사회 전체를 관통하는 이념과 가치에 영향을 미칠 것을 지향하면서 공동체의 밖을 향해 있다 Felski, 1989: 167. (작은 글씨는 인용자)

집합적 동질성에 기초한 '경험이 공유되는 과정'과 근대적 논리의 기반을 형성하는 '이성적 담론'을 통해 창출된 공적 영역은 서로 결합되어 사회적으로 설득력 있는 공간을 창출하는데, 이것이 곧 대안적 의미의 공공영역이다. 여성들의 공공영역과 노동자들의 공공영역은 '동질적인 경험'에 기초하여 함께 논의하는 과정을 거치므로 사회 전체에 대하여 설득력을 가진다는 것이다. 공론이라는 합리적 담론을 통해 사회구조의 문제를 논의하는 것도 중요하지만 그것이 구체적이고 직접적인 매개를 거치지 않는다면 그런 주제는 관념적 논의에 불과할 수 있다. 오히려 생활의 문제, 체험의 문제에 대한 논의를 통해 특히 소외된 집단의 자기 목소리가 사회 전체의 지평으로 나아가도록 하는 장치가 중요하다. 이것이 바로 부르주아와 구분되는 '대안적' 공공영역이며 여러 공공영역을 상호 인정하는 '이질적' 공공영역이다. 이런 논의를 통해 '합리적 담론'이라는 준거가 작동하는 고전적 의미에서의 공공영역은 점차 소수자의 이야기와 소수자의 권리가 작동하는 대안적 공공영역에 그 정당성의 기반을 내어준다.

대안적 공공성 개념은 기존의 공공성 개념을 해체하며, 교육학적 차원에서도 학교와 같은 국가교육기관의 교육관행과는 전혀 다른 의미의 공공적 교육을 요청한다. 학교 교육은 특정 집단의 정당화를 위한 공공성이라는 포장지를 사용하는 경우가 많다. 원래적 의미의 공공성을 복원하기 위해서는 특정 집단이 전유해 온 공공성 개념을 새롭게 규정하고 관행을 바꿀 수 있는 실천을 해야 한다bell hooks, 1994. 다양한 소외집단의 자체적 교육집단, 경험을 나누는 전환적 학습집단 등이 '공공성'이라는 새로운 이름을 획득할 근거를 가지는 것이다. 이런 입장에서 보면 사회운동적 학습공동체는 공공적 교육의 전면에 배치된다.

III. 공공성과 교육의 교호작용

1. '국가성'에서 벗어나기

교육은 그 자체가 공공성을 키워가는 일이며 교육이 이루어지는 영역은 공공영역이라는 점에서 교육과 공공성은 밀접하다. 구체적으로 공공성은 개인과 완전히 분리될 수 없는 개념으로 끊임없는 변화와 성장을 내포한다. 공공성의 근거로 언급되는 개인의 양심은 지속적으로 교육의 근거이자 목적으로 설정되어 왔고, 합리적 소통 역시 개인이 공중 앞에서 이야기하는 자유와 능력을 갖출 것을 전제로 한다. 즉, 교육이 합리적 소통의 조건인 셈이다. 집합적 담론은 이와는 조금 다른 차원에서 '나'의 문제를 집단적으로 해결하기 위한 과정으로 교육의 필요성을 제시한다. 사회적으로 관심의 대상이 아닌 문제를 '우리'가 해결해 나가기 위해서는 성찰이나 각성과 같은 '우리'의 학습과 교육이 필요하기 때문이다. 즉, 교육과 공공성은 내용에서 결합되어 있다고 볼 수 있다.

문제는 공공성과 교육의 외연이다. 대개 교육의 공공성을 말할 때 우리는 '국가'를 떠올린다. 그리고 국가는 공공적이라기보다 위압적으로 다가온다. 제국주의나 군부의 통치기간을 거친 나라의 경우 더욱 그렇다. 국가가 공공의 본질을 구현하는 것이 아니라 오히려 흐리는 셈이다. 국가가 교육과 같은 '공공적'인 문제에 대해 '학교'와 같은 국가기구를 설치하고 그것을 '공공교육'이라 명명함에 따라 공공적인 것과 국가적인 것은 등식화되었다. 국가적인 것이 공공적인 것으로, 이어서 공공적인 것은 국가가 담당해야 하는 것으로 여기는 오류가 생기는 것이다.

하지만 국가의 공공화 과정이 강고하고 균질적인 것만은 아니다. 공공성의 개념만큼이나 국가의 공공성은 다양하고 분열적이다. 국가가 공공성을 표방할 수 있었던 것은 국가가 '왕의 것'이던 시대를 시민혁명이 종결시켰기 때문이다. 시민혁명은 국가가 '국민의 것'이라고 선포했고 그렇게 해서 국가는 국민 모두의 것, 공공의 것이 되었다. 우리나라의 헌법 제1조 1항의 '국가의 모든 권력은 국민에게서 나온다'라는 선언은 이를 분명히 한다. 이런 선언의 전제는 역사적으로 보면 자산계급의 공공성 Kant, 1992 이라는 점에서 매우 큰 한계를 지녔다. 하지만 이런 한계에도 불구하고 국가적 차원의 공공성이 정당화되었던 이유는 이성을 사용할 능력의 기초가 되는 '문해능력'과 자유의 조건인 '재산권'이라는 자격 요건이 '자유롭고 개방적인 시장에서의 성취로 이루어진다'는 믿음이 있었기 때문이다.

따라서 이런 공공성은 재산, 성별, 문해능력 등 여러 배제의 장치가 작동한 다고 해도 최종적으로는 '인간이라는 보편성'을 지향한다는 점에서 평등을 전제로 삼는다. 참정권과 같은 권한을 특정한 집단으로 한정해 놓아도 '인간'이라는 용어는 곧 여성이나 빈자에게도 적용될 수밖에 없는 평등을 내포하는 개념이다. 따라서 시민에 대한 인간의 규정성은 시민권운동의 상징적 자원으로 항상 동원되었고 결국 국가는 명시적으로는 평등을 지향할 수밖에 없었다.

이런 점에서 국가가 아니라 공공성을 중심으로 놓을 때 비로소 국가의 본질이나 국가정책의 기저를 논할 수 있다. 국가의 중심은 전체주의에서 독재, 제국주의에서 신자유주의에 이르는 국가권력의 성격이 아니라 모든 사회구성원에서 발원하는 공공성이라는 본질이다.

다시 말해, 국가의 한 영역으로 간주되던 공적인 영역의 범주는 내재적으로 늘 동요하고 있다는 것을 알 수 있다. 공과 사의 분리는 시대적으로 전략적으로 다른 선으로 분할되며, 이 분리 자체가 공적인 결정에 의거한다는 것이다. 따라서 우리는 무엇이 공적인 것인가 하는 질문 자체가 대단히 다양한 사회 세력이 경합하는 장이라는 사실을 알 수 있다.

공공영역의 변증적 두 축

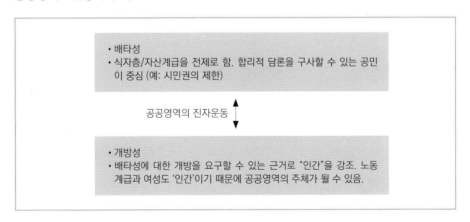

지금까지 살펴본 공과 사의 개념사를 염두에 둔다면 국가란 공적 영역이 특수한 형태로 팽창한 것임을 알 수 있다. 공적인 것과 국가적인 것은 엄격히 구분되며, 공공성이 국가에 담보되었다고 해서 국가를 공공성의 유일한 행사자로 보아서도 안 되며 역으로 국가를 공공적이지 않다고만 볼 수도 없다. 교육, 사회복지 등을 국가가 담당한다고 할 때 그것은 공적 영역의 국가주의적 팽창의 '한' 형태이다. 공적인 것의 팽창은 반드시 국가주의적인 것이 아닐 수 있다. 이런 개념 구도에 따라 공적인 것의 개념적 잠재력을 재활성화한다면 아래와 같은 도식으로 정리될 수 있다.[5] 실선에서 점선으로 이동하는 것이 사실상 교육의 지형이 넓혀져야 하는 공간인 것이다. 평생교육은 국가 관할 외의 교육을 포괄하므로 학교교육의 협소한 공공성을 벗어날 수 있었고, 따라서 교육 공공성의 원래적 개념으로 복원하는 '개념 이월의 장치'로서 기능할 수 있다는 이점을 갖는다.

공공영역은 시대에 따라 계속적으로 확장되어 왔으며 이는 공과 사의 분리에도 그대로 적용된다. 때로는 경제가 때로는 가정사나 섹슈얼리티가 사적인 것으로 정의되었다. 공과 사의 분리는 시대적으로 전략적으로 다른 선으로 분할되며, 이 분리 자체가 공공적인 것을 무엇으로 보는가와 연동된다. 공공적인

공공성이 다루어지는 방식

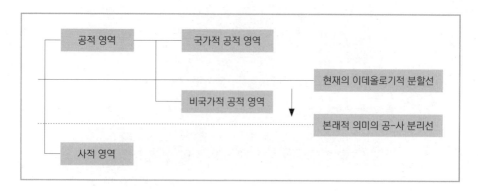

것은 다양한 사회 세력들이 경합을 통해 결정하되 양심과 같은 인간의 선한 가치에 대한 믿음에 기원을 두는 개념인 것이다.

2. 교육의 합리적 핵심: 공공성의 추진체

평생교육법에 따르면 평생교육은 '학교교육을 제외한 모든 조직적 교육활동'으로서 국가적으로 요청되는 다양한 영역의 교육과 재교육을 통해 공공에 기여한다. 시대적으로 요청되는 교양교육을 제공하기도 하고 직업능력을 발전시켜 '국가의 이익'을 증대시키기도 한다. 이미 성인이 된 사회구성원에 대한 재교육을 통해 사회적 능력과 판단력을 높이는 기능도 한다. 법적 차원에서 보면 평생교육은 학교교육을 보충하는 역할을 충실히 수행함으로써 공공성을 실현한다고 볼 수 있다. 이런 규정은 국가＝공공으로 보는 '학교적 공공성' 개념을 평생교육에 그대로 작동시키는 사고방식이다. 그러므로 공공적 교육의 전망은 국가 규정성을 넘어설 수 없다.

그러나 법적인 정의를 넘어서서 평생교육의 원래적 개념에 착목해서 보면 평생교육은 개인이 사적 영역에 머물지 않도록 하는 확장적 자아를 구성하는 과정으로서 그 자체로 공공적 활동이라고 볼 수 있다. 정치적-경제적 주체인 사회구성원이 현실적으로 부딪히는 일상의 문제를 해결하는 과정이나 주민들이 삶의 터전과 관련된 문제를 논의하는 과정도 모두 평생학습이며 이 과정에 공공성이 깊이 개입하기 때문이다.

구체적으로, 자생적으로 생겨나는 앎의 욕구를 조직하는 과정, 문제를 해결하기 위한 합리적 토론의 과정, 집합적 담론의 형성 과정이야말로 평생교육의 역사였고 Knowles, 1962 현재의 교육지형을 만들어 가는 힘이다. 이는 '이미 마련된 교육과정'에 따라 운영되는 것은 아니지만, 보다 합리적으로 문제를 바라보고 정당한 방식으로 논의를 전개하며 합의를 준수하는 방식을 익힌다는

교육과 공-사 영역의 관련 방식

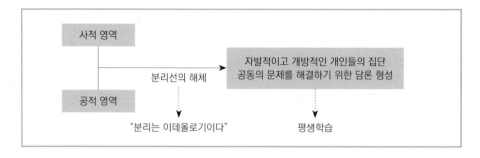

점에서 사회구성원의 필요에 부합하는 교육이라고 볼 수 있다. 이를 위 논의의 연장선상에서 살펴보면 다음과 같다.

사적 영역과 공적 영역 간의 분리는 상식적으로는 당연한 것이지만 논리적이거나 이론적인 근거가 매우 취약하다. 사적 영역은 어느 사회에서나 존재했지만 상황에 따라 얼마든지 사회문제화되어 공공화될 수 있다. 예컨대 동성애 문제는 성적취향의 문제라는 점에서 '가장 사적인' 영역이지만 동시에 가장 공공적인 문제인 '인권 문제'로 해석될 수 있으며, 이런 해석이 형성되는 과정에는 반드시 교육적 개입이 이루어진다. 공-사 영역을 분리하고 성의 문제를 개인의 내밀한 문제로 규정하여 공공적으로 담론화될 수 없게 만드는 과정은 교육적 통제이며, 이를 거슬러 개인의 문제는 곧 공적 문제가 될 수 있다는 입장을 말하고 모아 나가는 과정은 학습운동이라고 볼 수 있다. 다시 말해, 공공성은 무엇이 공공의 문제인가를 숙고하고 토론하는 장면에서 움트는데 이런 학습운동의 과정이 평생교육의 핵심에 해당하는 것이다.

자신이 처한 상황이 어떠한지, 자기 집단이 처한 문제는 사회적으로 어떻게 규정되는지, 소수집단은 사회적으로 어떻게 규정되는지 등의 문제를 숙고하고 논의하는 것은 공공영역이 창출되는 과정이자 발전되는 동력이다. 이런 성찰의 과정은 사적인 문제를 다소 합리적인 판단을 거치면서 끊임없이 공공의 시선에서 걸러내고 공공의 문제를 지속적으로 개인의 차원에서 점검해 나가는 집합적 지식의 창출과정으로서 비제도적 영역에서 평생학습이 진행되는 과정과 다르지 않다. 곧, 평생학습은 공공영역의 추진체이며 공공영역을 통해 평생교육은 그 이념의 구체적인 작동방식을 획득한다고 볼 수 있다.

새롭게 규정된 공공영역이라는 차원에서 바라보면, 평생교육은 학습하는 개인의 자기성찰을 촉진하면서 비국가적 공공의 영역을 확장하는 과정이다. 이는 하버마스식으로 말하면 체계에 의해 식민화된 생활세계의 의미를 복원한다는 의의를 가진다. 평생교육을 통해 사회구성원들은 사적 문제로 은폐 혹은 단죄되었던 개인의 문제가 본질적으로 공적 사안이었음을 깨닫거나 공적 대안을 추구하게 된다는 것이다. 아렌트가 말한 대로 인간은 사실 공적인 관계 속에서 현실감을 가지고 살아가는 존재이기 때문이다.

> 본래 '박탈된 privative'이라는 의미를 가진 '사적인 private'이라는 용어는 공공영역의 … 의미와 관련되어 있다. 완전히 사적인 생활을 한다는 것은 우선 진정한 인간에게 필수적인 것이 박탈되었음을 의미한다. 타인이 보고 들음으로써 생기는 현실성의 박탈, 공동의 사물세계의 중재를 통해 타인과 관계를 맺거나 분리됨으로써 형성되는 타인과의 객관적 관계의 박탈, 삶 그 자체보다 더 영속적인 어떤 것을 성취할 수 있는 가능성의 박탈. 사적 생활 의 이런 박탈성은 타인의 부재에 기인한다. 타인에게 관심을 갖는 한 사적 인간은 나타나지 않으며, 따라서 마치 그는 존재하지 않았던 것처럼 된다 Arendt, 1996: 112.

개인에 대한 사회의 끊임없는 박탈에 저항하는 과정은 평생교육의 역사이며 교육이 근본적으로 지향해야 할 바이다. 이렇게 보면 '자율적이고 전인적인' 인간을 길러 내고자 하는 학교교육은 공공성을 국가로 등치하는 상식적 규정을 벗어날 때, 즉 공공성의 본래적 의미를 복원할 때 비로소 자신의 목적을 달성할 수 있다. 평생교육은 학교 밖에서가 아니라 바로 학교 안에서부터 요청되는 것이다.

2. 학습자상의 재규정: 학습공동체와 공공영역

평생교육은 학습자가 독립적이고 고립적인 개인이 아니라 맥락화된 존재로서 집합적인 차원에서 조명되어야 한다고 본다. 이는 추상적인 차원에서 관념적으로 설정되어 왔던 학습자상과 반대된다. 주지하듯이 자유주의에서는 개인을 자신의 개별적 이해관심을 갖는 비사회적-비역사적 존재로 파악한다. 즉, 개인은 사회와 동떨어져서 사고되며 행위의 동인은 자신의 이해관심으로 상정된다.

이런 관점의 연장선상에서 교육에서도 학습자는 '자율적 선택자chooser' 혹은 '수동적 학습자learner'로 그려진다 Bowles & Gintis, 1987: 17. 학습자는 마치 투표에서 특정 후보를 선택할 수 있는 것처럼 원하는 교육을 선택하는 존재이거나 그렇지 않으면 어떤 자유도 보장받을 수 없는 교육 내용의 수용자로 묘사되는 것이다. 능동적 학습자가 빠진 이 두 선택지는 제한된 것이지만 신자유주의는 후자에서 전자로 이행하는 것을 '교육발전'으로 본다.

문제는 자율적인 선택자가 매우 제한된 의미의 '자율성'을 가진다는 점이다. 참정권이 제한된 후보를 찍거나 기권을 하는 '투표권'으로 축소되는 것과 마찬가지로 학습자는 주어진 교육 내용에서 선택할 수 있는 자유만을 가지고 있으며 일단 그 선택에 대해서는 내용이 어떻든 자신이 책임지고 수용해야 한다. 이런 점에서 '선택자'는 겉보기에는 상당한 자율성을 지닌 것처럼 보이지만 내용적으로는 자율성이 보장되지 않아서 선택 이후 곧 수동적 수용자로 이어지는 운명에 처해 있다. 신자유주의적 담론의 학습자관은 '공적 자아'의 양심이나 집합성에 주의를 기울이지 않는다. 경제 단위로서의 개인, 사회와 분리되어 사회화가 필요한 개인, 비역사적 존재로서의 개인이 기본 단위로 설정되고 이런 인식 위에서는 개인과 인간 일반 사이를 진동하면서 학습자의 보편적 발달과정을 찾는 경향만이 가속화될 뿐이다.

평생교육학은 사회변화를 연구주제로 삼고 있다는 점에서 이런 인식 방식을 벗어날 수 있는 고리를 제공한다. 사회운동과 밀접히 결합하여 진행되어 왔던 교육의 역사, 집단적이면서 자발적인 배움의 욕구에서 시작되었던 학습동아리, 현실적 필요에 입각한 교육개혁운동 등이 1990년대 '사회교육'의 연구주제로 등장했고 이것이 평생교육학으로 이어졌다. 개인은 사회적 존재로서 언제나 상황적-맥락적 차원에서 이해되어 왔던 것이다.

2000년 이후의 '학습공동체'라는 용어의 등장과 확산은 이런 인식론적 전환에서 비롯된다 Palloff & Pratt, 1999; 정민승, 2000; 이해주, 2001; 박상옥, 2001. 학습자가 탄생의 그 순간부터 특정한 언어공동체에 입문하여 기존의 언어문화와 상호작용하면서 자신의 정체성을 구성한다면, 보다 의도적이고 명시적인 학습과정에 대한 탐색은 상황적-맥락적-집단적 상호작용의 과정 없이는 불가능하다. 이런 점에서 학습욕구를 지닌 사람들이 자신의 문제를 해결하기 위해 혹은 관심을 심화하기 위해 자발적으로 결사한 학습공동체는 자연스럽게 평생교육학의 중심 연구주제로 부상하는 것이다.

공공성 논의로 다시 돌아가면 분리선의 해체와 분리에 정당성을 부여하는 이데올로기 비판은 하나의 단일한 공공영역이 존재하지 않음을 인정하는 과정이고 이는 점차 다양한 자생적 집단을 인정하는 근거가 된다. 즉, 학습공동체는 공-사의 구분선을 흐리면서 새로운 공공영역을 창출하는 조직이자 운동이다. 즉, 생활세계의 중심 축으로서 '박탈'을 막는 조직이라고 볼 수 있다.

이런 조직은, 그들 자신의 권력과 경제적인 이익의 증진에 대한 관심에 의해 지배되는 권력추구적인 개인이나 집단의 영역이 아니라 자유로운 인간생활의 영역, 즉 사람들이 자신들의 특수한 정체성을 넘어 다른 사람들과의 결합관계 속에서 새로운 사회적 서사를 창출하는 장이어야 한다. 그것은 예측할 수 있거나 결정된 세계가 아니라 자유롭고 다양한 가능성이 열려 있는 세계이다 Tucker, 1999: 258.

상식 차원의 공공영역이 국가를 의미하고 부르주아적 공공영역이 언론이나 학문을 중심으로 삼는다면 평생교육은 대안적 가치를 추구하는 집단적 활동을 통해 공공영역을 창출한다. 조직 단위에서 사람들이 자신의 문제에 대해 숙고하고 집합적으로 그 문제를 조명하며 그런 조명에 터하여 목표를 세워 나가는 것, 느슨한 네트워크 속에서 쟁점 중심으로 활동을 해 나가는 것, 활동 속에서 다시 자신의 존재에 대하여 성찰하는 것. 이런 특성은 '배움'과 떨어져서는 존재할 수 없는데 바로 이 점에서 학습공동체와 공공영역은 동질성을 가진다.

Ⅳ. 결론

공공성은 원리와 변화의 중심에서 작동하는 교육의 중요한 개념이다. 모든 사람이 교육을 중요한 활동으로 생각하는 이유도 공공성에 있으며 이데올로기 투쟁의 교차지점에도 공공성이 존재한다. 공공성의 개념사를 추적하면, 지금까지 상식은 공공영역＝국가라는 공식과, 국가교육＝비효율성의 등식으로서 이는 곧 효율적 교육＝사적 메커니즘에 기반한 시장기제라는 대안을 정당화한다는 사실을 알 수 있다.

다른 한편으로 공공성에 원론적으로 접근해 보면 다음과 같은 사고의 연쇄가 펼쳐진다.

공공성은 국가에 전유되었지만 본질적으로는 비국가적이다 → 공공영역은 개인의 양심과 합리적 담론 등의 정당함에서 발원하며 개인의 집단적 자의식 속에서 생성된다. 즉, 공공성은 국가기관 등의 물리적 실체가 보장하는 성질이 아니라 개인의 '함께 삶'에서 출발하는 특성이다 → 따라서 공공영역은 국가적 공공영역과 비국가적 공공영역으로 나뉘며 사적 영역의 과도한 팽창은 사실은 국가와 시장의 논리가 개인에게 스며들어 오히려 실질적인 공공영역을 축소시킨다 → 비국가적 공공영역은 근본적으로 개인의 삶과 맞닿아 있고 대안적 공공영역의 창출을 통해 그 영역이 확장될 수 있다. → 평생교육은 비국가적-대안적 공공영역의 확장과 그 확장의 현실태로서의 사회운동과 긴밀히 연결된다.

이런 흐름을 따라가다 보면 평생교육은 공공성의 재개념화와 복원을 통해 교육일반을 개별화-사사화하는 이데올로기에 대항하는 이론적 전략이라고 볼 수 있다. 즉, 평생교육은 학습자를 학습의 주체가 아니라 여전히 교육의 객체이되 선택할 권한을 갖는 소비자로 명명하는 시장주의의 위협 속에서 공공성을 확장해 가는 실천과 담론을 구성하는 것이다.

상식적으로 사람들은 각자 고립적으로 학습한다고 전제하지만 인간의 독특한 자아는 공개적인 담화와 말 속에서, 즉 항상 새로운 프로젝트를 시작하는 우리의 능력과 행위 속에서 드러난다. 공공성에 대한 논의를 통해 우리는 함께 학습하는 하나의 원칙으로서 합리성을 사유할 수 있다. 또한 타인과 소통하기 위한 하나의 요소로 이성과 합리적 논증을 상정할 수 있다. 대안적 공공영역 역시 공동의 경험과 공동의 처지에 대한 깨달음으로부터 공동의 힘이 생겨날 수 있음을 알려 준다. 이런 점에서 공공영역의 논의는 '본래' 공적이던 인간의 자율성을 '공적'으로 회복하는 것이 현대사회를 살아가는 인간의 중요한 과제임을 드러낸다. 평생교육은 이런 과제를 실천하는 구체적인 과정이다.

참고문헌

강내희(2000). **신자유주의와 문화**. 문화과학사.

고길섶(2000). 사회운동의 새로운 가로지르기: 공공영역과 공공성의 정치. **문화과학**, 2000
년 가을호. 문화과학사.

김신일(1995). 학습권 개념내용과 교육학의 새 연구과제. **평생교육연구**, 1(1). 서울대학교
사범대학 교육연구소.

김신일(1999). 학습권론의 형성과 전개. **평생교육연구**, 5(1), 서울대학교 사범대학 교육연
구소.

박상옥(2001). 대학생 학회의 학습공동체적 특성에 관한 연구. 서울대학교 석사학위논문.

신광영(1999). 노동운동과 공공성. **문화과학**, 2000년 가을호. 문화과학사.

이해주(2001). 여성사회교육의 학습공동체 구성과 네트워킹. **여성사회교육**, 5집. 한국여
성사회교육회.

정민승(2000). 온라인 학습공동체의 구성원리: 성인교육학적 현장읽기의 한 시도. **평생교
육학연구**, 6(1).

한승희(1998). 성인교육의 비판적 담론과 한국사회교육연구. **사회교육학연구**, 4(2).

Arendt, H. (1996). *The human condition*. 이진우 · 태정호 역. **인간의 조건**. 한길사.

Aronowitz, S. (1990). *The crisis in historical materialism*. Minneapolis: University of
Minnesota Press.

bell hooks. (1994). *Teaching to transgress: Education as the practice of freedom*. 윤은진 역
(2008). **벨 훅스, 경계 넘기를 가르치기**. 모티브북.

Bowles, S. & Gintis, H. (1987). *Democracy and capitalism: Property, community, and the
contradictions of modern social thought*. NY: Basic Books.

Cohen, J. L., & Arato, A. (1991). 새로운 정치와 시민사회의 재구성. **맑스주의와 민주주의**. 한상진 편, 사회문화연구소.

Clune, W. H. & White, J. F. (1990). *Choice and control in American education*. NY: Falmer Press.

Felski, R. (1989). *Beyond feminist aesthetics: Feminist literature and social change*. Cambridge: Havard University Press.

Finger, M. (1989). New social movements and their implications for adult education. *Adult Education Quarterly, 40*(1): 15-22.

Fraser, N. (1992). *Revaluing french feminism: Critical essays on difference, agency, and culture*. Bloomington: Indiana University Press.

Habermas, J. (1989). *The structural transformation of the public sphere: An inquiry into a category of bourgeois society*. Tr. by T. Burger with the assistance of F. Lawrence. Cambridge: The MIT Press.

Habermas, J. (1995). *Theorie des kommunikativen Handelns: Bd. 1*. 서규환 외 역. **소통행위이론 1**. 의암.

Knowles, M. (1962). *The adult education movement in the United States*. N.Y.: Holt, Rinehart & winsten.

Koselleck, R. (1988). *Critique and crisis: Enlightenment and the pathogenesis of modern society*. Tr.by V. Gourevitch. Cambirdge: The MIT Press.

Kant, I. (1992). 이한구 편역. **칸트의 역사철학**. 서광사.

Lyotard, J. F. (1990). *The condition of postmodernism*. 유정완 역. **포스트모던의 조건**. 민음사.

Marx, K. (1985). Das Kapital. 김수행 역. **자본론**. 비봉출판사.

Negt, O. and Kluge A. (1993). *Public sphere and experience: Toward and analysis of the bourgeois and proletarian public sphere*. Tr. by P. Labanyi, J. O. Daniel, and A. Oksiloff. Minneapolis: University of Minnesota Press.

Palloff, R .M. & Pratt, K. (1999). *Building learning communities in cyberspace: Effective strategies for the online classroom*. San Francisco: Jossey-Bass.

Tucker, K. H. (1999). *Anthony Giddens and modern social theory*. 김영규 · 박형신 역. **앤서니 기든스와 현대사회이론**. 일신사.

2장

학습주체로서의 집단: 학습조직과 학습공동체

Ⅰ. 평생교육학에서의 '집단'

평생교육학이 특정한 교육장면의 학습 행위에서 벗어나 학습자들의 자연스러운 상황 natural setting 으로부터 '학습체험으로 볼 수 있는 어떤 것'을 추상화하는 작업으로 이행될 필요가 있다면, 이를 위한 하나의 과제는 학습자의 환경을 구성하는 요인들에 대한 분석일 것이다. 인종-민족적, 경제적, 성적, 종교적, 가족적 처지가 어떠한지, 어떤 지역적-물리적 환경에서 학습을 하고 있는지, 자주 접하는 사람이나 매체는 무엇인지 등 수많은 환경요인을 적합한 방식으로 분류하고 그 영향력을 점검하는 것은 교육의 출발점이다.

집단은 개인에게 영향을 미치는 요인이자 그 자체가 학습의 기본 단위로 평생교육학은 개인을 넘어선 집단에 관심을 가져왔다. 한편으로 집단은 개인의 정체성의 원천으로 작용한다. '공무원식 사고', '막내의 성향' 등 우리는 집단 혹은 집단 내 역할에 대해 일정한 판단을 하고 있으며 이는 집단에서의 공동 생활경험이 특정한 방식으로 구성원을 사회화한다는 상식에 근거한다. 우리는 개별자로서 판단하고 행위하지만 그러한 판단과 행위에는 이미 다양한 집단의 경험이 녹아들어 있는 것이다. 다양한 집단 경험 중 특정한 것을 자신의 특성으로 규정하는 것은 개별자의 성향에 근거하지만 그러한 선별은 여전히 다양한 집단이 교차되는 가운데 생성된다. 개인의 '인간 되기' 과정은 언제나 집단을 경유한다.

다른 한편으로 집단은 개인적인 차원에서 설명하기 어려운 학습을 설명하는 데 필요하고 유용한 개념이다. 오래전 레빈 Kurt Lewin 의 장이론 Field Theory 에서 언급했듯, 반응은 어떤 단일 요소의 힘에 의해서라기보다는 그 힘들의 전체형상에 의해 유발되는 것이며 개인의 행동은 심리내적으로가 아니라 행동이일어나는 그 시점에 그 개인에게 작용하는 힘들의 전체 장 안에서 설명되어야한다. 즉, 학습은 장을 형성하는 집단을 떠나서는 설명하기 어려운 개념이다.

그러나 집단 차원에서 학습을 이야기하는 것은 어렵다. 근대적 인식방식 속에서 견고하게 구축된 '개인'이라는 단위로 인하여 '집단'을 거론하는 순간 개인의 산술적 합을 떠올리기 때문이다. 물론 집단을 설명하기 위한 이론적 시도가 없는 것은 아니다. 1990년대 이후로 부상한 '학습조직' 논의는 '집단'을 명시적 학습의 주체로 내세운다는 점에서 주목된다. 학습조직론자들은 정교한규칙을 가지는 집단인 '조직'이 학습의 주체라고 보며 이 과정이 어떻게 이루어지는지 밝히고자 한다. 학습조직론은 '개인'의 단위를 넘어서서 학습에 대하여 사유할 수 있는 가능성을 제공하고 있다.

다른 한편 비판적 성인학습론의 흐름에서도 집단논의가 발견된다. 평생교육의 태동기에 있었던 영국 노동자들의 자발적 집단 형성이나 쇼타쿠아 Chautauqua 나 하이랜더 High Lander 와 같은 지역공동체 등의 집단적 교육실천은평생교육의 전통을 이루고 있다. 학습공동체 논의는 이러한 학습집단의 전통을 복원함으로써 새로운 연구 영역을 개척하고자 한다. 흥미로운 점은 학습조직이 대개 기업경영의 차원에서 효율성을 증대시키기 위해 고안된 집단이라면 학습공동체는 사회운동 차원에서 학습자의 집합적 주도성을 구현하기 위한 집단이라는 점이다. 여기서는 '학습조직'과 '학습공동체'라는 서로 다른 지향성을 가지는 두 유형의 집단에 대해 검토하고 이들 집단이 어떠한 논리를 가지고 형성-유지되며 그 한계와 쟁점은 무엇인지 정리하고자 한다.

II. 효율성의 패러다임과 학습조직론

1. 조직이론과 학습조직

평생교육학은 태동기부터 학습자의 처지를 우선시하면서 우연적이고 개별적인 학습 경험을 넘어서는 '조직 학습'에 관심을 가져왔다 Kowalski, 1988. 성인교육의 프로그램과 실천이 계획적이고 의도적인 학습경험과 관련되어 있다는 점에서 조직은 핵심적인 연구 주제로 간주되었다. 구체적으로 성인교육프로그램의 개발에 영향을 미친 조직이론은 크게 세 가지로, 각 이론은 이전 이론이 설명하지 못하는 내용을 담고 있다는 점에서 '조직이론 차원의 진보'라고 볼 수 있다. 학습조직은 이런 세 이론의 한계를 비판하면서 등장하는데 우선 이세 이론을 간략하게 살펴볼 필요가 있다.

경영학이나 행정학 등의 분야와 마찬가지로 교육학에 최초로 도입된 조직이론은 '관료제' 이론이다. 현재 관료제는 비효율성의 상징으로 받아들여지고 있으나 원래적으로 본다면 비효율성은 관료제와 관련이 없다. 오히려 관료제는 전통과 단절한 '합리적' 근대의 운영원리로 제시되었기 때문에 내면적으로 '효율'을 지향한다. 역사적으로 보면 관료제는 테일러 Taylor 의 노동자 개인에 대한 효율성 분석과 파욜 Fayol 의 작업장 적용, 그리고 베버 Weber 의 관료제 이론이 결합한 조직의 원리라고 볼 수 있다.

테일러는 노동자가 자신의 작업을 가장 완벽하게 수행하도록 하기 위해 노동자의 행위를 상당히 세부적인 단위로 나누고 적절한 공정에 배치했다. 파욜은 이런 '개인' 단위의 관리를 넘어서서 작업장 관리를 이론화했다. 즉, 관리를 계획, 조직, 명령, 조정, 통제의 영역으로 규정하고 전체를 조율하기 위해서는 어떻게 해야 하는지를 제시했다.

이런 노동현장의 노력은 베버의 관료제 이론을 통해 정리-통합된다. 베버는 조직적인 통제를 적절히 수행하기 위해서는 권위가 필수적이며 조직의 목표를 달성하기 위해서 조직적 통제는 필수적이라고 보았다. 이때 효율적으로 목표를 달성하기 위해 요청된 것이 바로 '합리적' 조직의 편성이었다. 따라서 이들의 논의는 강고한 구조와 그에 따른 통제라는 결론으로 귀결되었고, 이는 합리적이고 효율적이며 규율 잡힌 인간행동을 촉진하기 위한 필수적 과정이었다. 관료제는 봉건적 관행과 단절하는 인간 행동을 지향하고 있었던 것이다 Hanson, 1979.

이런 관료제 모델은 학교를 경유하여 기업의 성인교육, 학교의 보완으로 운영되는 성인교육기관, 그리고 군대에서 적합한 것으로 받아들여졌다. 관료제는 외부 환경과 상호작용이 거의 없다는 점에서 한계를 갖지만 이런 기관에서는 상호작용 자체가 중요하지 않았기 때문이다. 특히 기업에서 이런 모델은 매우 효율적이라고 평가되었다.

그러나 이 모델은 지나치게 견고하고 강고한 조직을 지향한다는 점에서 변화가 거의 불가능하다는 문제가 있었다. 위계적인 구조는 아래로부터 요청을 받아들일 수 없으며 규율 역시 명시적이기 때문에 내면적 동의를 체계적으로 배제한다. 따라서 개인적인 성장을 유도할 수 없고 전문성 역시 성취할 수 없다는 것이다 Owens, 1981. 곧 이 조직은 교육조직으로 한계를 지니게 되었다.

관료제 모델의 이런 한계를 비판하며 등장한 이론이 '사회정치적 체계

sociopolitical system'이론이다. 인간관계론이라고도 하는 이 이론은 조직에서 사회집단의 역동적 특성에 초점을 맞춘다. 게첼스와 구바 Getzels & Guba, 1957, 카츠와 칸 Katz & Kahn, 1966 등은 비공식적 집단에 대한 경시가 조직이론의 한계를 낳았다고 평가한다. '인간'이라는 요소를 보지 않고서는 조직을 설명할 수 없다는 것이다. 카츠와 칸은 조직의 목적이 아무리 뚜렷하다고 하더러고 개인에게는 수용되지 않을 수 있다는 점을 지적한다.

'사회체계'로 조직을 보면 이런 문제가 해명된다. 즉, 민주적 조직에서는 위계적 조직과는 다른 방식으로 권력이 분배되기 때문에 개인들은 다른 방식으로 목표를 수용하게 된다는 것이다. 게첼스와 구바는 조직이 진정으로 기능하는 바를 보기 위해서는 사회이론적 관점을 도입해야 한다고 본다. 조직은 하나의 사회체계이며 조직적 행동은 제도와 개인 간의 융합 과정의 결과로 설명되어야 한다. '이상적' 조직의 모델만을 상정해서는 안 된다는 것이다.

이런 시각은 '개인'과 '갈등'을 조직의 전면에 부상시킨다. 조직 자체의 구조보다는 '조직행동'을 이해하기 위한 틀을 제공하는 것이다. 따라서 이런 입장에 서서 조직을 관리할 경우 '유연성', 예컨대 조직구성원의 요구나 동기가 중요한 요인으로 등장한다. 물론 이런 입장에서는 역으로 구조나 틀과 같은 지배적인 양상을 포착하지 못한다. 이런 관점에서 조직을 운영할 경우 일사불란한 통제는 사라지며 조직적 무능력이 초래될 수 있다. 관료제 모델과 비교해 보면 이 모델은 성인교육에 보다 적합하다고 볼 수 있지만, 그 역시 '조직의 목표'가 뚜렷하지 않을 경우에 한한다.

위 두 이론의 대립은 제도적 목표와 구성원의 요구 사이에 균형이 필요하다는 결론으로 귀결된다. 관료제 이론이 제도를 강조한다면 사회정치적 이론은 구성원의 동기를 중시하기 때문이다. '개방체계이론 open system theory'은 이 두 이론의 한계를 모두 포용하는 '조직의 역동'에 관심을 둔다. 유기체를 파악하기 위해서는 세포의 상호작용과 세포 안 분자의 상호작용을 보아야 하듯이 조직에서는 조직을 이루는 집단의 상호작용과 집단 안에서 개인의 상호작용을 보아야 한다는 것이다 Owens, 1981.

이 이론에 따르면 유기체나 조직이나 상호작용의 순환적 양상은 동일하다. 시각을 넓혀 보면 조직은 또한 다른 조직과의 관련 속에서 해석될 수 있다. 조직의 행위 양상은 조직이 행위하는 맥락과, 맥락과의 상호 관련에 대한 지식을 기초로 이루어진다는 것이다. 따라서 조직이 높은 수준의 분화와 통합을 하고 불안정한 상황을 잘 대처할 수 있도록 하는 것이 조직관리의 과제가 된다 Laurence & Lorsh, 1967. 소화기는 언제나 특정한 방식으로 소화를 시키지만 먹는 내용물에 따라 위의 발달 정도와 소화력이 결정되듯이 조직 역시 정보적으로는 폐쇄적이지만 에너지에 대해서는 개방적이다. 따라서 중요한 것은 분화되고 대응력 있는 체계를 만드는 것이다.

조직이론의 계보에서 출현한 것은 아니지만 활동체계이론은 체계이론의 연장선상에서 주의 깊게 볼 지점을 제시한다. 비고츠키에서 엥게스트롬으로 이어지는 활동체계이론은 활동을 개인의 수준에서 공동체의 수준으로 높여 주체-객체-도구의 삼원적 차원을 공동체-규칙-분업의 차원으로 격상시키고 각 단위에 활동을 배치한다. 즉, '개인'이 아니라 '활동'이 관심의 중심에 있는 것이다. 이렇게 보면 학습은 활동이 확장되는 과정으로 재정의된다. 개인의 인지가 아니라 활동의 네트워크가 확장되는 과정에서 의미의 변전이 일어나는 것이 바로 학습이라는 것이다 Engeström, 2007.

학습조직론은 이런 문제의식 위에서 출발한다. 학습자 개인이 아니라 개인을 둘러싼 환경인 집단이나 조직에 관심을 두며, 따라서 인식이나 사고의 전환이 아니라 집단의 네트워크가 변화하는 과정을 탐색한다. 또한 학습조직론은 조직이론을 교육장면에 적용하는 것이 아니라 교육의 핵심 장면인 학습을 중심으로 조직이론을 구축한다. 정리하자면 학습조직론은 조직을 정확히 드러내기 위해 필요한 사람들이 연계를 맺는 방식과 상호 교통하는 방식, 그리고 집합적 단위의 향상과 확장 과정을 학습의 차원에서 밝히는 이론이다. 이런 점에서 학습조직론을 경영학적 차원에 국한해서 보는 것은 그간 진행되어 온 조직이론의 깊이 있는 탐색과 관심을 효율성의 차원으로 환원하는 일종의 이론적 상실이라고 볼 수 있다. 학습조직론은 인간의 일상을 구성하는 집합적 인식이라는 존재에 대한 새로운 접근방식이다.

2. 학습조직론의 논리

학습조직론은 경영학적 차원에서 시작되었다. 생산성을 높이기 위해 현장조직의 학습이 필요하다는 현실적 문제에서 시작되었기 때문이다. '급변하는 세계화 시대를 선도하는 효율적 조직에 대한 관심'에서 학습조직에 대한 논의가 시작되었고, 따라서 학습조직론은 '학습'조직론임에도 불구하고 학습론이나 교육학이 아닌 '경영'학적 접근이 주를 이루어 왔다 Senge, 1990; Marquardt, 1996; Argyris & Schön, 1998. 업종 간, 국가 간 장벽이 낮아지고 더욱이 산업의 급속한 변동이 상수가 되는 상황 속에서 기존의 '산업사회적' 조직 모형을 대체한 모형이었던 것이다.

학습조직론을 이렇게 경영학적 차원에서 다루게 된 이유는 토지, 노동, 자본이라는 고전적 부에 기초해서가 아니라 지식과 지성으로 기업이 유지되는 '지식기반사회'의 등장으로 말미암아 기업을 이전의 논리대로 운영하는 것이 불가능해졌기 때문이다. 노동을 위한 교육이 아니라 교육이 바로 노동인 상황이 도래한 것이다. 다시 말해 사원들을 이미 존재하는 기술이나 자질을 갖추도록 '훈련'하여 '적응'시키는 것이 아니라 사원들이 학습하는 것 자체가 바로 자본인 상태가 되었다.

이런 상황으로 기업교육과 기업운영 간의 융합이 일어난다. 일은 그 자체로 미래를 창조하는 계속적인 학습의 과정이라는 성격을 지니고 Senge, 1990 교육조직은 사원들이 계속적으로 학습하게끔 하는 조직으로 변모하며 노동조직역시 계속적인 학습을 보장하는 체제로 변화한다. '학습조직론'은 교육과 운영이라는 두 영역 간 요구가 상쇄되면서 출현한 이론이다. 지구촌에서 성공하기위해서는 빠르고 완벽하게 학습하는 방법을 익혀야 하며 이것을 제도적으로보장하는 것이 바로 학습조직이라는 것이다 Marquardt & Reynolds, 1994: 5. 그러므로 학습조직론은 경영학과 평생교육학이라는 두 학문의 공통적인 관심에서시작된 이론이라고 할 수 있다.

구체적으로 학습조직론의 논리는 다음과 같다. 우선 학습조직론의 핵심은'조직이 학습한다'는 발상이다. 학습의 단위를 '개인'으로만 상정하고 그 내면의 인지 과정만 추적하는 근대적 심리학의 발상에서 벗어나서 '조직'을 관심영역으로 부상시키자는 것이다. 우리는 체험을 통해 "마케팅 부서가 이제는 판매 전략을 바꿔야 한다는 걸 안 것 같아"라는 식의 표현을 한다. 그 조직의 개개인이 그런 생각을 하는지 아닌지는 부차적이다. 즉, 개인은 조직이 안 것을 알수도 있고 모를 수도 있다. 역으로 조직은 개인의 지식보다 우월할 수도 있고열등할 수도 있다. 경영학적 관심에서 볼 때 문제는 개인의 학습과 조직의 학습이 다르다면 개인이 우월한 부분이나 개인이 새롭게 학습한 내용을 조직이 학습하도록 하는 '장치'를 마련하는 것이다. "어떤 조건하에서 개인지식이 조직화되는지"가 핵심적인 문제라는 것이다 Argyris & Schön, 1998: 8.

'학습'에 관심을 돌리는 것은 학습이 구체적인 '행동'에 영향을 미치기 때문이다. 사실 조직은 특정한 규율을 공유하는 사람들이 특정한 목적을 수행하기 위해 결성한 도구이다. 그러므로 근본적으로는 '사람들이 어떻게 행동하는가'에 따라 조직의 특성과 수행력이 결정된다. 그런데 사람들의 행동은 그가 어떤 생각을 가지고 있는지에 따라 달라진다. 그가 명시적으로 언명하는 '신봉가설 Epoused Theory'뿐 아니라 하나하나의 구체적인 행동에 사용하는 '사용가설 Theory-in-Use'을 어떻게 세우는지에 따라 특정한 사태나 행위에 대한 평가가 달라지고 행동도 다르게 나타난다. 조직의 행위는 구성원의 표상에 근거하여 변화한다는 것이다.

더구나 학습은 '변화'와 '지식'에 관심을 둔다. 학습은 '새로운' 행동이나 '사고' 등의 특정한 영역을 지칭한다. 따라서 학습에 조직 차원의 관심을 둘 때 변화에 대한 민감성이 증대한다. 급속히 변화하는 사회 상황에 '지능적'으로 대처하기 위해서는 '학습' 개념을 부상시킬 필요가 있다. 기업이 학습조직이 될 경우 탐색과 질문, 평가와 진단이 일상화된다.

따라서 학습조직론자들은 개인의 능력신장을 조직적 축적물로 전환시키기 위한 다양한 전략을 제시한다 Senge, 1990. 우선 구성원은 조직과 마찬가지로 체제적 사고 System Thinking를 할 수 있어야 한다. 조직이 부분인 동시에 전체로서 이해되는 것과 마찬가지로, 개인 역시 부분적인 현상이나 지식에 매몰되는 것이 아니라 '전체'를 '역동적'으로 이해해야 한다는 것이다. 이것은 '저장'적 지식의 가치가 절하되는 후기 현대의 상황에서 구조적 복잡성을 통찰할 수 있는 '안목'이 보다 필요하다는 주장과 맥이 닿아 있다.

또한 개인은 전문가적 소양 Personal Mastery을 가지고 있어야 한다. 전문가적 소양은 자신이 무엇이든 자발적으로 학습할 수 있는 생성적 학습의 존재임을 확인하고 삶을 창조적으로 개척하는 과정에서 삶의 전반에 걸쳐 전문가적 수준이 되는 것을 의미한다. 이런 '자세'를 가져야 하는 이유는 그런 구성원이 조직에 포진해 있을 때 창조적 긴장관계 속에서 학습이 진행될 수 있기 때문이다.

더불어 학습조직 구축을 위한 철학적 기반으로서 정신적 모델 Mental Model 이 존재해야 한다. 정신적 모델이란 행동이나 인식에 영향을 미치는 기본 가정, 인식 기반 등을 의미하는 것으로 메지로우의 용어로 하면 '의미관점'에 해당한다. 개인이 가지고 있는 정신적 모델이 조직의 목적과 대치되는 경우 조직의 능력은 급속히 쇠퇴하게 된다. 이런 사태에 직면한 학습조직은 성찰기술이나 질문기술을 통해 역으로 정신적 모델을 변화시키려고 시도한다. 즉, 학습조직론은 조직만을 이야기하는 것이 아니라 구성원 개개인이 갖추어야 할 자질도 조직의 차원에서 규정한 것이다.

다른 한편으로 '구성원 간' interpersonal 의 과제로는 조직이 추구하는 비전을 공유 Vision Sharing 하는 것, 개인에 가장 근접한 조직인 팀을 만드는 것 Team Building 등이 제시된다. 비전의 공유는 단순히 조직의 비전을 설명해서 받아들이는 수동적인 방식으로 이루어지지 않는다. 오히려 비전 공유는 개인적인 비전의 창출 위에서 조직 전체의 비전이 생성될 수 있도록 이루어져야 한다. 그럴 때에만 시너지 효과가 창출될 수 있기 때문이다. 이런 비전은 개인과 아주 근접한 형태의 조직을 통해 가장 잘 실현될 수 있다. 3~7인은 토론집단의 적정 수로서 가장 많은 상호작용이 일어나는 집단의 형태이다. 즉, 소규모의 하위집단이야말로 개인의 생각을 말로 표출하게 함으로써 진정한 변화를 이루는 단위인데 이것이 바로 '팀'이다. 팀에서 대화는 팀 구성원이 가진 정신적 모델이라거나 비전을 잠정적으로 유보한 가운데 새로운 논의를 전개할 수 있는 유일한 소통방식이다.

흥미로운 것은 '비판적 학습', '협력학습' 등 기존의 도구적 학습을 비판하는 논의들이 학습조직 논의에서도 발견된다는 것이다. 조직은 구성원에게 학습의 결과물을 제공함으로써 구성원이 학습하도록 하며 구성원은 다른 구성원과 '팀'을 이루어 조직의 역사에 개입한다. 조직구성원은 비전을 공유하고 조직 전반에 관한 총체적 사고를 하며 자신의 근거를 되묻는다. 조직의 창조와 인간의 창조가 동시에 이루어지는 것이다. 이렇게 보면 학습조직이란 특정 모적을 위한 도구가 아니라 학습자들의 공동학습이 갖는 시너지 효과를 극대화하며 구성원의 삶을 조직의 차원에서 재편하는 과정이라고 볼 수 있다. 이는 일과 삶이 통합되는 양상으로, 체계가 생활세계를 침탈하는 장면인 동시에 시스템의 논리가 내파되는 장면이라고 볼 수 있다. 학습조직은 노동과 학습, 일과 삶, 개인과 집단이 얽히는 현대의 새로운 조직양상이다.

3. 평생교육학적 함의 분석

평생교육학의 차원에서 학습조직론은 크게 두 가지 의미를 가진다. 첫 번째, 학습조직론은 조직에 대하여 정치조직이나 노동조직 등 힘이나 분배를 둘러싼 통제의 문제를 중심으로 접근하는 것이 아니라 조직 구성원의 집단적-내면적 과정인 '학습'을 중심고리로 하여 접근하는 시각을 제공한다. 학습은 인간의 본원적 특성이자 조직의 성립을 가능하게 하는 힘으로 상정되는 것이다. 이는 학습조직의 주창자인 생게의 다음과 같은 언급에서 비교적 잘 드러난다.

> 학습조직은 우리 모두가 학습자이기 때문에 성립될 수 있다. 아이들을 학습하도록 가르칠 수 있는 사람은 아무도 없다. 사실상 아이들이 어떤 것을 하도록 가르칠 수 있는 사람조차 없다. 아이들은 본래 탐구심이 있고 완전한 학습자이다. … 우리는 대부분 과거에 … 함께 지냈던 사람들의 집단인 의미로운 '팀'의 한 부분이었다 Senge, 1990: 4.

기업을 학습조직으로 바라볼 경우 기업을 이루는 모든 구성원은 학습자가 된다. 기업경영의 핵심에 '학습'이 들어서는 것이다. 이런 접근의 전환은 노동의 과정을 학습의 과정과 결합하며, 따라서 기존의 '교육'이 상정하는 수동적 의미의 '학습' 규정에서 벗어나게 해 준다. 즉, 학습은 '삶'과 결합할 여지를 얻는 것이다.

두 번째로 학습조직론은 발달의 핵심에 집합적 학습의 과정을 놓는다. 조직의 발달은 구성원의 집단성을 보장함으로써 활성화될 수 있다는 관점을 취함으로써 '조직'이 학습의 단위로 상정되는 것이다. 학습조직은 "조직학습이 구조화되어 팀워크나 협력, 창조성, 지식과정 등이 의미를 가지는 환경"을 의미한다 Confessore & Kops, 1994: 365. 이렇게 볼 때 학습조직론은 개인의 학습에서 공동의 학습으로 관심의 초점을 전환함으로써 기존의 성인학습 논의에서 간과되었던 집단학습의 영역을 다시금 주목하게 한다. 이는 인간 연대의 경계로서의 조직이라는 집합적 실체를 인정하고 그 실체가 환경과 관계 맺는 방식에 대한 탐구를 관심의 표층으로 끌어올렸다는 의미를 가진다.

이런 '학습'에 대한 주목에도 불구하고 학습조직론은 탄생 배경인 '실천적 목적'에 계속적으로 복무해야 한다는 현실 때문에 한계에 부딪힌다. 기업의 생존 혹은 성공이 목적으로 설정되어 있기 때문에 학습조직은 성공을 위한 방법으로 구체화된 실용적 이론이라는 성격을 벗어나기 힘들다. '학습조직'이라는 표제를 가진 문헌은 대개 학습조직이 과연 왜 생겨났고 학습조직 안에서는 어떤 학습이 이루어지는지보다는 특정한 목적, 예컨대 기업의 성공을 도모하기 위해서는 어떻게 학습조직을 구축할 것인지를 다룬다. "인간발달의 수단인 학습에서 경영수단인 학습"으로 이행하게 된 계기가 바로 학습조직이라는 것이다 Krogt, 1998: 157. 이런 점에서 학습조직이론은 설명적 이론이라기보다는 처방적인 성격을 가진다. 따라서 이런 연구는 조직의 목적이 개인의 학습목적보다 상위에 놓이며, 따라서 개별적 성인학습의 가능성은 조직론 안에 구성되지 못한다는 점에서 성인학습의 능동성을 배제하고 있다는 비판을 받는다.

따라서 '학습조직'은 기업경영조직으로서 자리 매김되며 도구주의적 학습 집단이 되는 것이다. 학습조직에서는 타인에 대한 의사소통적 지식이라든가 해방적 지식보다는 학습조직에 주어진 과제를 달성하기 위한 학습이 주로 이루어지기 때문이다. 흥미로운 것은 그런 도구주의적 목적관을 가지고 있음에도 불구하고 도구적 학습만으로는 결코 상황에 효율적으로 대처하는 학습조직이 될 수 없다고 주장한다는 점이다. 아지리스 등은 조직의 생산적 학습에는 조직적 과업의 수행성을 증진시키는 도구적 학습과, 조직의 가치와 규준을 재구조화하고 탐색할 수 있는 규범적 학습을 모두 수행해야 한다고 본다 Agyris & Schön, 1998: 20. 도구적 학습만으로는 조직 자체의 성장이 이루어지기는 어렵기 때문이다. 곧 학습조직론에서는 생성적 generative 학습을 중요한 가치로 삼으며 학습조직의 구성원은 생성적 학습능력을 높이도록 요구받는 것이다. 이런 점에서 학습조직은 '단지 도구적인 조직'에 머무르지 않을 가능성을 가지고 있다.

그러나 개인화와 체계의 총체적 위기 문제에 관심을 기울이면서 인간 자신과 삶에 대한 주체성을 획득하는 것이 성인교육의 관건이라고 보는 평생교육학자들의 관점에서 보면 이런 '가능성'은 여전히 애매하다. 학습조직을 강조하는 기업에서는 대개 '더 효율적 조직'을 위하여 학습을 요청하는 경우가 많으며 이는 학습의 확장을 성찰과 반성을 통한 주체성의 향상으로 보는 입장과는 거리가 있다 Clark, 1993: 48. 이런 문제점에 착목하다 보면 우리는 '학습공동체'에 주목하게 된다. 학습공동체는 학습조직론과는 사뭇 다른 패러다임에서 출현하는 개념이다. 좀 더 자세히 보자.

III. 비판적 패러다임으로서 학습공동체론

1. 학습공동체 논의의 문제의식

학습공동체 learning community 는 일종의 이념형이다. 평생교육에서 이상적인 조직의 형태를 이야기할 때도 대안적인 미래상을 거론할 때도 학습공동체는 빠지지 않고 등장한다. 하지만 구체적으로 학습공동체가 무엇인가라고 물으면 답하기 쉽지 않다 Zee, 1996. 다만 학습과정에 대한 자유로운 선택과 참여, 그리고 합리적인 소통과정을 전제로 주체성을 복원하려는 기획을 가지는 학습자의 조직이라는 관념적 규정이 가능할 뿐이다. 학습조직론이 기업의 효율성 확장을 위한 담론 범주에 속해 있다면 학습공동체론은 공동체론이 그렇듯이 시민사회의 복원을 지향한다. 즉, 학습공동체는 처음부터 '사회의 변화'를 전제로 삼으며 '시민의 참여와 성장'을 논의의 기본 축으로 삼는 개념이라고 볼 수 있다.

학습공동체라는 개념적 장치는 1960년대 이후의 연구가 기관 중심의 교육효과에 대한 논의에 중심을 두고 있다는 비판에서 비롯된다 Brookfield, 1986. 우리나라에서는 1980년대 이후 소위 '학교 밖 교육'의 수요가 급증하고 정부의 성인교육에 대한 지원이 확대되면서 북미와 마찬가지로 보다 효율적인 '제공'을 위한 교육실천과 연구가 진행되었다. 비판적 성인교육론자들 Hart, 1990; Mezirow, 1994; Clark, 1993; Welton, 1995 은 이런 '제공 중심'의 논의가 결과적으로 체계의 자기생산과정의 일환에 불과하며 종국적으로는 인간의 소외를 낳는다고 주장한다.

즉, 지식기반사회는 사회구성원의 노동능력의 신장을 지속적으로 요청해서 성인교육 팽창을 낳는데 이는 결국 산업체에서 요청되는 특정한 능력의 신장을 위한 것에 국한될 가능성이 높다는 것이다. 사회구성원들이 끊임없이 외부의 요청에 부응하기 위해 '배워야만' 하는 상황에 놓이는 것은 실제로 지식기반사회에 필요한 창의적인 인간의 양성에도 부합하지 않는다. 즉, 미래사회가 요구하는 창의력과 같은 능력과 현재의 제도가 강제하는 실무력 제공 교육 간에는 간극이 크다.

보다 거시적으로 보면 개인이 처한 교육상황의 딜레마는 현대사회의 특성과 관련된다. 젠슨과 빈은 현대사회의 특성을 '익명의 표준화된 이성의 사회'라는 점 Jansen & van deer Veen, 1996: 122 에서 찾는다. 현대사회에서 개인들은 표준화된 이성에 따라 삶을 계획하고 결정한다. 전통사회가 사회적 연대와 관습에 따라 유지되어 왔음에 비하면 현대사회에서 개인은 매우 확장된 자기결정의 영역을 가지지만, 그것은 획일화된 제도에 의한 이성을 전제로 한다는 아이러니에 봉착한다는 것이다. 어떤 삶의 방식 lifestyle 도 선택 가능한 것으로 제시되지만 그것에 대비할 충분한 준비는 되어 있지 않고 잘못된 선택은 개인의 탓으로 돌린다.

결국 사람들이 찾는 곳은 상담소나 교육센터 등의 전문기관이 되는 것이다. 성인교육이 폭증한 맥락은 바로 이런 상황이다. 성인이 되어서도 사람들은 자신의 불안정한 삶에 늘 대처해야 한다는 상황에 직면하기 때문에 지속적으로 '배워야만' 하는 것이다. 곧 성인들은 자신의 일상사와 직업적 생활 양측에서 교육을 강요받고 있다.

학습공동체는 개인이 주체성을 회복할 수 있는 중요한 조직단위이다. 인간의 존재와 관련된 본원적 의미의 학습을 복원하기 위한 거의 유일한 집합적 장치이기 때문이다. 웰턴 Welton, 1995: 13 등의 비판적 교육이론가들은 존재의 기본적 영역인 학습을 복원하는 것이 현대의 문제를 해결하기 위한 필수적인 과제라고 파악한다. 더불어 학습에 관한 논의는 개별화되고 파편화된 기능적 차원에서가 아니라 역동적이고 통합적인 삶의 과정을 전제로 이루어져야 한다 Levinson, 1998 고 본다. 곧 학습은 인간의 존재방식과 연관된 문제라는 것이다.

이런 점에서 성인교육에서 개인의 삶을 위한 비판적-창조적 기능이 필요하다. 이는 특정한 기술이나 지식이 아니라 책임감을 가지고 불안과 공포를 감내하는 태도를 가지도록 돕는 것, 사회현상과 정보를 비판적으로 이해하는 것,

타인과 소통하는 것을 포함한다. 곧 성인학습은 개인의 일상적인 희망과 근심에 대처하고 인격적 사회생활을 위한 노력과 연관되어 있다는 것이다 Edwards, 1997.

따라서 '자기 존재에 대한 학습'은 특정한 목적을 달성하기 위한 도구화된 교육에서 벗어나 일상사에 결합된 학습으로 관심을 이동시키는 것을 전제로 한다. 삶의 주체로 서고 사회를 비판적으로 바라보는 것은 현대인의 삶의 목적이자 그 내면에 결합된 학습의 목적이 된다 Usher et. als., 1997. 인간의 완성은 왜곡되지 않은 소통구조와 자율성과 책임감을 실천할 수 있는 기회에 근거하고 있는 만큼 이런 학습론에서는 학습자가 처해 있는 상황을 학습하는 일이 중요하다. 인간 삶의 조건이 곧 그가 속한 상황적 맥락이기 때문이다.

성인교육은 성인기의 환경과 지배적인 사회경제적 상황에 따라 다양한 형태로 제공된다. 그러므로 자아발전은 단순히 개인의 완전함에 관한 문제가 아니라 잠재적으로 소외와 예속화로 이끄는 지배적인 사회경제적 상황에 저항하는 능력도 포함한다. … 학습은 삶의 모든 단계와 국면의 주요 요소로서 확고하게 자리 잡는다 Tennant, 1995: 18.

비판적 성인교육론자들은 근본적으로 고립적-절연적인 인간관을 거부하며, 따라서 학습은 '집단적'인 차원에서 상정된다. 개인의 인식은 개인의 '내면'에서 이루어지지만 내면화는 상호주관성을 전제로 한다는 것이다. 따라서 성인교육의 과제 중 하나는 '의미로운 학습공간'을 형성하는 것이다. 성인교육은 불평등한 권력으로 야기된 소통상의 왜곡을 교정하고 자유롭고 민주적인 참여와 관용과 평등, 정의 등이 실천의 덕목으로 작용할 수 있는 방어된 학습공간, 곧 사람들이 '상호작용'할 수 있는 '자유로운 공간'을 창출하는 것을 그 과제로 한다 Mezirow, 1994: 68. 개인이 삶의 중심성을 회복하는 일은 언제나 '집단적' 과정과 연관되기 때문이다.

웰턴 Welton, 1995 은 기업과 국가 등 '체계'를 구성하고 유지하는 논리가 일상생활 영역인 '생활세계'를 침탈하고 있다는 하버마스의 현대사회에 대한 설명을 원용하면서, 성인교육자의 과제는 생활세계의 의사소통적 하부구조를 보존하고 생활세계의 의사소통행위를 국가와 기업 속으로 역으로 확산시키는 것이라고 파악한다. 의사소통적 하부구조는 자유로운 의사소통을 보장하는 단위가 되는데 이런 의사소통의 망이 바로 '학습공동체'이다. 따라서 학습공동체 논의는 '행위자 복원'의 기획으로서 역사를 다시 읽는 작업에서 시작된다.

2. 학습공동체의 사례: 스터디서클과 신사회운동조직

학습공동체에 대한 논의는 학습공동체운동이라는 역사적인 실천에 기대어 이루어진 것이다. 성인교육의 진원지라고 평가되는 영국의 노동교육 형성과정에서 이루어진 노동자들의 교육운동은 자발적 학습집단의 결성으로 시작되었고 Peers, 1958 여성 집단 역시 사회적 네트워크와 학습에 대한 욕구를 충족시키기 위하여 19세기 중반 출현했다 Rose, 1996 . 또한 성인교육의 방법 중 하나로 전 세계에 유포된 스터디서클 역시 스웨덴의 스터디서클 Study Circle 운동에서 비롯되었는데 이 역시 시민의식을 갖추기 위한 자발적 학습운동에서 시작되었다 Blid, 1989 . 프레이리 P. Freire 가 주창한 문해교육운동도 이런 학습공동체를 단위로 이루어졌으며 Freire, 1975 운동의 흐름은 현대의 신사회운동에서도 발견된다. 피억압자 혹은 '모순의 담지자'는 공동의 문제를 정치적으로 해결하기 위해 지도자 혹은 안내자의 도움으로 공동의 학습을 진행한 것이다. 여기서는 이런 사례 중 상당히 '학습자 중심적' 조직을 운영했던 스터디서클과 신사회운동에 대해 살펴보도록 하자.

스터디서클은 스웨덴의 가장 대표적인 성인교육 유형으로 1902년 절제운동가 올슨Olson이 1902년 룬트Lund 지방에 창설하면서 시작되었고, 1947년 국가가 스터디서클에 대하여 재정지원을 결정하고 나서 학습자 수나 규모 면에서 최대의 학습조직으로 부상했다Byström, 1996. 사회운동가는 물론 국가조차도 개인이 느끼는 문제가 사회와 직결되어 있다고 보았으며, 따라서 유사한 처지나 문제의식을 가진 사람들이 소규모 집단을 형성하여 사회적 인식확장을 위한 학습활동을 전개한다면 사회와 개인의 동시적 발전이 가능하다고 생각했다.

구체적으로 그 활동양상을 보면 스터디서클은 최적의 토론 규모인 5~12명의 성원으로 구성된다. 물론 회원은 자발적으로 참여하며 특정한 주제를 선정한다. 모이는 공간은 주로 교회, 공공기관의 미팅홀, 농장, 도서관 등 '지나치게 사적이지는 않되 쉽게 모일 수 있는' 곳으로 선정되었다. 자신이 알고자 하는 문제에 대하여 자신의 경험과 나름대로의 생각을 기초로 학습을 전개해 간다는 점에서 스터디서클은 "자신의 삶을 하나의 관점으로 만들며, 자신을 보다 사회적인 맥락에서 바라보게 하는"Oliver, 1987: 17 집단으로 정의되며 '자발적이고 민주적'이며 '완전한 참여'를 그 원리로 삼는 것이다. 즉, 스터디서클은 학습자에게 충분히 자기주도적으로 참여하는 환경만 제공된다면 학습자가 스스로 보다 나은 이해나 통찰에 도달할 수 있는 신념에 기초한 조직인 것이다.

구체적으로 보면 스터디서클의 구성 원칙은 유사한 교육적 관심을 가지는 성인들만 모인다면 서클이 만들어진다는 것이다. 참여자는 초기에 이런 스터디서클의 구성원칙을 필수적으로 이해해야 하며, 일단 서클이 구성되고 나면 제도적으로 권한을 부여받은 교사가 없는 상태에서[6] 학습자들 스스로 자유로운 토론을 통한 탐색 과정으로 이런 이해에 도달한다.

현재까지 이어지고 있는 스터디서클의 몇 가지 교육원칙[7]을 정리하면 다음과 같다Blid, 1989. 가장 중요한 원칙은 스터디서클의 구성원 개개인이 충분한 학습주체로서 존중된다는 것이다. 학습자 존중의 모습은 '대화에 충분한 시간을 들이는 태도', '조직운영'에 성원들이 참여하도록 되어 있는 운영규칙, 그리고 주된 학습방법으로 대화와 토론이 사용되었다는 점에서 잘 드러난다. 국가교육협회의 일정한 교육을 거치는 스터디서클의 리더들이 준수해야 할 원칙 중 하나는 서클에서 특정한 관점을 강요해서는 안 된다는 것이다. 말을 쉽게 하지 못하는 모든 구성원이 이야기를 꺼낼 때까지 다른 구성원은 지켜봐 주어야 하며 그런 분위기를 창출하는 것이 바로 리더의 역할이다.

이런 '기다림'이야말로 '대화'의 근본 조건이다. 상대방과 진정하게 생각을 나누기 위해서는 그 사람의 말을 듣기 위해 '기다려야' 하고 그 사람의 말이 무엇인지를 곰곰이 생각하기 위해 '기다려야' 하며 그리고 자신 내면의 생각을 길어 올리기 위해서 '기다려야' 한다. 스터디서클은 '진정한 소통'을 지향하므로 구성원 개개인이 자신들의 학습주제와 운영방식에 적극적으로 개입하는 것은 필수 요소이다. 즉, 스터디서클은 학습자가 서로에게 교육자가 되도록 하는 운영원칙을 가지고 있다. 운영원칙에 따르면 '모든 구성원이 서로에게 교사이자 학생'이 되어야 하며 '각 성원은 자신뿐 아니라 타인에게 대해서도 책임이 있다'는 것이다.

'공동의 학습'에 대한 지향성은 학습자료의 특성에서도 잘 나타난다. 스터디서클의 학습자료는 팜플렛, 저널, 신문 등으로 대체로 '인쇄물'이다. 그런 인쇄물은 각자 다양한 해석이 가능한 '그림'이나 '사진'인 경우가 많은데 이런 학습자료는 다양한 생각을 촉발하고 그것이 동일한 텍스트를 통하여 소통되도록 하는 의도적 고안물이라고 볼 수 있다. 텔레비전이나 영화가 '강한 메시지'를 가지고 있어 학습자가 비교적 적게 개입할 수밖에 없는 매체인 데 반해 그림 등의 매체는 모두 '보면서' 저마다 생각을 전개할 수 있어서 다양한 논의가 가능하다. 스웨덴에서 스터디서클의 인쇄물은 국가교육협회의 재원으로 제작되었으며, 민중도서관 Folkbiblioteket 에서 인쇄-공급했다.

스터디서클의 목표는 동의를 전제로 설정되었으며 모두 공유할 수 있는 학습방법을 사용했다. 또한 누구도 만남에서 소외되지 않도록 조직활동에 주의를 기울였으며 실천적 의미를 가지도록 조직되었다. 우리가 주목해야 하는 것은 가장 중요한 화두가 '우리가 누구인가'로 설정되었다는 점이다. '나'에 대한 규정에서 학습의 내용과 방식을 결정했다는 것은 목적이 외부적으로 주어진 것이 아님을 말한다. 곧 민중교육 차원에서 진행된 다양한 교육운동의 출발점은 민중 스스로 시작한 학습운동이었으며 이것이 바로 '학습공동체' 주장의 실질적-역사적 근거라고 볼 수 있다.

이런 학습공동체 운동의 흐름은 사회학적으로는 신사회운동론에서 발견된다 Spencer, 1995. 신사회운동이란 환경, 여성, 지역, 평화운동 등 새로이 부상한 운동을 일컫는 말로서 서구에서는 1968년 이후, 그리고 우리나라에서는 1980년대 후반부터 일반화되었다. 신사회운동론자들은 기존의 계급운동이 급속히 쇠퇴하고 개인 생활과 보다 밀접히 결부된 운동이 부상하고 있다는 사실에 주목하면서 운동의 원천 혹은 동원능력으로서 개인의 자발적-자율적 참여가 보장되는 조직을 꼽는다.

신사회운동과 가장 대비되는 운동은 계급운동의 대명사인 '노동운동'이다. 노동운동은 기본적으로 자본주의의 구조적 모순을 문제로 삼는다. 모순의 근원은 인간성 등의 개인 차원에 있는 것이 아니라 '계급'이라는 사회구조에서 비롯되며, 따라서 계급관계의 추론으로부터 운동의 지반이 마련된다 Melucchi, 1980. 노동자는 자본가라는 '인간'의 권력을 문제 삼는 것이 아니라 '생산관계의 착취구조'를 문제 삼는 것이다. 이런 입장은 근본적으로는 전통과 종교의 교조적 명령에서 해방된다는 '근대의 해방'의 이념에 따라 위계적 권력이 행하는 계급적 억압을 벗어나는 것을 목적으로 한다. 부르주아가 '인간일반'의 해방을 이념으로 삼아 봉건적 귀속에서 벗어났듯이 노동운동은 '인간일반'의 범주에서 제외된 '노동계급'의 해방을 위해서 운동을 전개한다. 이런 운동에는 '대의명분'이 중요하며 '착취'에 대한 규정으로부터 운동이 생겨난다Giddens, 1991.

'신사회운동'은 사회에 대한 인식 자체가 다르다. '현대사회'는 축적의 메커니즘이 맑시즘의 주장처럼 단지 생산 구조에 머무르는 것이 아니라 사회적 관계에까지 영향을 미친다고 본다. 서비스직의 확장, 정보산업의 증대 등 생산 구조의 변화는 생산의 중심이 '사물'이 아니라 '상징'으로 이동했으며 이는 사람들의 관계에 직접적인 영향을 미치는 경제구조가 출현했음을 의미한다. 합리적 사고가 전 사회구성원에게까지 확장됨과 동시에 생산의 논리가 삶의 공간까지 파괴했다는 것이다Offe, 1985.

따라서 이런 사회에서 운동은 기존의 '계급'운동과는 달라야 성공적일 수 있다. 가치는 평등에서 '자율과 정체성'으로 이동하고 행위 수단의 합법성과 공동체 성원의 합의에 기초한 목표의 설정이 주요한 쟁점으로 부상한다. 운동 집단이 성취할 '목표'가 중요한 것이 아니라 그 목표를 이루는 '과정'이 보다 중요하게 대두된다. 곧 행위자들의 어떤 의견도 함부로 희생될 수는 없다.

따라서 신사회운동에서는 '자기 정체성의 재소유'가 가장 중요한 쟁점이 되고 정치체계 자체에 대해서는 초점을 맞추지 않는다. 사람들의 직접적이고 소외되지 않은 참여가 보다 중요해진다. 환경운동, 문화운동, 지역운동 등이 부상하는 것은 환경, 문화, 지역 등의 주제가 개개인의 동기유발과 자발적 참여를 가능하게 하는 고리이기 때문이다.

구체적으로 신사회운동의 힘은 수평적인 의사소통양식과 개인의 삶과 결합된 문제의 설정에서 시작된다. 기존의 운동이 불평등의 해방을 과제로 삼는 '해방의 정치'였다면 신사회운동은 자신의 삶의 결정에 관한 정치, 즉 '삶의 정치'이다. 운동은 개인의 삶의 양식 life style 에 관한 결정과 밀접하게 결합되는 것이다.

이런 관점에서 보면 신사회운동의 조직을 형성하는 것은 학습의 과정과 매우 긴밀한 관계를 가진다. 새로운 정보를 얻고 운동에 참여하는 것은 곧 '다른 나'가 만들어지는 과정이며 운동에 참여하는 것은 그런 '다른 나'를 받아들이기로 한 결정에서 출발한다. 곧 자기결정과 자기학습의 원리가 신사회운동을 추동시키는 힘이라는 것이다. 다른 한편 학습은 그 자체가 하나의 삶의 양식으로서 어떤 학습을 하는지는 삶의 결을 결정하는 요인이 된다. 곧 '학습'은 하나의 새로운 운동의 지점으로 출현할 여지를 얻는 것이다.

물론 신사회운동의 평생교육적 의미는 논자에 따라 '구사회운동과 마찬가지'라고 평가되기도 하고 Welton, 1993 계급환원적 관점을 단절한 신사회운동에서만 두드러지는 현상이라고 평가되기도 하지만 Finger, 1989 , 성인에 대한 진보적 교육이 바로 그들 자신이 만든 공동체에서 시작된다는 입장에는 모두 동의한다. 신사회운동은 곧 집합적 학습의 과정이며 운동의 단위는 곧 학습공동체라고 볼 수 있다.

이런 점에서 블리드 Blid, 1989 는 학습에 대한 심리학적 환원에서 벗어나는 것이 학습공동체의 철학적 기반이라고 말한다. 개인 내면의 심리가 아니라 자신의 삶에 대한 맥락적 인식에서 학습공동체가 시작된다는 것이다. 학습공동체에서 학습이란 '인간의지에 따른 세계의 변화'로 학습자는 세계에 대해 반성적이고 실천적인 관계에 서며 그만큼 주체적인 존재로 상정된다 한승희, 1997 . 벡이 지적한 것처럼 '불안정한 현대사회' 속에서 '개인화'를 강요당하는 개개인은 자신에게 주어진 사태에 대응하고 스스로 삶의 의미를 찾아가는 주체로 서기 위해서 집합적 운동을 전개해 왔으며 Beck, 1992 , 바로 이것이 '학습공동체'를 학습조직과 다른 차원에서 조명하게 만드는 근거라고 할 수 있다.

3. 학습공동체 성립의 조건

이렇게 보면 학습공동체는 학습자의 자발적 의지에 입각하여 구성되며 개인의 상실된 자아 혹은 체계의 논리에 침윤된 주체성의 복원을 목적으로 하는 조직의 형태라고 볼 수 있다. 그것은 개인이 자신의 경험을 계속적으로 재구성해 나가는 자발적 연대의 조직이며 개인이 스스로의 경험과 지식을 기초로 타인과 교류를 통해 생활세계의 논리를 발전시켜 가는 교류망이다. 그러므로 우리는 개인의 삶의 논리를 투명하게 소통시킴으로써 집단적 학습을 이루는 장을 학습공동체라고 명명할 수 있다.

학습공동체는 국가와 자본 등 거대권력의 담지자로서 체계의 논리에 따르는 학습조직과 구별되는 일종의 '시민사회의 진지' Gramsci, 1999 로서 규정된다. 학습공동체는 개인의 전인적인 결합을 전제로 '삶의 주체성'을 회복하기 위한 학습과 운동의 결합 속에서 출현한 자발적 조직이다. 구체적으로 학습공동체는 지역성보다는 개인의 정체성이 조직의 선택과 의의를 결정하는 변수로 작용하는 새로운 형태의 공동체의 가능성을 드러내 주는 조직의 형태라고 볼 수 있으며, 따라서 우리는 다양한 집단을 '학습공동체'라는 시선하에 모을 수 있게 된다.

학습공동체 성립의 조건은 다음 세 가지로 정리될 수 있다. 첫째, 학습공동체는 학습자들이 자발적으로 결성한 시민사회 영역의 조직이다. 둘째, 학습공동체는 학습자들의 비판적 자기인식과 실천을 토대로 성립한다. 셋째, 학습공동체는 하나의 단위로서 기능한다. 즉, 개인의 합을 넘어서는 '집단성'을 가진다. 곧 학습공동체는 '지속적으로 구성되는 집단성'과 '사회에 대한 비판적 실천'을 핵심적 요소로 설립되는 조직이라고 할 수 있다.

Ⅳ. 학습집단 논의의 정교화를 위하여

학습조직은 기업의 이익과 노동자의 이익이 결코 다르지 않다는 전제에서 출발한다. '지식기반사회'에서 기업은 창조적인 노동자를 배출할 경우에만 성공할 수 있으며 창조적인 노동자란 도구적 합리성에 매몰되지 않고 삶 전반에 걸친 성찰성을 가진 성숙한 인간이다. 예컨대 광고회사에서 카피라이터는 충분히 자율적인 생활을 하고 스스로 선택한 학습을 한다. 회사는 학습을 지원하며 그 학습이 공유되기를 바란다. 작업현장이 학습현장으로 전환되고 노동자가 자유롭게 학습하며 일할 수 있다면 그것은 교육적 유토피아가 아닐까? 성인교육자의 최대 과제는 이제 그런 학습조직을 열심히 운영하는 것이 아닐까?

그러나 시선을 달리해 보면 학습조직은 도구적 이성의 논리가 생활세계를 침탈하는 전형적 사례가 될 수 있다. 근대적 인간은 조직과 분리되어 존재한다. 사람들은 '비공식적' 조직을 만들고 자신의 요구를 집단적 목소리로 만들어 조직의 목표와 다른 자신의 목표를 추진하며 살 수 있다. 기업과 자본의 논리가 '생산성'을 강요하면 그것을 '거부할' 조직적 연대를 만들 수 있다. 노동과 학습의 적당한 거리는 자신의 노동에 대한 비판적 성찰을 가능하게 한다. 그런데 학습조직은 인간과 조직을 통합한다. '정신모델'은 노동자의 세계관의 기반을 '조직'의 논리와 맞춰 개편하도록 독려한다. 팀을 통해 개인은 자생적 압력집단이 생성될 수 있는 통로를 차단당한다. 강요는 없지만 정교한 조직이 개인과 기업의 합병을 천천히 '설득'하는 것이다.

학습공동체는 학습자의 '자생성'에 보다 주목한다. 노동자, 시민, 주부 들이 생활세계 속에서 스스로 자신의 삶의 영역을 구축하고 성찰하는 과정에서 학습조직과 구별되는 또 다른 학습집단을 상정하기 때문이다. 그간 '명칭'을 얻지 못한 다양한 자생적 조직, 모임, 운동의 흐름들은 '학습공동체'라는 용어로 통칭할 수 있다. 이런 '자생적 학습'의 과정은 '학습조직'이 장악할 수 없는 학습의 영역이 어디인지를 드러낸다. '성인교육운동'에 주목하는 것은 기존의 '학문적 그물망'이 놓치고 있는 개념을 다시 포착하려는 기획에서 비롯된다. '학습공동체'란 그런 '개념화'의 시도라고 볼 수 있다.

학습조직과 학습공동체라는 두 유형의 학습집단은 우리의 생활공간에 대하여 이론적 재단을 가능하게 한다. 우리가 속해 있고 준거로 삼는 집단들이 과연 우리의 정체성에 어떻게 영향을 미치는지 문제의식을 가지고 바라보게 한다. 이런 시각에서 보면 다양한 '집단'에 대한 정치 精緻한 분석은 우리 자신을 이해하고 '성인학습'에 대해 보다 정교한 상을 마련하는 하나의 열쇠라고 할 수 있다.

참고문헌

한숭희 (1997). 전환기에 선 한국성인교육연구. **평생교육연구**, 3(1), 101-127.

Argyris, C. & Schön, D. (1998). *Organizational learning II : Theory, method, and practice.* London & Paris: Addison-Wesley Publishing Company.

Beck, U. (1992). Risky society. 홍성태 역. **위험사회론**. 새물결.

Blid, H. (1989). *Education by the people: Study circle.* Sweden: Tryckeri AB Plimo.

Bolman, L. & Deal, T. (1991). *Reframing organizations: Artistry, choice and leadership.* San Francisco: Jossey-Bass.

Bransford, J. D. et. als. (1986). Teaching thinking and problem solving: Research foundations. *American Psychologist, 41*(10): 1078-1089.

Brookfield, S. D. (1986). *Understanding and facilitating adult learning: A comprehensive analysis of principles and effective practices.* San Francisco: Jossey-Bass Publishers.

Byström, J. (1996). Study circles. in Tuijnman, A. C. (Ed.). *International encyclopedia of adult education and training.* Oxford and New York: Pergamon. pp. 663-665.

Clark, M. C. (1993). Transformational learning. in Merriam, S. B. (Ed.). (1993). *An Update on adult learning theory,* San Francisco: Jossey-Bass Publishers.

Confessore, S. J. & Kops, W. J. (1994). Self-directed learning and the learning organization: Examining the connection between the individual and the learning environment. *Human Resource Development Quarterly, 9*(4).

Cranton, C. (1996). Types of group learning. in Imel, S. (Ed.). (1996). *Learning in groups: Exploring fundamental principles, new uses and emerging opportunities.* San Francisco:

Jossey-Bass.

Edwards, R. (1997). *Changing places?: Flexibility, lifelong learning and a learning society.* London and New York: Routledge.

Engeström, Y. (2007). Enriching the theory of expansive learning. *Mind, culture and Activity 14*(1-2), 23-29.

Finger, M. (1989). New social movements and their implications for adult education. *Adult Education Quarterly, 40*(1). pp. 15-22.

Freire, P. (1975). *Pedagogy of the oppressed.* 성찬성 역(1995). **페다고지**. 한마당.

Getzels, J. W. & Guba, E. G. (1957). Social behavior and the administrative process. *The School Review*, 65.

Giddens, A. (1991). The emergence of life politics. *Modernity and self-identity.* Oxford: Polity Press, 210-231.

Gramsci, A. (1999). *Prison's notebook.* 이상훈 역. **그람시의 옥중수고 2**. 거름.

Hanson, E. M. (1979). *Educational administration and organizational behavior.* Boston: Allyn and Bacon.

Hart, M. (1990). Critical theory and beyond: Furthering perspectives on emancipatory education. *Adult Education Quarterly, 40*(3): 125-138.

Holford, J. (1995). Why social movement matter: Adult education theory, cognitive praxis, and the creation of knowledge. *Adult Education Quarterly, 45*(2): 95-111.

Jansen, T. & van der Veen, R. (1996). Adult education in the risk society. in Raggatt, P. R. Edwards, R. and Small, N. (Eds). *The learning society.* London & New York: Routledge.

Katz, D. & Kahn, R. (1966). *The social psychology of organizations.* New York: John Wiley.

Kowalski, T. J. (1988). *The organization and planning of adult education.* Allbany: State University of New York Press.

Krogt, F. (1998). Learning network theory: The tension between learning systems and work systems in organizations. *Human Resource Development Quarterly, 9*(2). London: Jossey-bass.

Laurence, P. R. & Lorsh, J. W. (1967). *Organization and environment.* Homewood: Richard Irwin.

Levinson, D. J. (1998). *The seasons of a woman's life*. 김애순 역. 『여자가 겪는 인생의 사계절』. 세종연구원.

Marquardt, M. J. (1996). *Building the learning organization*. New York: McGraw-Hill.

Marquardt, M. J. & Reynolds, A. (1994). *The global learning organization*. New York: Irwin.

Melucchi, A.(1980). The new social movements: A theoretial approach. *Social Science Information,19(2)*. pp. 199-226. 새로운 사회운동에 대한 이론적 접근. 정수복 편역.(1993). **새로운 사회운동과 참여민주주의**. 문학과 지성사.

Mezirow, J. (1994). Understanding transformation theory. *Adult Education Quarterly, 44* (4), 222-232.

Offe, C. (1985). New social movements: Challinging the boundries of institutional politics. *Social Research, 52*(1), 817-868.

Oliver, L. P. (1987). *Study circles*. Maryland: Seven Locks Press.

Owens, R. F. (1981). *Organizational behavior in education*. Englewood Cliffs: Prentice Hall.

Peers, R. (1958). *Adult education: A comparative study*. London: Routledge & Kegan Paul.

Rose, A. D. (1996). Group learning in adult education: Its historical roots. in Imel, S. (Ed.), *Learning in groups: Exploring fundamental principles, new uses and emerging opportunities*. New Directions for A Adult and Continuing Education, 71, (fall). San Francisco: Jossey-Bass.

Senge, P. M. (1990). *The fifth discipline: The art and practice of the learning organization*. New York & London: Doubleday Currency.

Spencer, B. (1995). Old and new social movement as learning sites: Greening labor union and unionizing the greens. *Adult Education Quarterly, 46*(1), 31-42.

Tennant, M. (1995). *Learning and changes in the adult years: A developmental perspective*. San Francisco: Jossey-Bass Publishers.

Usher, R. S. & Bryant, I and Johnston, R. (1997). *Adult education and the postmodern challenge*. London and New York: Routledge.

Welton, M. (1993). Social revolutionary learning: The new social movement as learning sites. *Adult Education Quarterly, 43*(3), 152-164.

Welton, M. (Ed.). (1995). *In defense of the lifeworld: Critical perspectives on adult learning.* Albany: State University of New York Press.

Zee, H. (1996). The learning society. in Raggatt, P. et als. (Eds). *The learning society: Challenges and trands.* London and New York: Routledge.

3장

평생학습의 성장판:
교육자-학습자의 위치전환

Ⅰ. 설명 패러다임을 넘어서려면

우리에게 익숙한 '수업장면'의 전형은 교사 한 명이 칠판 앞에 서서 무언가를 말하고 다수의 학생이 앉아서 받아 적는 모습이다. 그러나 이런 전형적인 교육의 이미지는 근대의 발명품으로 지식전수의 효율성은 보장하지만 학습자가 지식의 수동적인 수용에 익숙해지게 만드는 문제를 낳는다. 일리치에서 프레이리, 지루와 에드워드에 이르는 소위 비판적 교육이론가들은 기존의 설명 패러다임을 비판하면서 이런 패러다임이야말로 지배를 공고화하고 민주주의를 부식시키는 근본적 원인이라고 진단했다 Freire, 1972; bell hooks, 1990; Edward, 1997; Giroux, 2011.

설명 패러다임 비판은 대개 '학습자 중심'의 기치를 내걸고 있다. 지식은 설명으로 전달되는 것이 아니라 학습자 스스로 구성해야 하는 것이다. 그러나 이렇게 학습자의 구성성에만 초점을 맞출 경우 그에 해당되는 교육론의 스펙트럼은 너무나 넓어진다. 여기에는 예컨대 학습자주도의 학습공동체나 수업장면에서 학생 간 협력을 강조하는 '배움의 공동체' 사토마나부, 2011 는 물론, 학습자의 주체성을 무력화시키는 상품화된 '소비자 중심'의 교육상품 만능주의와 같은 교육론이 모두 포함될 수 있고 그 각각은 서로에 대해 학습자 중심적인 교육이 아니라고 비판을 할지 모른다.

이런 점에서 교육자[8]와 학습자가 어떤 방식으로 관계를 맺고 있으며, 교육자-학습자의 관계는 어떤 차원에서 교육학적 의미를 가지는지를 조금 더 정교하게 밝히는 것은 설명 패러다임을 넘어서는 논의를 위해 필수적이다. 구체적으로, 학습자가 교육기획의 과정에 참여하는 정도를 학습자 중심적이라 칭하는지 교수자가 될 수 있는 권한을 부여하는 것을 학습자 중심적이라 보는지 또 근거가 무엇인지 밝히는 것은 해당 교육장면이 진정한 의미에서 학습자의 주체성을 강화하고 있는지를 판단하기 위한 조건이 된다.

사실 평생교육 현장에는 실험적 교육양상이 다양하게 나타나고 있다. 광명시 평생학습원의 시민대학은 수강생들이 기획자로서 교육의 설계와 주제 선정에 전면적으로 개입하고, 수원시 평생학습관에서 시범적으로 진행된 '누구나학교'는 일반시민이 어떤 자격도 없이 강사로 활동하도록 문을 열어 주었다. 노년기 학습자들의 '지혜로운학교'에서는 노인학습자들이 조직을 설립하고 운영하는 주체로 활동하며, 혁신학교의 배움의 공동체에서는 모둠 단위에서 가르치는 자들이 탄생한다. 교육자와 학습자 사이에 놓여 있던 기존의 가름선이 사라지고 새로운 방식의 경계가 만들어지고 있는 셈이다 시사인, 2013. 09. 25. .

그렇다면 이런 다양한 위치전환을 우리는 어떻게 해석할 수 있을까? 이 글에서는 현장의 학습자 중심적 실천을 심급별로 유형화하고 대표적인 세 가지 사례에 대한 질적 분석과 해석을 통해 학습자 중심적 실천이 교육학적 차원에서 어떤 의미를 가지는지를 밝히고자 한다.

Ⅱ. 학습자 위치전환의 몇 가지 유형들: 기획자, 강사, 조직자

성인들이 주로 참여하는 평생교육현장에서는 이미 학습자가 주체가 되는 다양한 실천이 실험적으로 혹은 제도적으로 진행되어 왔다. 서울시만 보더라도 '듣보잡 문화학교', '협동경제학교', '지역자치학교' 등 청년 스스로 새로운 대안과 변화를 만들기 위해 이론과 경험이 결합된 현장 프로젝트가 진행되어 왔고, 주민 스스로 교육프로그램을 개설하여 주민이 수업을 진행하고 또 주민들이 학습에 참여하면서 교육의 장을 열어가고 있다. 사례를 분석해 보면 학습자 위치전환의 유형은 기본적으로 학습자가 어떤 방식으로 참여하는지에 따라 구분될 수 있다. 이를 학습자를 교육프로그램의 기획단계에 참여시키는 '기획참여' 유형과 가르치는 일을 담당하는 '강사 역할담당' 유형, 그리고 교육자-학습자의 구획이 분명하지 않은 상태에서 학습자 공동체가 교육프로그램 제공조직으로 변모해 나가는 '조직변모' 유형으로 구분하여 살펴보자.

1. 기획에 관여하기

학습자가 기획에 적극적으로 참여하는 초기 유형으로는 광명시 평생학습원의 '평생학습제안제도'를 꼽을 수 있다. 이 제도는 시민 스스로가 자신이 원하는 프로그램을 제안하면 일정한 심사 절차를 거쳐 프로그램을 개설하는 제도로 2004년부터 시작된 광명시민대학의 문제의식과 그 맥을 같이한다. 광명시는 1999년 우리나라 최초로 평생학습 도시를 선포한 만큼 학습자주도성에 민감하며 이런 문제의식 위에서 학습자 스스로 교육과정 기획에 참여하는 프로그램을 마련했다.

시민대학은 광명시가 시 전역에 있는 19개의 초중고등학교와 주민자치센터, 광명시 여성회관 등 23개 기관과 단체를 대상으로 2003년 5월부터 10월까지 교육요구를 조사한 뒤 전문대학 이상의 고등교육 수료를 충족시킬 만한 대학이 없다는 점에 착안해서 시작된 실험적 교육과정이다 ^{박효진, 2008}. 이런 문제의식 위에서 시민대학 기획자는 당시로서는 파격적인 학습자의 요구를 적극적으로 수용하고자 했다. 예컨대 시민들이 프로그램 기획, 설계, 진행, 보고, 그리고 추후활동까지 함께 참여하는 '시민교양학교'와 '시민제안 프로그램', '시민공개특강'을 마련한 것이다.

시민교양학교는 시민들이 인문, 예술, 교양 입문 단계의 프로그램을 배우는 '지역사회 학습공동체'로 20세 이상 일반 성인은 '밝은 빛 교실', 60세 이상의 어르신은 '은빛교실'과 '노인정보화교실'이라는 공동체를 통해 생활건강, 문화예술, 공예 등 자신에게 필요한 프로그램을 선택해서 배울 수 있다. 시민공개특강 역시 일반 지자체 교육프로그램과 차별성을 가지는데, 예컨대 '더불어 숲'은 광명시에서 2002년부터 매달 한 번씩 모든 광명 시민을 대상으로 열리는 공개특강으로 시민들이 그 강연 내용에 대해 토론을 하면서 함께 생각을 나누는 방식으로 운영된다.

시민제안 프로그램은 이런 프로그램을 가능하게 하는 시민참여 교육제안 방식으로 시민과 함께 직접 프로그램을 제안하고 일부 운영에 참여하도록 지원하는 시스템이다. 최소 10명 이상의 프로그램 제안자가 모여서 프로그램을 제안하는데 이렇게 제안된 프로그램은 심의위원회 심의를 거쳐 컨설팅 후 현실화된다. 프로그램 종료 후에 일반적인 프로그램 운영이 결과 보고에 그치는 것에 비해 시민 제안프로그램은 종료 후에도 프로그램을 수료한 참가자들이 학습 동아리를 결성하도록 적극적으로 유도한다. 시민사회와 교육이 섞이는 장치를 제시하는 것이다.

2010년부터 시민대학의 하위영역은 각각 분화되었으나 광명시평생학습원에서는 그 기본 취지를 유지시켜 학습자가 프로그램을 기획하는 과정에 적극적으로 참여하고 자신이 원하는 프로그램을 개설할 권한을 가질 수 있도록 틀을 제공하며, 평생학습제안제도는 학습자인 시민이 기획자의 위상을 가지도록 명시적으로 규정한 제도라고 볼 수 있다.

2. 강사가 되어 보기

'누구나학교'는 수원시에서 희망제작소에 평생학습관을 위탁운영하는 과정에서 '새로운 시민운동'의 일환으로 2012년 6월에 처음 시작된 프로그램으로 일반시민에게 강사가 되는 기회를 부여한다. 시민이 단지 '교육상품 소비자'로 머무는 것이 아니라 스스로 강좌를 제안함은 물론 강의까지 한다는 점에서 누구나학교는 평생교육의 이념을 적극적으로 실현하고 있는 기관으로 주목된다. 광명의 시민대학이 시민들에게 프로그램 기획자로서의 위치를 부여하고 있다면 누구나학교에서 시민들은 교수자의 위치에 선 것이다 http://www.makehope.org/4496 .

누구나학교에서는 말 그대로 '누구나', 즉 학력, 나이, 직업, 자격증에 관계없이 곧바로 강사가 될 수 있다. 이것은 모든 사람이 가지고 있는 지식과 소소한 경험, 노하우 등을 기관에서 인정하는 동시에 배울 만한 가치가 있는지는 다른 시민이 결정한다는 것을 의미한다. 강의 주제는 단순히 학술적이거나 이론적인 것뿐만 아니라 생활 저변에서 필요한 내용으로 채워지고 이것을 함께 가르치고 배우면서 사람들은 성장해 간다.

누구나학교의 강사는 스펙트럼이 매우 넓다. 고등학생, 학부모, 사회적 기업가, 노인, 학습관 직원, 의사, 재무상담사 등 다양한 연령대의 각종 직업 경력을 가진 사람들이 강단에 선다. 이들은 자신의 생활과 관련된 내용을 '나누는' 차원에서 강의를 연다. '여고생 민경이의 재미난 미술사', '장학생 성철군의 공부법', '예린이의 함께 보는 지식채널e' 등 고등학생의 강좌에서 부모들의 '엄마들의 힐링스쿨', '엄마표 생활영어', 시니어들의 'sns로 젊음과 소통하기', '생생놀이단의 손주와 함께 하는 전통놀이마당' 등에 이르기까지 강사와 강의의 다양성 폭은 상당히 넓다. 자신의 생애주기를 통해 얻은 지혜를 다른 세대에게 전해 주고 또한 소통하는 방법을 배울 기회를 제공하는 것이다.

여기서 주목하는 점은 강의의 제목을 다는 방식이다. 강사로서 사회적으로 인정되는 자격을 갖추지 않은 사람이 강사로 나서기 때문에 강의 제목은 학습자에게 친근한 방식으로 각색된다. '페트병을 이용한 수경재배기 만들기', '흙, 식물을 이해하고 친해지기', '버려진 종이로 만드는 쇼핑백', '바느질로 만드는 헤어악세사리', '짜로사랑과 함께 하는 천일염 두부 만들기', '공정여행 따라잡기', '우리 동네 의사선생님의 굿바이 디스크', '수요일에 만나는 착한 가정경제 멘토', '재무상담사와 함께하는 보험다이어트' 등 몇 가지 예만 보더라도 흡인력을 높이는 구체화된 내용이 주를 이룬다는 것을 알 수 있다.

이는 어떤 시민이라도 교수자의 위치를 차지하면서 강의가 '나눔'으로 그 위상이 변경된 결과라고 볼 수 있는데 학습자에 대한 가장 적극적이고도 강력한 촉진과정이라고 볼 수 있다. 시민을 '강의를 개설할 수 있는 능동적 존재'로 상정하고 실제로 그렇게 호명함으로써 학습자 스스로 시민참여의 장을 열어가도록 하기 때문이다. 이는 한편으로 과연 지향성이 무엇인가라는 의문을 낳기도 한다.

3. 기관을 조직하기

학습자가 스스로 공동체를 구성하여 교육주체로 나선 사례로는 '지혜로운학교'가 있다. 지혜로운학교는 2011년에 설립된 노인상호학습 교육프로그램으로 이 프로그램은 영국의 노인고등교육이라 할 수 있는 U3A University of the Third Age 정신[9]을 바탕으로 자원봉사를 통해 지식과 경험을 가르치고 배우는 조직을 말한다. U3A에서는 인생을 3주기로 나누고 인생 3주기인 노년기를 자아실현을 추구하는 시기로 본다. 이런 정신을 비판적으로 계승하여 강사와 학생이 함께 지식을 나누는 수업을 만들어 나가는 것이다.

기존의 광명시민대학과 누구나학교가 지방정부가 계획-운영한 것임에 반해 지혜로운학교는 설립 주체가 시민이다. 학습자가 '조직을 만들어 낸 설립자'라는 위치에 있는 것이다. 보다 정확하게 말하자면 '함께 공부하자'는 취지로 학습을 '제안'하는 것이 강좌개설의 기본 동력이다. 설립 시의 문제의식을 보자 김탁환 CBS 라디오 인터뷰.

'지혜로운학교'의 가치나 의미에 대해 관점이 바뀌게 된 첫 번째 계기는 수업을 만들면서입니다. 평소 성당의 성가대에서 라틴어를 접하고 혼자 끙끙대며 공부하고 있었는데 도무지 진도가 나가지 않았습니다. 그래서 라틴어 강좌를 개설했습니다. '지혜로운학교' 취지대로 제가 남을 가르친다기보다는 함께 공부한다는 마음으로 라틴어 함께 배우기로 시작을 했지요. 가르치려면 수강생보다 한 발 앞서 가야 하니 준비해야 하고 그러다 보니 공부가 잘 되더라고요.

이렇게 '함께 공부한다는 마음'으로 시작한 것이기 때문에 자원봉사로 수업이 진행되고 당연히 강사도 어떠한 부담도 없이 '함께 공부하기 위해' 수업을 할 뿐이다. 순수한 배움에 대한 열의와 기쁨만이 남는 것이다.

각 수업은 '열린 배움의 공동체'를 지향하기 때문에 전통적인 교수자-학습자의 위상은 변경된다. 실제로 수업에서는 강사를 '강사'로 부르지 않고 '리더' 또는 '코디네이터'라고 부른다. 이는 공식적인 명칭이기도 해서 '공동체를 이끌어 가는 사람'임을 스스로 되새기게끔 하기 위해 취한 전략에 해당한다. 사실 노년층은 여유와 덕망을 갖춘 집단이기도 하지만 아집과 편협이 극도화되기도 쉬운 시기이다. 노년층을 '학습자'로 명명하고 학교를 '공동체'로 규정함으로써 지혜로운학교는 노년층의 코드를 바꾸어 가는 동시에 자기 자신의 잠재된 가능성도 다시 발굴하려는 것이다. 물론 이런 과정은 노년의 긍정적 정체성을 확립하는 데도 도움을 주며 사회적으로 사장될 수 있었던 지식에 공공적 가치를 부여한다는 의미도 가진다.

이런 수업이 가능한 이유는 순수 자원봉사로 운영된다는 점에 있다. 학생, 강사, 운영진이 서로 돕지 않으면 조직 자체가 붕괴되는 구조는 구성원의 나눔과 헌신을 조건으로 삼는다. 조직의 강제를 통해 새로운 문화가 형성되고 뿌리내리는 것이다. 이런 특수성 속에서 2011년 5개 강좌로 설립된 지혜로운학교는 '아파트에서 농사꾼 되기', '자유로운 데일리드로잉', '시니어 강사 되는 법', 'SNS 배우기', '은퇴 후 해외사업 도전하기' 등 학습자 제안형 강좌를 다양하게 개설했으며, 2020년 코로나19 상황에서도 '시니어의 슬기로운 IT 세계' 등의 강좌로 그 문제의식을 이어가고 있다.

4. 참여의 심급 분류

위의 세 유형은 그 정도와 깊이에 따라 심급 depth 별로 다시 '주도', '관여', '단순 참여'로 구분해 볼 수 있다. 즉, 교육기획이라는 활동에 학습자가 참여하는 방식은 단순하게 회의에 출석하는 일에서부터 실질적으로 기획의 전반에 관여하는 단계에 이르기까지 다양하며 이는 강의나 공동체 학교의 경우에도 유사하게 나타난다. 예컨대 누구나학교에서 강사는 강의 경험이 있거나 누구나학교 측의 권유로 강의를 '수동적'으로 수용한 단계로부터 학교의 미래태까지 고민하는 단계로 구분될 수 있으며, 이는 지혜로운학교로 대변되는 공동체 학교의 경우도 마찬가지이다.

이런 참여의 심급 구분은 기획이 강의에 비해 또는 조직화가 강의에 비해

학습자 위치전환의 세 가지 유형

	교육기획	강의	교육조직화
단순 참여	• 기획이 어떻게 이루어지는 지 파악하기 • 약간의 의견 내기	• 수동적 강의 수락	• 공동체학교에 학습자로 참여하기 • 교육기획의 '관여' 이상 단계에 해당
관여	• 기획 내용 제시하기 • 동등한 토론자	• 실존적 전환체험으로서의 강의	• 전반적으로 조직의 문제를 함께 고민
주도	• 기획 날짜를 잡고 주제 선정하기 • 사람들의 참여 이끌어 내기	• 지속적인 강좌 재창출	• 강좌의 개폐 결정

수위가 높은 참여의 방식이라는 상식적 구획에서 우리를 벗어나게 한다. 기획에 참여한다고 해도 전반적인 교육기획에 참여하면 수동적 강의 수락보다는 능동적으로 교육에 개입한 것이라고 볼 수 있고, 학습자로서 강의 이후 계속 필요한 강의를 만들어 나가는 강사는 공동체적 조직화에 일정 정도 관여하는 것 이상의 주도성을 가진다고 볼 수 있기 때문이다.

사회학적 의미에서 보면 학습자가 가르치는 일을 한다거나 기획에 참여하는 일은 교육기관에서 '평등'을 구현하기 위한 하나의 시도로 받아들여진다. 학습자에게 보다 많은 권한을 부여하여 좀 더 적실성 있는 교육을 진행하겠다는 것이다. 그런데 엄밀하게 보면 제도적 평등을 구현한다는 것이 자동적으로 학습자를 활력화하는 것은 아니다. 이는 자유주의적 평등의 시도가 단지 '기회의 평등'에 국한되어 결국 그 기회를 충분히 구현할 수 없는 계급에게 더 큰 소외감을 불러일으킨 사례를 보아도 분명하게 알 수 있다.

다시 말해 학습자의 위치를 변화시키려는 시도는 크게 두 가지 의미를 가진다. 하나는 시민사회영역이 확장됨에 따라 도래한 '학습자의 시민권의식'을 수용해야만 수강생 유치가 가능해진 상황을 '반영'하여 제도적 평등의 도입에 그친 경우이다. 학습자는 학습자의 위치를 벗어난 것처럼 보이지만 결국 교육자가 편성한 틀 안에서 자신의 목소리를 내게 된다. 김신일의 논의 2000 와 연결하여 해석하면 이것은 '교육주의의 변형'이라 볼 수 있다.

이와 달리 학습자의 위치전환의 본래적인 의미는 학습자가 스스로를 바라보는 규정 자체가 바뀌는 것이다. 기획을 하거나 강의를 하면서 학습자가 스스로를 '지식생산의 주체'로 바라보기 시작할 때 기존의 교육을 둘러싼 이미지의 지형은 변형되기 시작한다. 학습자가 '학습자라는 개념에 부과된 이미지'를 벗어나서 다른 활동을 한다는 것은 학습자로서 정체성을 변형시킨다는 것을 의미한다 Ellsworth, 1992. 후자를 중심에 두고 학습자 위치전환이 구체적으로 어떤 교육학적 의미를 가지는지 탐색해 보자.

Ⅲ. 학습자 위치전환의 의미

1. 전제에 대한 도전: 주체-객체 모델의 탈피

학습자가 기존에 규정된 학습자로서의 위치를 벗어나서 다른 역할을 해 보는 것은 전통적인 교육의 전제를 바꾸는 일이다. 아주 사소한 단위의 기획이라고 하더라도 교육을 '제공해 주는' 입장에 서는 것은 정해진 교육을 수동적으로 받던 학습자와는 전혀 다른 시각을 전제로 한다. 그것은 '교육을 받는 존재'에서 이탈하여 그런 자신을 '교육을 제공하는' 시각에서 보는 일이다. 행위하는 자신을 다시 보는 것, 즉 성찰적 학습이 이루어지는 지점인 것이다 Illeris, 2003. 이 지점을 우리는 기존의 교육에 대한 '이미지의 균열'이 이루어지는 지점이라고 할 수 있다.

제일 잘 배우는 방법이 가르치는 거라는 얘기를 하잖아요. 그런데 진짜로 가르쳐 보니까 다르게 보이는 거죠. 아, 사실은 선생님들이 잘 모르면서도 그냥 세게 얘기하기도 했겠구나 생각보다 공부를 많이 해야 말이 쑥쑥 나오는구나 그런 생각을 하게 되죠.

이는 '한번 해 보는 실험적 작업'임에도 불구하고 새로운 정체성을 경험해보게 한다는 의미를 갖는다. 구체적으로 근대적 관점에서 학습자 정체성의 핵심은 '객체적 차원으로 주체를 내어 줌'에 있다. 학습자는 '객체'가 되는 것이다. 이는 동시에 교육자가 '주체'로서 교육 전반을 이끌어 감을 의미한다. 그런데 이런 위치전환을 통해 학습자는 이제 '주체-객체 모델'을 벗어나야 할 필요성에 공감할 수 있다.

사실 시민이라는 '주체'가 "나는 모르는 사람입니다"라고 선언하는 것은 무엇인가를 '아는' 존재에게 자신을 내어맡기겠다는 것을 말한다. 학습자는 스스로 객체적 존재가 되는 것이다. 학습자가 강사가 된다는 것은 이런 규정을 넘어보는 체험을 하는 일이다. 경계를 넘는 순간 기지 이미 앎 와 미지 아직 모름 를 가르던 선이 분명하게 드러난다. '위치'를 바꿔 보는 시도는 이런 점에서 주체가 객체를 경유한 후 다시 주체로 나아가는 과정이라고 볼 수 있다.

짐멜 Gimmel, 2007 에 따르면 '가르칠 수 있는 자'는 타자를 객체로 상정할 수 있는 사람이지만 그 객체화가 '교육적'이기 위해서는 객체가 주체로 나아간다는 전제가 작동해야 한다. 즉, 새로운 내용을 수용하는 수동성과 배움의 주체가 되는 능동성 간의 상호성이 배움의 조건인 것이다. 학습은 가장 수동적으로 보이지만 가장 능동적인 변형의 과정이 일어나는 '능동적 수동'의 행위이다. 이런 시각에서 보면 대부분의 소위 '교육적' 행위가 지향하는 규범성, 즉 학습자를 특정한 규범으로 이끌어야 한다는 강박은 객체를 객체에 머무르도록 만들어서 학습이 제대로 이루어질 수 없도록 하는 장애로 작용해 왔다고 볼 수 있다.

이는 사회로부터 부과된 '학습자'라는 기존의 집단적 정박지점 anchoring point 에서 벗어나 학습자가 스스로를 호명하는 과정이라고 볼 수 있다. 교육을 통한 시각전환은 개개인의 주체성이 새롭게 부상하는 과정이라고 볼 수 있는데 이는 학습자들이 '지적으로 열등하다'는 자기규정에서 벗어나는 것을 의미한다. 즉, 열등한 지능과 우월한 지능이 있다는 신화, 즉 "우월한 지능이 사물을 이성적으로 인식"하여 열등한 지능에게 알려주며, 열등한 지능은 "지각을 무작위로 등록하고 기억해 두고 해석하고 되풀이"한다는 신화를 벗어나는 것이다.

이는 기존의 질서-분배-구분을 재설정하는 '변형'의 과정이다. 학습자가 가르치는 위치에 서는 것이 가지는 전환적 의미는, 학습자가 가르치는 과정을 통해 가르침과 배움에 대해 그간 가지고 있던 상식=감각의 분배 방식에 변화가 생긴다는 점에 있다 Deranty, 2003. 랑시에르 식으로 표현하면 이는 감각의 재설정으로 "우리가 분배가 이미 변형 혹은 확증의 일환으로서 일종의 행위임을 깨달을 때 시작된다" Rancière, 2008b: 177. 어떤 단계에 있건 학습자가 새로운 시도를 하는 과정은 새로운 자기규정을 가능하게 해 주는 일이다. 중요한 것은 학습자의 해석틀인 것이다.

이런 점에 주목해서 보면 학습자가 기획자-강사-조직가라는 새로운 역할을 취한다는 것은 기존의 교육이 가정하는 '주체-객체' 모델을 벗어나는 시도를 의미한다. '주체-객체' 모델이 교육에서 작동하는 방식은 교육을 '제공'하는 사람들인 '주체'와 교육을 통해 뭔가를 '받는' 사람들인 '객체' 간의 일방향적 소통이다. 그것이 전제하는 양상은 학습자가 객체가 되어 그 객체됨을 벗어나지 않는 상태이다. 학습자가 잘 배우기 위해서는 내면에서 절대로 '가만히 있지 않는' 역동이 생성되어야 한다. 즉, '객체의 주체됨'이 원형적 학습자의 조건이다. 표준적-전통적 교육모델이 비판받는 이유는 '객체의 객체됨'을 그대로 내버려 두기 때문이다. 좋은 교육자란 객체의 주체됨을 끊임없이 요구하고 각성시키는 사람이다.

위치전환의 결과 교육자상 image도 변화한다. 다양한 실험적 교육프로그램에 참여한 학습자는 집단적인 유사성이나 동질성을 가지고 있지 않은 경우가 많다. 대개의 과정이 무료인 데다가 학습자의 선수학습 등의 조건 역시 거의 제시되지 않기 때문이다. 해당 교육내용을 훨씬 많이 아는 사람이 참여하기도 한다. 여고생의 미술 강좌에 참여한 미술교사는 '어떻게 아이가 가르치는지 보고 싶어서' 학습자로 참여하기도 한다. 이런 상황이므로 강사들은 "매 시간 누가 올지 알 수 없다는 약간의 두려움" 속에서 수업을 시작한다. 이런 과정 속에서 '가르치는 사람'에 대한 개념도 변화한다.

> 자만감에 꽉 찬 … 처음에는 엄청 잘난 척을 했어요. 자기 생각에 자기가 잘났지. 프랑스에서 그 유명한 학교도 나오고. 그런데 여기서 학생을 보니까 정말 대단한 사람이 있는 거예요. 다들 엄청 귀한 시간을 내서 와서 배우시는데 자기가 엄청 신경 많이 쓰였어요. 네. 저는 이 과정을 통해 선생님도 많이 배운다는 걸 깨달았어요.

교육자로서 학습자를 대하는 태도가 어떠해야 하는지를 다시금 생각해 보게 된다는 것이다. 이런 점에서 학습자-교육자의 위치전환 시도는 기존의 주체-객체 모델의 관행을 해체한다고 할 수 있다. 학습자는 '교육자'의 위치에 서 보고 '보장된 교육자'라는 고정관념에서 벗어남으로써 새로운 관계를 만들어 간다. 이는 교육이 주체-주체의 구도로 전환됨을 말한다. 학습자를 명시적으로 대상화된 상태에 놓이지 못하게 하는 것, 이것이 학습자의 위치변화가 갖는 핵심적 의미이다.

2. 학습의 위상변화: 삶을 변화시키는 동력

교육자-학습자 위치전환이 일상적 차원에서 그 의미를 획득하는 것은 전환의 경험이 '삶에 대한 해석'을 변화시키기 때문이다. '학습자로서의 학습'이 주어지는 내용을 받아들이는 차원에 머무르는 데 반해 '교육자가 되어 보는 학습'은 기존의 활동이나 관계를 전면적으로 다시 조명해 보는 기회를 제공한다. 이것은 자신의 경험을 '두텁게' 보는 과정으로서 현상학적으로 보면 일상의 경험을 자리 잡도록 만드는 '뿌리내림'의 과정이다. 평생교육의 개념은 '삶 life'과 '평생 lifelong'과 '학습 learning'을 통합적으로 이해하는 데서 출발하는데 이런 통합이 교육자가 되어 보는 과정을 통해 일종의 '구조'로 학습자의 내면에 자리 잡는 것이다. 예컨대 삶은 이렇게 변화한다.

> 생활이 너무나 풍요로워져요. 대기업을 퇴직하신 분인데 진짜 공부를 열심히 해요. 그런데 그분은 SNS를 공부하는데 여길 알고 나니까 노인을 위한 SNS를 강의하겠다는 생각을 하게 되는 거예요. 그러면 SNS를 공부하는 일이 전혀 다른 의미를 획득하게 되지요.

'전혀 다른 의미'란 학습이 삶과 접목되는 지점의 변화를 말한다. 기존의 교육론이 외부에 존재하는 지식을 내면화하는 과정으로 학습을 정의했다면 삶과 교육이 연결되는 장면에서는 배움이 삶의 짜임 자체를 바꾼다. 이는 학습의 존재론을 바꾸는 것으로 기존의 교육론과 상당한 단절을 전제로 한다. 학습은 삶과 거리를 두면서 삶과 무관하거나 삶에 도움을 주는 것이 아니라 삶에 밀착해서 삶을 변화시키는 방식으로 작용하기 때문이다. 상식적으로 보면 직업이나 실생활에 필요한 것을 학습하는 것은 '삶에 도움이 되는' 학습이라고 볼 수 있다. 하지만 배우는 자가 가르치면 학습의 내용은 지식에 그치는 것이 아니라 급격하게 학습자의 삶으로 파고든다.

위치전환은 평생교육의 본질인 삶에 대한 해석의 확장을 가져온다. 교육자가 되어 본 학습자 가운데 일부는 이런 '학습을 통한 존재론적 이월'을 경험한다. 하지만 상당수의 학습자는 강사경험 후에도 여전히 수동적 학습자에 머무른다. 그러면 그 차이는 어디에서 비롯되는가? 하나의 답은 '위치전환 상태에 대한 몰입'에서 찾을 수 있다.

대개의 경우 학습자들은 위치전환활동을 단지 하나의 '역할'로 보고 그 '일'을 잘 처리하고자 한다. 강사를 하건 기획자가 되건 새롭게 부여된 역할에 대한 자기 나름의 규정을 가지며 그 규정을 끝까지 유지하는 경향이 있다. 예컨대 한 강사는 이렇게 말한다.

> 강의를 잘해 보자, 그런 의도를 가진 거죠. 그랬기 때문에 가르치면서 내용을 더 잘 준비하고 … 주민들을 접하는 스킬도 좀 늘리자, 그 생각도 있었고. 목적을 잘 달성하고 있는 거죠.

'가르쳐 보는 일'에 대한 목적의식이 분명한 경우, 즉 '역할'에 집중할 경우 학습자의 위치전환은 '잘 가르쳐 본 체험'에서 크게 벗어나기 어렵다. 가르치는 일을 해 보는 것 자체가 주체-객체 모델의 전환을 일으키는 측면은 있지만 이런 경우 학습자는 삶 전체에 대한 의미규정을 새롭게 해 보는 데까지 나아가지는 못한다. 이는 학습자건 교육자건 기획자건 그 대상과 자신이 합일의 과정을 느끼는 '몰입'이 일어나지 않기 때문이다.

현대사회에서 특정한 역할을 더 잘하기 위해서는 '그 역할에 대한 숙련'이 필요하다. 직업적 발달은 대표적으로 역할 숙련을 중심에 놓는다. 숙련의 모델을 차용하면 교육에서 가르치는 자는 가르치는 일을, 배우는 자는 배우는 일을 충실하게 하는 것이 기능적 분화와 특화이다. 하지만 존재론적 변화는 그런 기능적 특화로는 불가능하다. 오히려 역할이나 기능에서 빠져나와 '나'라는 인간의 내면으로 들어갈 때에야 삶에 대한 조망력이 달라진다. 이것이 교육적 관계의 특징이다. '더 잘 가르치려면 목소리를 키워야 한다'거나 '더 잘 배우려면 탄수화물을 먹어야 한다'와 같은 기능으로 환원이 되는 것이 아니라 '인간'를 중심에 두고 '관계'에 몰입할 때 존재론적 전환 또는 결합이 이루어진다.

> 아파트에서 농사짓기라는 과목을 강의하는데, 학생이 열네 명 들어왔는데 … 나중에 보니까 나보다 농사경험이 정말 많은 사람이 두 명이나 있는 거예요. 이럴 경우 한두 시간을 이분들에게 위임을 하는 것이에요. 하지만 이 사람은 강의는 못 해. 그런데 텃밭만 농사지었으니 와 보긴 했는데 강의를 듣다 보니까 자기도 강사가 될 수 있다는 생각을 하게 된 거지요. 이러다가 에코팜에 취직을 한 거예요. 저는 이 모델이 너무 좋았어요. 강의를 듣다 보니 하게 되고, 하다 보니 새로운 생활을 하고, 이걸 하다 보면 새로운 가능성이 생긴다 싶은 거예요.

위의 수강생은 농사에 대해 자신보다 모르는 강사를 한심하게 생각할 수도 있고 수강을 중단할 수도 있었다. 어쩌면 교육자-학습자의 정해진 위치만을 강조했다면 계속적인 학습은 불가능했을 것이다. 그러나 자신이 알고 있는 내용과 교육 내용 간의 차이에 주목하면서 학습을 진행하고 자신이 기여할 수 있는 바를 찾아내자 새로운 가능성이 생겨났다. 위치전환은 삶의 전환으로 이어졌다. 강사/학생의 경계에 대한 선입견을 버리고 필요에 따라 유연하게 교육과정에 참여한 결과이다.

이렇게 보면, 평생교육이 잘 구현되기 위해서는 학습자가 언제든 강사나 기획자, 교육자가 되어 볼 수 있다거나, 교육자-학습자의 순환장치가 제도적으로 보장되는 일이 필요하다고 볼 수 있다. 평생교육에서 학습공동체가 중시되는 이유도 사실은 학습동아리나 마을공동체의 모임이 본질적으로 학습자-교육자의 위치전환을 구현하고 있기 때문이다. 가르침과 배움의 역동적 순환은 학습공동체의 유지와 발전의 조건이고, 이것이 곧 삶에 대한 해석력의 확장을 가져온다.

이런 관점에서 보면, 학습자와 교육자를 분리하여 그 유형이나 역할을 제시하는 이론이나 담론은 그것을 고정된 것으로 볼 경우 평생교육이 가진 교육적 동력을 낮추는 문제점을 가지게 된다고 하겠다. 예컨대 훌 Houle 이 제시한 학습지향, 목표지향, 활동지향의 학습자 유형분류는 성인학습의 다양성을 설명하는 준거가 될 수 있지만 Knowles & Swanson, 2007, 그것을 학습자의 기질이나 속성으로 보면 발달과 교육의 역동성은 축소된다. 교육을 경직된 역할로 보는 교육관에서의 탈피가 무엇보다 중요하다.

3. 교육적 나선형 구조의 형성: 창조적 자기진화

자신을 객체적 존재로 수용하고 학습에 자신을 내어맡기는 과정이 존재적 전환 혹은 전면적 학습을 가능하게 하는 조건이지만, 학습자의 입장에서 보면 학습이 일회성에 그치지 않고 지속되는가의 문제이다. 교육의 이상 理想 에 해당하는 학습자의 계속적인 학습욕구는 학습자라는 존재 자체가 달라져야 가능하다. 학습자가 구성하고 있는 의미망의 변화, 나아가 학습자가 자신을 어떤 사람으로 규정하고 있는지라는 정체성의 변화가 수반되어야 학습자의 학습에 대한 관점이 바뀔 수 있다. 사소한 판단에서 관점전환과 같은 근본적인 시각에 이르기까지 학습이 진행되는 다양한 지점에서 변화가 일어나고 그것이 학습자의 정체성을 변화시켜서 자발적이고 지속적으로 학습하려는 의지를 갖게 될 때 우리는 진정한 의미의 교육이 일어났다고 말한다.

위치전환의 경험도 마찬가지이다. 한 번의 경험으로 그치는 것이 아니라 계속적인 학습이 일종의 구조가 될 때 위치전환은 그 시도 자체가 교육적 의미를 지닌다. 이렇게 보면 기획자건 조직자건 강사건 위치전환이 의미가 있기 위해서는 전환된 위치가 접속된 외부환경으로 인지되어 마투라나식으로 말하자면 Maturana & Valella, 2007 '구조접속'이 일어나야 한다. 새롭게 체험된 위치가 학습자가 기존에 가지고 있던 학습에 대한 시각이나 학습자됨에 대한 관점을 변화시킬 때 개인적/집단적 차원에서 '교육적 진화'가 가능해진다. 이를 우리는 위치전환을 통한 창조적 자기진화라고 부를 수 있다.

위치전환의 경험은 자기진화로 나아가는 경향이 비교적 뚜렷한 것으로 보인다. 수적인 차원에서도 학습자와 교육자를 번갈아가며 자가 발전하는 구성원들이 많아지고 이를 제도화시키는 평생교육적 시도도 존재한다. 광명시에서 2013년 '자기긍정과 관계 형성을 위한 평화감수성 교육'을 진행한 시민제안자 집단이 2014년 3월 학습한 내용을 토대로 지역 내 파급력이 있는 학습활동 '갈등 전환을 위한 회복적 실천 포럼'을 기획하고 진행한 사례는 집단적 진화의 전형적인 사례라고 할 수 있다 광명시 평생학습원, 2014.

이렇게 위치전환이 창조적 자기 진화로 이어지기 위해서는 학습자들의 자발성이 전제되어야 한다. 이는 제도교육의 형식성이나 의무성과 대비되는 특성으로 학습자들이 '있는 그대로 받아들여진다'는 체험을 의미한다. 앞에서 밝힌 대로 개인의 몰입 저해요인 가운데 하나는 강사나 기획자의 '역할에 대한 집착'이다. 즉, 교육은 진행되는 순간 수업이라는 '틀'을 학습자에게 부여하여 자발성을 억압하기 쉽다. 규정 혹은 규정에 대한 습성으로 교육적 교호작용 educational transaction 이 제한되는 경우에는 자발성과 그 자발성에 의한 생동감이 형성되기 어렵다. 어떤 교사는 이런 실험을 대학과 비교하여 이렇게 평가한다.

어쩌면 내용은 비슷할 수도 있지만 대학은 규정된 틀에서 졸업장을 따야 하고 자격증을 따야 하고 그런 틀 속에서 교육이 이루어지잖아요. 거긴 자발성이 없는 거예요. 여기서는 지혜로운학교 틀을 벗어나서 … 이거를 하다 보면 그 생기가 너무나 달라요. (작은 글씨는 인용자)

'교육'에 으레 수반되는 제도적인 틀은 원래 가지고 있던 학습자의 학습욕구를 제한하기도 한다. 나아가 이런 '틀'의 경직성은 내면화되어 학습자의 참여를 저해하기도 한다. 예컨대 평생교육기관에서 시민참여를 높이기 위해 보다 많은 시민이 자신의 의견을 드러내 줄 것을 요청하지만 학습자의 자발적 참여도는 대개 예상보다 높지 않다.

막상 들어오는 거 보면 시민주도사업 요청이 그렇게 많지가 않은 거예요. 우리 학습원에서 반성은, 우리가 자율성을 학생에게 준다고 하면서도 어떤 틀을 굉장히 요구하고 있었다. … 우리는 쉽다고 하지만 어려웠던 거예요. 그게 제안요구 틀이 어려웠던 거야. 그래서 다음에는 이제는 벗으려고 하는 거예요. 마음껏 해보시오 그런 거. (작은 글씨는 인용자)

학습자-교육자의 내면에 붙박인 '내면화된 틀'은 강고해서 '제안요구서'와 같은 소소한 형식적 규정에도 쉽게 움츠러들게 된다. 그러면 어떻게 하면 이런 '내면화된' 틀을 넘어설 수 있는가. 바로 즐거움이다. 감성이 습성을 변화시키도록 해야 한다. 위치전환 경험을 통해 지속적 자기진화를 하는 학습자들은 공통적으로 '즐겁다'고 말한다.

즐거움은 일종의 감각이며 길리건은 이런 즐거움이 가능하기 위해서는 '자신의 목소리를 되찾는 일'이 필요하다고 본다. "목소리의 상실, 자신이 아는 바를 보거나 말하기 어려움, 현기증, 자신의 삶을 사는 것이 아닌 듯한 낯선 느낌 등의 의식분리 징후" 속에서는 이런 즐거움을 느낄 수 없으며, "나 자신과 조화로운 관계"에 이른 상황에서야 비로소 편안한 즐거움을 향유할 수 있다 Gilligan, 2002 .

원론적으로 보면 교육학적으로 '본래적인 자기가 된다'는 것은 인간이 망각한 자신의 본래적 가능성을 구현하는 것을 말한다. 자아실현이나 자아완성은 이런 가능성 구현에 대한 다른 표현이다. 즉, 한 사람이 다른 사람이나 사물에 의존하는 것이 아니라 자신의 존재를 비롯한 모든 존재자의 고유한 존재가 갖는 신비로운 충만함에 경이를 느끼는 것, 그리고 그것이 자신들의 고유한 존재를 드러내도록 돕는 사랑의 능력에 눈을 뜨고 구현하는 것이 진정한 의미에서 '자기가 된다'는 의미이다. 자신의 고유성을 발현하고 타자의 고유성을 발양시켜 주는 것이 바로 인간적 즐거움의 원천인 것이다 박찬욱, 2008: 214 . 역설적이게도 위치전환 실험이 갖는 힘은 기존의 교육이 놓치고 있었던 교육을 되찾는 일인 셈이다. 교육자의 '헌신'과 '자원봉사'가 강조되는 이유는 헌신이나 희생과 같은 코드는 기존의 제도를 벗어난 문화코드로 새로운 실천영역의 창출을 통해 '존재적 즐거움'을 불러일으키기 때문이다.

처음에는 구성원의 엄청난 헌신이 있었죠. 운영진들이 학생으로 거의 모든 프로그램에 들어갔고, … 이 모든 것이 즐겁기 위해서 하는 거예요. 단지 배움의 즐거움이에요. 그러니까 인제 자원봉사를 한다거나 그런 것에 전혀 익숙하지 않는 경우가 대부분이에요. 그런데 한 번 해 보면 다른 거예요. 또 다른 세상이 있는 거예요. (작은 글씨는 인용자)

'또 다른 세상'은 역할로 치환되지 않는 '존재적 자아'가 존중되는 세상이다. 경제적 보상이나 사회적 지위가 없으므로 이런 활동에 대한 유일한 보상은 '즐거움'이 되는 것이다. 일보다는 사람이 강조되고 체계화된 지식보다 우화나 스토리텔링이 힘을 얻는다. "교사가 설명적 훈육자가 아니라 스토리텔러나 번역자가 되는 공동체가 바로 해방된 공동체"라는 말처럼 Bingham, 2009: 662 전통적 교실의 문법이 해방된 공동체의 문법으로 변화하는 곳에서 위치전환은 지속적인 창조적 자기진화를 해나가게 된다.

Ⅳ. 위치전환에 대한 이론적 조명을 위하여

학습자가 교육자의 위치를 점유해 보도록 하는 교육학적 실험이 긍정적인 효과만을 낳는 것은 아니다. 대개 무료로 진행되므로 손쉬운 중도 포기를 유발하기도 하고 무료 강사라는 불신을 낳기도 한다. 시대적으로 학습자주도적인 교육이나 자기주도적 학습을 장려하지만 그런 실천의 교육학적 의미가 무엇이고 실제 그 효과가 무엇인지에 대한 탐색과 공유는 그리 활발하게 이루어지지 못했다.

앞에서 살펴본 위치전환의 시도는 기존의 교육에 대한 관점이 의외로 평생학습의 큰 장애가 되고 있음을 알려 준다. '제도'나 '역할' 중심의 교육 아비투스 Habitus 는 생각보다 강고해서 이를 벗어나기 위한 조력과 학습자 스스로의 강사 역할에 대한 몰입이 없다면 위치전환은 해프닝에 그친다. 학습자의 존재론적 전환이야말로 학습자를 지속적으로 성장시킬 수 있는 조건이다.

이런 위치전환의 시도를 이론적으로 조명하는 데는 바흐친의 이론이 도움이 된다. 바흐친은 모든 주체는 현재와 과거의 다원적 목소리로 구성되어 있으며 '주체는 대화의 한 공간'이라고 본다 Bakhtin, 1988. 모든 화자는 나름의 억양을 가지고 있고 그 억양을 통해 자신의 의도를 표현하는 과정을 통해 구축되어 가는 것으로 개개인은 "나 자신의 삶으로 대답"해야 한다. 개인은 계속해서 대답할 수 있도록 형성되어 가는 존재이다.

교육장면에 대입해 보면 교육은 발화의 얽힘 속에서 대답을 통해 구축되어 가는 자아 answerable architectonic self 가 형성되는 과정이라고 할 수 있다. 교육에서는 구성원 모두가 독립적이고 비융합적인 목소리를 가진 주체로서 인격적인 만남을 지향한다 혹은 지향해야 마땅하다. 저자가 작중인물을 '만들어 내는 주체'라는 시각을 벗어나서 보는 것과 마찬가지로 교육에서도 교사와 학생은 두 축의 이질성을 끝까지 유지시키고 고려해야 한다. 주체와 타자의 관점을 넘어서는 철학으로 나아갈 필요가 있는 것이다. 이런 철학적 전환을 통해서야 비로소 학습자의 위치전환은 창조적 자기진화의 틀을 갖출 수 있다.

드 세르토가 정의하듯 인간은 '아주 일상적인 차원'에서 재전유, 왜곡, 변형, 재가공하면서 자신의 삶을 만들어 가는 존재이다 박명진, 2007: 132. 교육은 이런 일상의 한 장면이다. 교육자의 자리에 선 학습자는 이미 새로운 실험에 들어서 있지만 기존의 교육을 넘어서지 못하는 경우가 많다. 진정한 새로운 '주체'로 살아가기 위해서는 새로운 철학 위에서 새로운 방식의 교육실천을 전개해야 한다. 안으로부터 코드를 바꿔 내는 '창조적 저항'이 매 순간 구현되어야 하는 것이다 조한혜정, 2011. 이는 매우 작은 실천으로 보이지만 노동사회를 넘어서는 '공생사회'의 삶의 방식이며 "사건과 경험의 축적, 그리고 시간의 재구성이 가능한 사회" Senett, 2009: 209 를 만들어 내는 일이다.

구체적으로 창조적 저항은 아마도 다음과 같은 다양한 질문과 그 질문에 답을 찾아가는 과정으로 연결될 것이다. 교육자인 나는 학습자일 때와 어떻게 다른가? 다른 교육자와 얼마나 다르게 기획하고 조직하며 수업을 진행하는가? 얼마나 수평적 관계를 맺는가? 수업장면에서 이루어지는 정서적 교감에 대해 어떻게 생각하는가? 수업에서 소외를 어떻게 정의하는가? 학습자 간의 관계를 어떻게 보는가? 여러 차원에서 구획된 기존의 경계에 대해 던질 수 있는 질문은 적지 않으며 수업의 재구성과 나아가서 교육 패러다임의 전환은 이런 질문을 끝까지 붙잡고 작은 실천을 하는 데서 시작된다.

여러 학습자 가운데 한 명의 학습자가 다시 교사의 권력을 획득하는 구조를 바꾸는 일은 생활정치의 사회운동이다. 이 운동은 문화의 의미를 전복시킨다. 조직이나 사회실천을 구성하는 기존의 방식이 바뀌는 것이다. 사회운동은 대안적 가치와 도덕적 비전에 동기화되어 있는 '이질적 인간들과 집단들'이 연대를 이루어 행위하는 장면을 보아야 한다. 개인이 타인과 함께 의미를 구성하도록 해 주는 일이 필요한 것이다 Kilgore, 1999. 집단이 개인에게 스며들고 개인이 집단의 문화코드를 바꿔 내는 과정, 이것을 '교육자가 된 학습자'의 실천에서 찾아야 한다.

참고문헌

고미숙(2002). 인간교육을 위한 서사적 대화모형 연구. **교육문제연구**, 16, 1-30.

광명시 평생학습원(2011). **배우며 나누며**. 자료집 39호.

광명시 평생학습원(2014). 시민대학 내부평가자료.

김수동(2004). Noddings의 배려를 위한 대화의 교육적 의미. **교육철학**, 32, 45-69.

김신일(2005). **학습사회의 교육학**. 학지사.

김욱동(1999). **대화적 상상력-바흐친의 문학이론**. 문학과 지성사.

김욱동 편(1990). **바흐친과 대화주의**. 나남신서.

김종문(2003). **학생활동중심의 대화학습**. 교육과학사.

박명진(2007). **문화, 일상, 대중**. 한나래.

박찬욱(2008). **나**. 운주사.

박효진(2008). **평생학습도시 시민대학 운영 모델 비교 분석**. 석사학위논문, 아주대학교 대학원.

사토 마나부(2011). **아이들을 어떻게 가르칠 것인가**. 박찬영 역. 살림터.

서동진(2009). **자유의 의지 자기계발의 의지**. 돌베개.

수원시 평생학습관(2013). 수원시평생학습관 심포지엄 시민제작 일상학습 자료집.

수원시 평생학습관(2014). "시민대학 평가". 운영위원회 자료.

조한혜정(2011). **후기 근대 세대간 갈등과 공생의 전망**. 한국여성평생교육회 세미나.

Bakhtin, M.(1988). 이득용 역. **바흐친의 소설미학**. 열린책들.

bell hooks. (1994). *Teaching to transgress: Education as the practice of freedom*. 윤은진 역 (2008). **벨 훅스, 경계 넘기를 가르치기**. 모티브북.

Bingham, C. (2009). Under the name of method: On Jacques Rancière's Presumptive Tautology. *Journal of philosophy of Education, 43*(3), 405-420.

Dewey, J. *Democracy and Education*. 이홍우 역(1996). **민주주의와 교육**. 교육과학사.

Deranty, J. P. (2003). Jacques Rancière's contribution to the ethics of recognition. *Political Theory, 31*(1), 136-156.

Edward, R. (1997). *Changing places: Flexibily, lifelong learning and a learning society*. London: Routledge.

Ellsworth, E. (1992). Why doesn't this feel empowering? Working through the repressive myths of critical pedagogy. In Luke, C. & Gore, J. (Eds.), *Feminisms and critical pedagogy*. New York: Routledge.

Fiedler, F. (2009). *Dialektischer und Dialektischer Materialismus*. 문성화 역(2009). **변증법적 유물론**. 계명대학교출판부.

Freire, P. (1972). *Pedagogy of the oppressed*. 성찬석 역(1995). **페다고지**. 한마당.

Garcia, F. (2012). *Of maps and leapfrogs: Popular education and other disruptions*. 노일경 외 역(2012). **페페의 희망교육**. 학이시습.

Gilligan. (2002). *The birth of pleasure*. 박상은 역(2004). **기쁨의 탄생**. 빗살무늬.

Gimmel, G. (2007). *Kulture theorie*. 배정희·김덕영 역. **게오르그 짐멜의 문화이론**. 길.

Giroux, H. (2011). *Critical pedagogy*. London: The Continuum Intenational Publishing Group.

Hemphil, D. (2001). Incorporating postmodernist perspectives into adult education In. Sheared, V. & Sissel, P. (Eds.) *Making space: Merging theory and practice in adult education*. pp. 15-28. Westport: Bergin & Garvey.

Illeris, K. (2003). Adult education as experienced by the learners. *International Journal of Lifelong Education, 22*(1), 13-23.

Knowles, M. (1988). *The Modern Practice of Adult Education: From pedagogy to andragogy*. NY: Jossey-Bass Publisher.

Knowles, M. & Swanson, E. (2007). *Adult learner*. NY: Elsevier.

Kilgore, D. (1999). Understanding learning in social movements: A theory of collective learning. *International Journal of Lifelong Education, 18*(3), 191-202.

Maturana, H. & Valella, F. (2007). *Der Baum der Erkenntnis*. 최호영 역. **앎의 나무**. 갈무리

Melucchi, A. (1996). *Challenging codes: collective action in the information age.* NY: Cambridge University Press.

Mezirow, J. (1991). *Transformative dimension of adult learning.* San Francisco: Jossey-Bass.

Offe, C. (1985). New social movements: Challinging the boundries of institutional politics. *Social Research, 52*(1), 817-868.

Rancière, J. (2008a). *Le maitre ignorant*, 양창렬 역 (2008). **무지한 스승**. 궁리.

Rancière, J. (2008b). *Le partage du sensible: Esthétique et politique.* 오윤성 역. **감성의 분할**. 도서출판 비.

Sennett, R. (2009). *New Capitatlism.* 유병선 역 (2009). **뉴캐피탈리즘**. 위스덤하우스

Welton, M. (Ed.). (1995). *In defense of the lifeworld: Critical perspectives on adult learning.* Albany: State Universtiy of New York Press.

<참고 사이트>

서울시 청년학교. http://youthhub.kr/notices/52fb424dcf97721b4700026b

시사인(2013.09.25.) "교사와 학생이 돌고 도는 학교". http://www.sisainlive.com/news/articleView.html?idxn

지혜로운학교 까페. http://cafe.naver.com/openuniversity

희망제작소 홈페이지(2013. 05. 13.) "시니어들이 학교 만들기에 나선 사연". http://www.mkehope.org/4403

희망제작소 홈페이지(2013. 05. 29.) "지혜로운 학교에 반하다". http://www.makehope.org/4496, 김명중 씀.

희망제작소 홈페이지(2013. 06. 11.) "시니어와 젊은이가 함께 배우는 학교". http://www.makehope.org/4528, 조경옥 · 김승운 씀.

CBS 라디오, 〈김탁환의 여러분〉(2013. 04. 25.) 수원시 평생학습관 [누구나학교] 김미애 선생님과 인터뷰.

4장

'참여동기'에서 '학습욕망'으로:
교육의 출발점에 대한 재고

Ⅰ. '참여동기' 연구의 딜레마

1. 동기이론의 기여

학습자는 왜 학습을 하는가? 학습자가 계속 학습하도록 하려면 어떻게 해야 하는가? 아마도 이 두 가지는 평생교육의 현장에서 지속적으로 등장하는 질문일 것이다. 교육자는 학습자가 학습을 계속할 수 있도록 하는 것을 소명으로 삼고 있기 때문이다. 그간 교육학이론에서 이에 대한 답은 주로 동기이론을 통해 제시되어 왔다. 학습자는 A 혹은 B라는 학습 동기를 가지고 있기 때문에 학습하며 동기가 강할수록 성취도나 학습 지속율이 높아지므로 성취동기를 진작시키고 동기를 계속 부여하는 것이 교육자가 할 일이라는 것이다.

구체적으로 동기이론에서 학습동기는 "학습활동을 가치 있는 것으로 여겨 열심히 하려는 경향 혹은 학습활동을 의미 있고 가치 있는 것으로 인식하여 의도한 학습목표를 성취하려는 경향"으로 정의된다 정종진, 2008: 168. 즉, 학습활동을 열심히 하고자 하는 태도를 갖추고 있다면 학습동기가 높다고 볼 수 있으며 교육학은 외적인 보상에 의한 동기보다는 학습 자체를 가치로운 것으로 보는 내재적 학습동기가 높은 상태를 지향해 왔다. 학습 그 자체에 가치를 두는, 나아가 계속적인 학습에 대한 욕구가 학습의 결과물이 되는 상태는 교육의 본질적 지향점이라고도 할 수 있다. 이런 점에서 동기이론은 교육의 목적론과 결합하면서 교육의 의미를 성찰하게 하는 이론적 기반을 제공하기도 했다.

동기이론은 학생의 학습행동의 원인을 다양한 방식으로 설명한다. 행동주의에서 인본주의, 인지주의에서 암묵적 이론에 이르는 여러 이론은 각 입장에 적합한 이유를 들어 '학습행동을 하게 만드는 힘'으로 동기를 설명했다. 행동주의가 강력한 외부적 보상의 내면화에서 동기를 찾았다면 인본주의는 욕구위계설을 통해 욕구의 수위에 따라 다른 동기가 작동함을 설명했다. 따라서 행동주의에서는 보상이나 유인체계와 같은 외재적 동기를 부여하는 것이 필요하다는 입장을 취했다면 인본주의에서는 내적 자원을 격려해 주는 것으로 학습행동 유발을 설명했고, 인지주의에서는 계획 목표 기대 귀인과 같은 '사고'를 강화하는 방법을 중시했다. 또한 내재적 동기이론은 흥미, 호기심, 성취감을 강조한다.

인간이 어떻게 외부세계를 해석하고 반응하는가에 따라 서로 다른 동기유발 방법이 제안되었던 셈이다. 학습동기를 진작시키기 위해서는 학습자들이 어떻게 특정 학습활동을 가치 있는 것으로 여기게 되었는지 밝히면 된다 정종진, 2008. 이런 흐름은 성인교육영역으로도 확대되어 예컨대 '원격 성인학습자의 자율적 학습동기를 보다 촉진시키기 위한 방안'과 같은 처방적 문제의식으로도 이어졌다 Simpson, 2004. 이런 맥락에서 학습동기에 관련된 논의는 상당한 실천적 기여를 했다고 볼 수 있다. 일방향적인 전달이 아니라 동기에 영향을 미치는 요인을 촉진하기 위한 교수법, 외재적 동기, 자존감, 목표성, 흥미도 등 '더 높은 동기'를 가진 사람의 특징을 분석함으로써 학습자를 촉진할 수 있는 방안 등이 제시되었던 것이다.

다른 한편 학습동기논의는 '교육자가 아무리 가르치려고 노력하더라도 학습자가 동기부여되어 있지 않으면 아무 소용없다'는 점을 명확히 했다고 볼 수 있다. 동기이론은 교육학에서 학습자를 중심에 놓도록 했고 학습자의 정의적 측면이 변화될 때야 비로소 학습이 더 높은 단계로 진입함을 밝혔다. 학습자의 내면에 지적 능력과 인간적 능력이 있으니 그것을 강화해 줘야 한다는 입장과, 외부적 보상으로 행동을 유발해야 한다는 입장으로 구분할 수 있다.

이런 맥락에서 동기이론은 최종적으로는 학습 주체가 학습의 목적을 얼마나 내면화하고 있는가 이홍우, 1968 라는 문제로 수렴된다고 볼 수 있다. 강한 목적의식을 갖기만 한다면 열심히 학습하게 될 것이기 때문이다. 이런 전제 위에서 학습동기는 '어떤 규정된 학습내용을 학습하고 그것을 그의 일상생활에 활용하는' 내용을 명시한 학습목표와 연동되어 설정되고 설명되었다. 동기란 행동의 결과를 가져오는 이유 고명규, 1970; 82 로서 목표의식과 유사어인 셈이다. 문제는 학습목표가 충분한 보상체제도 갖추고 흥미도 이끌도록 계획적으로 제공된 경우에도 학습자에 따라서는 학습하지 않는 경우도 나타난다는 사실이다. 도대체 '그럼에도 불구하고' 학습하지 않는 사람은 왜 학습을 하지 않는 것인가?

2. 동기이론에서 배제되는 것들

교육학에서 동기 이론은 명시적으로 "어떻게 해서 학습자들이 학습활동에 임하게 되는가"라는 근본적 질문을 던지고 있다는 점에서 학습자에 대한 관심을 갖지만 다음과 같은 몇 가지 한계를 갖는다. 첫째, 동기이론은 '학습동기를 어떻게 갖게 되는가' 하는 문제, 예컨대 학습자가 '왜' 그 동기를 가지게 되었는가라는 '동기의 구성'과 관련된 문제를 배제한다. '자존감이 높은 학습자가 동기가 높다'라는 사실은 학습자의 특성변인별 학습동기와 성취도를 측정하기에 적합한 잣대가 될 수 있지만 어떻게 해서 자존감이 형성되고 학습과 연결되는지에 대해서는 설명하지 않는다. 학습자가 보다 '잘', 즉 효율적이거나 효과적으로 학습하도록 만들어 보고자 하는 문제의식을 전제로 하기 때문에 '왜', '어떻게'의 문제는 자연스럽게 배제되는 것이다.

둘째, 학습동기를 진작시키기 위한 요인의 추출은 그런 요인의 '결핍'이 해소되면 학습자가 자동적으로 학습할 것이라는 시각을 전제로 한다. 허숙행 2005은 암묵적 접근을 통하여 유용성, 흥미, 인정, 의무, 기대라는 다섯 가지 요인을 학습동기로 추출한다. 이런 결과는 이전의 논의에 비해 한층 학습자에게 다가가는 접근이라는 점에서 새로운 논의의 가능성을 시사한다. 그럼에도 불구하고 '요인'론은 특정한 학습이 '유용하지 않으므로' 그리고 '흥미가 떨어지므로'와 같이 특정 요인을 결여하고 있기 때문에 동기를 유발하지 못하며, 따라서 그런 '결여'를 충족시켜 준다면 학습이 일어난다는 입장을 갖는다.

이는 교수법적 차원에서 자주 활용되는 켈러 Keller 의 ARCS 모델에도 적용 가능하다. 켈러는 주의환기와 적합성, 자신감과 만족감이 높을수록 학습자의 동기가 높아진다는 가설을 통해 구체적인 교수과정상의 기법을 제공하도록 한다. 하지만 켈러의 경우에도 충분히 만족감을 제공하고 자신감을 갖도록 도왔으나 학습동기가 낮은 경우에 대해서는 답하기 어렵다는 한계를 가진다. 이럴 경우 교수자는 또 다른 요인을 찾는 수밖에 없다. 동기이론은 '개별 학습자에게 어떤 동기가 있는가'라는 고립적 개인을 단위로 한 접근이기 때문에 위에서 논의한 몇 가지 요인 이상의 논의 전개가 어려워진다.

이와 이어지는 문제는 학습자를 철저히 '의식적'인 존재로 본다는 사실이다. 동기이론은 기존의 교육이 학습자에게 좀 더 동기부여가 될 수 있는 '합리적' 요인을 제시한다면 학습자들이 학습할 것이라고 기대한다. 학습자를 합리적이고 의식적인 존재로 보는 것이다. 이렇게 보면 충분히 합리적인 대안을 제시해도 학습자가 동기부여되지 않을 경우 학습자는 '정상'의 범주를 이탈한 '상담'이 필요한 상태로 분류된다. 동기이론은 의도치 않게 정상과 비정상을 구분하는 가름선을 제공하는 것이다.

성인교육론에서도 개인의 자기주도성이나 자율성에 중요성을 두는 동기 이론을 채택한다. 동기요인을 내재적-외재적 차원에서 구분해 보는 논의를 넘어서서 학습자의 자기결정성 혹은 자존감을 중심으로 동기를 분석하는 것이다. 예컨대 자신의 학습행위에 대한 자율성을 가지는 학습자일수록, 자존감이 높을수록 학습동기가 높으며 역으로 강권하는 분위기나 무시하는 장면에서는 동기가 낮아진다 Boniwell, 2005; Simpson, 2004 . 이런 입장은 인간의 자율성에 주의를 기울인다는 점에서 의미가 있지만 환원론적 설명 동기의 복잡성을 인간의 몇몇 특성으로 설명 의 한계에서 벗어나지는 못한다. 학습자가 어떻게 해서 자율적이 되고 자존감이 높아지는지와 같은 긍정적 동기의 '획득'이 설명될 수 없기 때문이다.

또한 실천 영역에서 평생교육 참여동기에 대한 논의는 장애요인을 중심으로 하고 있어 그 방대한 자료에 비해 이론적 진전은 더딘 편이다. 평생교육기관에 누가 얼마나 참여하는지, 만족도와 성과는 어떠한지와 같은 운영상의 관심에서 동기에 대한 분석이 이루어지기 때문이다. 이때의 '동기'는 지나치게 추상적이고 단선적이다.

현실을 보면 학습자가 '의식적'으로 명확한 '동기'에 따라 학습하는 것은 아니다. 오히려 우연히 혹은 별 의도 없이 학습을 시작하기도 하고 반대로 그렇게 학습을 그만두기도 한다. 다니던 직장을 그만두고 학습의 장에 들어서는가 하면 학습을 하면 새로운 직업을 가질 수 있음을 알면서도 학습을 거부하기도 한다. 학습을 왜 하는가의 문제는 선명한 동기에 따라서가 아니라 무의식적 과정까지 포함하여 설명할 필요가 있다.

기존의 동기이론의 풍부화, 그리고 성인까지 포괄하는 학습자들의 학습동학learning dynamics을 밝히는 이론을 정립하기 위해서는 기존의 동기이론보다 근원적이고 구조적인 접근이 필요하다. 이런 점에서 교육을 보는 새로운 관점을 제시하는 정신분석학적 통찰 몇 가지를 살펴보는 것은 학습자에게 다가가는 또 하나의 채널이 될 것이다.

Ⅱ. 정신분석학적 '욕망'과 교육학

1. 정신분석학에서의 '교육'

정신분석학은 학계에 최초로 무의식이라는 거대한 주제어를 던진 학문이다. 그 여파가 워낙 막강했기 때문에 인간을 다루는 학문은 거의 예외 없이 정신분석학의 영향을 받았다. 교육학도 마찬가지였지만 그 수용방식은 매우 제한적이었다. 프로이트의 무의식과 리비도 개념은 비성적 非性的 이라고 간주되었던 학생의 존재론을 다시 쓰는 작업을 요청했지만 변화는 성교육이라는 교육과정의 도입에 그쳤다. 교육장면의 무의식적 역동이라든가 리비도의 교감, 방어기제와 교육적 훈육의 관계와 같은 문제는 논의조차 되지 않았다. '교육은 인간행동의 계획적 변화'라는 사회적 공약성 共約性 이 있었기 때문이다.

학습자를 이성적 자아를 넘어서 무의식까지 포괄하는 영역으로 보면 참여동기의 자리에는 학습욕망이 들어선다. 동기이론은 욕구단계설에 기초하여 소위 '자아실현'이라는 동기를 지향하면서 학습이 진행된다고 본다. 하위욕구가 해소되어야 상층의 욕구가 발현된다는 것이다. 이에 대하여 정신분석학은 인간의 욕구에서 그런 정확한 단계 구분은 불가능한 것이며 무의식의 단절과 파열이 느닷없이 일상으로 난입하는 것이 인간 삶이라고 본다. 이렇게 보면 학습은 그런 삶의 과정 속에서 생겨나는 것이니 이성적으로 설명할 수 없는 정서적인 성격을 가진 전환적 활동이다.

이 글에서 '학습'에 '동기'가 아닌 '욕망'이라는 용어를 사용한 것도 이런 이유이다. 자격취득과 같은 교육프로그램 참여를 위한 합리적 '동기'가 아니라 불안과 좌절, 충동과 집착을 동반한 배움은 '욕망'이라는 개념으로만 설명된다. 앎이 삶을 구성하고 삶이 앎의 형식을 부여하는 역동적 과정 속에서, 욕망은 실현되지 못한 어떤 것에 대한 희구로, 그리고 마음의 여러 차원을 넘나들면서 행동을 일으키는 동인 動因으로 작동한다. 정신분석학적 렌즈를 차용하면 학습동기는 학습욕망으로 전환될 수 있다 Todd, 1997.

좀 더 자세히 정신분석학이 바라보는 학습자에 대해 살펴보기로 하자. 근대교육학의 전제가 되는 주체 철학적 입장에서 학습자는 '무지한 자'인 동시에 '알 능력을 가진 자'이다. 학습자는 한편으로는 계몽의 세례를 받지 못한 자라는 점에서 무지한 자이지만 동시에 이성적 잠재력을 가진 존재로, 노력에 따라 '아는 자'에 도달할 수 있다. 이런 인식 위에서 사람들은 인간의 고유함을 이성에서 찾았고 계몽이 이런 이성에 도달하는 길이라고 믿었다. 인식의 최종적 지향인 "절대적 지식"은 교육의 이상으로 상정되었다 Bailey, 2003. 알아야 할 것을 샅샅이 조사해서 모든 것을 밝은 빛, 즉 계몽의 세례 속에 담아내겠다는 것, 지식을 완전히 전유하겠다는 것. 이것이 절대적 지식을 향한 인간의 교육학적 향념이었다고 볼 수 있다. 따라서 학습자는 현전의 형이상학에서 전제로 삼는 객관적 진리를 체현할 가능성을 가진 인간이되 아직은 거기에 도달하지 못한 '미숙한 사람'이라고 할 수 있다. 학습자는 "잠재적 상태에 머물러 있는 이성적 존재"인 것이다 Mollenhauer, 2005.

정신분석학은 이런 학습자관을 정면으로 비판한다. 의식은 무의식이라는 빙산의 일각에 불과하므로 학습자의 무의식을 고려하지 않는 교육은 인간의 정상적 발달을 왜곡하고 저해하는 행위가 된다. '무의식적 존재로서 인간'이라는 새로운 관점을 취하면 절대적-계몽적 진리를 전달하는 과정인 교육은 '일종의 폭력'이 된다. 기존의 교육학에서 전제하고 있는 지식전달의 패러다임에 대하여 "'완전한 남근'을 가지고 있는 교사에게 '순진하고 비어 있는 용기 그릇'인 학생이 끌려가는 과정이다"라고 비판한 갤럽 Gallop, J 의 글은 정신분석학이 기존의 지식교육에 얼마나 적대적인지를 잘 드러낸다.

> 남성 간의 성교는 서구 교육학에서 유용한 패러다임임이 틀림없다. 좀 더 나은 사람이 그렇지 못한 사람에게 지식을 투여한다. 학생은 팔루스를 위한 빈 저장소이다. 교사는 지식이라는 남근의 완전성이다. … 이런 구조와 그 성적 역동은 사드에서 명확하게 드러난다. 학생은 자신의 욕망이 결핍되어 있으며, '교사가 안내해 줄 것'을 욕망하는 순진하고 비어 있는 용기이다 Gallop, 1982: 118 .

'비어 있는 용기'인 학생은 교사가 손쉽게 침투해 들어와 씨 뿌리고 지식을 전파하는 수동적 수용체이며 '완전무결한' 교사는 '남근적'인 존재이다. '교사가 절대적 지식을 소유하고 학생에게 제공한다'라는 전달 패러다임이 전제하고 있는 내적 역동은 바로 이런 팔루스 남근 관계라는 것이다.

이렇게 보면 지식 전달의 일방향적 교육은, 아이들의 본성과 충동을 억압하면서 교육자가 원하는 내용을 전달함으로써 아이들의 내면을 피폐화하는 '정상적 심리발달의 파괴자'에 다름 아니다. 이런 차원에서 안나 프로이트는 "아이들의 발달을 위해서는 교육이 하지 않았던 바로 그것을 하면 된다"라고 냉소적으로 말한다.

> 교육은 차근차근 아이들이 원하는 것의 정확히 반대편에 이르게 한다.

각 단계마다 교육은 아이들이 내면적으로 가진 충동적 희구의 정반대 편에 있는 것을 바람직하다고 간주한다 Freud, 1974:101 .

다시 말해 교육학과 정신분석학의 지향은 상호 적대적임을 알 수 있다. 두 학문은 공히 유아와 아동의 내적 세계를 탐색하지만 어둠 속에 있는 학습자를 '밝은 빛'으로 안내해야 한다는 교육학과, 그런 교육학은 절대적 지식에 집착하면서 학습자에게 폭력을 가할 뿐이라고 보는 정신분석학은 손쉽게 상호협력으로 나아가기 어렵다. 교육학이 인간을 '이성적 조절이 가능한 의식적 존재'로 바라보는 데 반해 정신분석학에서는 '문화라는 폭력으로 억압된 무의식을 가질 수밖에 없는 고통 받는 존재'로 바라본다.

구체적으로 안나 프로이트는 인간이 '극단적인 것의 친밀한 복합체'로서 ① 극단적 의존 ② 극단적 행복 ③ 극단적 감정의 소용돌이 사랑과 증오, 공포와 자신 감 속에서 살아간다고 보면서 지식의 사용과 구성에서도 이런 여러 감정적 극단들을 인식론적으로 반복하면서 성장한다고 파악한다. 모순과 균열, 극단적 소용돌이가 인간 정체성의 핵심에 존재한다는 것이다.

2. 교육학에서의 정신분석

교육학에서 정신분석학 수용의 접점은 주로 심리학적 영역에서 발견된다. 교육심리학에서 프로이트를 다루고 발달심리에서 '성적 발달'의 영역을 다루는 것이 대표적인 예일 것이다. 정신분석학은 아동기의 성적 발달이나 이상행동을 설명하기 위한 이론적 도구로 수용되었으며 정신분석학의 가장 큰 기여로 꼽히는 무의식적 영역은 '교육될 수 없는 영역'이라는 점에서 배제되었다. 무의식의 난삽함을 극복하고 의식적 발전을 이루는 것. 그것이 교육이 무의식을 바라보는 '계몽'의 방식이었다. 따라서 인간관이나 방법론 전반에 대한 검토보다는 정신분석학적 결과를 교육학 일부 영역에서 수용하는 방식으로 그 접점이 형성되었다고 볼 수 있다.

교육학이 학교를 중심으로 '정상적' 아이들의 '집합적' 사회화를 향한 노력을 기울여 왔다면 정신분석학은 분석실의 안락의자에서 '비정상적' 성인 여성을 대상으로 '개인적' 치유를 통해 정교화되었다. 교육학이 남성과 여성의 자유주의적 평등에 기여하기 위해 노력해 왔다면 정신분석학은 여성과 남성의 차이와 그 차이에 입각한 정체성을 면밀하게 밝히고자 했다. 흥미롭게도 이런 차이점은 최근 들어 상당히 줄어들고 있다. '집합교육'은 개인을 대상으로 하는 '맞춤식 교육'으로 전환되고 있고, 상담을 통해 치유와 교육이 결합되고 있으며, 남성과 여성의 제도적 평등은 '차이의 정치학'에 그 자리를 넘겨 주고 있다. 이런 현상은 평생교육의 전사회적 확장과도 긴밀하게 연결된다. '무엇'을 교육할 것인지가 아니라 '누가', '왜' 학습하는지가 중심적 문제로 부상하고 있는 것이다.

나아가 정신분석학의 인간관은 교육학의 인간관에 생각할 거리를 던져 준다. 교육학이 코기토, 즉 "나는 생각한다, 고로 존재한다"라는 이성적 명제에 입각하여 생각을 존재의 집으로 여겼다면 정신분석학은 "생각하지 않는 곳에 존재하고 존재하지 않는 곳에서 생각하는" 존재, 즉 무의식 속에서 실재하는 존재로 파악한다 Cho, 2009 . 인간이라는 존재는 이성적으로 도저히 설명할 수 없는 선택을 하기도 하고 합리적으로는 설명할 수 없는 행동을 해 버리기도 한다. 라캉식으로 말하자면 상징계로 대표되는 이성의 세계가 아니라 언어로 전혀 설명할 수 없는 실재계에서 모든 중요한 결정과 만족과 희열이 이루어진다. 교육학이 학교를 넘어서서 인간의 정체성 형성을 다루고자 한다면 정신분석학의 성과, 예컨대 정체성 형성에 내밀하게 얽혀 있는 무의식적 욕망과 억압, 동일시와 투사의 과정을 적극적으로 탐구해야 한다.

좀 더 구체적으로 보자. 대개 교실현장은 교육자와 학습자가 언어를 통해 새로운 내용을 학습해 가는 공간으로 묘사되지만 그 상호작용 안에는 무수한 무의식적 교감이 작동한다. 언어는 발화의 지시대상뿐 아니라 발화 자체의 수행성을 포함하며 다차원적 교류 속에서 교육자와 학습자는 지속적으로 타협의 과정 속에서 재생산된다. 유일한 소통의 고리가 말이나 글이기 때문에 그것이 지배적인 것으로 착각되는 그런 공간이다. 언어로 지식만이 전달되는 것이 아니라 관계와 정체성이 지속적으로 재생산되는 것이 바로 교육의 장면이다. 보다 중요한 것은 언어로 정리할 수 없는 무의식 차원의 소통과 교감, 억압과 동일시의 발생이다. 가즈시게 2007: 26 는 이렇게 정리한다.

> 프로이트의 무의식이란 무의식을 통합함으로써 내가 한층 더 전체적인 존재가 되며 자아실현에 도달하는 길에 들어설 수 있을 것 같은 나의 일부를 뜻하는 것이 아니다. 무의식이란 나에게 불연속적으로 단절된 것이며 만일 내가 의식화할 수 있다고 해도 무의식은 다시 다른 곳으로 떠나버린다.

이렇게, 의식의 수준에서 할 수 있는 것과 할 수 없는 것의 구분을 교육학은 수용하지 않았다. 교육학에서 무의식은 빨리 배제되어야 할 충동과 유사한 '위험한 어떤 것'이었고 무의식적 관계를 논하기에 앞서 학교에서 가르쳐야 할 내용은 너무 많았다. 의식의 차원에서 전달하고 평가하기에도 급급한 것이 '현실'이다. 가장 적극적으로 무의식을 수용하고자 한 경우에도 "무의식과 의식을 통합적으로 이해하여 자아를 더욱 발전시켜 나간다"라는 한계 안에서이다. 정신분석학은 선형적인 진보가 아니라 건너뜀과 비연속성, 파열, 방어행동 등이 오히려 더 인간행위를 잘 설명할 수 있음을 강조하는 데 반해 교육학은 연속성, 통합, 선형적 발전 등에 기초한다.

만약 교육학이 정신분석학적 무의식을 적극적으로 수용한다면 어떤 새로운 담론이 출현하는가? 우선, '가르침'이 새로운 지평으로 확대된다. 억압받은 자아의 의식에게 계도되는 것이 아니라 오히려 그 의식에서 빠져나와 스스로의 마음을 바라보는 것이 가르침의 내용이 된다. 즉 교육은 본질적으로 자기교육이다. 다음의 프로이트 Freud, 1974: 23 의 말을 들어 보자.

당신의 의식으로 알 수 있는 것보다 훨씬 더 많은 것이 지속적으로 당신의 마음에서 일어나고 있을 것입니다. 자, 스스로를 가르치십시오! 당신의 마음속에 있는 것은 당신이 의식하고 있는 것과 동시에 일어나지 않습니다. … 일상적으로 당신의 지식에 도달하는 지력은 당신의 필요를 채우고도 남습니다. 당신은 가장 중요한 것을 배우는 그 환상에 경의를 표해야 할 것입니다. 그러나 어떤 경우에는 본능적 갈등으로 인해서 지력이 떨어질 수도 있습니다. 시야를 내부로 돌리시오. … 우선 자신에 대해 배우십시오!

물론 이런 선언적 명제는 정교화된 교수법 등 그간의 교육학의 성과를 폄하하는 것으로 해석될 수도 있다. 그러나 평생교육에서 지속적으로 강조해 왔던 자기주도적 학습, 암묵적 학습, 자기성찰의 학습의 이론적 단초가 정신분석적 이론에서 이미 제시되었음을 부인하기는 어려워 보인다. 자신을 알지 못하면 내면의 인지 불가능한 갈등 때문에 다른 배움도 저해될 수 있음을 교육학이 아닌 정신분석학에서 강조하는 것이다. 이런 점에서 무의식의 힘이라든가 암묵적이고 내성적인 introspective 지식, 마음과 영성의 문제 등 정신분석학의 통찰력을 적극적으로 수용하는 교육학적 작업이 필요하다고 볼 수 있다.

3. '욕망'의 설명력

이제 이 글의 중심주제인 욕망에 대해 살펴보자. 교육적 상호작용이나 성장을 욕망과 관련시켜 볼 때 가장 도움이 되는 학자는 '욕망이론'을 제시한 라캉 Lacan 일 것이다. 라캉은 프로이트의 '소망 Wunsch' 개념을 욕구나 요구, 욕망으로 세분화하는 동시에 욕망이 '언어'를 통해 작동하는 방식에 초점을 기울였다 Vidmer, 1999.

그에 따르면, 인간은 누구나 팔루스적 실재계의 충동을 꺾고 거세를 통해 상징계로 들어오는 과정을 통해 욕망을 가지게 되고, 따라서 이 욕망은 충족될 수 없는 연쇄 속에서 계속 미끄러지면서 끝없이 형성된다. 또한 욕망 desire 관련 개념을 재정위하면서 욕구 need 는 생리적으로 타당한 필요이고 이 필요를 언어화한 것이 요구 demand 이며 충동 drive 은 탐욕과 선망의 형태를 띠면서 쉴 새 없이 대상을 파괴하고 파괴된 대상을 따라다니는 움직임이라고 보는 욕망 이론을 제시한다.

욕망은 욕구와 충동 사이에서 생겨나는 어떤 것으로, 라캉은 멜라니 클라인의 문제의식을 받아들여 아이들이 이미 6개월이 되면 '어머니의 젖가슴을 잃어버릴 수 있음'을 알게 되는데, 욕망은 잃어버린 어머니의 젖가슴이 상징하는 것으로 주체가 충동의 대상을 최종적으로 소유할 수 없음을 자각하면서 생겨난다고 보았다 가즈시게, 2007: 45. 즉, 욕구나 충동은 대상 먹을 것, 입을 것, 연인 등 을 명확히 지향하지만 욕망은 그 대상이 결코 자신의 것이 될 수 없음을 인정하되 끊임없이 대리물을 통해 충족하고자 하는 바람이다. 예컨대 사랑이라는 욕망은 상대방이 욕망하기를 욕망하는 것 당신이 나를 사랑해 주기를 바랍니다 이지 상대방을 소유하고 싶다는 욕망 너는 내 것이다 이 아니다. 여러 행위의 동인에는 이런 대리물로 전환되어 있는 충동, 즉 욕망이 늘 개입해 있는 것이다.

구체적으로 보자. 아기가 주체로서 언어세계에 진입하는 것은 어머니로부터의 분리와 함께 진행된다. 6개월 이전의 유아는 어머니와 자신의 차이를 구분하지 못하며 자신의 신체가 자기 눈에 보이는 신체, 즉 '조각난' 신체라고 인지한다. 6개월쯤 되면 거울을 보고 자신에 대한 통합적 이미지를 획득하듯 아이는 자신의 신체가 하나로 통합되어 있고 어머니와 자신이 다른 존재임을 알게 된다. 어머니는 아이에게 최초의 결핍 경험이며 욕망의 조건을 창조하는 부재이다.

4~5세쯤 되면 어머니의 파트너는 자신이 도저히 대적할 수 없는 아버지라는 점도 알게 된다. 아버지는 아이와 어머니의 관계에 개입하는데 이것은 아이가 어머니와의 결합을 상실하고 상징적 질서에 들어서는 것과 함께 이루어진다. 아이는 상징적 질서 안에서 주체가 되며 아버지는 주체성을 지배하고 구성하는 질서와 동일시된다. 이런 이유로 라캉은 상징적 질서를 '아버지의 이름으로'라고 부르기도 했다 김용수, 2008.

라캉은 직접 지시되는 것이 아니라 언어의 습득과 함께 출현하는 무의식이 '언어처럼 구조화되어 있다'라고 말한다. 무의식은 언어의 그물 사이로 빠져나가면서 언어의 흔적을 가지게 된다는 것이다. 욕망도 메타포나 환유의 과정 속에서 작동한다. 페니스 남자 성기 의 여부에 따른 프로이트의 생물학적 환원론과 달리 라캉은 '차이의 기호'에 초점을 맞춘다. 라캉에게 팔루스 남근, Phallus 는 "기의의 기표 이미 의미화된 것을 의미화하는 것 "를 대표하기도 하고 의미를 담론 안에 고정시키는 궁극적 차이를 말하는 것이기도 하다. 성별에 상관없이 의미의 중심축을 형성하는 팔루스는 담론적으로 매개된 무의식을 가능하게 하는 것이다 Lacan, 1998.

아주 어린 시기에 이미 인간은 욕망의 기저를 이루는 거리 두기나 파열의 분리 과정을 시작하며, 무의식을 포함한 인간의 몸에는 언어가 각인된다. 이는 주체성과 주체의 근본적 소외를 동시에 야기하는 과정으로 동물적 본능은 언어를 경유하면서 욕망으로 변환된다 김종주, 2009. 언어는 인간지성의 상징처럼 보이지만 자의성을 가진 차이의 기표일 뿐이며 이런 기표의 연쇄 속에서 인간은 근원적 소외감, 존재적 고립감을 느낄 수밖에 없다. 이런 이유로 정신분석학에서는 '생각하지 않는 곳', 즉 실재의 목소리를 들을 것을 권고하는 것이다.

이런 설명은 인간이 얼마나 타자를 필요로 하는 존재인지를 역설적으로 말해 주는 것이기도 하다. 아이는 어머니와 온전한 일체가 될 수 없음을 어느 순간 깨닫는다. 소위 '오이디푸스 콤플렉스'는 그 포기의 극적 과정이다. 아이는 어머니를 포기한_{아버지에게 복종한} 이후에도 어머니의 젖가슴, 응시, 목소리, 대변 등 '대체물'에 대한 지속적인 욕망을 갖게 된다. 라캉이 대상 a라고 불렀던 대체물은 '욕망이 응축되어 모여 있는 곳' 정도로 해석할 수 있다. 이런 대상 a는 그 형태를 바꾸면서도 지속적으로 욕망의 근저를 이룬다.

즉, 욕망의 대상을 충족했다고 생각하는 순간 욕망은 빠져나가 다른 대상을 욕망한다. 막상 갈구하던 것을 가지는 순간 그 갈구하는 마음은 다른 대상을 향한다. 최종적으로는 도달할 수 없는 빈 어떤 것, 상징적으로 '대상 a'라고밖에 쓸 수 없는 공허함이 욕망의 실체이다. '진정으로 원하는 것'이라는 범주는 우리가 언어로 표현할 수 있는 것을 넘어선다. 욕망은 소위 '실재계'라 칭해지는 언어 이전의 세계의 어떤 것을 향해 '상징계'의 존재가 끊임없이 의미를 창출하며 행위하게 하는 동인인 것이다.

이런 점에서 '학습자의 동기를 부여한다'는 말은 엄밀히 보면 '학습자가 진정으로 욕망하는 바가 교육과정을 통해 일부 달성할 수 있도록 하되 그 욕망이 지속적으로 학습을 향할 수 있도록 내적 역동을 만드는 일'이라고 재정의할 수 있다. 동기는 욕망에 대한 표피적 이름이다. 문제는 교육자가 학습자 스스로도 알지 못하는 학습자의 욕망을 불러 일으킬 수는 없다는 점이다. 오히려 정신분석에서 분석자가 내담자의 전이대상이 됨으로써 학습자 스스로 문제를 해결해 갈 수 있는 '위치'를 차지해 주듯이, 교육자는 학습자의 욕망의 대상으로서 지속적으로 그 욕망이 학습을 지향할 수 있도록 반추해 주는 역할을 한다고 설정할 수 있겠다.

Ⅲ. '욕망' 개념의 실천적 함의

지금까지 살펴본 대로 정신분석학은 '욕구'라는 명시적이고 의식적인 단계론적 사고를 벗어나 인간의 무의식 영역에 대한 접근을 통해 현실의 복잡성을 포착하게 해 준다. 교육이 일어나는 현장, 즉 '지식을 받아들이고 생산하는 장면'에도 욕망은 존재한다. 배우는 자에게 가르치는 자에 대한 욕망이 없다면 배움은 열정적으로 진행되기 어렵다. 동시에 가르치는 자가 '배우는 자가 욕망을 가질 것'을 욕망하지 않으면 가르침도 불가능하다. 즉, 스스로가 욕망의 대상이 되고자 하는 욕망을 가질 때 지속적이고 열정적인 교육이 가능하다.

라캉이 추상화된 의식이 아니라 '역사적이고 구체적인 사람'으로 주체를 설정한 것은 Ogilvie, 1987: 138 개인마다 갖는 고유한 삶의 이해에 도달하기 위한 것인데, 이는 평생교육학의 출발점이기도 하다. 욕망은 삶의 구체적인 상황을 전제로 삼는다. 이런 시각에서 보면 교육은 동일시와 환상, 그리고 욕망이 구체적인 개개인의 삶/죽음과 얽히는 과정에서 이루어지는 주체의 형성 과정으로 규정될 수 있다. 교육이란 욕망을 생성하고 환유가 이루어지는 관계형성의 과정으로 볼 수 있는 것이다.

따라서 교육자는 '욕망하는 존재로서의 인간 학습자'에 주목할 필요가 있다. 우리는 사회적 규범을 배우고 그런 규범에 어떻게 저항하는지를 배운다. 우리는 어떻게 우리의 통제를 넘어서 존재하는 환경 안에서 생존하는지를 배우고 어떻게 생존을 위해 이 환경을 바꿀지를 안다. 다른 여러 경험과 마찬가지로 이런 배움의 과정에 욕망이 작동한다. 생성되기도 하고 전이되기도 한다.

라캉의 이론을 따라가 보면 교육자는 동일시의 대상이자 극복의 대상, 전이의 대상이라는 복합적 지위를 갖는 존재이다. 그는 "헤겔적 관점에서 완전한 담론은 아는 사람의 권력과 능력의 도구이다"라고 규정하면서 "절대적 지식에서 문제가 되는 것은 담론이 스스로에게 완전히 동의하고 있으며 자신을 돌아보지 않는다는 점"이라고 비판한다 Fink, 1997: 24. 기존의 교육학이 지향하는 완전함 mastery 의 담론, 폐쇄적 앎의 담론은 '성찰적이고 스스로를 개방하는 담론'에게 자리를 내 주어야 한다. 스스로를 비판적으로 바라보지 않는 것, 자신의 다양한 충동과 열정, 내면의 희구를 수용하지 않는 것이 '완전한 담론을 아는 사람'의 특징이며 이는 평생교육학에서 지속적으로 비판해 왔던 '전달자로서의 교육자'에 다름 아니다. 하지만 그렇다고 해서 교육자의 자리를 비워 두는 것은 바람직하지도 않을뿐더러 가능하지도 않다. 인간의 욕망의 연쇄 속에서 교육자는 때로 대타자 Big Other 의 위치를 차지하기도 하며 때로 욕망이 전이되고 창출되는 대상이기도 하기 때문이다.

라캉의 논의를 발전시킨 펠만은 가르치는 자와 배우는 자의 관계방식에 따라 욕망의 성격도 달라진다고 설명한다. 지식이 '심어지는 것'에서 '생산하는 것'으로 이동함에 따라 욕망은 침투를 기본으로 삼는 교사-학생 관계의 틀로부터 '상호성과 유연성의 교환으로서의 욕망'이라는 수평적 관점으로 이동하게 된다. 교사 중심의 관계에서 학생 중심적 관계로의 중점 이동은 욕망이 작동하는 방식과 장소를 재설정하는 일이지만 그렇다고 해서 욕망 자체가 없어지는 것은 아니다. 교육자의 욕망은 여전히 중요하다.

우리가 욕망을 재설정하기 위해 투쟁할 때조차도 우리는 공허감을 채우고자 하고 가르치고자 하며 우리의 관점을 보다 큰 교육담론의 영역에 '삽입하고자' 한다. 이런 욕망은 피할 수 없는 것이다. 덧붙여서 교육의 목적이 친숙한 것을 넘어서서 움직여가는 가능성을 불러일으키는 것이고 그래서 학습자 안에 그렇게 할 수 있는 욕망을 주입하는 것이기 때문에 이런 욕망은 피하기 어려운 것이다 Felman, 1997.

이런 시각에서 보면 '학습자 중심'의 교육을 실현하기 위해서는 기존과는 다른 욕망의 설정방식을 고려해야 함을 알 수 있다. 기존의 욕망의 방식을 철회하는 것, 즉 교육자가 학습자에 대해 자신의 지식과 태도를 '심고자 하는 욕망'을 갖지 않는 데 그치는 것이 아니라 기존의 욕망과 다른 욕망의 방식이 작동하도록 해야 한다. 이는 학습자에게 학습의 내용이나 속도를 스스로 조절하고 선택하도록 자율권을 부여하는 일을 넘어서서 학습자가 교육자의 욕망을 받아내면서 자신의 배우고자 하는 욕망을 계속 추동해 내도록 하는 것이 필요함을 의미한다. 인간은 욕망의 연쇄 속에서 행위의 에너지를 얻으므로 욕망 자체를 무시하거나 부인하는 것은 인간 존재에 대한 이해의 부족에서 비롯된다. 그런데 바로 이런 무시나 부인이 전통적 교육론의 기초였던 것이다. 규율과 규범을 익히는 것은 욕망의 억압이라 여겨졌고 자기욕망을 돌보지 않는 사람이 이상적인 학습자로 설정되었다.

이런 맥락에서 보면 교육자가 학습자를 촉진한다는 것은 이미 타자 Other 인 학습자를 중심으로 나서게 하는 일이며, 학습자의 타자성을 존중하는 일이다. 교육장면에서 주인공이 되어 보는 것, 자신의 타자성을 인지하고 다른 학습자의 타자성을 존중하는 것. 평생교육에서 촉진은 이런 존중과 배려의 과정 속에서 학습자의 욕망이 건강하게 표현되도록 하는 작업을 말한다. 교육자는 인종이나 민족적 차원에서, 혹은 젠더나 종교적 차원에서 열위 inferior 에 있는 학습자들이 계속 성장해 나아갈 것을 강력하게 욕망하고 계속적인 학습을 추동해 내야 한다. 브루스 핑크는 라캉의 논의를 이렇게 정리한다.

치료의 추진력으로 봉사하는 욕망이 있다면 그것은 분석자의 욕망이다. 치료를 계속하려는 환자의 욕망은 시간이 지나면 약해져서 사라진다. 대부분의 경우 환자는 치료를 중단할 구실을 찾고 있으며, 뭔가를 포기하거나 희생할 것을 요구받는다는 느낌이 들면 환자는 상담을 중단하는 경우가 많다. 환자가 치료를 계속하게 만드는 것은 분석자의 욕망이다 Fink, 1997: 4.

인용문에서 치료를 교육으로, 분석자를 교육자로, 환자를 학습자로 읽으면 관계의 방식은 분명해진다. 때로는 학습자가 원하지 않지만 지속적으로 학습하도록 강제할 수 있는 욕망을 교육자가 가져야 하며 학습자는 교육자의 욕망을 욕망하기 때문에 지속적으로 성장을 위한 학습을 해 나가야 한다. 그러나 교육자 자신의 처방을 내리거나 의견을 주입하지는 않는 것이 교육적 관계의 성립이며 학습자의 성장을 보장하는 욕망의 동학이다.

실제로 가르치고 배우는 장면을 떠올려 보면, 매우 억압적인 교실공간의 경우에도 놀라운 정도의 감정적 교감이 이루어지고 있음을 쉽게 알 수 있다. 교사는 내용뿐 아니라 스타일로 말하며 학생은 교사 때문에 과목 자체를 좋아하거나 싫어하게 된다. 우리가 무엇을 말하고 그것을 어떤 방식으로 들으며 어떻게 자신의 것으로 받아들였는가에는 항상 '감정의 과잉'이 존재한다. 이 과정에는 끊임없이 교사가 학생에게 학생이 교사에게 인정받고자 하는 욕망이 개입된다. 이는 가르침-배움의 장면에 개입하는 에로스 혹은 섹슈얼리티의 문제이자 교육자가 성적-인간적 욕망을 학습자의 성장을 지속적으로 보장하는 학습욕망으로 전환할 수 있도록 어떻게 도울 것인가의 문제이다 Bracher, 2006.

Ⅳ. 복합적 개념 찾기를 제안하며

인간의 학습은 생물학적 욕구가 충족된 이후에 나타나는 자아실현 욕구를 충족시키기 위한 노력의 결과가 아니라 근원적이고 복합적인 욕망의 연쇄 속에서 생겨난 삶과 결합된 하나의 양식이다. 인간의 삶은 모름과 앎, 의식의 이면과 의식, 언어와 무의식을 오가면서 형성되는 총체적 학습의 과정이다.

특별한 계기가 없는 성인들이 왜 그렇게 배움에 집착하는가라는 문제는 무의식으로 밀려들어 간 경험과 욕망에 주목하지 않고서는 설명할 수 없다. 홀로코스트 Holocaust 와 같은 생물학적 위협의 상황 속에서 사람들이 예술적 체험을 갈구하고, 노숙자들이 인문학적 학습을 갈구하는 이유 역시 선명한 목표지향성을 가지는 '동기이론'으로 설명될 수 없다. 이성중심주의를 벗어나서 보면 앎에 대한 욕망은 생물학적 욕구까지도 변형시킬 수 있는 힘을 가지고 있다. 동기이론이 '한정된 욕구'라는 자원 위에서 동기와 성취도의 동어 반복적 논리를 펴는 데 반해 욕망이론은 인간의 선택과 행동이 인간 스스로도 알 수 없는 경험의 이면에 따라 결정되며, 학습욕망은 충족되면 사그라드는 것이 아니라 지속적으로 다른 대상을 찾아 환유적 換喩的 으로 전이됨을 밝힌다.

이런 점에서 '학습욕망'에 대한 연구는 '자아를 재구성하는 추동력에 대한 분석'이라는 새로운 틀을 제시할 수 있다. '자아에 대한 성찰'은 단지 의식적인 차원에서 자신이 어떻게 살아왔는가를 되짚는 것에 머무르지 않고, 무의식적이고 파편적인 인간의 존재론에 대한 인식을 전제로 존재 조건이 교육의 주체인 학습자에게 복합적으로 영향을 미치는 방식을 탐색하는 하나의 고리가 되어야 한다. 이런 점에서 평생교육학은 고립적이고 개별적이며 선형적인 발달을 하는 것으로 상정된 기존 교육학의 인간관-자아관-세계관에 대한 비판적 분석 위에서 무의식을 포함하는 의식과 의지에 대한 이론 틀을 생성한다. 우리는 그것을 기존의 이론으로는 설명 불가능했던 '한 맺힌 배움'이나 '학습 열정'을 설명하는 평생교육학의 설명력이라고 부를 것이다.

참고문헌

가즈시게(2007). **라캉의 정신분석**. 은행나무.

고명규(1970). 동기화의 역할이 학습활동에 미치는 효과. **논문집** 2권.

김병길-문선모(1978). 강화에 대한 학습동기유발. **경남문화연구, 1**. 경남대학교.

김성숙(1957). 학습동기. **교육연구, 10**.

김용수(2008). **자크라캉**. 살림.

김종주(2009). 무의식 또는 상상계와 상징계 속의 자아. 박찬욱 기획. **나**. 운주사.

나지오(2000). **자크라캉의 이론에 대한 다섯편의 강의**. 교문사.

이장호(1975). 학습방법에서의 몇 가지 기술. **학생지도연구, 4**.

이홍우(1968). 정의적 학습모형 서설. **한국교육학회, 6**(1).

정종진(2008). 한국초등학생의 학습동기 요인분석. **사회문제, 14**(1). 한국심리학회.

최애숙(1987). 학교학습과 동기: 귀인론적 접근. **교육발전논총, 8**(1), 311-326.

허숙행(2005). 암묵적 접근에 의한 초등학생의 교과학습활동 동기화 요인 분석. **초등교육연구, 18**(2), 99-122.

Bailey, T. (2003). Analogy, dialectics and lifelong learning. *IJLE, 22*(2), 132-146.

Boniwell, I. (2005). Positive psychology in a nutshell. Retrieved October 18, 2006, from http://www.practicalpsychology.org/books/books.html.

Bracher, M. (2006). *Radical pedagogy: Identity, generativity, and social transformation*. NY: Palgrave Macmillian.

Britzman, D. (2003). *After-education: Anna Freud, Melanie Klein, and psychoanalytic histories of learning*. Albany: SUNY.

Cho, D. (2009). *Psychopedagogy: Freud, Lacan, and the psychoanalytical theory of education*. NY: Palgrave MacMillan.

Dweck, C.S. (1999). *Self-theories: Their role in motivation, personality, and development*. Philadelphia: Taylor & Francis.

Felman, S. (1997). Psychoanalysis and education: Teaching terminable and interminable, in Todd, S. (Ed.). *Learning desire*. London: Loutledge.

Fink, B. (1997). *A Clinical introduction to lacanian psychoanalysis: Theory and technique*. NY: Harvard University Press.

Freud, A. (1974). Four lectures on psychoanalysis for teachers and parents. *The writings of Anna Freud*, Vol. 1, 73-133. NY: International Universities Press.

Gallop, J.(1982). The immortal teachers. *Yale French Studies 63*.

Guerra, G. (2002). Psychoanalysis and education? Jan Jagodzinski (Ed.). *Pedagogical Desire*. London: Bergin & Garvey.

Lacan, J.(1998). *Selected writings*. 권택영 엮음, 민승기 외 역. **욕망이론**. 문예출판사.

Mollenhauer, K.(2005). *Vergessene Zusammenhaenge*. 정창호 역. **가르치기 힘든 시대의 교육**. 삼우반.

Ogilvie, B. (1987). *Lacan, La formation du concept de sujet*. 김석 역. **라캉, 주체개념의 형성**. 동문선.

Paul R. & Elder, L. (2008). *25 Days to better thinking and better living*. **왜 비판적으로 사고해야 하는가**. 궁리.

Simpson, O. (2004). Student retention and the course choice process. *Journal of Access and Practice*, *2*(1).

Todd, S.(2012). *Learning from the other*, Albany: SUNY.

Todd, S.(1997). *Learning desire: Perspective on pedagogy, culture, and the unsaid*, NY: Routledge.

Vidmer, P.(1999). *Subversion des Begehrens*. 홍준기 · 이승미 역. **욕망의 전복**. 한울.

5장

미디어와 교육적 소통

Ⅰ. 교육과 테크놀러지의 결합 방식

1. 교육매체에 대한 관점

미디어 media, 즉 매체란 라틴어의 'medius'에서 유래한 말로서 medius는
'사람과 사람 사이를 매개하는 어떤 것'을 총칭한다. 곧 문자나 의복, TV에서
컴퓨터에 이르는 거개의 인공물 artificial 은 본질적으로 미디어이다. 보다 좁은
의미에서 매체란 '정보의 원천과 수신자 사이에서 정보를 전달하는 수단이나
방식'을 일컫는다. 여기서 중요한 것은 정보를 전달하는 수단에 항상적으로 정
보를 재현하는 방식이 내포되어 있다는 점이다. 예컨대 상대방의 음성과 전화
할 당시의 분위기가 담겨 있다는 점에서, 전화로 전달된 정보는 필체만을 담은
편지가 전달하는 정보와 다른 메시지를 담게 된다. 이런 점에서 '미디어는 그
자체로 하나의 메시지'이다 McLuhan & Fiore, 2005 .

전통적 교육학의 관점에서 보면 매체는 교수자와 학습자를 명시적으로 연
계하는 수단이나 방법을 말하는 것으로, 교수매체란 교수-학습 과정에서 송
신자인 교사와 수신자인 학습자 사이에 정보를 전달하여 상호간에 의사소통

을 가능하게 하는 수단과 방법으로 정의된다. 예컨대 학교에서 학생들에게 인터넷으로 과제를 제출하도록 할 경우 인터넷은 하나의 교수매체라고 볼 수 있다. 매체가 가지는 '그 자체의 메시지'를 고려한다면 교수매체는 각 매체에 따라 다른 교육효과를 수반하면서 교육의 장면에 개입한다고 볼 수 있다. 예컨대 책은 학습자의 전적인 노력을 수반할 경우에만 학습효과를 낼 수 있는 매체 hot media 이고, 텔레비전은 학습자가 다소는 냉담한 상태에 있는 경우에도 학습자에게 쉽게 교육 내용을 전달할 수 있는 차가운 매체 cool media 라고 볼 수 있다. 이는 매체가 단지 영상이냐 문자냐와 같은 접속 국면 차원에서가 아니라 학습자와 더불어 사회문화적으로 그리고 맥락적으로 분석되는 것이 필수적임을 말해 준다 McLuhan, 2011.

이런 시각에서 보자면 지금까지의 교육매체에 대한 이론적 접근은 다분히 기술 중심적이었다고 볼 수 있다. 예컨대 교육매체에 대한 시대구분 연구를 보자. 교육매체의 구분을 비교적 체계적으로 정리한 학자는 게리슨이다. 게리슨 Garrison, 1985 은 원격교육의 발달과정을 원격교육의 개념화와 기술혁신을 중심으로 3단계로 구분하면서, 제1세대는 학습자료를 체계적이고 과학적으로 만들어 우편, 라디오, 텔레비전 등으로 전달하여 학생들이 학습자료를 내면화했는지 평가하는 세대로, 제2세대는 통신회의를 활용하여 둘 또는 그 이상의 집단이 소통하는 세대로 규정했다. 현재의 원격교육은 제3세대로서 컴퓨터와 인터넷을 통해 학습하는 세대이다. 이는 사용하는 매체로 세대를 구분한다는 점에서 '기술 중심의 접근'이라고 볼 수 있다. 이런 게리슨의 구분은 로전과 무어의 세대 구분으로 이어져 체계화되는데 Lauzon & Moore, 1989, 이들의 구분도 원격교육의 발전을 통신, 통신회의, 컴퓨터에 기초, 컴퓨터 네트워크의 4단계로 구분하는 기술발달 중심의 구분이라는 특징을 강하게 띤다.

우리나라의 경우 원격교육의 세대 구분은 게리슨의 논의보다 좀 더 기술 중심적이다. 가장 대표적으로 인용되는 정인성의 논의를 보자 정인성, 1990. 여기서 제1세대는 인쇄매체를 통한 통신교육의 단계로 학습자는 교사와 학습교재 등의 인쇄자료를 통해 상호작용하며, 제2세대 원격교육은 인쇄매체와 여러 발달된 매체를 활용한 다중매체 통신교육의 단계로서 학습자는 책에서 텔레비전에 이르는 다양한 멀티미디어를 활용한다. 제1세대와 다른 점은 제1세대의 인쇄매체가 가지는 단점을 보완한다는 점이다. 제3세대 원격교육은 컴퓨터 커뮤니케이션을 통한 교육이다. 게리슨이 사이버 수업 등의 개인학습과 네트워크 회의를 통한 집단적 학습을 구분, 학습자의 상호작용을 세대 구분에 적용했고, 키간 Keegan, 1983 이 교수매체를 인쇄, 청각, 시각, 컴퓨터로 구분했음에 반해, 정인성은 기술의 발달을 시대순으로 반영한다.

평생교육학적 관점에서 우리가 주목해 보아야 할 것은 원격매체의 세대 구분에서 매체가 갖는 사회문화적 의미가 제외되어 왔다는 점이다. 학습은 학교와 같은 고립된 기관에서 진행되는 경우에도 학습자의 생활맥락과 떨어져서 진행될 수 없는 문화적 현상이고, 따라서 가르칠 내용을 전달하는 도구라고 해도 매체는 기존에 활용되어 왔던 방식의 연장선상에서 학습자에게 받아들여진다. 즉, 매체를 바라볼 때 그 매체가 활용되는 맥락과 학습자와 매체가 맞닿는 방식에 대한 통찰 없이는 매체를 '교육적'으로 사용하기 어려운 것이다. 교수매체에 대한 기술 중심적 접근은 탈맥락적으로 '기술 자체'에만 주목하게 함으로써 매체의 활용 맥락을 간과하는 결과를 낳고, 활용 맥락에 대한 문화적 분석이 없는 연구는 결국 매체의 특징을 단순 기술하는 다분히 당위적인 연구에 그치는 결과를 초래한다.

2. 인터넷의 교육적 활용방식

1990년대 이후 원격교육담론 차원에서 진행된 큰 변화 가운데 하나는 원격교육을 대면 교육 '이상'의 효과를 가지는 교육으로 보기 시작했다는 점이다. 인터넷의 다매체성과 상호작용의 다차원성으로 인하여 원격교육에서 때로는 대면 교육보다 오히려 나은 교육적 지원도 가능하다. 물론 이런 시각이 학습자가 '무엇을' '어떻게' 학습하는가보다는 '얼마나 빨리' '얼마나 많이' 학습했는가를 주로 다루고 있지만 인터넷의 등장이 교육의 지평을 극적으로 확대했다는 점은 누구도 부인하기 어렵다. 보완이 아닌 대안적 차원에서 원격교육을 바라보는 시각이 확장되기 시작한 것이다.

구체적으로 ICT Information and Communication Technologies 의 발달은 정보의 전달과 저장, 접근의 차원에서 상당한 변화를 가져왔다 Wright, 1993 . 그래픽 인터페이스는 교육적 차원에서 학습자들의 접근권을 신장시켰고 온라인/그래픽 데이터베이스는 교수과정에서 툴 제작, 풀 텍스트, 그래픽의 복구를 용이하게 했다. 대안적 입출력 하드웨어와 소프트웨어는 터치스크린, 목소리 입출력, 비디오와 그래픽을 통하여 대면 교육에 버금가는 상호작용을 가능하게 했고, 원격 소통장치는 속도와 원격 데이터베이스에 대한 저렴한 접근권을 보장했으며, 정보창출과 조작을 위한 새로운 소프트웨어는 저작 시스템과 인공지능 프로그램의 단순화를 통해 다양한 학습내용을 제공했다. 이런 변화는 끝도 없다. 문제는 기술의 발달이 얼마나 '급속하게' 교육 내용의 제공영역을 확장하는가에 관심을 기울이느라 학습현상은 상대적으로 뒷전이라는 것이다.

하드웨어와 소프트웨어 차원의 기술력이 교육에 미치는 영향분석이 교육자료의 제공이나 접근권에 관심을 두고 있다면 1990년대 중반 이후로는 휴먼웨어 차원의 관심이 연구의 주축을 형성해 왔다. 학습자와의 상호작용, 학습자 차원에서 테크놀로지의 작용 등에 대한 관심이 이에 해당된다고 볼 수 있는데, 예컨대 메이필드 등은 컴퓨터 테크놀러지를 통해 언어학습능력이 신장되고 있음을 보고했고 Mayfield-Stewart et al. 1994 이러닝을 통해 비판적 사고력, 정보조작과 문제해결력, 의사소통과 사고력이 재현된다는 점도 연구의 결과 제시되었다 Means & Olson 1994. 전자적 자료의 사용을 통한 동기부여와 자신감의 신장 Borgman1995, Hirsh1997, 사고기술, 단어발달, 대화능력의 증대, 그리고 지식의 급속한 증대 등 지적-정의적 차원에서 테크놀로지의 도입으로 다양한 학습효과가 나타났음이 제시되었다.

우리나라의 경우에도 사정은 크게 다르지 않아서 원격교육 관련 연구의 중심적인 영역 역시 주로 학습효과와 관련된 것이다. 다만 그 초점은 인터페이스의 구성전략에 따른 학습효과의 차이라거나 백영균, 2000, 멀티미디어를 이용한 수업의 효과 및 그 한계 이준, 2001, 웹 설계방식에 대한 효과 임철일, 2001 와 같이 수업설계의 효과에 두고 있다고 볼 수 있다.

우리가 주목해야 할 점은 이런 연구들이 대부분 특정한 능력을 선정한 후 "ICT를 활용한 학습이 효과적이었다"라는 식의 해석을 한다는 점이다. 이러닝 등 ICT 활용 학습은 닫혀진 공간에서 하는 교육이 아니기 때문에 학습자의 생활맥락에 대한 이해가 필수적이다. 따라서 학습결과에 대한 측정 역시 교육기관의 학습과는 다른 방식으로 이루어져야 한다. 곧 학습자집단이 가진 특성과 조건에 대한 분석 위에서 그 과정과 결과가 분석되어야 학습자에 대한 교육적 판단이 가능하다. 하지만 대개의 연구들은 개방적인 학습맥락의 특성을 반영하지 못하고 있다.

이런 점에서 뉴만Neuman 의 연구는 주목해 볼 만하다. 그는 '이러닝에서 정보의 정교화, 복잡성, 특수성이 지나쳐서 학생의 수준에서 필요한 내용이 전달되지 않는다'고 비판하면서 부적합한 도메인 지식은 학생들이 성공적으로 정보를 찾아내는 능력을 방해하고, 검색 용어를 효율적으로 선택하는 능력을 저해한다고 보았다 Harada, 2003. 카파이 등Kafai and Bates 1997 도 어린 학생들은 모든 것이 인터넷에 있다고 여기고 있으며 이런 태도가 정확성이나 적합성과 같은 범주를 적용하는 데 실패하게끔 한다고 보았다. 이러닝 그 자체보다 학생의 배경지식 수준은 단지 그들이 필요로 하는 자원의 유형뿐 아니라 그들이 최종적으로 도달해야 하는 정보와 자원의 적절성도 결정한다는 것이다 Gross, 1997; Hirsch 1997.

이런 시각에서 보면 컴퓨터와 인터넷의 등장으로 인한 '기술'에 대한 관심은 특정한 기술이 유발할 수 있는 교육적 '가능성'을 제시하기는 하지만 정작 '학습'을 증진시키지는 못한다는 것이 명확하다. 학생이 가진 영역지식의 범위, 기술활용 방법 제공, 정보검색을 위한 문제의 범주 간 관련성 이해 등을 주지하는 것은 정보통신기술의 효과를 최종적으로/선제적으로 결정하는 영역이라고 볼 수 있다. 결국 중요한 것은 기술력이 아니라 학습이 상황맥락과 ICT와의 교감 속에서 어떻게 진행되는가에 대한 발견이다.

3. 교육환경으로서의 SNS

미디어를 수업에서 도구로 활용하는 것과 학습의 환경으로 설정하는 것 간에는 큰 차이가 있다. 수업 도구로서의 미디어, 즉 '교수매체'는 대개 정해진 수업목표를 달성하기 위해 활용되며, 따라서 수업 내용인 지식을 그 매체 안에 잘 구현하는 것이 관건이 된다. 반면 학습환경으로서의 미디어는 자연이나 건축물이 그러하듯 활동의 반경을 결정한다. 친환경적인 건물과 공장건물이 각기 다른 인지나 감각을 발달시키듯이 주변에 어떤 미디어가 늘상 배치되어 있는지는 정체성 발달에 연결된다. 책이 많은 집과 늘 TV가 켜져 있는 집, 유튜브를 보는 집과 게임이 일상화된 가정은 서로 다른 사람을 키워 낸다. 평생교육학적 차원에서 미디어를 보는 관점은 분명하게 환경으로서의 미디어 쪽이다.

엄밀하게 말하자면 SNS는 미디어가 아니라 '네트워크 서비스'이다. 우편이나 라디오, TV나 컴퓨터가 하드웨어라면 SNS는 사람들이 만나는 사교의 방식을 제공해 주는 소프트웨어이다. 사람들이 글을 원하면 글로 사진이나 동영상을 선호하면 영상으로 네트워크를 제공하는 것이다. SNS는 명칭 자체부터 특정한 목적을 위한 도구가 아님을 선언하는 것이다. 사람들은 SNS를 '사용해서' 학습을 하는 것이 아니라 SNS '안에서' 학습한다. 페이스북이나 인스타그램, 트위터나 카톡에 접속되어 있는 사람들은 SNS '안에서' 갖가지 감정을 느끼며 그 '안에서' 인정을 받기 위해 최선을 다한다.

4. 친학습적 측면

원리적 차원에서 보면 SNS는 이상적인 학습공동체의 조건을 갖추고 있다. 사람들은 자기의 생각을 가감없이 표현할 수 있고 일상과 표현은 손쉽게 연결된다. 말을 할 수 없도록 하는 권위주의적 문화도 표현방식에 대한 제재나 기준도 없다. 누구나 자신을 드러낼 수 있는 자유의 공간인 것이다. 지구적인 차원에서의 연결도 손쉬워서 지구 반대편의 사람과도 관심사만 같다면 금세 친구가 될 수 있다. 자신의 취향을 타인과의 상호작용을 통해 발달시킬 수 있는 최적의 공간이 SNS이다.

평생학습의 차원에서 보면 SNS는 만인이 만인을 대상으로 제공하는 무한한 자원으로 운영되는 것이므로 철저히 참여자 중심이며 자발적이고 민주적인 소통의 공간이다. 누구나 가르치고 배울 수 있으며 어떤 자격도 요구되지 않는다. 자기 나름대로 능동적 배움을 실현해 나아갈 수 있는 최적의 환경인 것이다. 게다가 글이나 영상은 개인의 삶의 궤적을 돌이켜 볼 수 있는 개인 아카이브가 되고 사람들은 그런 포스팅들을 통해 자신의 새로운 면을 발견하기도 한다. 자기 이해와 자기주도적 학습이 가능한 학습환경인 것이다.

5. 반학습적 측면

이러한 가능성에도 불구하고 전문가들은 SNS를 좋은 학습환경으로 평가하지 않는다. 정확히는 학습을 방해하는 환경으로 판단하는 경향이 더 강하다. SNS의 작동방식이 학습과 조응하기 어렵기 때문이다. 인간의 학습은 '뜸들임'이 필요한 활동이다. 외부의 정보나 지식은 학습자의 주의집중을 거쳐 해석되고 적용과 반복 속에서 체화된다. 주의를 기울이는 것도, 해석도, 적용도 반복도 시간이 필요한 활동이다. 주의를 기울이기 위해서는 행위를 멈추고 대상에 집중해야 한다. 해석하려면 외부의 정보가 자신의 경험이나 이미 가지고 있던 지식과 어떻게 충돌하는지를 따져 보아야 한다. 적합한 맥락에 적용해 보려면 맥락을 찾아야 한다. 모두 시간이 필요한 일이다.

SNS에서는 뜸들임이 불가능하다. 머무르는 공간이 없기 때문이다. 반응은 한 줄의 글이나 한컷의 사진 등 결과물이고 이는 곧바로 포스팅에 붙는다. 거리가 없고 속도도 빠르다. 인간의 고유한 속도를 SNS는 빛의 속도로 대체한다. 사람을 만나고 이야기를 나누고 서로를 살피고 생각을 나누는 과정이 광통신망 속에서 초단위 클릭과 업로드로 바뀌는 것이다. 문제는 이런 시-공간 밀착이 '만남'을 축으로 이루어진다는 점이다. 만남은 인간 삶의 전제인데 정체성의 근원을 이루는 타인과의 만남을 SNS가 초단위 밀착의 형태로 바꾸어 놓은 것이다.

인간에 대한 입체적인 이해, 스스로에 대한 성찰의 거리들이 사라진다. '과잉자극'에 노출이 반복되면 스트레스 지수가 올라간다. 타인의 반응을 받기까지의 시간을 초단위로 계산하므로 그 기간은 언제나 길다. 더 빨리 반응을 받고 싶으므로 더 강한 메시지를 올린다. 원한 것은 타인의 인정이었는데 돌아오는 것은 불안이다. 배움은 점점 불가능해지고 감각적 반응만이 남는 것이다.

SNS가 가지고 있던 잠재력은 경계 없는 소통에 있다. 그것은 이질적 존재들을 받아들이는 코드가 학습을 통해 생성될 수 있는 가능성이다. 그러나 SNS가 경제의 중심으로 부상한 현재 사람들의 활동과 취향이 빅데이터가 되어 상품으로 제공되는 시장은 동질적인 사람들의 정보를 제공하고 기존의 취향을 강화하는 상품을 추천한다. 빠른 기술은 사람들이 '학습자'로서 생각하고 선택할 수 있는 시-공간을 빼앗고 있는 것이다. 이런 미디어는 떨어져 있는 '사람 사이'를 연결하는 것이 아니라 적절히 확보되어야 할 '사람 사이'의 거리를 제거한다. 미디어가 어떤 접속을 요청하는지에 대한 학습자로서의 통찰이 없다면 SNS는 사람이 사람으로 성장할 여지를 없애는 디스토피아적 미디어가 될 수도 있다.

II. 교육적 소통의 필요조건

하버마스가 '체계'와 '생활세계'를 구분함으로 인해 세계를 구성하는 다른 속성이 드러나는 것과 마찬가지로, 사회의 각 영역은 영역 나름의 성장 논리와 법칙을 가지고 있다. 예컨대 정치적-경제적 영역은 '도구적 합리성'을 통해 그 성과를 가늠하며, 종교적 영역은 영적 성장을 기반으로 삼는다. 이런 구분을 염두에 두고 보면 교육은 절대적 기준에 따라 결과가 산출되고 평가가 이루어지는 진단의 영역이 아니라 개개 학습자의 특성에서 출발하여 상대적 성취와 진전이 존중되는 소통적 영역이라고 볼 수 있다. 그렇다면 교육적 소통은 구체적으로 어떻게 정리할 수 있는가? 크게 다음과 같은 세 가지 특성을 통해 정리해보자.[10]

1. 주체-주체 관계의 생성

소통은 관계를 기반으로 하되 동시에 관계를 재생산하면서 진행되는 상징적 차원의 상호작용이다. 소통은 관계라는 하드웨어를 전제로 하는 동시에 그 하드웨어를 작동하게 하는 소프트웨어이다. 교육적 소통이란 교육적 관계 안에서 일어나는 다양한 방식의 언어적/비언어적 내용의 교류를 말하는 것으로 교육적 관계를 성립시키거나 강화시키는 인간의 상호교섭적 행위이다. 곧 교육적 관계를 유지하기 위해서는 소통이 필수적이며 교육적 소통을 하기 위해서는 교육적 관계가 선행될 필요가 있다.

현재까지 교육적 소통에 대한 논의는 교육의 렌즈로 소통을 조명했다기보다는 '교육현장에서 어떻게 소통을 더 잘할 것인가'와 같이 실천적 문제의식을 가지고 있었다. 교육적 소통은 이와 달리 '교육이라는 가치를 소통 과정 속에 구현'하는 개념이다. 그러므로 교육적 소통에 대해 질적으로 규정하기 위해서는 교육본위적 시각이 필요하다.

교육본위적 시각으로 교육적 관계를 정의하면서 양미경 2002: 182 은 "교육적 관계는 자발적이고 내면적 요청에 의해 형성-유지되는 것으로, … 자신의 잠재적 위대성을 실현시켜 좀 더 높은 세계의 실재성과 접하려는 의도"로 유지되는 관계라 정의한다. 교육적 관계는 서로가 상대의 교육적 요구에 응하기 위해 형성하는 것으로서 서로 간의 이해가 일치되는 한 유지되고 그 이해가 충족되지 못하면 와해되는 관계라는 것이다. 필자는 여기에 주체-객체 모델의 위치성을 전제로 주체-주체의 관계가 창조되어 나가는 관계라는 특성을 추가하고자 한다. 즉, 교육적 관계는 가르치는 자와 배우는 자가 주체-객체라는 위치 설정을 가지고 출발하나 그 소통의 과정에서는 주체-주체의 전면적 결합이 이루어지는 관계이다. 좀 더 구체적으로 분석해 보기로 하자.

우선 교육적 관계가 성립하기 위해서는 가르치는 자와 배우는 자의 일정한 격차가 필요하다. 내용 전문성이건 경험 차이건 간에 배우는 자가 가르치는 자를 '가르칠 만한 사람'이라고 받아들일 때 교육적 관계가 성립된다. 즉, 교육적 관계는 가르치는 자의 우월성을 전제로 성립되는 관계이다. 더불어 배우는 사람은 자신을 가르침의 '대상'으로 내어놓을 수 있는 겸허함을 가지고 있어야 한다. 자신에 대해 배움이 각인될 수 있도록 허락하는 것, 자신이 가르치는 사람의 전적인 영향하에 있도록 허락하는 것은 교육적 관계의 또 하나의 성립조건이다.[11] 이런 점에서 서양철학의 주체-객체 모델과는 다르게 대상 그 자체가 스스로 대상이 될 것을 선택하는 주체-객체 모델이 교육적 관계의 성립조건이 된다고 볼 수 있다. 이것이 교육적 관계가 '주체와 객체의 위치 설정'에서 출발한다고 보는 이유이다.

그러나 선생이 늘상 주체이고 학생이 객체로 남아 있는 관계는 교육적 관계라고 볼 수 없다. 교육적 관계는 우월-열등의 출발점 관계를 주체-주체의 전면적 만남으로 바꾸는 관계이다. 이는 부버의 나-그것의 관계가 나-너의 관계로 바뀌는 국면이기도 하다. 타자와의 관계를 객체적 관계에서 주체-주체의 관계로 바꾸기 위해서는 이미 자신 안에 들어와 있는 타자에 대해서 자신의 중심성을 비우고 자리하도록 해 주어야 한다.

학습자가 '객체'로서 자신을 내어 놓는다는 것은 교육자에 대한 믿음을 말해 주는 것이고 이런 학습자에 대해 교육자는 자신의 중심성을 비우고 온전히 자신의 중심에 학습자가 존재할 수 있도록 자신의 이해관계나 개인적 관심 등을 버린다. 이때가 '교육적 관계'가 이루어지는 순간이다. 이런 교육적 관계는 교육자가 학습자의 '열등함'을 학습자의 관점에서 극복할 수 있도록 자신을 버리는 과정을 통해 성립될 수 있다. 학습자가 객체적 존재로 자신을 내어 맡긴 것과 마찬가지로 교육자는 학습자를 위해서만 존재하는, 비어 있는 존재가 되어야 하는 것이다. 이는 약자에 대한 연민에서 출발하는 '생각이나 판단 이전의 행동'을 말한다. 약자가 더 잘 살아갈 수 있도록 돕고자 하는 것, 자신의 우월함을 나눠 어려움을 극복할 수 있도록 하는 것, 이런 종류의 행동이 객체화된 학습자를 다시 주체로 세우는 교육적 행위인 것이다 Manen, 1990.

교육적 소통은 이런 교육적 관계를 성립시키고 강화시켜 가는 상호적 행위이다. 학교에 아이를 맡기면서 서양에서 *in loco parentis*라고 한다거나 우리나라에서 '사람 구실하게 만들어 주십시오'라고 말하는 것은 아동의 권한을 위임받은 부모가 아동의 교육적 객체성을 교사에게 전달하는 언어적으로 관행화된 진술이라고 볼 수 있다. 교사는 부모로부터 아이를 '건네받으'면서 아이를 주체로 키워 나갈 의무를 함께 위임받는 것이다.

교육적 소통은 학습자로부터는 자신의 무지를 인정하고 자신의 향상 의지를 드러내며 교육자를 존경하는 과정을, 교육자로부터는 학습자에 대한 연민과 향상에의 의지를 드러내고 우월함을 입증하며 명료한 지도력을 드러내는 과정을 수반한다. 주체-객체의 위치 설정을 전복하지 않으면서 주체-주체 간의 전면적 만남을 가능하게 하는 것이 바로 교육적 소통인 것이다.

2. 차별화-동질화의 나선형적 상승 과정

소통은 항상 내용과 관계를 생산/재생산한다 Watzalwick et al. 1980. 내용은 메시지의 내용으로 곧 가르치고 배우는 지식이나 기술, 태도 등을 말한다. 학습자의 새로운 의미 생성이 없이는 교육자와 학습자는 교육적 관계를 맺을 수 없다. 대개 교육이 진행된다고 할 경우 우리는 쉽게 내용의 전달과 습득을 떠올리는데 이것이 바로 내용 수준의 생산이다.

그러나 교육적 관계에서 더욱 중요한 것은 관계 수준의 생산/재생산이다. 발화가 단지 의미 전달에 그치는 것이 아님은 오스틴의 화행론 논의 장석진, 1987 이후로 상식적이 되었거니와 호칭과 발화의 방식에 따라 관계는 끊임없이 변화한다. 예컨대, "나 정말 네가 좋아"라는 말은 정말로 좋아한다는 말로도, 다른 사람이 아닌 너가 좋다는 말로도, 연인이 아니라 친구로서 좋아한다는 말로도 해석될 수 있다. 발화방식에 따라서 그 의미가 결정되는 것이다. 야, 너, 당신, 선생님, 아줌마 등의 호칭도 마찬가지이다. 하나의 호칭을 선택한다는 것은 상대와의 관계를 설정하는 일이고 이에 답하는 것은 그 관계를 확정하는 일이다.

담론discourse 가 권력이 집행되고 권력투쟁이 이루어지는 주요 단위로 설정되기도 하는 것은 바로 언어적 소통이 관계를 생산/재생산하기 때문이다. 우리가 우리 자신을 표현하는 방법은 우리가 의사소통하는 것에 대해 타인과 자신이 어떻게 느끼고 있는지에 영향을 미치며 이는 동시에 자신과 타인의 관계를 재생산한다. 소통의 과정은 자기 정체성의 반영 과정이자 자기 정체성의 형성 과정인 것이다.

이런 시각으로 보면 교육적 소통은 특정 소통을 통해 교육자와 학습자의 관계를 생산/재생산하는 효과를 낳는 소통이라고 볼 수 있다. 그렇다면 교육자와 학습자의 관계를 생산/재생산한다는 것은 무엇을 말하는가? 이는 한편으로 소통을 통해 교육자는 자신을 교육자로, 학습자는 자신을 학습자로 재규정하면서 관계의 재생산 다른 한편으로 처음 또는 이전 단계와는 사뭇 다른 관계 규정이 생산 관계의 생산 되는 것을 의미한다. 우선 교육자와 학습자 관계의 재생산 부분을 보자. 교육자는 가르치는 과정을 통해 자신의 우월성을 입증하고 가르치는 자로서의 위치를 확인하고 강화한다. 반면 학습자는 교칙을 따른다거나 수업 시간에 '듣기' 등의 역할을 수행에서 나타나는 것과 같이 '배우는 자'로서 행위를 재생산함으로써 자신의 위치를 확인한다. 교육자와 학습자의 위치 규정과 교육적 격차는 사회문화적으로 상당한 차이가 있지만, 매우 평등한 교육자-학습자의 관계에서도 교육자는 학습자를 돕고 '이끌어 가는 자'로서 자기규정을 생산해 낼 때만 교육자이다.

　그러나 전형적인 교육자-학습자의 관계가 재생산되는 것만으로는 교육적 소통이 이루어진다고 보기 어렵다. 교육자와 학습자가 자신의 위치를 재생산하는 동시에 상대방의 위치를 포함하는 과정을 통해 위치의 지평을 넓히는 과정이 수반되는 것이 또 다른 필요조건이다. 다시 말해 학습자가 자신을 배우는 자로 인식하는 동시에 가르치는 자의 지식이나 태도를 전유하는 과정을 통해 가르치는 자의 지평을 획득하고, 이 과정에서 교육자와의 관계설정이 새롭게 이루어진다면, 이는 기존의 교육적 관계의 단순한 재생산을 넘어 새로운 관계의 생산으로 나아가는 국면이라고 볼 수 있다. 마찬가지로 교육적 소통을 통해 교육자는 교육자로서의 자신의 부족함을 인식하고 학습자로서의 정체성, 즉 '끊임없이 배우는' 교육자로서 정체성을 획득할 수 있다. 이때 교육적 관계가 제대로 확립된다고 볼 수 있다. 다시 말해, 교육적 소통은 '교육자와 학습자가 상호 교차적인 인식영역을 가질 수 있도록 하는 내적 역동의 상호작용'이라고 정의할 수 있다.

　이런 교육적 소통은 기본적으로 동질성과 차별성의 결합을 통해 진행될 수 있다. 비고츠키의 비계설정 논의에서 논증되는 바와 같이 Wertsch, 1995 교육적 접합의 과정은 '너무 동질적이지도 너무 이질적이지도 않은 한 단계 앞선 결합'이다. 학습자가 교육자와 근본적으로 동질감을 느끼되 일정한 정도 교육자의 우월성이 입증될 때, 그리고 역으로 학습자가 교육자를 존경하면서도 스스로에 대해 충분히 도전할 수 있는 교육자 '바로 밑의 단계'에 있는 존재라는 것을 명확히 느끼게 될 때, 교육적으로 최적의 소통이 이루어진 것이다.

　이는 교육적 소통이 교육자와 학습자의 나선형적 상승의 특정한 지점을 차지하고 있음을 말해 준다. 교육자와 학습자가 구조적으로 결합되어 보다 넓은 지평을 획득해 가는 과정이 교육적 소통의 방식이다. 교육적 소통에는 성장의 속성이 핵심적이다. 예컨대, 교육자와 학습자는 '학생' 혹은 '교사'라는 호칭에 적합하게 제도적으로 스스로를 재생산하면서도 얼마든지 비교육적일 수 있다. 교육자가 스스로를 배우는 자로 인식하지 못하고 학습자가 지식의 생산자로서 태도를 갖지 않을 경우 교육자와 학습자의 구조접속은 오래 유지될 수 없고 교육적 소통 역시 중단되고 만다.

3. 체제적-직관적 이해

넓은 의미에서 소통은 "상징을 가지고 진행되는 인간 상호작용에서 의미가 창조되고 반추되는 역동적이고 체계적인 과정" Wood, 1992: 162 으로 정의된다. 인간은 상징을 사용하는 피조물이며 상징은 추상성과 임의성을 동반한다. 구체화된 사물로부터의 거리가 사유의 영역을 생성하는 것이다. 이렇게 인간 상호작용이 상징적이기 때문에 직접적이고 자동적인 반응 response 이 아니라 '자기 나름대로' 해석해야 하는 영역이 생겨난다. 여기에 개별자 간 해석의 편차가 생겨난다. 그러나 해석이 임의성을 가지고 있다고 해서 완전하게 자유로운 해석이 가능한 것은 물론 아니다. 개인이 속한 사회집단이나 특정한 준거집단은 해석의 기준을 제공한다. 소통은 특정한 상황이나 시스템 안에서 일어나며, 따라서 상황이나 체제에 대한 이해 없이는 소통의 정확한 의미를 파악할 수 없다. 이런 점에서 모든 소통은 체제적 systemic 이다.

교육적 소통 역시 특정한 상황맥락 속에서 일어나며 총체적 이해가 필요한 체제적 활동이다. 교수설계에서 '체제모델'의 도입을 통해 학습자 분석에서 학습결과에 이르는 전 과정을 '체제'의 관점에서 총체적으로 이해하고자 했던 것은 체제적 이해가 교육장면의 이해에 핵심적임을 드러낸다 김홍래·임병춘, 2000. 교육적 소통이 교육활동 전반의 혈류로서 작용하고 있음을 염두에 두면 보다 적극적인 소통이 일어나도록 하기 위해 해당 교육상황을 체제적으로 이해하는 것은 필수적이다.

이때 중요한 것은 소통이 조직적 편제와 달리 끊임없이 생성되고 소멸되는 일종의 '흐름'이라는 점이다. 교육적 소통은 '그 순간'에 하나의 발화가 어떤 의미로 이해되고 있는지를 총체적으로 직관적으로 이해하는 능력을 전제로 이루어지는 즉시적인 상호작용을 전제로 한다. 일상언어학자들의 말처럼 '언어는 맥락에 따라 전혀 다른 의미를 가지고 있기' 때문에, 특히 교육자는 교육적 소통을 위해 상황과 학습자에 대한 총체적인 이해를 갖추고 있어야 하며 동시에 즉각적이고도 적합한 반응을 보이는 것이 필요하다. 이런 점에서 맥락과 분리되어 존재하는 '교육적 언어'는 없다 김지현, 2001. 때로는 대단히 무례한 용어가 학습자에 대한 자극을 위해 필요하며 때로는 자기반성적인 언어가 매우 피상적으로 작용할 수도 있기 때문이다. 이런 점에서 교육적 소통은 소통이 이루어지는 상황과 주체에 대한 체제적 이해를 토대로 지속적으로 일상적 대화를 교육적 대화로 전이시켜 내는 상호교류라고 볼 수 있다. 일상적 대화가 대화자 간의 생활을 단순 재생산하기 위해 복무한다면 교육적 대화는 비일상적 체험과 자극을 통해 대화자를 상식적 사고에서 벗어나도록 한다. 따라서 예컨대 적절하지 않은 질문에 대하여 침묵하는 것과 같은 비언어적 표현은 중요한 교육적 소통의 한 사례라고 볼 수 있다. 이제 앞서 논의한 세 가지 속성을 토대로 원격매체를 통한 교육적 소통을 위해서는 어떤 조건이 필요한지를 정리해 보자.

Ⅲ. 비대면 상황에서 교육적 소통을 위한 조건

앞에서 정리한 교육적 소통의 세 가지 속성은 ① 주체-주체 관계의 생성, ② 나선형적 상승 과정, ③ 체제적-직관적 이해로 정리될 수 있다. 그렇다면 원격교육에서 이 세 가지 소통 조건을 구현하는 것은 어떤 어려움이 있으며, 따라서 어떤 조건을 마련해야 하는가? 각각을 살펴보기로 하자.

1. 학습자의 객체성 탈피

위에서 제시한 교육적 소통의 세 가지 속성은 비대면 상황에서 구현되기 쉽지 않다. 우선 주체–객체 모델에 입각하되 주체–주체 관계를 생산해 내는 교육적 소통의 특성을 원격상황에 대입해 보자. 일반적으로 원격교육에서 교육 내용의 제시 방식은 유튜브를 활용한 일방향적 전달 방식을 택하고 있는 경우가 많다. 이를 우리는 '강의형 콘텐츠'라 부를 수 있다.

유튜브는 학습을 보다 유연하게 할 수 있도록 돕는 기술활용이 될 수 있다는 점에서 교육적 소통을 돕는다고 볼 수 있으나[12] 그것이 일방향적인 전달을 지향하고 있는 경우 교육적 소통은 불가능하다. 교육자와 학습자가 만나지 않는 상황에서 교육자로부터 학습자로의 일방적인 내용 전달은 대중매체를 통한 정보제공 이상의 의미를 가지기 어렵다. 강의형 콘텐츠는 학습자의 개입이 필요 없는 완성성을 지향한다는 점에서 교육자는 학습자에게 지식이 자신에게 내재하게 된 과정을 드러내는 '형성적 지식'을 제공하기보다는, 쿤이 말한 대로 공인된 '정상적' 지식을 자료의 형태로 제공한다. 교육자가 내용을 제공하는 순간부터 타인으로부터 공격받지 않는 '안전한 지식'을 추구한다는 점에서 '흐름'으로서 교육적 소통의 가능성은 줄어든다.

강의형 콘텐츠는 학습자에게 '반복 가능성'과 '자료의 풍부함'을 제공한다는 점에서 흡인요인을 가진다. 그러나 일방향적 강의형 콘텐츠만으로는 적절한 교육적 소통은 불가능하다. 객체로 위치 지어진 학습자를 주체로 호명하기 위한 전환영역 milieu 을 제공하는 것이 힘들기 때문이다. 튜터를 활용한다거나 게시판을 통해 학습자의 '존재감'을 부상시키는 노력은 그런 과정을 통해서라도 일방향적 강의의 '교육부재상황'을 극복할 필요가 있다고 느끼기 때문이다.

원격교육에서 학습자가 자신을 드러내고 주체로서 등장하는 것을 지금까지는 '온라인 사회화'라 명명해 왔으나 Palloff & Pratt, 1999, 이는 대면 교육기관에서의 수업에 익숙해지는 '사회화'와는 본질적으로 다르다. 학습자는 '교육적 존재'로서 호명받기를 원하며, 매 과목과 과정마다 다른 교육적 관계가 수립된다. 따라서 이미 인터넷에 익숙한 학습자나 온라인 교육기관에서 일정 과정을 이수한 학습자의 경우에도 새로운 과목을 접하면 또 다른 정체성을 가져야 한다.

따라서 학습자는 매 과정마다 교육자가 다감하게 자신을 배려하여 교육적 실재의 존재로 확인시켜 줄 것을 요청한다. 교육적 보살핌과 격려를 원하는 태도를 보이는 것이다. 그러므로 학습자가 콘텐츠를 내려받기만 하는 원격수업에서 학습자의 만족도는 물론 수료율이 낮은 것은 교육적 소통을 통한 교육적 관계수립의 궤도로 학습자가 진입하지 못했기 때문이다. 온라인 고유의 교육자-학습자 정체성이 교육 성립의 필요조건인 것이다.

주체-객체 모델로부터 주체-주체 모델로 나아가기 위해서는 몇 가지 조건이 충족되어야 한다. 우선 지식은 객관적으로 절대적 진리의 형식으로 제시되기보다 영향사적影響史的 관점에서 기술에 대한 지식의 개인적 전유 과정과 함께 제시될 필요가 있다. 지식이 끊임없이 변화하는 상대적 성격을 가지며 교육자도 그런 지식의 일부를 전유할 뿐이므로 학습자도 그런 지식의 역사의 일부로 인식될 수 있다는 인식은 학습자를 스스로 주체화하도록 해 주는 중요한 배경지식이 된다. 따라서 교육자의 개인적 지식personal knowledge 또는 지식 전유 과정의 개인사를 활용한 수업은 하나의 중요한 고리가 될 수 있다.

또한 학습자가 자신의 어려움을 그대로 드러낼 수 있는 공간이 필요하다.

학습자가 어떤 애로사항을 겪고 있는지 수준이 어떤지에 대한 정보는 교육자에게 직접 전달되기 어렵다. 감성적 접근Human Touch 을 강조하는 이러닝 기업은 SNS 등을 통해 학습자의 상황을 정확히 파악하고 튜터를 통해 피드백 하는 수업이 상당한 효과를 거두고 있다고 보고한다. 이는 학습자가 수업시작 전부터 '객체'로서 자신을 규정하는 측면이 강하며, 따라서 이들에 대한 보다 세심한 접근이 필요함을 말해 준다.

2. 학습공동체의 구성

앞에서 제시한 '동일성과 차별성의 접합을 통한 나선형적 상승 과정'이라는 교육적 소통의 속성은 교육은 교육자와 학습자가 구조접속을 한 상태에서 진행되는 과정이며, 교육자는 학습자의 출발점 상황을 이해하고 학습자의 변화를 감지해야 한다는 점을 전제로 한다. '비동시성'이 일상화되어 있는 원격교육 상황에서 학습자와의 구조접속과 출발점 진단은 어려운 과제이다. 비대면에서 학습자와 교육자는 상대의 상태를 정확히 파악할 수 없고 비가시적인 invisible 성장의 징후를 포착하기 어렵다. 이런 상태에서 동일성과 차별성의 접합이라는 예술적-교육적 상호작용이 진행되기는 쉽지 않다.

물론 원격교육이 대면 교육보다 나은 점이 없는 것은 아니다. 학습자는 기본적으로 비가시적이기 때문에 타인의 눈치를 보지 않는다. 따라서 스스로가 진단한 자신의 수준을 상대적으로 부담 없이 드러낼 수 있다. 학습자는 '자신이 원하는 때에 접속하여 질문을 올리고 자신이 올린 질문에 답을 받을 수' 있다. 이런 점에서 온라인 교육은 학습자가 여타 이유로 교육자에게 질문하기 어려운 대면 상황과 달리 학습자에게 더 많은 기회를 부여하는 '민주적' 교육의 측면을 가지고 있다. 또한 동시성과 비동시성의 적절한 결합, 예컨대 채팅동시적 소통과 게시판비동시적 소통 의 조화로운 운영은 대면 교육보다 나은 다양한 소통채널을 형성할 수 있다.

그러나 실제 상황을 보면 이런 가정은 낭만적이다. '교육'이라는 말을 쓰는 순간 대면 교육제도의 권위적 성격과 유사한 문법이 작동하기 때문이다. 학습자들은 인터넷에서는 쉽게 자신을 드러내지 않으며 자신의 의견을 드러내지 않는 한 '암묵적 동의'로 간주되기 때문에 교육자는 학습자의 도전을 느낄 수 없다.

비가시적이라고 해도 학습자는 대개 소극적이며, 따라서 교육자가 받는 도전의 양은 대면에 비해 많지 않다. 마찬가지로 교육자의 비언어적 메시지가 매체를 통해 충분히 전달되기는 쉽지 않으며 '정련된' 논의로 정리된 콘텐츠는 내용의 추상성을 강화하기 쉽다. 교육자는 인격체로서보다는 내용 전달자로서 나타나는 것이다. 즉, 비대면 상황은 눈에 보이는 단서가 없기 때문에 대면 상황에 비해 사람들이 자신의 내면을 솔직하게 드러낼 수 있는 공간이어서 익명에 기댄 언어폭력이 난무하기도 한다. 하지만 그것이 '교육상황'이라고 인식되는 순간 교육자와 학습자는 스스로 규정한 교육자와 학습자의 틀에 갇히게 된다. 학습자는 자신이 정해 놓은 '학습자다움'의 틀 안에서 행동하게 되므로 여전히 혹은 대면 상황보다 더욱 수동적인 태도를 가진다. 교육자 역시 비언어적 제스처가 없는 냉정한 재현의 상황 속에서 학습자와의 정서적 교감을 만들어 나가기는 쉽지 않다. 수동적 수용과 명료한 강의만이 남는 것이다.

하지만 이런 맥락의 상실은 카페나 동호회와 같은 인터넷 상의 학습공동체 형성을 통해 복원될 수 있다. '학습공동체'가 구성될 경우 온라인 공간은 다양한 학습자들이 동일성/차이를 경험하는 학습자 중심의 공간으로 교육적 실재감 educational presence 을 부여하는 매우 중요한 기능을 수행할 수 있다. 주지하듯이 온라인 학습공동체는 개인적-집단적 학습자 행동을 통해 창조된 일종의 '장소'로서 Fjuk, 1998: 70 교육 내용을 학습자의 자발적 학습에 통합해 내는 가장 효율적 매개로 인식되어 왔다. 학습공동체는 학생들이 학습의 과정과 결과를 공유하고 타인의 결과에 대해 상호 의견을 제시하며 과제 외의 일상까지 공유하는 장이다. 또한 협력적 온라인 학습 툴을 이용하여 참여자들이 상호 기록에 대해 응답하도록 하고 질문을 촉발하며 관심사를 증폭시켜 줄 수 있다. 공동의 전자적 지식베이스에 기초한 학습공동체는 콘텐츠 등을 통해 '주어지는' 지식을 학습자 스스로의 것으로 만들어 실질적인 학습력을 증대시키는 주요한 전환적 장이 될 수 있다 Palloff & Pratt, 1999.

그렇다면 구체적으로 어떤 기제가 온라인 학습공동체를 교육적 소통의 공간으로 만들어 내는가? 구성원들이 지속적으로 만나는 과정을 통해 인터넷이라는 '기술적 공간'이 '인격화'되어 느껴지는 점을 들 수 있다. 교육자-학습자간의 만남만으로는 학습자가 스스로를 '능동적' 학습자로서 인식하기 어렵다. 대중매체를 통한 교육에서 대표적으로 드러나듯이, 학습자는 매체를 통하여 '전달'되는 내용을 수용하는 존재가 되기 때문이다. 학습자가 학습자로서 집단적 정체성을 갖게 되는 것은 다른 학습자와의 만남을 통해서이다. 자신이 '학습자'임을 자각하고 어떻게 학습하는 것이 필요한지 다른 학습자는 어떤 생각으로 해당 학습을 하고 있는지를 확인하는 과정을 통해 학습자는 메타학습능력 learning how to learn 을 높이게 된다. 이는 단지 '학습효과'가 아니라 정체성에서의 변화를 말한다. 즉, '학습자끼리의' 이야기는 학습자 스스로가 지식 생산의 주체로 나설 수 있도록 자신감을 부여한다. 지식 수용자가 아니라 담론 생산자로서 경험을 해 나가는 과정을 통해 학습자는 능동적 학습자로서의 정체성, 즉 학습자로서의 지평 확대를 경험한다.

이렇게 해서 학습공동체는 원격의 거리를 넘어 학습자의 정체성 변화를 추동하는 장 field 이 된다. 학습자는 다른 학습자와의 관계 속에서 동질적 존재감을 느끼는 동시에 학습공동체에서 자기 나름의 기여방식을 찾고 다른 학습자의 헌신을 보면서 학습자의 태도를 익혀 간다. 학습공동체는 단순히 학습자에게 '위안'을 제공하거나 다른 학습자로부터 배우는 것이 크다는 점에서 의미를 갖는 것이 아니라 '존재감의 변화를 수반하는 교육적 소통'을 가능하게 해 주는 연결장치인 것이다. 학습자는 다른 학습자와의 대화를 통해 교육자를 가깝게 느끼고 다른 학습자의 가르침을 통해 새로운 교육자의 이미지를 체득한다. 다른 한편 교육자는 학습공동체에서 진행되는 학습자 간의 대화를 통해 학습자의 현주소를 파악하고 교육자가 학습자에게 구체적으로 도움이 되는 지점을 파악하며 '배우는 교육자'라는 이상ideal을 획득한다.

3. 표현역동dynamics of expression에 대한 이해

세 번째로 제시한 '체제적-직관적'이라는 교육적 소통의 특성은 원격교육에서 찾아보기 힘든 소통 특성이기도 하다. TV와 같은 대중매체를 사용하는 원격교육의 경우 매체가 가지고 있는 거리감은 상당히 큰 편이어서, 교육자는 학습자가 어떤 사회문화적 특성을 가지고 교육의 장에 참여하는지 특정한 학습이 이루어지는 순간 어떤 결핍을 느끼는지 등의 문제를 알기 어렵다. 인터넷은 다양한 매체를 결합하여 제공함으로써 이전의 원격교육매체보다 소통의 벽을 보다 얇게 만들었고 바로 이런 점이 '교육매체로서의 우수성'으로 받아들여져 왔다 권성호, 2005. 그러나 다각적 차원의 소통채널을 제공한다고 해서 대면 상황의 교육적 소통이 그대로 재현될 수 있는 것은 아니다.

한계가 생겨날 수밖에 없는 이유를 정리해 보면 다음과 같다. 우선 체제적-직관적 소통의 핵심적 특성은 '암묵적-비가시적' 차원의 소통을 매개로 학습자에 대한 언어적 촉진을 이룬다는 점이다. 이는 매넌이 말한 학습자 지원과 같은 맥락으로서 언어적 촉진보다 비언어적 소통이 학습자를 자극하고 향상시키는데 더 잘 기능한다고 본다 Manen, 1990: 156. 학습자가 필요로 하는 바를 직관적으로 파악하여 감동을 통해 성장하도록 하기 위해서는 정해진 룰이나 원칙이 아니라 '그 순간 작동할 만한' 비언어적 소통을 해야 하는 것이다.

암묵적인 교류가 감정의 차원에서 보다 중요하다는 점을 생각할 때 아무리 다양한 방식을 동원한다고 하더라도 인터넷 안에서 입자적 교환이 이루어지는 것은 불가능하다. 이런 점에서 특히 아동기에 인터넷을 통한 원격교육만으로는 충분한 교육이 이루어지기 어렵다. 규율이나 규범은 '몸의 코드'를 학습하는 과정을 필요로 한다는 점에서 대면 교육이 필수적이기 때문이다.

다음으로 원격교육의 태생적 속성과 기관의 이해가 상치된다는 점이다. 평생교육적 차원에서 원격교육은 기존의 교육제도에서 소외된 사람들에게 보완적 교육 기회를 부여하기 위해 만들어진 것이다 Verduin & Clark, 1991. 따라서 원격교육의 기본 지향은 학습자 한 명 한 명의 교육적 성장이라기보다는 보다 많은 사람에게 접근권을 부여하는 일이다. 교육기관에서 원격교육을 채택하는 경우 우선적으로 검토하는 사항이 비용 효과성이라는 점 역시 원격교육의 '대중 지향성'을 보여 주는 것이다.

문제는 이렇게 비용 효과성의 차원에서 접근할 경우 '질'은 급속하게 떨어진다는 점이다. 질 관리를 위해 각 학습자 개인에 대해 맥락적으로 이해하고 체제적으로 지원하기 위해서는 대면 상황의 곱절 이상 에너지와 비용이 투여되어야 한다. 이렇게 되면 대중적 교육 접근성은 줄어들게 된다. 현재 대부분의 원격교육기관에서 질 제고가 어려운 것은 원격교육이 '질'보다는 '접근성'에서 도입되었기 때문이다. 대개의 기관에서 질 제고를 위한 더 높은 비용 지출은 불가하다.

그럼에도 불구하고 교육적 소통특성에 대한 분석에서 도출할 수 있는 몇 가지 교육적 노력이 무의미하지는 않을 것이다. 우선 교육자는 우선적으로 기술이 보장하는 각 단계의 특성을 충분히 숙지하고 투명한 소통을 이룰 수 있는 정도의 매체 친숙성을 가져야 한다. 여기서 '기술이 보장하는 각 단계'란 예컨대 화상 채팅이 가능한 상태와 글쓰기만이 가능한 상태 등 개발된 기술에 의거한 차이를 말한다. 게시판 글쓰기가 주된 교육 수단이라고 할 경우 교육자는 '게시판'이라는 특성과 게시판에서 단말마적 글쓰기가 학습자에게 어떤 의미를 가지고 있는지, 학습자들이 이런 방식으로 스스로를 표현할 때 어떤 어려움과 한계를 느끼는지에 대해 충분히 파악하고 있어야 한다. 그렇지 않을 경우 교육자는 학습자에게 '그 순간' 필요한 조치를 취해 주기는커녕 거꾸로 상처를 줄 수도 있다.

다음으로 학습자들이 스스로 학습할 수 있는 능력을 키우는 일 learning to learn 과 교육 내용의 전달이 함께 진행되어야 한다. 원격교육이 진행되는 체제에 대한 이해, 자신이 하고 있는 활동의 특성에 대한 이해, 이를 통해 스스로 획득할 수 있는 바에 대한 이해 등은 학습자들이 학습에 대해 조금만 더 성찰적 이해를 할 경우 쉽게 도달할 수 있는 학습결과이다. 사실 온라인 교육은 함께 일하는 법 working in group 을 익힐 수 있는 협동학습체제를 시스템적으로 구현하고 있기도 하고, 자원을 찾아내는 일 gathering data 을 기본적인 학습내용으로 삼고 있다는 점에서 어떤 학습집단을 막론하고 현대사회에서 보편적으로 필요한 능력을 갖추는 데 적절한 측면이 있다. 따라서 일방향적 멀티미디어 강의와 같이 단순히 대면 교육을 매체를 통해 전달한다는 시각이 아니라 인터넷 등 정보 통신기술을 함께 학습해 나가면서 전자적 표현방식과 상호작용에 대한 이해 능력을 학습내용의 조직화를 통해 함께 키워 낸다는 시각으로 전자적 토론데이터 생성과 같은 교육과정을 편성한다면 원격상황에서 교육적 소통은 보다 높은 교육적 성과로 이어질 것이다. 학습의 속성에 따른 매체활용방식을 표로 정리해 보자.

학습의 속성을 반영한 온라인 교육의 함의

학습의 속성	온라인 교육의 함의
학습은 능동적이고 정밀한 것이다: 학습은 발견과 창조적 구성에 중점을 둔다	• 온라인 학습 툴은 지식재현의 새로운 기회를 제시한다. 즉, 개념과 사고의 지형을 그리고, 추상적 차원뿐 아니라 가시적으로 용어를 그려 볼 수 있게 한다. • 저작 툴은 상호작용적 소통양식을 고무한다.
학습은 비선형적이고 다중감각적이다	• 하이퍼미디어 저작은 정보의 분산과 비계열적 조작을 가능하게 한다. • 전자적 데이터베이스와 색인은 다양한 그래픽, 문헌, 멀티미디어 정보에 대한 위계적-하이퍼링크적 접근을 가능하게 한다.
학습은 협력적이고 사회적이다	• 협력적 온라인 학습 툴은 참여자들이 상호 기록에 응답하도록 하고 질문을 촉발하며 관심 있는 것을 증폭시킨다. • 전자출판은 팀이 공동의 전자적 지식베이스를 생성하도록 한다.
학습은 다각화되어 있다	• 전자적 툴은 학습의 커스터마이징을 돕고, 다양한 학습스타일에 적응하도록 돕는다(온라인 포트폴리오나 다양한 학습옵션을 가진 저작 툴) • 네트워크와 공유된 데이터베이스는 학습자들이 다양한 것을 동시에 학습하도록 돕는다. 그것들은 또한 학습자들이 독립적으로 학습하는 동시에 그 지식을 공유하도록 해 준다. • 적응적 기술(adaptive technology)은 장애학습자들이 보다 완전히 다양한 학습 경험을 동료들과 할 수 있도록 해 준다.
학습은 문제에 기반하며, 질문에 의해 추동된다	• 전자적 시뮬레이션은 실제 세계의 적용을 가능하게 한다. 단순한 답보다는 문제기반 및 질문을 강조한다. • 온라인 접근권은 인간과 전세계의 현장 쟁점에 대한 전자적 자원 간의 연계를 가능하게 한다.
학습은 과정 지향적이다	• 정보 문해 스킬은 학습방법, 정보검색과정의 정교화, 문제해결전략의 학습에 기여한다. • 소프트웨어 프로그램 평가는 학습자들이 자신의 향상 정도를 평가하고 과거의 실천의 향상에 도움을 준다.
학습은 지시된 것이라기보다는 안내된 것이다	• 교사는 강의자라기보다는 코치이다. 컴퓨터로 작업하는 것은 교사들이 관찰하고 촉진하는 것을 도와준다. 컴퓨터로 작업하는 경우 교사 중심적 교화보다 많은 대화가 진행된다.
학습은 학생 중심적이다	• 전자적 툴과 정보에 대한 온라인 접근권은 학습자의 의사결정권을 강화한다. • 테크놀로지는 교사와 학생이 상호 교섭할 수 있는 프로젝트를 위한 기회를 증진시킨다.

학습의 속성	온라인 교육의 함의
학습은 평생에 걸친 노력이다	• 정보문화기술의 수월성은 교실이나 작업장에서 공히 핵심적이다. • 전자적 접근은 학창생활이나 교실 등의 임의적 경계를 해소한다. • 학습은 언제나 어느 곳에서나 가능하다.

정리해 보자. 구체적으로 교육적 소통 개념을 통해 우리는 인터넷에서의 교육을 '인터넷을 통한 정보전달'의 수준과 차별적인 '다매체환경에서의 교육적 만남'으로 정의했으며, 교육적 소통에 대한 개념분석을 통해 사실상 원격교육이 교육적 열등재로 인식될 수밖에 없는 이유를 정리했고, 그 한계를 극복하기 위한 몇 가지 조건을 제시했다. 이는 '왜 원격교육은 잠재력에 대한 수많은 논의에도 불구하고 이류교육으로 인식되고 있는가?'라는 소박한 질문에 대한 평생교육학적 답하기의 일환이며 실험적으로 제시해 본 몇 가지 대안, 예컨대 메시지의 인격화, 공동체 생성적 미디어 활용, 교육자와 학습자의 표현역동에 대한 이해 제고 등은 교육학적 답하기가 제시한 실천적 대안이다.

참고문헌

권성호(2005). **교수매체의 이론과 방법**. 대한예수교장로회총회.

김완석 외(2003). 유비쿼터스 컴퓨팅과 기술 그리고 전망. **정보처리학회**, 10(4), 23-38.

김재윤(2003). **유비쿼터스 컴퓨팅: 비즈니스 모델과 전망**. 삼성경제연구소.

김지현(2001). 교육하는 인간의 원형으로서의 유아. **교육원리연구**, 6(1), 57-63.

김홍래 · 임병춘(2000). 교수학습과 정보통신기술의 통합을 위한 체제적 접근방안. **과학교육연구**, 23, 23-46.

박선주 · 류영란(2000). 협동학습모형을 활용한 상호작용적 웹기반 학습시스템에 관한 연구. **정보교육학회**, 5(1), 89-104.

백영균(2000). 웹기반 학습에서 텍스트형-아이콘형-메타포형 인터페이스가 학습수행에 미치는 영향. **교육공학연구**, 16(4), 107-136.

신나민 · 임정훈 · 이혜정(2005). 한국 원격교육 연구의 동향과 전망: 1985-2005년도를 중심으로. **교육공학연구**, 21(4).

양미경(2002). 사이버공간에서 교육적 관계형성의 가능성과 한계. **교육과정연구**, 20(3), 173-190.

왕경수(2003). 웹기반 협동학습에서의 상호작용증진방안 탐색. **교육정보미디어연구**, 9(4), 35-47.

이상수, 강정찬, 이인자, 황주연, 이유나(2005). 웹기반 교육의 최근 연구동향에 대한 비판적 분석. **교육공학연구**, 21(4), 49-62.

이준(2001). 멀티미디어 기반 수업개발의 효율성제고를 위한 전략들의 가능성과 한계. 교육공학연구, 17(3), 195-219.

임철일(2001). 웹기반 자기조절 학습환경을 위한 설계전략의 특성과 효과. **교육공학연구**,

17(3), 53-83.

장상호(1991). **교육학 탐구영역의 재개념화**. 서울대학교 사범대학 교육연구소.

장석진(1987). **오스틴: 화행론**. 서울대학교출판부.

정민승(2002). **사이버공간과 평생학습**. 교육과학사.

정민승(2004). **u-City 환경에서의 학습도시구상연구**. 한국학술정보원.

정인성(1990). **원격교육의 이해**. 교육과학사.

한국전산원(2004). **u-Korea 구현을 위한 IT839 전략 분석**.

Borgman, C. L. et. al. (1995). Children's searching behavior on browsing and keyword online catalogs. *Journal of the American Society for Information Science, 46*(9), 663-684.

Fidel, R., et. al. (1999). A visit to the information mall: Web searching behavior of high school students. *Journal of th American Society for Information Science, 50*(1), 24-37.

Fjuk, J. (1998). Computer support for destributed collaborative learning. Ph.D. dissertation. Department of Informatics, University of Oslo.

Garrison, D. R. (1985). Three generations of technological innovation in distance education. *Distance Education*, (6), 235-241.

Geoghegan, L. & Lever, J. (2004). *ICT for social welfare*. Bristol: The Policy Press.

Gross, M. (1997). Pilot study on the prevalence of imposed queries in a school library media center. *School Library Media Quarterly 25*(3). 157-166.

Harada. V. H. (2003). From instruction to construction. Fitzgerald, M. et al. (2003). *Educational Media and Technology Yearbook 28*. London: Libraries Unlimited.

Hensley, R. B. (2003). Technology as environment: From collections to connections. *NDTL, 94*. Wiley Periodicals. Inc.

Hirsch, S. G. (1997). How do children find information in different tasks? Children's use of the science catalog. *Library Trends, 43*(4), 725-745.

Kaifai, Y. & Bates, M. J. (1997). Internet Web-searching instruction in the elementary classroon" Building a foundation for information literacy. *School Library Media Quarterly, 25*(2), 103-111.

Keegan, D. (1983). On defining destance education in D. Stewart et al.(Ed.). *Distance education: International perspectives*. London: Croom Helm,

Lauzon, A. C. & Moore, G. A. (1989). A fourth generation distance education system: Integrating computer-assisted learning and computer conferencing. *The American Journal of Distance Education, 3*(1).

Mayfield-Stewart, C. Moore, P, Sharp, D., Brophy, S., Hasselbring, T., Goldman, S., and Bransford, J. (1994). Evaluation of multimedia instruction on learning and transfer. Paper presented at the annual conference of the American Educational Research Association. New Orleans, LA.

McLuhan, M. (2011). *Understanding media*. 미디어의 이해. 커뮤니케이션북스.

McLuhan, M. & Fiore, Q. (2005). *Medium is the massage*. NY: Ginko Press.

Means, B., & Olson, K. (1994). The link between technology and authentic learning. *Educational Leadership, 51*(7). 11-18.

Ogata, H. & Yano, Y. (2004). Context-Aware Support for Computer-Supported Ubiquitous Learning. 2nd IEEE International Workshop on Wireless and Mobile Technologies in Education.

Palloff, R. M. & Pratt, K. (1999). *Building learning communities in cyberspace: Effective strategies for the online classroom*. NY: Jossey-Bass.

Saga Hiroo. (1999). Digital transformation of words in learning process: A critical view. *Educational Media International 36*(3). 195-202.

Small, R. V. (2003). Fostering library media specialist-educational technologist collaboration. in Fitzgerald, M. et al. (Eds.). *Educational Media and Technology Yearbook 28*. London: Libraries Unlimited.

van Manen, M. (1990). *Researching lived experience Human science for an action sensitive pedagogy*. State University of New York Press, Albany.

Verduin, J. R. & Clark, T. A. (1991). *Distance education: The foundations of effective practice*. San Francisco: Jossey-Bass.

Wertsch, J. V. (1995). *Vygosky*, 비고츠키: 마음의 사회적 형성. 한양대 사회인지발달연구

모임. 정민사.

Wright, K. (1993). *The challenge of technology: Action strategies for the school library media specialist*. Chicago: American Library Association.

Wood, J. T. (1992). *Spinning the symbolic web: Human communication and symbolic interaction*. Norwood. NY: Ablex.

Watzalwick. (1980). *The invented reality*. NY: Guilford Press.

2

평생교육, 딜레마와 실천들

6장

평생학습 패러다임에서의 교육자:
위상과 역할

I. 교육자의 딜레마

"학습자는 교육자 없이도 학습하는 존재이다"라는 명제가 상식이 된 지 오래이다. 현장에서 광범하게 받아들여지고 있는 자기주도학습이나 구성주의, 경험학습 개념은 '인간은 특정한 교육자 없이도 학습해 나간다'는 징표로 해석되고 있다. 자기주도학습론은 학습자가 주체적으로 학습한다는 명제를, 경험학습론은 인간은 경험을 통해 학습함을 밝히고 있으며, 구성주의는 인간이 외부의 지식을 수동적으로 수용하는 유기체가 아니라 적극적으로 지식을 생산해 내는 주체임을 밝히고 있다 Tough, 1979; Richardson, 1997. 이런 흐름은 한편으로는 교육현장에서 학습자 존중의 문화를 만들어 내는 데 기여하지만 다른 한편으로 학습자에 대한 방임으로 나아가게도 한다. 학습자의 자기주도성 주장 뒤에는 '알아서 학습하는 학습자를 구태여 가르칠 필요가 있겠느냐'는 무책임이 도사리고 있다. 실제로 원격교육 등의 현장을 보면 '자기주도학습=교육자 없는 학습'의 등식은 교육자의 역할 축소라는 결과를 낳기도 한다.

하지만 교육자의 필요성을 강조하면서 교육자의 위상과 정체성을 바꾸자는 요청도 힘을 얻고 있다. '평생학습시대'에 대한 목소리가 높아짐에 따라 평생교육사에 대한 요청은 증대하고 있으며, 교육 실천을 위한 급선무는 능력 있는 교육자를 키워 내는 일이라는 사실에 누구나 공감한다. 평생교육사는 '일방적 지식의 전달자'가 아니라 '촉진자'라는 사실이 광범하게 수용되고 학교 교사에게도 '자기주도학습'을 돕는 방법이 제공되고 있다. 현장에 있는 평생교육사들은 '평생교육자 연대'를 결성하여 학습촉진을 자신의 전문성 영역으로 발전시켜 나가고 있다.

교육자의 역할 설정에 대한 다양한 고민들은 평생학습 패러다임의 등장에 따라 심화된다. 패러다임은 특정 영역의 문제를 어떻게 이해하고 탐구할 것인가를 안내하고 제시하는 일종의 개념 틀로서 Kuhn, 1980, 평생학습 패러다임이라는 말을 사용한다는 것은 평생학습이라는 독특한 관점에서 교육현상 일반을 바라본다는 것을 말한다. 즉, 평생학습 패러다임은 기존 학교 패러다임으로는 해석하기 어려운 상황이 출현함을 말하는 것이다.

학교와 같은 일종의 '관리교육 패러다임'이 교육자의 시각에서 학생들을 어떻게 가르칠 내용을 관리할 것인지를 주로 다루었다면, 평생학습 패러다임은 성인-노인을 포함하는 학습자의 시각에서 앎을 어떻게 구성해 나아갈 것인지를 규명하고자 한다. 이런 패러다임 전환의 과정에서 평생학습은 때때로 '교육자 부재의 학습상황'으로 상정되었고 이에 따라 학습을 강조하는 평생학습 패러다임에서 교육자의 실천은 '분명한 위상을 갖지 못하는' 어려움이 생겨났다고 볼 수 있다.

하지만 이는 평생학습 패러다임이 가지는 복합성을 잘 해석하지 못한 것이다. 표면적 차원에서 보면 학습자의 강조는 교육자의 약화를 가져온다고 생각할 수 있지만 심층적 차원에서 보면 그렇지 않다. 즉, 학습자를 교육의 중심에 놓는다는 것이 교육자를 배제하거나 교육자의 역할을 약화시키는 일은 아니라는 말이다. 오히려 평생학습 패러다임의 진정한 힘은 학습자를 중심으로 놓고 볼 때에야 비로소 교육자의 위상이 분명히 드러난다는 점에 있다. 이미 1990년대 후반부터 진행되어 왔던 우리나라의 사회교육자에 대한 연구 권두승, 2001, 1999; 송병국·정지웅, 1997; 김현수, 1994 는 기존 학교교육에서 다루지 못했던 교육자의 특성, 교수법, 사회적 기여 등을 다루는 소중한 자원이다. 그렇다면 평생학습 패러다임의 진원지인 성인교육 영역에서 그간 교육자 논의가 전면적으로 전개되지 못한 이유는 무엇인가?

이 글에서는 평생학습 패러다임으로 교육자의 위상 및 역할을 조망하고자 한다. Ⅱ에서는 그간의 논의에 담겨 있던 교육자에 대한 오해를 정리해 보고, Ⅲ에서 교육자적 실천에 기초가 되는 학습자론을 평생학습 패러다임의 시각에서 검토한 후, Ⅳ에서 평생교육에서 요청되는 교육자의 자질과 역할을 잠정적으로나마 제시하고자 한다.

Ⅱ. 불안한 위상과 강력한 오해

1. 평생교육자,[13] 그 낮은 위상

평생교육에서 교육자는 누구인가? 학습자가 스스로 학습한다면 과연 성인 대상의 교육에 교육자는 필요한가? 이 질문은 과도한 것으로 보이지만 또한 당연하게 제기되기도 하는 질문이다. 평생교육 현장에서 교육자는 누구인지 어떤 역할을 해야 하는지도 분명하게 제시되지 않고 있으며 법적인 차원에서도 평생교육사는 기획에서 경영, 개발에서 운영에 이르는 모든 영역을 담당한다. 심지어 지자체 평생교육 담당자들이 가장 많이 하는 일은 '행정업무처리'라는 탄식이 있을 정도이다.

학교와 마찬가지로 평생교육기관에서도 '교육자'는 지식을 전달하는 사람, 즉 '강사'를 지칭하는 경우가 많다. 법적으로는 지역사회에 요구되는 교육을 읽어 내고 그런 교육을 유치하는 교육 기획과 평가의 영역을 평생교육자 역할이라고 볼 수 있지만 일반적으로는 '교육자'라는 말을 해당 주제를 가르치는 강사로 생각한다.[14] 평생교육 영역에서 교육자는 이론적으로는 교육 기획에서 평가에 이르는 전 영역을 관장-촉진하는 역할을 해야 하지만 현실적으로는 성인의 특수성을 고려하여 가르치는 자를 의미하는 경우가 많다. 따라서 평생교육자는 이 두 역할 모두를 담당해야 한다는 이중적 정체성을 가진다.

자격의 차원에서 평생교육사의 역할은 교수자, 프로그램 개발자, 관리자, 변화촉진자, 협력자 등으로 정리되어 왔다 권두승·양열모, 1999; 김진화, 2001. 간단히 정리하면 교수자는 학습자에 대한 충분한 이해를 바탕으로 내용에 대한 장악력을 갖춘 강사를 의미하며 프로그램 개발자는 학습자에게 필요한 교육 내용을 제시하고 적합한 방식으로 진행하며 평가하는 평생교육 고유의 사업을 담당한다. 관리자란 교육자가 속한 기관의 발전을 위해 관리하는 역할을, 변화촉진자는 사회적 변화를 수렴하여 그에 적합하게 해당 기관을 발전시키는 역할을, 협력자는 전반적인 대외 활동을 담당한다. 이는 교육이 잘 되게끔 하는 조절자의 역할이라고 할 수 있다. 이런 역할은 '기관에서의 교육'을 상정하고 그 기관의 발전이 교육발전과 직결된다는 판단하에 관리기능을 교육자에게 부여한 것이라고 볼 수 있다.

하지만 이런 역할은 한 사람의 교육자가 담당해야 할 역할이라기보다는 성인학습자의 학습을 돕기 위한 모든 영역을 정리한 것이라고 볼 수 있다. 교육의 본질에 천착한 교육자 논의가 오래전부터 이루졌음에도 불구하고 Knowles, 1983; Merriam, 1984 평생교육자와 관련해서 이상적 상像을 그려본다거나 그에 적합한 역할을 모색한다기보다는 '현재 교육자가 하는 일은 이러이런 것이다'

라고 정리하여 제시하는 상태에 머무른 것이다.

　평생교육자에 대한 심도 깊은 분석이 이루어지지 못한 것은 교육자 지위와 관련된 이유가 가장 클 것이다. 학교교육, 특히 고등교육과 비교해 보면 평생교육현장에서 교육자 위상은 매우 낮고 논의는 미미하다. 교육자가 특정한 주제에 해박할 뿐 아니라 지식의 원천으로서 교육장면에서 권위와 권한을 가지는 대학과 달리 성인교육 현장에서는 학습자에 대한 기관의 장악력이 약하며 교육자에 대해서는 학습자를 지원하는 촉진자상을 제시한다. 오래전 겔피 등 Gelpi, 1990 이 지적한 대로 교육현장에서는 "학습자의 개별화를 촉진함으로써 중간계급과 엘리트의 요청에 부응하며 교육자의 위상을 하락시키고 있다". 성인학습자들을 돕는 존재로 교육자의 위상을 설정하게 되니 교육자는 잘해야 지식을 전달하는 강사에 머무르게 되는 것이다.

　성인이 학습자인 만큼 학습자의 요청에 따르는 것이 일차적 원칙으로 강조됨에 따라 평생교육현장에서 교육자는 강사-운영자-관리자로 분화되며 대개 학습자에 대한 강력한 권한이나 지도력을 갖지 못한다. 교육자의 역할 분화와 전문성 결여가 지위를 하락시켰다는 겔피의 분석은 사회학적 차원에서 타당하다.

　평생교육을 둘러싼 학문적 담론 역시 전문성 강화에 도움이 되지 못했다고 볼 수 있다. 평생교육의 토대는 학습자들이 스스로 학습한다는 것인데, 이것이 '교육자 없이도 학습이 일어난다'는 명제로 받아들여짐에 따라 교육자에 대한 연구와 교육자의 실천 영역에 대한 분석이 등한시되는 풍토가 형성되어 왔던 것이다. '평생교육사'라는 자격의 직무는 강조되면서도 정작 그들이 하는 일의 교육학적 본질이 무엇이고 가치와 이념이 무엇인지에 대한 연구는 본격적으로 진행되지 못했다.

2. 두 가지 오해

전문직은 고유의 실천영역에 대한 지식을 지속적으로 창출하는 기제를 통해 재생산된다. 따라서 교육자에 대한 심도 깊은 연구가 이루어지지 않는다면 평생교육자의 전문성 발전을 위한 내적 추동력은 사라지게 된다. 학습자의 자기주도학습에 대한 지나친 강조와 교육자에 대한 폄하는 일종의 '자기 밑둥 파기'인 셈이다. 이런 주장의 근거는 다음과 같은 오해에 기초하고 있다.

첫째, 인간은 학습하는 존재이며 학습자는 자발적으로 학습해 나간다.
둘째, 학습자에 대한 권한 부여는 교육자의 권한 축소를 말한다.

첫 번째 명제를 보자. 이 명제는 실제가 아니라 존재론의 차원에서 제시된 것이다. 실제로는 특정한 학습을 할 수도 있고 하지 않을 수도 있다. 학습을 거부할 수도 있고 미루기도 한다. 학습자는 스스로 학습이 필요하다고 생각하는 경우에도 학습을 하지 않을 수 있다. 반학습 unlearning 에 대한 논의나 '심리적 장애'에 대한 언급은 바로 학습자가 아무리 성인이라고 하더라도 합리적 예측대로 행동하지 않는다는 것을 알려 준다. 학습자는 투명한 존재라기 보다는 '불투명'한 존재로 여러 맥락의 교차 지점 속에서 필요한 것을 선택한다. 예컨대 댈로즈는 다음과 같이 말한다.

대부분의 성인은 자신을 있게끔 해 준 관계의 망 속에 충분히 녹아 들어가 있고 많은 친구들과 관계로 인해 변화하기를 원하지 않는다. … 변화는 배우자나 아이들, 친구들, 부모, 교사간의 관계의 복잡한 재협상을 요청한다. … 그들이 있는 바로 그곳에 머무르는 것, 그렇지 않다면 적어도 그런 방식으로 보이는 것이 문제를 단순하게 한다 Daloz, 1988: 7 .

"학습자들이 있는 바로 그곳에 머무르는 것"은 복잡하고 불투명한 맥락을 그대로 수용하는 것을 말한다. 교육자는 학습자들의 맥락을 충분히 알고 있는 것으로 "적어도 그렇게 보여"야 학습자들의 마음을 열 수 있다. 뒤집어 말하자면, 교육자들은 학습자들이 학습하지 않을 수도 있는 복잡한 상황에 처해 있음을 간파해야 하며, '자발적으로 학습하는 존재'라고 손쉽게 믿어서는 안 된다는 것이다.

여기서 당위론과 실천론 간의 줄타기라는 교육자의 과제가 도출된다. '학습자는 자율적으로 학습하는 존재이다'라는 명제는 신념이 될 만한 공리이지만, 이는 실제로 자율적임을 말하는 것은 아니다. 이는 마치 '인간은 존엄하다'라는 명제는 당위여야 하지만 인간은 존엄하게 대접받지 못하는 다양한 실제가 존재하는 것과 같다. 이를 구분하지 못하면 존재론을 현실태로 이해하여 학습자를 '방임'하는 결과를 낳는다. 개념적 범주 착오가 교육적 무능을 낳을 수 있는 것이다.

'학습자'는 모르는 상태에서 아는 상태로 나아가는 변화의 과정에 있다. 그러므로 '학습하는 존재'라는 말에서 보다 주의를 기울여야 하는 것은 '학습하는 존재이니 알아서 학습할 것이다'라는 믿음이 아니라 모르는 것과 아는 것의 경계가 어떻게 허물어질 수 있는지를 질문하는 일이다. 학습자에 대한 믿음이 있는 사람들은 학습자를 '모르는 자'로부터 '이미 아는 자'로 바꾸고 아는 것을 새롭게 조직화해 나가는 과정을 학습이라 부른다. 암묵적 지식을 명시적 지식으로 전환시킨다거나 파편적 지식간의 연계를 마련하는 것은 이런 학습에 해당된다. '새로운 내용의 암기'와 구분되는 이런 학습은 분명 아동들에게 행해졌던 일방적 교육의 과정과는 차별적이다.

그러나 그렇다고 해서 학습자가 '아는 자'인 것은 아니다. 모름에서 앎으로 이행하기 위해서는 경계를 넘어 알고자 하는 욕망 desire to learn 이 작동해야 한다. 명시적 수준에서건 인식적 차원에서건 모르는 상태와 아는 상태의 변증적 결합 속에서 앎이 더 넓고 깊게 진행된다고 말하는 편이 옳을 것이다. 이 과정은 아는 자로 상정된 교육자와 인정 욕구를 가진 학습자의 의식적-무의식적 상호작용을 통해 확보된다 Todd, 1997: 9. 교육자는 학습자의 욕망의 대상이 되거나 학습방법을 안내함으로써 학습자에게 앎으로 나아가는 유용한 도구를 제공한다.

그러므로 교육자는 다양한 이유로 학습에 저항하는 학습자들의 현실태를 학습으로 이끌기 위해, 즉 인간의 학습자로서의 존재론을 구현하기 위해 반드시 필요하며, 모르는 상태에서 아는 상태로 나아가기 위해서는 징검다리 역할을 해야 하는 결절점이 있어야 한다는 점에서 학습에 필수적인 존재이다. 인간은 자발적으로 학습하는 존재이지만 학습을 하도록 이끄는 것은 교육자의 학습자에 대한 애정이라고 볼 수 있다.

두 번째 명제, 학습자에 대한 '권한 부여 empowering'가 전제하고 있는 오해를 보자. 권한 부여, 즉 힘을 실어 준다는 것은 스스로 자신의 삶의 주인이 되도록 도와주는 일을 말한다. 대개 '성인'을 학습자로 삼는 교육에서는 학습자가 자신의 욕망과 학습절차에 대해 알고 있다고 보므로, 성인교육에서 교육자의 역할은 학습자에게 '힘을 실어 주는 것'이 된다. 문제는 학습자에게 힘을 실어 준다는 것이 교육자의 힘이 그만큼 줄어드는 것으로 이해된다는 점이다.

학습자에게 힘을 실어 준다는 것은 크게 두 차원에서 이해될 수 있다. 하나는 교육장면에서 교육자 주도에서 학습자 주도로 전환이 이루어지는 것을 말하고, 다른 하나는 학습자가 스스로의 삶을 통제할 수 있는 힘을 가지게 되는 것을 말한다. 교육자의 힘이 줄어드는 것으로 이해하는 것은 전자, 즉 교육장면에서 교육자의 활동이 현저히 줄어드는 것처럼 보이는 양상에서 비롯된다. 강의를 하고 학생을 처벌하는 '권한'을 가진 교육자로부터 학생이 학습하는 것

을 '지켜보는' 교육자로의 이동은 교육자의 권한이 축소되었다고 판단하도록
해 준다.

그러나 이는 잘못된 판단이다. 상담의 경우를 떠올려 보면 상담시간 내내
이야기를 하는 사람은 내담자이지만 그렇다고 해서 상담자의 권한이 줄어든
다거나 상담자가 필요 없는 것은 아니다. 오히려 상담자가 내담자로 하여금 이
야기를 많이 하게 할수록 그 상담자는 능력 있고 힘 있는 상담자가 된다. 내담
자가 이야기하는 것은 자신의 문제를 풀기 위해서이지만 그것은 상담자의 존
재를 전제로 가능하다. 아무 곳에서나 이야기하는 것과 질적으로 다른 작업이
진행되는 것이다. 교육자가 학습자에게 실어 주어야 할 '힘 power'에 대한 아렌
트의 말을 들어 보자.

> 권력은 함께 행위하는 사람들 사이에서 생겨나서 사람들이 흩어지는 순
> 간 사라진다. 권력이 현실화될 수 있지만 결코 완전히 물질화될 수 없는 모
> 든 가능태와 공유하는 이 특성 때문에 권력은 놀라울 정도로 물질적 요소와
> 는 무관하며 숫자나 수단과도 무관하다. … 이런 이유로 해서 권력은 감소
> 되지 않고도 분할될 수 있다. 권력의 절제와 균형을 이루는 권력의 상호작
> 용은 더 많은 권력을 발생시키기 쉽다 Arendt, 1996; 263-264.

아렌트는 힘을 물질적 차원에서 이해하면 그 고유한 본질에서 오히려 멀어
진다고 역설한다. 권력이 숫자와 무관하게 작동하는 것이라면 교육자가 갖는
힘 역시 모임과 행위에서 찾아지는 것이지 학습자의 숫자나 역할에 따라 결정
되는 것이 아니다. 즉, 학습자가 많다고 해서 교육자의 권력이 많은 것도 아니
고 학습자를 촉진하는 역할을 한다고 해서 학습자에게 지식을 전달하는 것보
다 많은 힘을 갖는 것도 아니다. 힘 또는 권력을 계산 가능한 것으로 파악하는
것은 우리가 물질의 메타포, 자본의 메타포에 지나치게 익숙한 결과 출현한 것

이라고 볼 수 있다. 지식을 '저장'이라는 자본의 메타포로 보면 지식의 '공유'는 이미 지식이 줄어드는 일이 된다. 지식 공유를 통한 권력의 확장이나 힘의 행사는 설명하기 힘든 현상이 된다. 같은 맥락에서 학습자에게 힘을 실어 주는 것이 교육자의 힘을 빼앗는 것이라는 제로섬 게임의 법칙은 인간 고유의 현상을 물리적 과정으로 이해하는 오류이다.

학습자가 자기주도적으로 학습해 나가는 과정에 교육자가 개입한다고 할 때 교육자는 카리스마적으로 강의를 하는 교육자에 비해 힘을 덜 행사하는 것인가? 그렇지 않다. 과도한 교육자의 '권력' 행사는 교육자의 '교육적 힘'이 아니라 '제도적 힘'에서 비롯된다. 학교적 패러다임에 지나치게 익숙한 결과 학습자에게 힘을 실어 주는 것은 교육자에게서 힘을 빼앗는 것이라는 사고가 출현한 것이다. 교육은 제로섬 게임이 아니다. 학습자가 힘을 갖는 것이 교육자도 힘을 더 가지게 되는 결과를 낳는 포지티브 섬 sum 에 더 가깝다. 지식과 정서의 교감, 그리고 성장을 중심으로 놓는 교육의 장 field 에서는 성장의 상생적 힘을 키워드로 사태를 파악할 필요가 있다.

교육자는 학습자가 활용하는 대상인 학습자원의 일부[15]로 환원될 수 없는 인격체이며 학습의 중추이다. 학습자가 자기주도적으로 학습하는 것은 혼자 하는 일처럼 보이지만 그 안에는 교육자와의 상호작용이 항상 작동한다. 인터넷 수강에서 책 읽기에 이르기까지 학습활동에는 생각을 건네고 방향을 제시하며 학습의지를 북돋는 교육자가 반드시 존재한다. 교육자의 힘은 '조력자'라고 해서 줄어드는 것이 아니다. 이제 구체적으로 평생학습 패러다임에서 교육자는 어떤 위치를 갖는지 살펴보기로 하자.

Ⅲ. 평생학습 패러다임에서 학습자를 돕는다는 것

1. 평생학습 패러다임과 관리교육 패러다임

지금까지 평생교육 논의에서 교육자는 학습자의 학습을 '돕는' 촉진자로 인식되어 왔다. 따라서 평생교육에서 교육자는 성인학습자의 특성에 따라 개별적-집단적 지원을 하는 존재로 상정해 왔다. 교육학 전반에서 평생학습 패러다임이 거론되는 이유는 평생학습 패러다임에 이르러 학습자의 위상이 분명하게 상향 이동하기 때문이다.

그러면 평생학습 패러다임의 특성은 무엇인가? 평생학습 패러다임은 학교 패러다임이 전제로 삼아 왔던 객체화, 수동화, 몰가치화되어 왔던 '학습'의 의미를 새롭게 해석하고 재개념화된 학습을 렌즈로 삼아 세계를 파악하는 교육적 시각 혹은 틀을 말한다. 앞서 말한 대로 패러다임은 특정한 방식으로 개념을 구조화하는데, 평생학습 패러다임에서 평생학습은 평생에 걸쳐 학습하는 일을 지칭하는 용어라기보다 교육과 학습을 보는 기존의 관점을 변전시키는 개념이다. 평생학습은 '일시적'이 아니라 '평생'에 걸친, '관리-통제적 교육'과 구분되는 '자발적 학습'을 일컫는다.

그러나 상식적인 차원에서 '평생학습'이라는 말은 패러다임의 차원에서 사용되지 않는다. 그것은 평생교육과 동일한 개념으로서, 대개 4차산업혁명과 같은 시대적 요청에 따라 부상한 '학습전략'으로 규정된다. 평생학습 개념을 이렇게 조명하면 평생학습은 '패러다임'의 전환이 아니라 사회의 요청에 따라 등장한 종속변수가 된다. 즉, 교육이 특정한 목적을 위한 수단이라는 점, 교육의 시기는 확장되지만 교육을 추동하는 힘이 경쟁이나 생존이라는 점에서 이런 식의 평생학습 개념은 '국가발전을 위한 학교'와 유사하다고 할 수 있다.

이미 오래전에 지루Giroux, 2001는 학습자와 분리된 교육목적을 성취하는 것을 제1의 목적으로 삼는 교육을 '관리 패러다임에 따른 교육'이라고 불렀다. 예컨대 기업에서 연수는 평생교육의 일환으로 볼 수 있지만 평생학습 패러다임으로 볼 수는 없다. 학교가 국가주도성에 기반을 둔 교육의 관료화를 통해 오랜 세월 동안 학습자를 객체화시켜 왔다면, 기업교육은 끊임없이 직무에의 재적응을 요청하면서 학습자를 개별화-수단화한다. 기업교육은 학교교육의 관료화가 낳은 학습자의 비인격화를 비판하지만 동시에 학습자를 종업원의 자리에 두면서 다시금 학습자를 무력화한다. 기업교육은 학교교육을 벗어난 영역에 속하지만 그것만으로 교육의 질이 달라지는 것은 아니다. 기업교육이 시장논리에 기대어 학습자의 활력화를 끊임없이 유보한다면 그것은 관리교육의 패러다임으로 이해되는 것이 적합하며 이를 평생학습 패러다임이라고 보기는 어렵다.

그렇다면 평생학습 패러다임은 관리교육 패러다임과 어떤 차이를 가지는가? 평생학습이라는 개념이 평생학습 패러다임에 의해 규정되는 방식을 보면 우선적으로 드러나는 특징은 크게 두 가지로 정리할 수 있다. 첫 번째로, 평생학습은 기관 중심의 평생교육과 개념적으로 분리된다. 상식적인 차원에서 평생교육은 교육관련 '기관'에서 수행하는 활동으로 인식된다. 평생교육프로그램이란 교육기관에서 제공하는 교육 내용을 가리키며, 평생교육사란 이런 기관에 취업한 직업인을 지칭하는 양상은 평생교육이 얼마나 기관중심적으로 해석되고 있는지를 말해 준다. 평생학습 패러다임에서 학습자를 중심 축에 놓는다는 말은 학습자의 삶을 주축으로 교육을 편성한다는 것을 의미한다. 기관의 프로그램과 삶의 맥락이 동떨어져 있는 것이 아니라 학습자의 삶의 맥락에서 교육 프로그램을 '부분적'인 위치에 두려고 한다. 평생학습 패러다임에서는 현재 평생교육이 다소 기관-프로그램-학습결과와 연결되어 규정되는 방식에 문제를 제기한다.

2. 학습자 삶의 맥락 읽기

평생학습 패러다임은 기존의 교육 패러다임 일반이 가진 '자율적 개인' 대 對 '침해하는 사회'의 단순한 대립 구도를 탈피한다. 일반적으로 교육이론은 '좋은 개인'과 '나쁜 사회'의 대립을 전제로 삼는 경우가 많다. 인간은 '스스로 생각해서 독립적으로 판단할 수 있는 능력'을 가지고 있는데 이런 학습능력을 저해하는 사회로 인하여 자율성을 신장시키지 못한다는 것이다 Welton, 1995. 성인학습자의 자율성에 주목하는 교육이론들도 경험에 의미를 부여하고 지식의 원천을 제공할 수 있는 존재로 학습자를 상정한다. 사회적으로 부여된 그간의 왜곡된 자아를 벗어나 학습자의 '내면'에 있는 진정한 자아를 찾는 것이 교육의 특성이라는 것이다.[16] 이런 자아관은 개인과 사회를 대립시키고 선한 개인에 의한 진리의 추구라는 구도를 발전시키고 있다는 점에서 근대적 인식론에 기대어 있다. 참의 근원으로서의 인간 내면, 인간 내면의 고유한 자율성이 외부세력과 맞서 존재하고 있는 셈이다.

이와 달리 평생학습 패러다임은 개인과 사회의 이원적 분리구도를 탈피한다. 학습은 사회와 개인이 접목되는 지점에서 발생하며 사회와 인간을 엮어 나가는 과정을 통해 발전한다. 학습자는 과정 중인 존재이며 상황과 분리되어 존재하는 '고립되고 자율적인' 존재는 허구이다. 따라서 평생학습 패러다임에서 보면 '결국은 진리에 도달하는' 주체란 존재하지 않으며 '무조건 주체에게 해로운 상황'이란 존재하지 않는다. 오히려 개인학습자가 상황을 전유하는 방식을 탐색하는 것이 중요하다는 것이다. 따라서 엄밀히 말하자면 평생학습 패러다임과 대치 국면을 이루는 관리교육 패러다임조차도 '학교'나 '기업'이라는 학습의 장이 아니라 어떤 교육이 학습자의 내면을 소외시키고 학습자의 주체성을 상실하게 하는지의 관점에서 평가해야 한다고 주장한다.

이런 점에서 어셔 등 Usher et al., 1997 의 오래된 논의를 다시 주목할 필요가 있다. 이들은 개인이 '맥락 속에서의 자신의 행위를 얼마나 독립적으로 드러내는 가' _{적용-자율} 와 '학습을 어떤 방식으로 진행하는가' _{적용-표현} 라는 두 축을 중심으로 성인들의 실천의 국면을 다음 그림과 같이 네 가지로 정리한다. 중요한 점은 이런 실천 영역의 분할이 고정된 것이 아니라 학습자가 어떤 방식으로 그 영역을 전유하는가에 따라 달라지는 변동성을 가진다는 점이다.

성인들의 일상적 실천 영역 구분

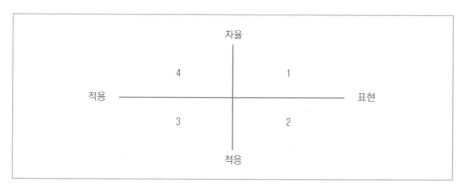

그림에서 1사분면은 생활양식을 실천하는 장면에서 이루어지는 학습으로 개성과 자아표현을 통하여 자율성이 획득되는 과정을 말하며, 2사분면의 고백적 실천은 우리자신의 자기 관리 능력이 공공화되는 장면이다. 자기 자신을 깨닫고 자기 자신에 대한 진리를 발견하고 개인적으로 바람직하게 성장하고 경제적으로 기능적으로 성숙하는 장으로 고백적 실천이 기능한다. 3사분면은 직업적 실천의 국면으로 핵심적 관심은 효율성이며 그 관리는 시장에 의해서 이루어진다. 직업주의는 유연한 수행력과 변화의 기질을 산출할 수 있도록 설계되어야 한다. 경험적 수단으로 적응적 기술을 학습한 결과 학습자들은 그들의 변화하는 환경에 보다 잘 대응할 수 있다. 마지막으로 4사분면에 해당하는 비판적 실천은 자율적인 개인들의 실천으로 학습은 표현보다 정치적 실천에의

적응이라는 과정을 통해 진행된다. 특정 맥락에 적응하는 것보다 특정 맥락을 변화시키는 것이 관심의 대상이다.

이런 구분은 마치 가정-학교-사회의 구분, 협동적 상황-경쟁적 상황 등의 구분처럼 장의 속성에 따른 구분처럼 보인다. 그러나 좀 더 구체적으로 보면 학습자의 소외와 학습자의 성장이라는 양가적 특성을 모두 그 실천 안에 담고 있다. 예컨대 말하는 방식, 의상, 여가 방식, 직업 등 취향과 스타일을 통해서 구현되는 생활양식의 실천 장면은 자신의 생활을 새로운 방식으로 구성하고 조직해 나가는 능동적 학습자의 삶의 장면으로 볼 수도 있지만 동시에 소비의 사회에 젖어가는 학습자 소외로 읽혀질 수 있다. 또한 직업적 학습의 장은 회사에 적응하기 위해 학습자 스스로 소외되는 과정일 수도 있지만 직업적 능력의 고양을 통해 학습자의 자신감을 확보하는 영역이 될 수도 있다. 고백적 영역 역시 사적 감성의 공적 통제를 통해 개인이 성숙해 가는 과정일 수 있지만 적극적인 시민, 열성적인 소비자, 정열적인 노동자로서 키워져 나가는 전형적인 사회적 과정으로 읽힐 수도 있다. 상황은 언제나 양가적이며 양가적인 만큼 의식적이고 주체적인 개입이 필요해진다. 따라서 학습의 장면에서는 '고정화된 영역 구분'이나 '틀 지워진 발달의 계열'이 사라진다고 할 수 있다.

교육자가 등장하는 것은 바로 이 지점이다. 교육자는 선물 포장을 뜯듯이 학습자의 내면을 발견해 꺼내도록 돕는 사람이라거나 좋지 않은 상황으로부터 좋은 상황으로 학습자를 옮겨 놓은 사람이 아니다. 교육자는 상황의 다원성을 학습자 스스로 읽을 수 있도록 돕는 사람이며 관계를 만들어 나가는 사람이다. 학습자가 고정된 내면을 가지는 독자적 존재가 아닌 것과 마찬가지로 교육자 역시 변화의 주체이자 대상이다. 학습자와의 끊임없는 순환 속에서 학습자가 자신의 실천을 다차원적 관점으로 바라볼 수 있게 상이한 경험에 개방되도록 조력하는 촉진자이다. 학습자를 지식으로 이끌기보다는 상호작용 과정 자체를 지식으로 볼 수 있도록 해 주는 사람이다.

이렇게 보면 교육자의 역할이란 각 학습자들이 자신이 처한 실천의 맥락을 이해하고 그 맥락에서 자율적으로 의사결정하고 생활할 수 있도록 힘을 실어 주는 일이라고 할 수 있다. 교육자의 역할이 특정한 항목으로 붙박여 있는 것이 아니라 교육자는 맥락화된 장면에 개입할 수 있는 형식적 지식을 획득할 필요가 있다. 교육자의 실천은 언제나 학습자의 맥락에 개입하는 일이다. 이것이 평생학습 패러다임에서 '학습'이 강조되었던 근본적 이유이다. 그렇다면 평생교육전문가는 구체적으로 어떤 능력을 갖추고 어떤 역할을 해야 하는가?

Ⅳ. 평생교육자의 역할과 윤리

평생학습 패러다임은 학습자의 다양한 삶의 장면에 천착하는 데서 출발하여 학습자가 자기 삶에 대한 통어력 通御力 을 갖도록 하는 교육을 제안한다. 그러므로 평생교육자는 학습자의 삶의 장면을 읽어 내고 일정한 방향으로 견인해 내는 것을 기본 소명으로 한다. 학습자의 삶에서 자기주도성은 단시일에 이루어지는 것이 아니라는 점에서 사회교육은 지속성과 연계성을 가지고 진행되어야 한다.

평생학습에 대한 지원과정은 크게 세 단계로 구분될 수 있다 166쪽 그림 참조. 첫 번째 단계는 학습자의 생활맥락을 사회적 차원에서 읽어 내는 단계이다. 지금까지 교육욕구에 대한 해석은 기관 단위의 요구 분석에 국한되어 있었다. 이론적으로는 지역사회 분석이나 사회적 맥락 분석이 기관-조직 분석과 더불어 진행될 것이 권유되었지만 "프로그램 개발자는 기관 속에서 자신의 역할을 수행"한다는 말에서 드러내듯이 김진화, 2001: 185 최종적으로 교육자는 기관의 입

평생교육자의 활동 순환도

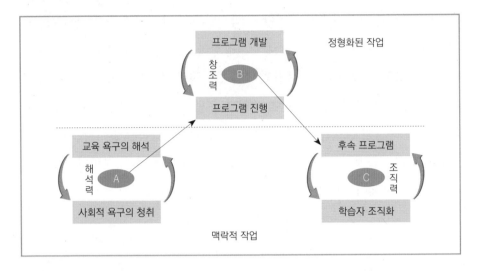

장에서 요구를 추출하고자 했다.

문제는 기관 중심의 정형화된 요구 분석으로는 다차원의 생활 맥락 속에서 살아가는 학습자에게 필요한 내용을 추출해 내기 어렵다는 점이다. 학습자가 스스로 자신에게 필요한 내용을 명료히 언설화하여 제시하기는 어려우며 제시된 프로그램은 언제나 '들으면 좋은' 내용으로 간주되기 때문에 현행의 요구 분석지로는 학습자가 요구하는 교육은 물론 학습자에게 필요한 교육을 읽어 내는 것은 사실상 불가능하다.

따라서 교육자는 학습자의 필요를 해석하기 위해 우선적으로 학습자의 상황을 나름의 시각에서 분석하고 사회상황과 사건이 학습자의 삶의 국면에 어떤 영향을 주는지에 대한 분석을 지속적으로 수행해야 한다. 사회상황에 대한 분석을 통해 학습자가 알지 못하는 학습자의 존재 조건을 분석하고 학습자와의 면담을 통해 학습자가 주관적으로 원하고 있는 내용을 읽어 내야 한다. 교육자는 사회와 학습자에 대한 '해석자'일 때에야 비로소 교육기획을 해 나갈 수 있는 능력을 확보한다.

두 번째 단계는 지향성 있는 프로그램의 제공이다. 학습자의 조건에 대한 해석이 필요한 이유는 그들이 원하는 내용을 제공하기 위해서이다. 여기서 '지향성'이란 학습자가 원하는 내용을 '추수하는' 프로그램에서 벗어나 교육자/기관의 방향을 제시함을 의미한다. 현재 사회교육프로그램이 중복되는 중요한 이유 가운데 하나는 교육자/기관의 특수성이 프로그램으로 구현되지 않고 있기 때문이다. 독특한 프로그램은 학습자의 욕구와 교육자의 지향성 사이에서 탄생한다. 학습자의 욕구를 교육적 언어로 번역하여 변화의 방향을 제시할 경우에만 새로운 교육프로그램이 생겨날 수 있다.

현재의 교육현장에는 학습자의 욕구를 프로그램이 따라간다는 담론이 지배적이다. 학습자가 무엇을 아는지를 파악만 한다면 프로그램이 만들어질 수 있다는 것이다. 그러나 이런 인식방식에는 가장 중요한 과정, 즉 '창조'의 과정이 빠져 있다.[17] 교육프로그램은 교육자의 상상력에 의한 일종의 창조물이고 학습자의 욕구는 충족되는 것이 아니라 창출되는 것이다. 학습자는 특정한 내용을 배우고자 하여 프로그램을 찾기도 하지만 교육프로그램을 보고 배우기로 결심하기도 한다. 이는 일상적 맥락에서도 마찬가지이다. 환경에 대해 학습해야 한다는 결심을 가지고 배움에 임하기보다는 '지역환경 도우미'들의 활동을 보면서 혹은 소모임에 참여하는 과정을 통해 지역의 문제와 자신의 문제를 성찰하게 되는 경우가 오히려 일반적이다. 곧 교육자는 '상상력'을 동원하여 학습자가 배움의 지형을 넓힐 수 있도록 '욕구를 자극'해야 하는 존재인 것이다. 지향성을 욕구와 접목시키는 교육적 상상력을 갖추고 있을 때 교육자는 성공적인 프로그램을 제시할 수 있다.

마지막 단계는 지속적인 학습이 가능하도록 조직화하는 일이다. 여러 교육프로그램에 수강한 학습자가 허탈하게 돌아서는 이유는 배움이 다음 배움으로 유기적으로 연결되지 않기 때문이다. 그렇다면 '삶'이라는 총체성을 대상으로 삼는 평생학습의 패러다임에서는 어떻게 학습자들이 지속적인 학습을 하도록 도울 것인가? 우선은 학습이 지속적인 학습으로 연결되도록 학습의 연쇄고리를 만들어 주는 일이 필요하다. 평생교육기관이 가진 중요한 문제이자 어려움 가운데 하나는 성과를 '참여자 수'에 따라 평가받는다는 점이다. 성과를 내기 위해서 최대의 관심은 일회성 프로그램에 많은 학습자를 유치하도록 하는 일이다. 평생학습의 관점에서 핵심적인 일은 한번 학습을 시작한 학습자를 어떻게 계속적인 학습으로 유도할 것인가의 문제인데 이런 '질적' 차원까지 고려하기 어려운 상황이다.

학습자 측에서 보면 후속학습에 대한 욕구는 언제나 충분하다. 실제로 대학 평생교육원에는 고정된 학습자층이 동문회와 같은 네트워크를 형성하여 구체적인 프로그램을 요청하기도 하고, 시민단체에서는 팀을 꾸려 자생적 후속모임이 진행되기도 한다. 그러나 정작 이런 일을 교육자가 전적으로 담당하지는 못하고 있는 것이다.

학습자의 후속학습을 돕는 또 하나의 방법은 실질적 조직화이다. 배움의 관계를 이어갈 수 있는 조직, 배움의 내용을 사회에 다시 적용하는 조직을 통해 학습자들은 배움을 '쓰고 버리는' 정보가 아니라 삶의 내용으로 채워갈 수 있다. 학습자의 조직화를 어떻게 할 것인지는 지금까지 교육자의 역할로 설정되지 않았다. 그러나 평생학습의 패러다임에서 보면 학습의 조직화는 가깝게는 스웨덴의 스터디서클 study circle, 멀리는 18세기 캐나다의 안티고니시 운동 Antigonish Movement 으로까지 나아가며 학습자의 조직화야말로 학습을 살아 있게 하는 교육자의 최대의 소명임을 알 수 있다.

위의 과정 전반에 걸쳐 교육자가 갖는 근본적인 문제는 교육자의 윤리성 문제이다. 사실 평생학습을 확장해야 한다는 생각의 기저에는 '배운 상태가 배우지 않은 상태보다 낫다'는 낙관적 교육신념이 존재한다. 단순한 지식의 전달이 아니라 '삶'과 결합된 학습을 지원하는 것이 평생교육자의 역할이라면 그것은 학습자의 '존재'를 변화시키는 교육을 의미한다. 그렇다면 교육자는 학습자가 학습하고 난 후의 '삶'이 행복하리라는 것을 확신할 수 있는가?

분명한 것은 자신의 삶의 길을 선택하고 고유하게 살아가는 주체, 즉 학습자의 자기 결정성이 침해되지 않아야 한다는 점이다. 자신의 내면을 '착취'하는 과정을 통해 '자기계발'을 해 나가고자 하는 것, 내면의 결핍과 소외를 억누르는 '긍정'에 집착하는 것, 이런 방향으로의 학습도 엄연히 존재한다. 평생교육자란 학습자의 내면을 다층적 방식으로 규정하는 사회-제도-문화의 억압적 속성을 이해하고 개개의 인간이 가진 영적 자질이 피어날 수 있도록 돕는 자이다. 교육을 담당하는 사람의 출발점은 '과연 내가 하는 일이 어떤 여파를 미치는가'에 대한 질문을 던질 수 있는 자세이다. 이 문제에 대한 교육자의 역량은 인간주의적 심성의 깊이에 비례한다.

V. 결론

평생학습은 교육자와 학습자가 함께 구성해 가는 예술적 창조의 과정이다. 학습자와 교육자가 구조 접속하여 하나의 새로운 교육적 실재educational reality를 만들 때 지속성을 갖는 존재의 변화가 이루어진다. 이미 1958년에 피어스는 성인교육의 현장을 정리하면서 다음과 같이 이야기했다.

성인교육의 성공이 전적으로 교육자에게 달려 있는 것은 아니다. 풍부하고 다양한 경험배경을 가진 성숙한 인간으로서 집단의 구성원들이 지식과 이해의 집단향상에 기여하는 것이 중요하다. 그러나 만약 교육자가 지적인 지도력을 가지지 못했다거나 집단과의 관계 맺음에 서툴다면, 그 수업은 점점 시들다가 종국에는 사멸할 것이다 Peers, 1958: 209.

교육자와 학습자의 상호적 상승이 평생교육의 핵심이라는 말이다. 그러나 이로부터 반세기가 지난 현재, 우리는 교육자와 학습자의 관계 양식을 정교하게 밝히는 것이 아니라 교육자와 학습자를 분리하여 역할을 제시하는 경향을 목도한다. 평생학습 논의는 학습에 대한 배타적 강조로 나아가는 데 반해 교육자에 대한 논의는 실천현장에서의 직무 분석을 중심축으로 진행되고 있다. 학습 논의는 관념과 관점을 공고히 하기 위해, 그리고 교육자에 대한 논의는 당장의 실천을 뒷받침하기 위해 이루어졌다고 볼 수 있다.

이런 분리경향은 기존의 교육적 상식의 한계에서 비롯되는 것이며, 학습자에게 힘을 실어 주는 평생학습 패러다임을 구현하기 위해서는 교육자가 권위주의적 지배자와 방임적 관찰자의 양극단을 지양하는 활동적 촉매자가 되어야 한다. 학습자는 존재론적으로는 학습하는 존재이지만 현실적으로는 학습에 저항하기도 하는 존재이며, 자율적으로 행동하지만 완전한 자율성을 가진 계몽주의적 주체도 아니다. 교육자 역시 전능한 존재도 아니고 언제나 봉사해야 하는 선량한 존재만도 아니다. 평생학습 패러다임은 현실의 다원성을 되도록 재단하지 않고 수용하는 패러다임으로서, 학습자를 신뢰하지만 학습자에 대한 지나친 낙관론을 경계하며 교육자의 권력 남용을 비판하지만 교육자의 힘을 인정한다.

평생학습 패러다임을 제대로 이해하고 수용하면 학습자 중심성은 교육자에 대한 논의를 경유하고서야 비로소 완성될 수 있음을 알 수 있다. 교육자가 현장성을 가지되 현장에 매몰되지 않기 위해서는 이론적으로도 확장 가능한 교육의 '합리적 핵심'이 무엇인지를 찾고 추리는 과정이 필요하다. 평생교육 전문가는 학습자의 욕구를 읽어 낼 뿐 아니라 생동하게 만들고, 학습 과정의 주인이 되게 하며, 후속 조직관리를 통해 최종적으로 학습자가 자신의 삶에서 주체성을 가질 수 있도록 해야 한다. 학습자가 학습에 대한 저항을 극복하는 중요한 계기 중의 하나이되 그간 간과되어 왔던 교육자의 동기를 하나 꼽는다면 교육자가 갖는 학습자 성장에 대한 욕구이다. 교육자 역시 학습자와 마찬가지로 '자기이해'와 '자기주도적 실천'에서 시작해야 하는 것이다. 학교교육론에서 길을 잃었던 교육자의 위상과 역할은 평생학습 패러다임을 통해 '전환'되는 것이 아니라 평생학습 패러다임에 이르러 비로소 '제자리'를 찾게 될 것이다.

권두승(1999). 사회교육담당자 효능감 척도개발과 그 시사점. **사회교육학연구**, 5(1), 57-76. 한국사회교육학회.

권두승(2001). 한-일 평생교육전문가의 교수양식 비교연구. **평생교육학연구**, 7(1), 145-164. 한국평생교육학회.

권두승 · 양열모(1999). 평생교육법 제정에 따른 평생교육사 양성-임용제도 검토. 한국 사회교육학회 춘계학술세미나.

김진화(2001). **평생교육 프로그램 개발론**. 교육과학사.

김현수(1994). 평생교육전문가의 교육적 전문성에 관한 연구. 서울대학교 석사학위논문.

박상완(1999). 교사교육 연구의 성격과 한계. **교육행정학연구**, 17(1), 177-206.

송병국 · 정지웅(1997). 평생교육전문가의 직업소외 결정요인 분석. **사회교육학연구**, 3(1), 131-172. 한국사회교육학회.

Anderson, L.W. (1995). The nature and characteristics of teachers. in L. W. Anderson, (Ed.). (1995). *International encyclopedia of teaching and teacher education*. NY: Pergamon.

Arendt, H. (1996). *The human condition*. 이진우 · 태정호 역. **인간의 조건**. 한길사.

Brookfield, S. (1996). Teacher roles and teaching styles. in A.C. Tuijnman (Ed.). *International encyclopedia of adult education and training*. NY: Pergamon.

Daloz, L. A. (1988). The story of Gladys who refused to grow: A morality tale for mentors. *Lifelong learning: An omnibus of practice and research*, 11(4), 4-7.

David, P. (2000). Philosophy and the adult educator. *Adult learning*, v.11, no 2.

Feiman-Nemser, S. (1990). Teacher preparation: Structural and conceptual alternatives. in

W. Houston (Ed.). *Handbook of research on teacher education*. NY: Macmillan Publishing Company.

Gelpi, E. (1993). *A future for lifelong education*. 정우현·권두승 역. **평생교육의 미래**. 교육과학사.

Giroux, H. (2001). *Teachers as intellectuals*. 이경숙 역. **교사는 지성인이다**. 아침이슬.

Hart, L. C. (2002). Preservice teachers' beliefs and practice after participating in an integrated content/methods course. *School Science and Mathematics, 102*(1), 4.

Hiemstra, R. & Brockett, R. (1994). *Overcoming resistance to self-direction in adult learning*. San Francisco: Jossey-Bass Publishers.

Hiemstra, R. & Siscon, B. (1997). *Individualizing instruction: Making learning personal, empowering and successful*. San Francisco: Jossey-Bass.

Houle, C. O. (1961). *The inquiring mind: A study of the adult who continues to learn*. Madison: University of Wisconsin Press.

Keddie, N. (1980). Adult education: An ideology of individualism. in J. Thopmson (Ed.). *Adult education for a change*. London: Hutchinson.

Knowles, M. (1983). *Adult learner: An neglected species*. Houston: Gulf Publishing Company.

Kuhn, T. (1980). *The structure of scientific revolutions*. 조형 역. **과학혁명의 구조**. 이화여자대학교출판부.

Long, H. B. (1989). *Self-directed learning: Emerging theory and practice*. Norman. OK: Oklahoma Research Center for Continuing Professional And Higher Education.

Long, H. B. (1991). *Early innovators in adult education*. London: Routledge.

McNally, P. & Martin, S. (1998). Support and challenge in learning to teach: The role of the mentor. *Asia-Pacific Journal of Teacher Education, 26*(1), 39-50.

Merriam, s. B. (1984). *Adult development: Implications for adult education*. Washington DC: National Institution of Education.

Peers, R. (1958). *Adult education: A comparative study*. London: Routledge & Kegan Paul.

Richardson, V. (1997). *Constructivist teacher education: Building new understanding*. London: The Falmer Press.

Spear, G.E. & Mocker, D.W. (1984). The organizing circumstance: Environmental determinants in self-directed learning. *Adult Education Quarterly, 35.* 1-10.

Todd, S. (1997). *Learning desire: Perspectives on pedagogy, culture, and the unsaid.* NY: Routledge.

Tough, A. (1979). *The adult's learning projects: A fresh approach to theory and practice in adult learning.* Austin: Learning Concepts.

Usher, R., Bryant, I. and Johnston, R. (1997). *Adult education and the postmodern challenge: Learning beyond the limits.* NY: Routledge.

Welton, M. (Ed.). (1995). *In defense of the lifeworld: Critical perspectives on adult learning.* Albany: State University of New York Press.

7장

평생교육사: 전문직 정체성 형성의 조건

Ⅰ. 평생교육 관련 전문직의 딜레마

평생교육 영역은 2000년 이후 확장을 거듭해 왔고 이와 함께 평생교육사의 전문성에 대한 관심도 높아져 왔다. 평생교육이 새로운 시대에 어떤 전문성을 가지고 교육적 역할을 담당해야 하는가라는 선언적 연구 권대봉, 2002 에서부터 평생교육사의 직업적 전문성과 직무에 대한 탐구 김진화·이혜진, 2007 와 같은 직무에 대한 정교한 기술에 입각한 연구 김진화, 2003 , 평생교육사의 전문성을 기존의 교육 패러다임에서 벗어나 조명하고자 하는 연구 정민승, 2002; 변종임, 2003; 김혜영·이희수, 2012 에 이르기까지 평생교육사의 전문성에 대한 탐색은 2000년대 초반부터 진행되었으며 평생교육사의 전문성은 학위논문의 주요 주제로도 등장하고 있다 조현지, 2007; 박새봄, 2008; 조성용, 2009; 한수연, 2009; 윤혜진, 2014 .

그런데 평생교육사와 관련된 전문직 논의는 '평생교육사는 전문직이다'라는 자기 확신이 아니라 '평생교육사는 전문직이어야 한다'는 당위적 명제를 전제로 하는 것처럼 보인다. 평생교육에 대한 전문화된 지식과 국가적으로 보증된 교육, 그리고 교육이라는 윤리적 토대를 기반으로 삼고 있음에도 불구하고 평생교육사는 여전히 '나는 전문가인가?'라는 의구심에서 벗어나기 어려운 상황이다. 이런 점에서 평생교육사에 대한 전문직 논의의 필요성은 역설적으로 해당 직업이 상대적으로 전문성이 결여되어 있음을 반증하는 것이기도 하다.

왜 평생교육사는 배출된 지 20년이 지난 지금도 전문직으로 자리 잡지 못한 것인가? 이론적인 차원만 본다면 '교육적 전문성'에 대한 논의가 충분히 진행되지 않았다는 점을 지적할 수 있겠다. 평생교육사에 대한 논의는 대부분 평생교육의 중요성을 강조하면서 현장의 실천을 보고하거나 분석한다. 즉, 이론적 전문성을 심화하기보다는 전문성을 기술적 전문성 technical professionalism 으로 국한하고 있다 정혜령, 2006.

문제는 기술적 전문성만으로는 직업적 전문성을 보장받기 어렵다는 점이다. 예컨대 전문직의 대명사인 의사는 질병에 대한 고급지식을 갖추고 임상적 기술을 확보, 높은 수준의 지식과 기술의 전문성을 가지며, 시민적 전문주의 civic professionalism 는 윤리나 책임의 영역으로 전문성에 결합한다 Sullivan, 2005. '질병을 치료하는 자'라는 직업규정성은 전문지식의 발달과 연동한다. 반면, 평생교육사는 학습자와의 관계 속에서 변화를 이루어 내는 자라는 윤리적 특성이나 사회적 책임이 직업의 규정성 자체에 개입해 있다. 교육 전문성이 분명하지 않은 상태에서 퍼실리테이션과 같은 기술적 전문성이 부각되는 것이다.

게다가 대개의 연구는 '국가자격을 획득한 평생교육사'를 대상으로 삼고 있는데, 현재 높은 수준의 현장 지식과 경험을 갖춘 1급 평생교육사는 매년 10여 명 정도 배출되는 데 그치고 있다. 즉, 평생교육사의 대부분이 2급에 머물러 있는 것이다. 결국 전문적 소양과 경험이 충분하지 않은 사람을 대상으로 전문성의 근거를 찾는 악순환이 반복된다.

악순환을 고리를 끊는 하나의 방법은 '평생교육'의 특수성을 면밀히 분석하여 여기에서 도출된 기준으로 현재의 전문직 수준을 진단하고 평생교육활동가의 자질과 역량을 연구하는 일이다. 다시 말해 평생교육사의 개인적-직업적 차원의 정체성이 어떻게 확보될 수 있는지를 살펴보고, 사회운동단체에서 기업연수원, 강사에 이르는 다양한 집단의 평생교육전문가의 지식과 경험을 추적해 보는 것이 평생교육사의 전문성 발달에 필수적이다.

이런 문제의식 위에서 이 글에서는 평생교육사의 정체성을 '지역과 개인의 공정화를 위해 평생학습을 촉진하는 자'로 보면서 현재의 평생교육사의 전문성 상황을 진단하고, 사회운동단체나 기관에서 교육을 담당한 소위 'NGO 교육담당자'들이 가진 교육전문가로서의 정체성을 파악해 보고자 한다. 평생교육사들은 개인적-집단적 차원에서 전문직으로서 어떤 문제를 안고 있는가? 시민교육운동가들은 평생교육적 차원에서 어떤 실천을 통해 스스로의 전문직 정체성을 확립해 왔는지를 검토, 그들의 경험을 통해 평생교육사의 전문성은 어떻게 확보될 수 있는지를 탐색하고자 한다.

구체적으로, 문헌 분석을 토대로 전문직 정체성 논의에 기초한 평생교육사의 인식과 상황을 정리한 후 사회운동단체의 교육실무자들이 갖는 교육에 대한 태도와 실천 등을 분석하려고 한다. 이어서 이런 논의방식이 평생교육사의 전문성 향상에 대하여 갖는 시사점을 추려보기로 하겠다.

II. 평생교육사의 직업적 정체성

1. '전문직 정체성' 개념의 의미

전문직이 하나의 직업으로 지속적으로 발전해 나가기 위해서는 그 직업 고유의 지식에 대한 지속적 생산이 이루어져야 한다. 대개 전문직은 체계화된 전문지식, 공식적 훈련, 직업적 독점, 직업윤리 등에 의해 일반적인 직업과는 구분되는 직업으로 정의되며 전병재 외, 1995, 장기간의 교육을 통해 이런 요소를 갖춘 전문가를 충원하는 방식을 통해 유지된다.

국가정책적인 차원에서 전문직은 부가가치 창출을 통한 국가경쟁력의 근원으로 그 개념은 '한국표준직업분류'에 제시되어 있다. 그에 따르면 전문가란 '다양한 분야에서 높은 수준의 전문적 지식과 경험을 기초로 과학적 개념과 이론을 응용하여 해당 분야를 연구하고 여러 활동을 수행하는 자'이다. 범주로 보면 이들은 과학전문가, 정보통신 전문가, 공학전문가, 보건사회복지가, 종교가, 교육전문가, 법률 및 행정가, 경영금융전문가, 문화예술 스포츠 전문가로 구분된다 통계청, 2007. 이들은 대부분 4수준의 직능 수준을 지향하는데 그 내용을 보면 다음과 같다.

> 4수준: 매우 높은 수준의 이해력과 창의력, 의사소통능력이 필요하다. 일정한 보충적 직무훈련 및 실습 혹은 실습을 통해 해당 수준에 이를 수 있다고 본다. 분석과 문제해결, 연구와 교육, 그리고 진료가 대표적인 직무분야이다. 일반적으로 4년 또는 그 이상 계속하여 학사, 석사나 그와 동등한 학위가 수여되는 교육 수준의 정규교육 혹은 훈련을 필요로 한다. 일부 축약

전문가는 이해력과 창의력, 의사소통능력과 같은 고급의 일반능력을 필요로 하며 보다 구체적으로 분석이나 문제해결과 같은 직무를 담당한다는 것이다. 최소한 4년 이상 그리고 그 이후의 지속적인 연수와 경험이 필요하다고 판단한 것 역시 분석이나 이해와 같은 능력의 습득은 단기적 훈련으로 도달하기 어려운 능력에 속하기 때문이다.

퀸은 Quinn et al., 1996 전문직의 지성과 기술을 개발하는 데는 4단계가 있다고 보았다. 첫 번째는 인지적 지식단계로 기초지식의 훈련과 증명단계이다. 두 번째는 지식의 적용단계로 현장에 지식과 기술을 적용하는 단계이다. 세 번째

는 체계를 이해하는 것으로 하나하나의 낱개가 아니라 관계망을 총체적으로 이해하는 것이고, 마지막 네 번째는 동기 부여된 창의성으로 새로운 지식과 적용방식을 창출해 내는 단계이다.

새로운 지식과 적용 방식을 만들어 내는 최종단계는 사회의 변화 속도와 맞물리면서 빠르게 직업을 재구성해 낸다. 주지하듯이 지식기반사회에서는 직업에 대한 '평생직장' 개념이 폐기된다. 직업은 사회변화를 반영 혹은 선도하면서 끊임없이 생성되고 분화되며 소멸해 간다. 산업사회에서 기업이 개인에게 직업을 부여했다면 이제는 개인도 자신의 역량을 토대로 직업을 창출하는 주체가 되는 것이다.

이런 차원에서 '전문직 정체성'이라는 개념은 '직업 구성성'을 내포하는 개념이 된다. 전문직 정체성이란 특정 직업을 다른 직업과 구분하게 하고 스스로가 직업에 대하여 부여하는 의미로 구성되는 직업에 대한 상호주관적 규정방식으로서, '하나의 직업이 바로 그 직업일 수 있도록 하는 것'을 말한다 신원식외, 2005. '전문직'이라는 개념이 정해진 고급지식을 습득하여 폐쇄적 공동체에 입문하는 것으로 인식됨에 반해 전문직 정체성은 전문가가 스스로를 어떤 일을 하고 있다고 생각하는지, 즉 교사 개인이 '교사로서 정체성'을 가져나가는 과정, 의사가 '의사로서 정체성'을 확립해 가는 과정이 전문직 발달의 중요한 축 가운데 하나이다. 전문가는 '새로운 가치를 생산하고 사회운동을 효율적으로 수행하는 데 도움을 주는 사람'으로서 윤리적-정치적 차원에서 자신의 직무를 규정하는 것이 중요하다 Wilson, 2001. 전문성은 전문가가 스스로를 전문가로 규정한다는 점이 중요한 자기지시적 self-reflecting 과정이다.

이런 특성으로 인하여 전문직 정체성에 대한 명료한 정의는 어려우며, 전문직의 역사 역시 복잡한 성격을 가진다 Abbott, 1988. 전문직은 사회의 커다란 직업체계의 한 부분으로 상호의존적으로 영향을 미치면서 변화하기 때문이다.

단적으로 첨단기술의 발달은 이전의 전문기술을 무력화하기도 하고 새로운 학문분야를 급속히 확장시키기도 한다.

이런 점에서 하나의 직업에 대한 평가와 전망을 위해서는 직업적 정체성에 대하여 두 가지 측면, 즉 하나는 직업적 차원에서 '그 직업을 다른 직업이 아닌 바로 그 직업이게 하는 것'과 '개인이 스스로를 해당 직업인으로 정체성을 가져 나가는 측면'을 동시적으로 조망하는 것이 필요하다.

2. 전문직으로서의 평생교육사의 정체성

전문직에서 하나의 직업을 다른 직업과 구분하게 해주는 직업적 경계는 학문과 실천의 순환을 통해 지속적으로 재구축된다. 일찍이 쇤 Schön, 1983 이 정리한 대로, 전문성 발달은 전문가들의 행위 중 성찰 reflection-in-action 을 통해 전문가 개인의 노련함으로, 그리고 전문가 집단의 고유지식으로 구체화된다. 정체성은 '나 우리 는 이런 사람이다'라는 자의식으로 전문성 발달의 시발점을 이룬다. 건축디자이너는 '건축'을 둘러싼 다양한 사례를 접하여 고유 지식을 활성화시킴으로써 전문성을 발달시켜 나간다. 직업적 경계 안에서 다양성이 흡수되는 것이다.

그런데 평생교육사는 정의에서부터 직업적 정체성이 상당히 모호한 것으로 나타난다. 가장 자주 사용되는 평생교육사에 대한 규정은 법적인 것으로 평생교육사에 대하여 "대학에서 법이 정한 평생교육 관련 과목을 일정 학점 이상 이수한 자 또는 법이 정한 평생교육사 양성기관에서 소정의 과정을 이수한 후 자격증을 부여받은 전문가"라고 규정한다. 업무와 관련해서 보면, 평생교육사는 "평생교육을 실시하는 기관 및 시설에서 평생교육을 기획하고 진행·분석·평가하는 사람을 말하며, 경우에 따라서는 교수업무를 담당하기도 하는 사람"으로 정의된다.

구체적으로 평생교육사의 직무가 어떻게 정의되는지 보자. 지금까지 평생교육사의 역할을 규정한 많은 논문들 권두승, 1999; 김진화, 2003; 이경아·김경희, 2006 은 평생교육사가 담당하는 다양한 역할을 제시하고자 했으며, 대표적으로 김진화 등은 평생교육사의 직무에 대하여 체계적인 조사를 통해 직무를 세분화하여 제시한 후 평생교육사를 다음과 같은 직무로 규정한다 김진화 외, 2007: 181.

> 평생교육사는 평생학습사업 및 프로그램과 관련하여 조사-분석-기획-설계-운영-지원 -교수-평가하고 다양한 학습주체자에 대한 변화촉진과 평생학습상담 및 컨설팅을 수행하며, 평생학습사회의 실현을 위해 기관 및 시설 간 네트워킹을 촉진시키고, 평생학습성과를 창출하고 관리하는 직무이다.

이런 정의는 평생교육사가 하는 일을 명료히 드러내 주고 있다. 그러나 모든 직무를 관통하는 직업 정체성의 차원에서 보면 이런 정의는 말 그대로 '직무 정의'로서 '세부적 역할'을 기술하는 데 그친다는 한계를 가진다. 이는 전문직의 일반적 규정과 다른 정의 방식이다.

예컨대 의사란 "질병을 치료하는 직업을 가진 사람"으로, 그리고 교사란 "학습자의 배움의 과정에서 이끌어 주거나 도움을 주는 사람"으로 정의된다. 이는 어떤 특정한 분야의 의사 혹은 교사라고 하더라도 그 직업을 가진 사람이라면 공통적으로 갖추어야 하는 정체성을 간명하게 드러내 준다. 평생교육사에는 이런 '공통의 본질'에 대한 규정과 합의가 취약하다. 평생교육사의 규정은 마치 '병원에서 진료영상을 판독하고 약을 처방하는 사람'이나 '학교에서 수업을 진행하는 사람'으로 의사와 교사를 규정한 것과 유사하다고도 볼 수 있다. 만약 의사와 교사를 이렇게 규정했다면 이는 의사나 교사 본연의 소명, 책임, 윤리의식과 같은 전문성의 기본 요건을 오히려 침해하는 일이 되었을 것이다. 비행기에서 환자가 발생하더라도 의사는 치료해야 하는 윤리적 책임을 가진 전문인이기 때문이다.

평생교육사에 대한 규정이 역할중심적 기술role-centered description 이라면 의사나 교사와 같은 방식의 규정은 본질주의적 기술essentialistic description 이라고 볼 수 있다. 본질주의적 기술이 가지는 의미는 직업 전반을 아우르는 '중심'을 설정하도록 함으로써 전문인의 양성 시스템을 구축할 수 있게 한다는 점이다. 다시 교사와 의사의 사례를 들자면, 교사는 교육학적 지식을 기반으로 초중고등학교의 교육과정 특성에 적합한 각론으로 나아가고 의사는 의학 전반에 대한 지식을 습득한 후 본과를 선택하여 자기전공 영역의 전문화로 나아간다. 하지만 평생교육사에게는 이런 공통지식과 특화지식 간의 위계나 분화가 적용되기 어렵다. 행정에서 경영, 상담에서 교수에 이르는 다양한 영역의 활동 단위를 제시하되 전 영역을 아우르는 '정수' 혹은 '본질'이 무엇인지가 분명하지 않기 때문이다.

이런 점에서 평생교육사에 대한 규정은 직무행위가 아니라 본질에 대한 탐색을 기반으로 이루어질 필요가 있다. 예컨대 "지역사회와 개인학습자의 자활학습력 촉진을 담당하는 자"정민승, 2010: 35, "문화적 일꾼cultural worker"안상헌, 2008: 91 과 같은 규정은 직무로부터 본질로 나아가는 하나의 시도로 해석할 수 있다. 평생교육사 활동 전반을 관통하는 규정이 제시될 때에야 비로소 위의 다양한 직무는 하나의 방향성 속에서 통합되면서 공통과정과 전문과정으로 분화될 수 있기 때문이다.

다음으로 개인 차원에서 평생교육사의 정체성을 어떻게 형성해 가고 있는지 문헌을 통해 살펴보자. 평생교육사 개개인이 스스로를 전문가로 키워 내는 정체성 형성 과정에 대해서는 오늘날에도 방법론으로 사용되고 있는 홀Hall, 1968 이 제시한 문항을 통해 그 내용을 파악할 수 있다. 예컨대 내가 '체계적으로 학회 학술지를 읽는' 사람인지, '지역의 전문가조직에 가입'한 사람인지, '사회적 공익이 가장 중요하다'고 믿고 있는지, '동료 이외에는 직업의 문제를 알기 어려운' 집단에 속해 있는지, '소명의식'을 강하게 가진 사람인지 등 직업을 둘러싼 개개인의 태도와 신념, 습관과 삶의 구조를 통해 사람들은 명시적-암시적 차원으로 전문직 정체성을 가져 나가는 과정에서 전문가로서 성장하는 것이다.

우리나라에서 평생교육사의 인식에 대한 연구는 홀의 방법론을 사용한 논문을 비롯해서 주로 석사학위논문을 통해 이루어졌다. 그 결과를 보면 평생교육사들은 추상적 수준에서는 전문성에 대해 신념을 가지고 있으나 실제 전문직화가 진행되고 있는지에 대해서는 그리 긍정적으로 답하지 못하고 있음을 알 수 있다. 예컨대 평생교육사들은 기본적으로 전문직으로서의 정체성을 신념으로 가지고 있으나 실제 학회나 모임 참여는 저조하며 김소영, 2003, 프로그램 개발이나 기획 관련 직무능력이 높다고 스스로 인식하고 있으나 그 능력에 영향을 미치는 주요 변인은 '어떤 기관에 근무하는가'로서 평생교육사 일반에 적용하기는 어려운 것으로 볼 수 있다 조성용, 2009. 대부분 프로그램의 설계나 홍보를 중요하게 생각하고 있음에도 불구하고 실제 수행에서는 수업운영이나 학습자 관리 등 행정적인 처리를 해야 하는 상황이다 김지현, 2006. 또한 스스로 전문능력 향상을 위해 노력하지만 평생교육 현장에서는 상위결재자에 의한 프로그램 내용 수정, 사업의 목적 변질, 지자체장의 지시에 따른 프로그램 개발, 평생학습과 행정업무 사이의 괴리감과 부담감, 행정업무의 형식적이고 비효율적인 복잡한 절차 등 한수연, 2009 전문화를 가로막는 다양한 제도적-실질적 갈등이 출현하고 있다.

가치의 차원에서는 평생교육사들이 공통된 '평생교육에 대한 신념'이 부재하다는 점을 들 수 있다. 장원섭의 연구 2008에 따르면 평생교육은 '생소하고 혼돈스러우며 어쩔 수 없이 시행하는 의례적 업무의 개념이고 주민의 교양과 여가를 위한 복리후생의 개념'으로 인식되고 있다. 평생교육은 학교교육이 갖는 폐쇄적 교육을 극복한 "교육의 본질을 구현하는" 활동이라고 주장하는 여러 논의에도 불구하고, 정작 현장에서는 평생교육은 일종의 취미활동에서 크게 벗어나지 못했던 셈이다.

2010년을 넘어서면서 다소 자조적이었던 시각이 변화되고 있는 것으로 보인다. 평생학습마을이 평생교육사의 중심적 활동무대로 인식되고, 개인이 아닌 공동체가 분명한 가치로 자리매김되면서, 평생교육사의 전문성 발달의 중심축으로 '학습운동'이 조명되기 시작한 것이다. 교육적 소명의식 없이 단순한 직업인으로서의 평생교육사로 활동을 시작했지만 지역에서의 상호작용, 직무수행과정에서의 학습을 통하여 '소명'을 가져 나아가는 과정이 주목되었고 김연숙, 2011, 봉사활동을 평생교육사 전문성의 중심적 영역으로 설정하는 입장이해주, 2012이 제출되었으며, 이런 흐름은 생활정치적 변화의 중심으로 평생학습을 설정하는 입장으로 나아갔다. 즉, 평생교육사들은 학습마을 만들기를 추동해 가는 주체로서 '활동가적 정체성'을 가져 나갈 때 비로소 자율적이면서 독창적인 전문성의 단계에 도달하는 것이다. 이제 그 구체적 사례라 볼 수 있는 시민운동단체의 교육활동을 살펴보기로 하자.

Ⅲ. 평생교육사의 한 전형, NGO 교육담당자

1. 평생교육사 논의에서 사회운동가의 위상

앞에서 살펴본 평생교육사가 처해 있는 상황은 평생교육사가 전형으로 삼을 수 있는 여러 전형 가운데 사회운동분야의 교육활동전문가에 대한 탐색을 필요로 한다. 사회운동분야의 교육활동전문가들은 교육에 대한 대안적 개념을 실천하는 것을 소명으로 하고 있을 뿐 아니라 사회운동적 신념 위에서 기존의 조직을 평생학습 중심적으로 바꾸어가는 일을 담당하는데, 이런 경험이야말로 현재 평생교육의 정체성 형성의 장애요인을 해결하는 데 필요한 능력의 진원지가 될 수 있기 때문이다.

그간 교육운동가 관련 연구가 없었던 것은 아님에도 불구하고 오혁진, 2008 평생교육사 관련 연구에서 사회운동 관련 연구는 거의 발견하기 어렵다. 사실 평생교육이 지향해야 할 바가 교육적 평등이라는 점에는 누구나 동의하며 평생학습사회가 민주적 사회역량의 강화를 수반하는 사회로 규정되고 있음을 고려할 때, 평생교육사 논의에서 사회운동의 경험을 누락해 온 것은 오히려 의아스러운 일이기도 하다.

그 이유 중 하나는 평생교육사가 제도적 차원에서 자동적으로 '양성되고 배치되는 자격'으로 간주되었다는 점이다. 즉, 담론적 차원에서 '평생교육'은 학교교육의 관행을 넘어서는 교육 패러다임의 변화를 이끄는 이념으로 설정된 반면 평생교육사는 그 평생교육의 동학 안에 포함되지 않았다. 평생교육사는 법에서 규정된 바와 같이 '특정한 교육을 이수하면 주어지는 자격'의 차원에서 인식되었기 때문에 '사회교육운동가', '평생학습운동가', '스터디서클 지도자', '지역교육전문가', '마을운동가'는 같은 일을 하는 경우에도 평생교육사로 간주되지 않았던 것이다. '자격증'은 평생교육사의 확장 근거가 되기도 했지만 '평생교육자는 어떤 사람이며 어떤 능력을 갖추어야 하는가'라는 탐색을 해 나가는 데 장애로 작용하기도 했다.

이런 점에서 사회운동을 적극적으로 거론해야 할 필요성이 생겨난다 조정옥, 2021. 우선 그간 평생교육사에 대한 논의는 '현재의 평생교육사'에 지나치게 천착하여 '현재의 자격증 소지자' 중심으로 논의를 전개하여 평생교육사의 미래상을 그려내는 데 성공하지 못한 측면이 있다. 외과의사가 처음 의료직으로 출현했다고 해서 외과의사가 하는 일만을 기술하고 '이 일만이 우리가 해야 할 일이다'라고 선언한다면 의사 일반의 발전은 불가능한 것이 아니겠는가? 평생교육의 발전은 사회교육운동과 맞물려 있고, 사회교육운동은 성인이 스스로의 학습권을 찾아 나섰던 일종의 사회운동이다. 현재의 평생교육 역시 자격에 머무르지 않는 평생교육사, 예컨대 찾아가는 평생학습상담사나 순회평생교육사와 같이 새로운 방식의 일감을 찾아내어 학습자를 촉진해 내는 '운동적' 측면을 갖춘 평생교육사가 교육자의 본연의 모습에 가까울 것이다.

자격으로서가 아니라 사회교육운동을 중심으로 평생교육자들을 조명해 보면 그간 평생교육사 논의에서 누락되어 왔던 '평생교육의 본질'이 좀 더 분명하게 드러난다 이규선, 2017. 외국의 경우를 보면, '비판적 성찰'을 강조해 왔던 브룩필드는 교육자가 관점을 변화시키는 방법, 패러다임을 전환하는 방법, 세상을 해석하는 대안적 방법 등을 학습하는 과정에서 학습자를 도울 수 있어야 한다고 보면서 의미 있는 실천력, 비판적 숙고, 힘 실어 주기 등을 중요한 요소로 꼽았다 Brookfield, 1991.

홀포드 역시 사회교육을 '민주적 사회진보운동에 기여하는 하나의 대의'라고 보면서 교육활동에 기초한 프로그램을 통해 교육자들이 사회운동적인 교육활동의 중심이 되어야 한다고 강조한다 Holford, 1995. 또한 교육사회학자 지루 역시 '문화일꾼cultural worker'의 중요성을 강조하면서 사회교육은 "자기반성, 비판적 사고, 진리와 사회변화를 추구하면서 교사와 학생 모두 학습자로서 적극 참여하는 교사와 학생 관계가 이루어지는 곳" Giroux, 1988: 350 이라고 강조한다. 여러 진보적 교육학자들이 교육을 조직화와 사회변화로 보면서 교육자들의 역할이 갖는 사회운동적 중요성을 강조한 점은 두말할 필요도 없다 Merriam & Brockett, 1997; Freire, 2002.

평생교육의 역사를 보면 사회운동은 실제로 평생학습을 가능하게 하는 힘이었고 사회운동가는 뛰어난 평생교육자였지만, 우리의 담론체계에서 사회운동은 비전문적 윤리적 실천의 범주로 통합됨에 따라 사회운동영역은 주변부로 밀려나 있다. 평생교육사의 전문성 논의는 전문주의 성인교육 adult education professionalism의 체계하에서 분화된 직무중심의 담론을 형성하게 된 것이다.

이런 이유로 간헐적으로나마 제시되어 왔던 '사회변화와 촉진' 등의 평생교육사 직무에 대한 논의나 김진화 외, 2007 평생교육사를 '대상'이 아니라 '주체'로 보고 이들의 네트워킹과 임파워링에 중점을 두자는 주장 변종임, 2003은 실천의 중심 줄기를 형성하지 못했다. 평생교육사가 성인학습의 촉진을 포함하는 교육적 전문성을 지향하는 한 스스로를 하위요소화시키는 제도화의 경향성에서 벗어나 제도를 변화시키고 제도를 넘어서는 운동성을 복원시키는 일은 우선적으로 중요하다.

2. NGO 교육담당자들의 교육전문가로서의 인식

그러면 사회운동단체의 교육담당자는 어떻게 스스로를 전문가로서 구성하며 평생교육사에 대해서 어떻게 생각하고 있을까? 이를 위해서 여러 사회운동단체 가운데 '민주시민교육포럼'에 참여하고 있는 NGO의 교육전문가를 대상으로 살펴보자. 우선 NGO 교육담당자들은 상당 기간 '교육'의 전문성을 인정받지 못한 채 '운동가'로서의 정체성을 가져왔으며, 스스로를 '교육운동가'로 규정하는 정체성을 가지게 된 것은 2000년대에 이르러서라고 보고 있다.

이는 한편으로는 교육자 자체가 가지는 '모호한 정체성' 문제와 연결된다. 교사의 전문성이 학교라는 제도에 의해 보장받음에 비하여 제도적 기반이 없는 NGO에서의 교육은 하나의 실천활동으로 내용적 차원의 전문성을 갖출 것을 요구받는다. 그러나 실제 교육활동에서는 교육에 대한 상식적 접근에 따라 학교 강의와 같은 대중 강의나 선전 활동을 교육으로 파악한다. 대개의 NGO 에서 교육은 사회운동을 확산하기 위한 '도구적'인 개념이 되는 것이다.

NGO가 2000년대 이후 교육을 새로운 방식으로 주목한 것은 학교학에서 탈피한 교육의 전문화, 평생교육의 확장과 일정 정도 연관된다. '교육이란 무엇인가', '인간은 어떻게 변화하는가', '사회운동과 평생교육은 어떤 관계인가' 등의 질문이 곧바로 사회운동단체의 교육의 전문화과정과 연결되기 때문이다. 민주노총에서의 교육관 설립이나 노동자 학습동아리 확산도 이와 같은 맥락에서 해석할 수 있다 정민승 2008 .

따라서 '전문직으로서의 교육'을 사회운동과 결부하여 분석하거나 실천한 경험은 이제 막 시작되는 단계라고 볼 수 있다. 그럼에도 불구하고 NGO 교육 담당자들은 교육영역에 대한 상당한 확신을 가지고 있다.

> 알면 알수록 재미있는 영역이라는 생각이 들고요, 분명히 교육사업은 그 자체가 사람을 변화시키면서 운동인 중요한 사업이라는 확신이 들죠. 예전에는 교육이 동원이나 선전이랑 구분이 안 되었던 거죠. 단체 차원에서도 조금씩 그런 인식이 확장되는 건 맞는 거 같고….

국가나 기업의 체제적 공세 속에서 생활세계를 방어하는 힘이자 스스로의 내재적 가치와 정체성을 회복하는 이중의 과정을 통해 구축되는 시민사회를 지속적으로 형성해 낼 수 있는 힘이 바로 교육자가 이루어야 하는 일이라고 파악하고 있는 것이다. 이런 교육에 대한 중요성에 공감하는 활동가들은 1990년대 중반 민주시민교육협의회를 구성했고 민주시민교육포럼을 구성하여 운영했다. 평생교육법상의 한 영역인 '민주시민교육'은 사실은 NGO 교육활동가들이 그 내용을 채워 왔다고 볼 수 있다.

그렇다면 이들은 자신들의 '전문성'에 대해 어떻게 생각하고 있는가? 핵심은 역시 '교육프로그램의 개발'이다. 소규모 토론에서 대중 강의에 이르는 다양한 교수법을 이해하고 적합하게 적용-관리하는 것도 중요하지만, 그보다 앞서 교육프로그램의 개발하고 이를 학습자 중심적으로 실행할 수 있는 능력을 키우는 것이 필요하다는 것이다 곽형모, 2008. 구체적으로 이들은 아래 그림과 같이 프로그램의 기획과 실행, 그리고 이를 강화시키기 위한 과정으로 일상활동을 거치면서 전문성이 발전하게 된다고 정리한다.

주목할 만한 점은 여러 요소 가운데 '교육철학'이 가장 중심에 놓인다는 것이다. 활동의 기본 축을 형성하면서 운동성을 가지고 교육을 보도록 하는 기반이 바로 교육철학에서 온다고 보기 때문이다. 이때 교육철학은 사회운동의 관점에서 조망된 교육철학으로 프레이리 등 진보적인 교육학자들의 관점을 반영한다.

교육프로그램의 개발과 일상활동의 순환

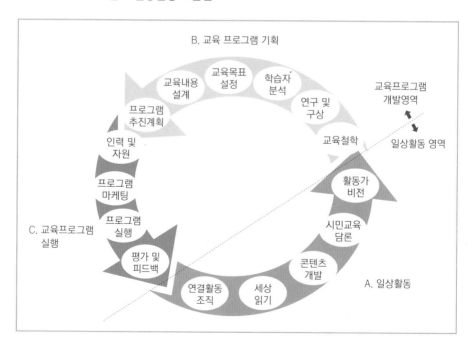

또한, 이들은 '일상활동'을 전문성의 확장을 위한 주요 영역으로 설정하고 있다. 민주시민교육 매뉴얼에는 일상활동의 키워드로 '교육과 조직화는 동전의 양면', '교육은 화초가꾸기와 같다', '좋은 교육은 사회에 대한 성찰로부터', '비전은 활동의 마르지 않는 샘' 등이 제시되어 있는데 이 키워드들은 교육전문가의 활동의 출발점을 잘 보여 준다. 프로그램의 개발과 실행을 특정한 기관에서 하고 끝내는 것이 아니라 그것을 '녹여 내고 체화하고 곰삭이는' 과정이 일상적으로 진행될 때에야 비로소 교육적 관점에서 사태를 보는 능력이 커지며, 이것이 바로 교육전문가로서의 성장이라는 것이다.

3. 평생교육사에 대한 평가

NGO교육담당자들의 경험은 전형적으로 6대 영역 중 시민참여교육에 해당되며 이는 곧 평생교육사의 특성을 구성하는 것이기도 하다. 그러나 이들은 평생교육사에 대해서 연대감을 갖거나 유사성을 느끼지 않고 있다. 자신들은 'NGO'이지만 평생교육사는 'GO'이며, 평생교육사는 '개인주의'를 지향하지만 민주시민교육은 "풀뿌리 민주주의"를 구현하려고 한다고 보기 때문이다정민승, 2010: 180쪽 재인용.

> 평생교육사는 평생교육을 통해서 자기계발, 자기성장 등 경향으로 가는 있는, 개인주의적인, 그래서 우리가 평생학습이나 이런 문제에 대해서 썩 친근하게 다가가지 않는 이유가 있는 거죠. 그래서 이제 대학생들이든 청소년들이든 지역사회변화 촉진자로서의 역할, 주부들도 마찬가지고, 그래서 이제 민주시민으로서 더 나아가 지역사회 문제를 해결할 수 있는 주체로서, 좀 더 나가면 풀뿌리민주주의 구현자로서, 그것을 NGO에서는 목표로 삼는 거죠, 그런 것들이 빠졌다고 느끼는 것들 때문에 되는 거구요. (작은 글씨는 인용자)

평생교육사가 그간 진행해 온 마을 만들기 사업을 비롯한 평생학습운동은 NGO의 정보망에는 거의 포착되지 않은 셈이다. 평생교육사는 '자격증'에 불과하며 문화센터나 인력개발원으로 대표되는 '개인주의적' 교육상품설계를 담당하는 사람이라는 것. 이것이 NGO의 교육담당자들이 가지고 있는 평생교육사의 이미지인 것이다.

그러면 NGO 활동가들은 운동가로서 스스로의 정체성을 어떻게 만들어 가고 있는가? 대략 두 가지 원천을 찾아볼 수 있다. 하나는 '자기가 하는 일에 대한 자기해석'이다. 자신의 일이 사회적으로 어떤지, 정치적으로 어떤 의미를 갖는지, 인간 개인에게 어떤 변화를 일으키는지를 스스로 해석해 내는 과정을 통해서 교육자는 교육자로서 자기 기준과 발전의 전망을 가진다. 앞서 말한 전문가로서 자기 정체성과 유사한 과정이 수없이 반복되어야 한다는 것이다.

또 하나는 '사람 자체를 이해하는' 일이다. 교육전문가는 '호흡 속에서 일어나는 그 사람들의 힘을 강화시켜 주는' 사람이다. '힘 실어 주기 empowerment' 가 교육 자체의 핵심이기 때문에 학습자가 누구인지 어떤 사람인지 무엇을 바라는지를 깊이 이해하지 않으면 교육의 전문성도 발전할 수 없는 것이다. 가르쳐야 할 지식에 앞서 상대를 이해해야 한다. '사람 자체의 이해'의 반대편에는 '사람을 분할하여 이해'하는 방식이 존재한다. 이들이 스스로를 교육'운동'가라고 부르는 근거는 계속적으로 인간을 대상화하고 분할하고 결과 평가하는 체계에 반하는 실천을 전개하기 때문이다. 다음 두 인용문을 보자 정민승, 2010: 105.

예를 들면 사회복지사는 제가 평생교육사를 많이 접해 보지 못해서, 사회복지사하고 일을 할 때 느끼는 가장 어려운 점은 운동성이… 10%도 안 되는 거 같지요? 그런데 주어진 일은 너무 잘해. (작은 글씨는 인용자)

평생교육사는 프로그램을 만드는 사람이라고 규정되는 순간에, 지역의 조직을 한다거나 네트워크가 중요하지 않은 게 되는 거죠. 프로그램의 기획, 설계만 중요하게 되는 건데. 우리는 프로그램을 만드는 사람이 아니라 프로그램에 참여할 사람, 지역 주민의 삶을 행복하게 만들고 변화의 계기를 만드는 사람이라고 자기규정이 되면 달라질 수 있는 거죠.

첫 번째 인용문은 '운동성'과 '수동적 수행성'을 구분하며, 두 번째 인용문은 특수한 한 영역으로 축소되는 순간 운동성이 상실됨을 드러내 주고 있다. 평생교육사는 국가적 '자격'으로 정해진 업무를 수행하는 것을 제도적 지향으로 삼는다고도 볼 수 있다. '운동'이 기존의 제도에 반하는 것이라고 인식되기 때문이다. 반면에 평생교육사는 '교육' 전문가로 개인을 파편화시키고 대상화시키는 상품주의적 태도를 '학습주체'를 키워 내는 인간 중심적 실천을 통해 변화시켜 내는 책무성을 가진다. 한편으로는 제도 안으로 편입된 결과 생겨나는 수동성과 안전성, 체계성과 수행성이, 다른 한편으로는 교육 본질의 지향성 결과 생겨난 능동성과 모험성이 평생교육사의 상황적 딜레마를 형성하게 된 것이다.

이런 점에서 제도적 차원에서 '성과'의 틀 안에 교육전문가로서의 지향성을 포함시킬 필요가 있다. 예컨대 네트워크는 기관장 수준의 직무로는 너무나 중요하지만 막 입직한 평생교육사에게는 거의 의미 없는 직무이다. 하지만 평생교육사가 지속적으로 자기비전을 가져나가는 '전문직'이라면 막 입직한 평생교육사도 자기 수준에서 네트워크를 할 수 있어야 하고 해 나가야 한다. 그런 경험이 추후에 전 지역적, 전국적 네트워크의 기초가 되기 때문이다. 이런 점에서 현재의 평생교육사가 '폐쇄화된 성과지표' 속에서 허덕이는 과정에서 결국은 전문성을 잃고 만다는 지적은 심각한 수준에서 경청해 볼 만하다.

자꾸만 제도화되면서 나타나는 현상이, 저는 폐쇄화된 성과라고 생각을 해요. … 네트워크를 하더라도 성과지표라는 게 자기가 네트워크 한 게 중요하거든요. 기관에서 네트워크 한 게 중요한 거지, 실제로 지역사회 전체로 뿌려져 가지고 어떤 작용을 일으키는가 하는 것은 별로 안 중요해요. 자기 성과 측정에 안 들어가잖아요. (작은 글씨는 인용자)

Ⅳ. 결론

평생교육사는 학습자들의 자활적인 학습력을 전문적으로 증진시키는 사람들이다. 이들은 '분산되고 소외되어 있는 잠재적 학습자군을 조직적이고 의식적인 활력화된 학습자군으로 촉진해 내는 일'을 담당하며, 개인과 지역의 생태적 결합과 발전을 돕는 자이다 정민승, 2010. 평생교육사의 다양한 직무규정은 이 정의로 일차적으로 통합된다. 그간 제기된 평생교육사는 전문가인가라는 질문은 '전문가여야 한다'는 선언적 명제를 제시하는 방식으로 논의가 흘러 왔음을 부인하기 어렵다. 짧은 양성 기간과 너무나 많은 직무 속에서 전문성의 방향을 찾기 어려웠기 때문이다.

여기서는 평생교육사의 정체성을 크게 직업과 개인의 두 차원으로 나누어 살펴보고, 사회운동적 관점에서 교육전문가의 정체성을 고려하여 평생교육사가 갖추어야 할 능력이 무엇인지를 추려 보았다. 직업적 차원에서 평생교육사가 전문직으로서 정체성을 분명히 하기 위해서는 현재 수행하고 있는 다양한 직무에 매몰되지 않고 학습촉진자와 같은 평생교육적 본질에 착목하는 것이 중요하며, 개인적 차원에서는 다양한 제도적 난관을 뚫고 평생교육적 전문성을 발휘하기 위해 기존의 일방향적 행동주의 교육관과는 구분되는 평생교육의 개념을 현실의 작동 원리로 바꾸는 과제가 제기된다.

이런 과제를 풀어내는 하나의 단서를 우리는 사회운동분야의 교육담당자에서 찾을 수 있다. NGO 교육담당자들은 이미 교육전문성의 강화를 위해 자체적으로 모여 논의를 진행하고 있으며 자기전문성 강화를 위한 업무에 대한 자기해석, 인간에 대한 이해 등의 노력을 경주하고 있다. 이런 활동 가운데 이들은 현재의 평생교육사가 '기능인'으로 분화되는 것이 가장 경계해야 할 사항이며 폐쇄화된 성과 트랙을 넘어서는 시도가 중요하다고 본다. 그렇지 않고는 개인을 끊임없이 상품화하는 '자기계발하는 주체관'을 넘어설 수 없다는 것이다. 결론적으로 평생교육사의 전문직으로서의 정체성은 평생교육사가 변화촉진자로서의 비전을 가지고 교육개념과 자기직무상황을 재해석해 내는 과정 속에서 획득할 수 있다.

참고문헌

권대봉(2002). 일과 학습 통합시대의 평생교육전문성 탐구. **평생교육학연구**, 8(1), 1-20.

권두승(1999). 사회교육담당자 효능감 척도개발과 그 시사점. **평생교육학연구**, 5(1), 57-76.

기영화(2002). 평생교육 담당자들의 성인교육철학 비교 연구. **안드라고지 투데이**, 5(4), 1-14.

김경미(2016). 마을평생교육지도자의 집단학습 과정에 관한 연구 : 경주시마을평생교육지도자협의회를 중심으로. 대구대학교 박사학위논문.

김소영(2003). 평생교육사의 직업적 정체성에 관한 연구. 중앙대학교 교육대학원 석사학위논문.

김연숙(2011). 평생교육사의 '지역적 전문성'에 관한 연구: 'T' 주민자치학습센터의 사례를 중심으로. 공주대학교 석사학위논문.

김지현(2006). 학습사회 논의의 이론적 지형과 쟁점에 관한 비판적 고찰. 서울대학교 석사학위논문.

김진화(2003). 평생교육사의 직업적 전문성과 직무의 탐구. **평생교육학연구**, 9(2), 219-247.

김진화 외(2007). 평생교육사 직무모델 개발 및 타당화 연구. **연구보고서**. 한국교육개발원.

김혜영 · 이희수(2012). 평생교육사 전문직화 과정의 역사적 탐색과 특징. **평생학습사회**, 8(2), 157-185.

박새봄(2008). 평생교육사의 네트워킹 행위 유형화와 수행역량과의 관계 연구. 동의대학교 석사학위논문.

박혜영(2009). '지역과 함께하는 학교' 담당 순회평생교육사의 직무에 관한 연구. 숭실대학교 석사학위논문.

변종임(2003). 평생교육사의 역할 분석과 위상 제고 방안. **평생교육학연구**, 9(2), 195-218.

신원식 · 이경은(2005). 현장 사회복지사들의 사회복지 전문직에 대한 주관적 인식 유형. **사회보장연구**, 21(1), 59-84.

안상헌(2008). 자율화 · 다양화 시대, 평생교육사의 정체성. **평생교육학연구**, 14(3), 77-98.

오혁진(2008). 그룬트비히 교육사상에 기초한 한국 사회교육의 전개과정과 의의. **평생교육학연구**, 14(4).

윤혜진(2014). 평생교육사의 네트워킹 직무 수행과정에서의 학습경험. 한국교원대학교 석사학위논문.

이규선(2017). 평생학습마을만들기 참여실천연구 : 시흥시 사례를 중심으로. 공주대학교 박사학위논문.

이경아 · 김경희(2006). 평생교육사 전문성 구인 타당화 및 전문성 형성에 영향을 미치는 요인 탐색에 관한 실증 연구. **평생교육학연구**, 12(2), 91-119.

이해주(2011). 교육봉사를 통한 평생교육사의 역량개발 탐색. 평생학습사회.

이혜진 · 김진화(2008). 평생교육 프로그램개발의 통합적 전문성 유형화와 구성요인에 관한 연구. **농업교육과 인적자원개발**, 40(3).

장원섭(2008). 평생교육 담당자들의 평생교육 개념 이해에 대한 질적 면접 연구. **안드라고지투데이**, 11(2), 101-121.

전병재(1995). **한국사회의 전문적 직업성 연구**. 서울: 사회비평사

정민승(2010). 평생교육사 영역별 직무능력 개발. **연구보고서**. 한국평생교육진흥원.

정혜령(2006). 사회적 책임에 대한 전문가들의 갈등과 학습 – 사회운동 참여 경험을 중심으로. **평생교육학연구**, 12(4). 95-120.

조성용(2009). 평생교육사의 직무능력 인식 분석. 아주대학교 석사학위논문.

조정옥(2021). 한국지역사회교육운동 실천 과정에 나타난 평생교육적 확장성 탐색 연구. 아주대 박사학위논문.

조현지(2007). 평생교육사의 ICT 학습경험, 종사기관, 업무와 ICT 활용역량, 전문성과의 관계. 이화여대 석사학위논문.

지희숙(2015). 평생교육활동가의 학습 활동에 대한 사례연구: 대덕구 평생학습마을만들기

사업을 중심으로. **한국평생교육학회**, 21(3), 113-140

통계청(2007). 한국표준직업분류. 통계청.

한수연(2009). 평생학습도시 평생교육사의 교육적 갈등에 관한 연구. 동의대학교 석사학위논문.

Abbot, A. (1988). *The system of professions. An essay on the division of expert labor*. Chicago and London: University of Chicago Press.

Brookfield, S. D. (1991). *Developing critical thinkers*. San Francisco: Jossy-Bass Publisher.

Freire, P. (1979). *Pedagogy of the oppressed*. 남경태 역. **페다고지**. 그린비.

Giroux, H. (1988). *Towards a critical pedagogy of learning*. 이경숙 역. **교사는 지성인이다**. 아침이슬.

Hall. R. H. (1968) Professionalization and Bureaucratizaion. *American Sociological Review*, 33(1), 90-104.

Holford, J. (1995). "Why social movement matter: Adult education theory, cognitive praxis, and the creation of knowledge." *Adult Education Quarterly* 45(2): 95-111.

Merriam, S. B. & Brockett, R. G. (1997). *The profession and practice of adult education: An introduction*. San Francisco: Jossey-Bass.

Quinn. R. (1996). *Deep change: Discovering the leader within*. San Francisco: Jossey-Bass.

Schön, D. A.(1983). *The reflective practitioner : How professionals think in action*. NY: Basic Books.

Sullivan, W. M. (2005). *Work and integrity: The crisis and promise of professionalism in America*(2nd ed). San Francisco: Jossey-Bass

Wilson, A. L. (2001). Professionalization: A politics of identity. in C. A.Hansman & P. A. Sissel (Eds.), Understanding and negotiating the political landscape of adult education. New Directions for Adult and Continuing Education, No. 91, 73-83. San-Francisco: Jossey-Bass.

8장

'다문화여성'의 세계시민적 주체화 경험

Ⅰ. 다문화교육과 평생교육

1. 다문화교육의 다의성

다문화교육이란 어의적으로 보면 '다양한 문화에 기반한 교육' 혹은 '문화의 다양성을 전제로 한 교육'으로, 실천적 차원에서는 인종, 민족, 종교, 언어, 성, 성적지향, 계층 등 인간을 규정하는 여러 문화와 정체성을 상호 존중하고 수용하는 교육을 말한다. 인간의 존엄성과 자유, 인권과 같은 보편적이며 본질적인 가치를 보다 충실하게 보장하기 위해 인종 차이, 성별 차이, 경제적 차이, 종교 차이를 인식하고 상호 소통하는 능력을 키워 나아가고자 하는 교육적 노력의 총체이다 정민승·조지연, 2012.

이렇게 다문화교육을 규정하고 보면 다문화교육은 교육의 가치를 구현하는 구체적 노력에 붙인 이름에 다름 아니다. 어떤 교육도 차별이나 차이를 긍정적으로 보지 않으며 모든 인간을 존중하고자 노력해야 마땅할 것이기 때문이다. 문제는 명시적인 교육의 목적이 무의식적으로 행해지는 교육실천의 차별적 관행 속에서 사라진다는 점이다. 그리고 그 관행은 발전교육론에서 명확히 드러나듯이 교육은 국가-사회적 문제를 해결하는 수단이라는 기저인식 속에서 정당화되어 왔다.

다문화교육도 같은 궤적을 따랐던 것 같다. 한국 사회에서 다문화교육의 등장은 2006년 노무현 정부의 인구변화에 대한 인식 위에서 출발하여 국가적 차원의 '필요'로 시작되었으며, 따라서 결혼이주여성이라는 사회문화적 소수집단을 한국 사회의 주류문화에 동화시키기 위한 교육으로 받아들여졌다. 이주민으로 한정하더라도 서구 선진국 출신이나 전문직의 외국인은 '다문화'의 대상에서 암암리에 제외되었으며, 아시아 국가들 출신의 결혼이주여성, 이주 노동자, 탈북자 등이 '다문화'의 주 대상으로 고려되었다.

이런 정책적 필요는 학교로 곧바로 이식되어 대략 2015년까지 다문화교육의 대상과 범주를 특정인 특정 형태로 제한했으며 학교는 이들에게 부족한 태도와 능력 배양을 위한 일방향적인 교육을 실시했다. 이 과정은 우리의 전통 문화를 주류 문화로 고정시키고 이주민들이 제기할 만한 문제 제기를 최소화하려는 '동화' 과정의 일환이기도 했다. '다문화'는 이렇게 해서 '다문화아이들'로, 그들을 키우는 '다문화가정'으로, '다문화여성'으로 확산되었다.

그러나 이런 '다문화'는 낙인의 방식에 다름 아니다 정민승·조지연, 2012. 원론적으로 보자면 '다문화'는 '문화'가 구현되는 현상이다. 문화란 인간의 모든 능력과 습관을 포괄하는 복합적 총체로서 인간이 창조한 생활양식 일반을 가리킬 정도로 넓고 다의적인 개념이다. 따라서 문화는 가정, 학교, 회사, 동호회, 지역, 국가 등 인간집단이 존재하는 모든 단위에서 생성되며 작동한다. 개인은 이런 여러 단위의 문화가 결합되어 있는 존재, 즉 '다문화적인 존재'인 것이다.

이런 시각으로 보면 다문화교육은 모든 학습자들이 '다문화적'임을 인식하고 이들의 다문화적 특성을 존중하는 교육, 학습자들의 다문화성이 소통될 수 있는 교육을 의미한다. 따라서 만약 전통적인 학교 패러다임에 따라 다문화교육을 고안하고 설계하면 '다문화'도 '단일 문화'에 갇히고 만다. 전통적인 일방향적-주입식 패러다임에서 벗어나지 않으면 '다문화교육'은 불가능하다는 말이다. 아마도 '다문화학생'이라 불린 아이들은 '주류 문화와 다른 소수 집단들의 문화가 서로 교류토록 하면서 서로가 서로의 문화를 수용적으로 이해하고 발전하도록 촉진한다'라는 원래적 다문화교육을 받지 못했을 것이다.

2. 평생교육적 관점이 필요한 이유

다문화교육이 일방향적이고 지식교과 위주의 전달 중심 수업에서 벗어나기 위해서는 새로운 상상력이 필요하다. 즉, 학교라는 제한된 상상력에서 벗어나 교육의 본질을 찾아간다는 의미에서 평생교육의 시각이 필요하다. 물론 평생교육의 시각은 평생교육현장에서 진행되는 교육을 말하는 것이 아니다. 평생교육기관에서 지극히 학교적인 교육이 진행될 수도 있고 학교에서 평생교육적인 교육이 진행될 수도 있다. 평생교육 현장에서 학교보다 더 주입식이고 시험 중심적이고 암기 중심의 교육이 진행될 수도 있다.

그러면 평생교육적인 특성은 어떤 것인가? 이를 관점의 차원과 장의 차원, 그리고 프로그램의 차원으로 구분하여 정리해 보도록 하자. 우선 관점의 차원에서 보면 평생교육은 학습주의적 관점을 취하는 교육실천이다. 학습주의란 학습자를 중심으로 교육을 보는 관점을 말한다. 수업이 되었건 체험이 되었건 학습자가 교육의 주체이며 사회는 학습자의 학습권을 보장해야 한다는 입장이다. 반면 우리에게 익숙한 학교적 교육은 '교육주의'라고 부른다. 교육주의는 지식전달자의 시각에서 교육을 본다. 목적에서 평가, 교육 내용에서 학습 속도에 이르는 전반의 과정을 교육자가 결정한다. 학교적 시각에서 교육자는 국가를 비롯한 학교 당국, 교사 등 제도가 보장해 주는 권력 단위이다.

이렇게 '관점'을 중심으로 볼 때 평생교육은 학습주의를 지향하며 이는 다문화교육에도 그대로 적용될 수 있다. 다문화교육은 그것이 이주민를 위한 것이건 정주민을 위한 것이건, 학교에서 이루어지는 것이건 주민센터에서 진행되는 것이건 간에 학습자의 위치와 입장에서 출발하는 것을 원칙으로 삼는다. 다문화교육은 학습자들의 학습권을 보장하고 학습자들이 그들의 필요와 요구에 따라 학습할 수 있도록 교육의 기회를 제공해 주어야 한다.

두 번째로 장field의 차원이다. 장의 차원에서 보면 평생교육은 다양한 현장을 아우르되 현장 간의 통합을 지향하는 특징을 갖는다. 지금까지 다문화교육은 결혼이주여성이나 외국인 대상의 법무부 교육, 학생 대상의 재량교육이나 방과후 교육, 학부모 중심의 학교 밖 교육 등 여러 층을 대상으로 교육의 장을 형성하고 있다. 다문화주의라는 이념을 중심으로 교육활동을 확장해 가면서 다양한 장을 창출하고 있는 것이다.

구체적으로 보자면 초기 다문화교육의 장은 이주민을 중심으로 형성되어 한국 사회에 적응하도록 도왔다. 적응의 차원에서 보면 결혼이주여성의 자녀가 곧바로 이슈가 되며, 따라서 이주민교육에 이어 학교에서 아동다문화교육이 제공된 것이다. 그런데 이런 방식의 교육은 적응 중심에 머물고 만다는 점에서 편견이나 차별 등 다문화주의의 이념을 구현하는 방향으로 나아가지 못하는 한계를 갖는다. 지역 주민 전체의 관점이 변화하지 않으면 다문화주의는 구현될 수 없기 때문이다.

평생교육의 '통합성'이라는 원리는 이런 문제의 해결 과정 속에서 등장한 원리이다. 파편적으로 사회문제 해소를 위해 등장한 해법으로서의 교육으로는 근본적인 문제 해결이 불가능하다. 이민자의 문제라면 이들을 둘러싼 지역 주민 전반의 인식 개선이 함께 이루어져야 한다는 말이다. 이런 점에서 평생교육적 차원의 다문화교육은 지역주민 공동체 교육 등 다양한 영역으로 확장되고 있으며 이는 매우 고무적이라 하겠다.

마지막으로 프로그램 차원이다. 평생교육 프로그램이란 교육활동을 통해 진행될 경험과 활동들의 집합으로서 교육의 목표를 위해 체계적으로 정리된 절차를 말한다. 학교의 교과가 학습할 지식만을 담고 있음에 비해 평생교육에서는 학습자의 경험과 활동 전반을 고려하므로 교육 내용과 전달 방법, 교수자와 학습자의 역할이 묶여 있는 활동의 계획서인 프로그램이 핵심이 된다. 학교의 커리큘럼에 해당하는 것이 평생교육의 프로그램이다.

기관에서 실시되는 다문화교육은 정해진 교과내용이 아니라 지역사회의 특성과 결합된 프로그램으로 진행되는데 이는 학습자 중심적 설계 원리에 따라 개발된 유연성을 특징으로 한다. 즉, 정해진 지식을 보다 많은 사람에게 효율적으로 전달하는 학교교육의 방식이 아니라 학습자의 역량이라는 차원에서 '다문화주의적인 삶의 질'을 제고하기 위한 프로그램이 제공되는 것이 중요하다. 다문화 평생교육 프로그램은 학습자 분석과 지역 분석, 목적과 목표의 설정과 적합한 교수법 등을 충실하게 고려해서 설계된다.

다문화교육은 한편으로는 '다문화주의'를 지향한다는 점에서 평생교육의 이념과 맞물려 있으며, 쉽게 제외되는 '이주민'을 학습자 범주로 포함시킴으로써 평생교육의 범주를 확장한다. 이런 점에서 다문화교육은 평생교육의 원리에 비추어 실시되고 평가될 필요가 있다.

3. 세계시민교육과의 연동

다문화교육에 관련된 학문적 담론은 이제는 이주민이 주체가 되어 성장하는 과정을 중심으로 재편될 필요가 있다. 이것이 유네스코가 주창한 전환적 지식 역량을 강화하는 새로운 교육과정 UNESCO, 2013 으로 나아가기 위한 첫 단계라고 하겠다. 사실 난민에서 불법 이주민, 합법 이민자에 이르는 다양한 '다문화인'은 과거의 '붙박인 정체성'이 아니라 '부유 浮遊 하는 정체성'을 가진 사람들로 국가경계를 넘어 새로운 시민성을 구축해 가고 있다는 점에서 '세계시민성'의 새로운 가능성을 찾을 수 있다고 보인다.

사실 세계시민성은 매우 추상적인 개념이다. 대개 그 개념은 '국가적 한계를 넘어서 글로벌해진 사회적 환경 안에서 요구되는 보편적 시민의식' 정도로 정리될 수 있는데, 국민국가가 정치적 주체로서의 시민을 호명하는 것에 비하면 '글로벌한 사회적 환경'이 요청하는 시민성은 매우 모호하다고 할 수 있다. 이런 차원에서 대안적으로 등장하는 개념이 '지속 가능성 sustainability'이다. 위험과 위기가 지구적 차원에서 밀려오고 있는 상황 속에서 타인의 인권을 존중하면서 평등주의적 가치와 행동력을 포함하는 지속 가능한 사회는 산업사회와 자본주의적 '발전'의 대안으로 제시될 수 있다. 이는 다양성, 인권, 사회 정의 등의 보편적 준거를 기준으로 모든 시민들이 함께 살아갈 수 있는 지속 가능한 사회를 만들기 위한 다문화적 시민교육의 출발선에 다름 아니다.

그렇다면 세계시민성의 실질적 내용을 이루는 다문화적 시민성의 내용은 어떻게 찾을 수 있는가? 그 하나의 방법은 차별받는 존재, 다문화성을 체현한 존재들이 성장하는 목소리를 듣는 것이다. 여기서는 소외계층인 '다문화여성'들이 대학 경험을 통해 어떤 변화를 겪고 있는지를 살펴봄으로써 대안적 시민성의 내용을 추출해 보고자 한다. 세계시민성이 국가주의를 넘어서서 지구적 문제의식을 내포한다면 그 시작 지점은 국민국가적 시민성의 혜택을 받지 못하면서도 보편 인간으로서 성장을 치열하게 실현해 가는 '다문화인'일 것이다. 실제로 한국에 거주하는 결혼이주여성들은 고등교육에 대한 의지가 강하며, 이들의 교육욕구와 학습내역에 대한 연구를 보면 전은희, 2014 소위 '세계시민적 역량'을 자기 나름대로 획득하고 발전시켜 나가고 있다. 이하에서는 '다문화여성'이라 불리는 결혼이주여성들이 한국의 대학에서 어떤 경험을 하며 이는 세계시민성의 차원에서 어떻게 해석될 수 있는지를 살펴보고자 한다. 기존의 엘리트주의적 한계를 넘어서는 세계시민교육은 '다문화여성＋대학생'의 모순적 위치성과 이를 이동시켜 가는 힘 속에서 그 단서를 발견할 수 있다.

II. 결혼이주여성의 사회계층적 특성

한국에서 결혼이주여성은 '승혼 hypergamy'을 위해 한국으로 이주한다고 여겨진다. 국제결혼을 통하여 더 잘 사는 나라의 시민권을 얻고 더 나은 경제적 조건을 보장받고자 한다는 것이다. 그러나 실제는 그와 다르다. 한국건강가정진흥원에서 발간한 2012년 통계자료에 근거하여 이들의 출신국 학력별 분포를 보면 조성은 외, 2012 중졸 이하가 36.1%, 고졸이 42.3%, 대졸 이상이 20.6%로 60% 이상의 여성이 고등학교 졸업 이상의 학력을 가진 상태에서 한국으로 이주하고 있음을 알 수 있다. 2015년의 조사에 따르면 자녀를 둔 결혼이주여성의 학력은 대졸이 25%로 중졸과 초졸을 모두 합친 수보다도 높다.

하지만 한국에서 결혼이 승혼을 보장하는 것으로 보이지는 않는다. '2015년 전국다문화실태조사'의 통계를 재분석한 한 연구에 따르면 조선주·민현주, 2017 한국보다 경제 수준이 낮은 나라 출신 이주여성들은 고졸 이상의 학력을 가지고 있는 경우 경제활동은 증가하나, 학력이 높을수록 임금은 유의미하게 감소하는 것으로 나타난다. 이들을 고졸인 한국사람과 차별대우를 하는 관행이 문화적으로 존재하는 것이다.

이런 이유로 결혼이민자가 본국과 국내에서 자신의 사회계층을 어떻게 인식하고 있는지 분석한 결과에 따르면 IOM, 2014 출신국에서 최상층과 상층은 각각 2.6%와 10.5%를 차지했고 중간층이라고 평가한 결혼이민자는 무려

63.1%, 하층이나 또는 최하층은 각각 14.9%와 8.9%였지만, 한국에서 사회계층 지위 인식에서는 자신을 최상층이나 상층이라고 평가한 결혼이민자는 각각 0.6%와 3.2%에 불과했고 중간층이라고 평가한 결혼이민자도 55.2%, 하층이나 최하층이라고 평가한 결혼이민자는 각각 25.2%와 15.8%로 나타났다. 즉, 상당수의 결혼이주여성은 한국으로 이주한 후 심각하게 계층 하락을 느낀다고 볼 수 있다. 결혼의 결과는 사회경제적 계급 하락, 즉 강혼降婚인 셈이다.

다문화가족 자녀의 어머니 학력

구분		2015				
		국내에서만 성장(%)	외국 거주 및 성장			전체
			외국에서 주로 성장(%)	외국 거주 경험(%)	합계 및 평균(%)	전체(%)
계	비율	100	100	100	100	100
	인원	48,476	31,197	18,941	12,256	79,673
학력	초졸 이하	7.6	5.2	4.9	5.6	6.7
	중졸	18.5	17.5	10.4	28.3	18.1
	고졸	51.1	46.8	42.8	53	49.4
	대졸 이상	22.8	30.6	41.9	13.1	25.9

출처: 여성가족부(2015), 전국다문화가족실태조사.

Ⅲ. '다문화여성'의 고등교육 경험: '대졸'과 '타자성'의 상승적 결합

엥게스트롬Engeström, 1987: 67-68은 맑스의 모순 개념을 활동에 대입하여 활동체제 내부 혹은 활동체제 간에 존재하는 모순에 주목한다. 새로운 활동이 생겨난다는 것은 이 모순들이 상승적으로 결합하여 또 다른 체제를 만들어 낸 결과라는 것이다. 이런 시각에서 보면 예컨대 한국 사회의 결혼이주여성 교사는 가족체계상으로는 '후진국 출신 부인'으로서 가부장제를 이어가기 위한 출산장치로 간주되는 동시에, 교육체계에서는 '이중언어교사'로서 아이들에게 다른 나라의 문화와 언어를 가르치는 재생산의 중심고리로 그 위상을 가질 수 있다.

질적 자료를 분석해 보면 이들의 고등교육 체험은 '위치성 positionality'의 지속적 변형과 결합되어 교육적 효과로 나아가고 있음을 알 수 있다. 그것은 근본적으로는 '후진국 출신 부인'과 '대학 졸업자'의 모순적 위치결합이 낳은 파생적 결과로서 기존 관계의 질적 변화, 모성 정체성의 재규정, 사회활동의 출현이라는 양상으로 드러난다.

1. 관계 재구축: '며느리+대학생'

결혼이주여성은 출신국과 이주국의 문화적 차이를 크게 느끼면서 국민국가의 특성을 넘나드는 세계시민으로서 정체성을 가져 나가는 존재라고 볼 수 있는데, 이들은 여기에서 더 나아가 경제적-학력상 격차를 경험하면서 급격한 좌절을 겪는다. 국민국가적 정체성이 탈각된 상태에 계층 하락까지 겹쳐지는 것이다. 한 여성의 말을 들어 보자.

> 공장에서는 제가 중국인이잖아요, 그러면 등급이 제일 아래예요. "중국에 귤 있니? 사과는 먹어 봤니?" 200명 되는 큰 공장이었는데도 그래요. 내가 아무리 회계사였으면 뭐 해요. 여기서는 어떤 일도 할 수가 없는 거예요. 정말 중국으로 되돌아가고 싶었어요. 우울증도 왔고요.

이런 상황에서 고등교육은 '탈출을 위한 수단'으로 상정된다. 대개의 외국인 유학생들과 마찬가지로 백성희, 2016 출신국에서 대학을 나왔음에도 불구하고 학력과 경제력이 낮을 것이라는 편견에 늘 부딪히는 경험을 통해 이들은 '한국에서 대접받기 위해서는 한국 학위를 가져야겠다'는 결심을 하게 된다. 한국의 대학을 나오고 한국 졸업장이 있어야 '변변한 직업'을 가질 수 있기 때문이다. 따라서 이들은 국가적 경계 이동을 통해 보편적인 코스모폴리탄을 익혀 나가는 것이 아니라 생존을 위해 다문화적인 세계시민성을 요구받는다. 따라서 고등교육 역시 엘리트 세계시민의 양성이 아니라 세계시민으로 받아들여지기 위한 최소한의 조건으로 그 위상을 가지게 되는 것이라 하겠다.

교육을 받았던 경험이 있을 경우 고등교육으로 진입하려는 욕구는 보다 커지며 이는 학력 간 아비투스의 차이로도 나타난다. 저학력 결혼이주여성이 자기부정적 아비투스 속에서 아이들에 대해 '나와는 다른 삶을 살아라'라는 막연한 바람을 가지고 있음에 반해 고학력 이주여성은 '학구적 아비투스'를 통해 자기부터 학습으로 상황을 바꾸고자 하는 태도를 가지고 있다는 연구 결과 서덕희, 오성배, 2012를 원용해 보면, 상당수의 여성들은 '기초교육'이 아니라 '고등교육'을 원하고 있다고 볼 수 있다.

그러면 이들이 고등교육, 즉 대학에 부여하는 의미는 무엇인가? 가장 큰 의미는 '주변의 존중'이다. 대학교육을 받아서가 아니라 대학에 들어갔다는 사실 자체로 인해 가족구성원이나 이웃의 '대접'이 달라졌다는 것이다. 대학생이 되자 '후진국 여성'이라는 껍데기는 탈각되기 시작했고 다르게 대접받기 시작했다는 것이다.

> 대학에 들어가는 건 다른 사람들에게서 완전히 다른 존재로 인정받는 길이에요. 그전에는 시어머니가 엄청 이것저것 많이 시켰어요. 그런데 조선 간장인지 왜간장인지 나는 아무리 먹어도 그게 그건데 모른다고 뭐라 하니 진짜 힘들었어요. 그런데 방송대 들어갔다고 하니 공부해야 하는데 뭘 밥하냐고. 완전히 평화가 찾아온 거예요. (작은 글씨는 인용자)

한국의 기성세대에게 작동하는 '배운 사람'에 대한 부러움과 존중은 결혼이주여성이 대학에 입학하고자 하는 중요한 동인을 이루는 문화적 기반이다. 한국에 와서 존중받아본 적이 거의 없었던 상당수의 여성들은 대학에 들어가는 것이야말로 '한국인으로 인정받기 위한 유일한 끈'이라고 여긴다. '세상이 바뀌지 않으니 내가 바뀌어야 한다'는 현실인식에서 비롯된다.

실제로 '후진국＋며느리'라는 이중의 열등성은 대학이라는 고리를 통해 '대학생'의 정체성이 추가되면서 새로운 양상으로 전환한다. '한국말도 못하는 못사는 나라 며느리'가 사회의 리더격인 '지식인'이라는 존재로 변신한 것이다. 기존에 이주여성을 둘러싼 배타적 고정관념의 사슬을 끊으려면 정주민들이 가지고 있는 관계의 고리 가운데 가장 약한 부분을 찾아내야 한다. 이것이 '학력'이다. 고등교육을 받고 이중언어 강사로 활동하는 한 여성은 이렇게 말한다.

> 학교는 이건 완전히 다른 세계가 열리는 거예요. 내가 교사가 되기 전에 중국 친구들은 한국인 교사들이 우리 다문화를 다 우습게 보고 외톨이로 만들거라고 그랬어요. 근데 아니고 다들 내가 열심히 한다고 칭찬해 주는 거예요. 여기서는 나는 선생으로 존중받고 그렇게 사니까. 식당에서 근무할 때 하고는 정말 다른 거죠. (작은 글씨는 인용자)

조금 더 구조적 차원에서 보면, 대학 혹은 대학을 통한 자격의 취득은 사회이동mobility의 전제조건으로 대학공부란 한국 사회의 인정체계 안으로 들어오기 위한 출입증 같은 것이다. 정주민들 간에도 대학은 '교육열'이라 불릴 정도의 지위 경쟁의 목표를 형성하고 있다. 오랫동안 문화적으로 축적된 대학에 대한 열망은 '누구라도 대학공부를 한다면 그것은 훌륭한 일이다'라는 믿음을 형성했고, 설혹 후진국 출신 며느리라 할지라도 그 믿음에는 변함이 없는 것이다. 이는 결혼이주여성의 고등교육은 개인의 삶의 질 향상과 문제해결에서 끝나는 것이 아니라 가족 전체의 삶의 질 향상과 문제 해결에도 영향을 미치며 한국 사회의 정착과 적응에 도움이 되었다는 연구 결과 백은숙·한상길, 2017 와도 맥을 같이 한다.

게다가 대학에서의 공부가 가져다주는 이점은 '네트워크'를 통해 새로운 직업군으로 연결이 이루어진다는 점이다. 식당이나 막노동 현장이 아니라 학교나 공공상담소가 그들의 일자리로 연결되면서 이들이 관계 맺는 사람들도 달라진다. 다른 교사, 상담사, 공무원을 만나면서 이들 관계망의 속성이 달라지는 것이다. 늘 열등한 소수집단의 대접을 받던 이들에게 대학은 일종의 '갑옷'으로 사회라는 '전쟁터'에서 자신을 보호하고 나아가 다른 사람들과 당당하게 관계 맺을 수 있도록 해 준다.

한마디로 표현하면 '존중'이라 할 수 있다. 이전의 관계망이 상하위계를 전제로 이들을 하층에 속하게 만든 '함부로의 문화'였다면, 고등교육 이후 맺는 관계망에서는 평등을 전제로 동등한 입장에서 이들을 격려하는 '존중의 문화'라 할 수 있다. 이런 관계망은 든든한 심리적–물리적 지지대로서 결혼이주여성들이 주체로서 자기 자신을 인정하고 능동적으로 문제를 해결해 가는 기반이 된다.

2. 모성에 대한 재규정: '자랑스러운 엄마'

'엄마'는 결혼이주여성의 중심 정체성이다. 한국으로 온 이유가 결혼이고 결혼이 아이를 낳기 위한 가족적 필요에서 시작되었음을 생각하면, 이 여성들에게 한국 사회가 요구하는 것도 모성이요, 이들 스스로도 가장 강하게 원하는 것이 '훌륭한 어머니됨'이다. 따라서 이들의 삶의 중심축은 '아이들'이고 '엄마됨'이다.

이렇게 모성 정체성이 중요함에도 불구하고 그다지 중요하게 다루지 않는 것 같다. 자신이 그 아이의 엄마라는 사실을 숨기거나 자신의 출신국을 숨기거나 자신이 외국인이라는 사실을 숨긴다. 물론 그것은 한국 특유의 문화에서 기인하는 바가 크다 김유진·오성배, 2013. 자신이 그 아이의 엄마라는 사실을 알리는 것이 자녀에게 도움이 되지 않기 때문이고, 입을 열어 외국인임이 드러나면 불이익이 있을 것이기 때문이다.

"한국에서 아이를 잘 키우기 위해서는 나를 숨겨야 한다고 생각해서" 혹은 "시어머니가 한국 며느리가 아니라 싫어하셔서"라는 말에서 드러나듯이 이들은 자신이 그 아이의 어머니가 되기에 '적절하지 않은' 존재임을 명시적으로 들으면서 투명인간이 되기를 선택한다. 비가시적 존재가 됨으로써 승리자가 되는 또는 승리자가 되기 위해 비가시적인 존재가 되는 이런 비극적 선택은 일종의 '자기 무시의 전략'이라고 부를 수 있다. 결혼이주여성들이 자신의 모국어를 집에서 쓰지 않는 것도 이런 이유에서이다.

고등교육은 이런 비가시적 보호자에 머물던 엄마들에게 당당함을 불어 넣어 사람들의 눈앞에 나서게 하는 일종의 '보호막'이라고 볼 수 있다. 이들이 대학을 들어갔다는 사실을 중요하게 생각하는 이유는 가족들이 자랑스러워하기 때문인데 이런 차원에서 보면 대학은 이들을 '열등한 국민'에서 구해 내는 장치이기도 하다. 혹실드 Hochschild, 2009 는 사회적으로 우월한 지위를 가진 집단에게는 '지위의 보호막'이 작동하고 있다고 보았는데, 동일한 의미에서 대학은 이들에게 대학생이라는 독특한 '지위'를 부여하는 과정을 통해 '열등국민'의 규정성을 가릴 보호막을 제공한 것이다.

예컨대 한 '다문화여성'의 남편은 과거에는 "다른 사람에게 배우자가 중국인임을 이야기하지 않았"지만 "이제는 석사한다고 한국 여자들보다 낫다고" 이야기한다. 지위의 보호막은 사회적으로 강력해서 어린아이들까지도 엄마를 새롭게 규정한다. 아이들은 "너네 엄마 대학 나왔어?"라는 공격적 말하기로 이주민 비하의 발언에 맞서고, "엄마가 대학 나오고 봉사하는 모습을 자랑스럽게 생각"한다. '대학'이라는 장치를 경유하여 결혼이주여성의 모성에 대한 재규정이 이루어지는 것이다.

> 애들 뭐 정체성교육 다문화교육 필요 없어요. 우리 엄마가 박사한다? 우리 엄마가 선생님이다? 얘네한테 무슨 교육이 머가 필요 있어요? 애가 심리적으로 건강하게 자라고 있다는 표증이잖아요. 엄마가 대학 다니는 게 어머님하고의 관계, 신랑하고도 관계, 이런 게 좋아져서 가정이 탄탄해지고 애들한테도 그게. 직접적인 그게 되니깐.

즉, 결혼이주여성들에게 고등교육은 서로 다른 체계에서의 상이한 위상을 주체에게 부여한다. 이 여성들은 '타자' 혹은 '열등한 존재'와 '엘리트' 혹은 '인재'의 간극을 체험하고 그 지난한 과정에서 '자랑스러운 엄마'라는 자아개념을 획득한다. 세계시민이 시민으로서의 주체성과 타자에 대한 열린 태도를 전제로 하는 것이라면, 결혼이주여성에게 고등교육은 자신감에 기반한 모성적 주체성의 획득을 가능하게 하는 발판인 것이다.

3. 지역으로의 확장: '다문화 여성 리더'

시민성은 사회적-집단적 정체성을 전제로 한다. 시민됨이 국가의 주인으로서의 인민을 토대로 생겨난 개념이기 때문에 시민에게는 행동력과 판단력이 필요하다. 사회의 구성원에게 요청하는 자질과 행위가 없다면 시민으로서의 정체성은 형성될 수 없다. 결혼이주여성은 두 개의 서로 다른 국가의 호명을 받는 존재라는 점에서 다소 복잡하고 모순적인 정체성을 가지고 있다. 이들은 출신국의 시민으로 성장했지만 한국에서 새로운 시민으로 살아가야 한다. 문화적으로 내면화된 규범과 활동의 장이 분열되어 있는 것이다.

결혼이주여성에게 고등교육은 이런 분열을 봉합하는 기제로 작용하는 것으로 보인다. 정주민들과 동일한 교육이 진행되지만 시민으로서의 정체성이 다르기 때문에 정주민과는 다른 내적 변화가 일어나는 것이다. 예컨대 대학은 개인적 성취를 위해서도 중요하지만 결혼이주여성은 집단을 대표하여 고등교육을 받게 된 것이므로 책임감을 가져야 한다는 의식이 강하다.

> 식당에서 일해도 200만 원은 벌 수 있잖아요. 그래도 대학 나온 사람이 거기서 일하는 건 그게 아니고. 다문화여성들, 사람들이 나를 바라보고 있는데, 이게 짐이잖아요. 무거운 짐. 그러니까 봉사하고. 앞장서서 살아야 하는 거니까.

즉, 대학은 '다문화여성'이라는 집단의 리더로서 스스로를 규정하는 기반이 되는 것이다. 이런 점에서 대학의 경험은 결혼이주여성들이 문화적 규범 간의 거리를 좁혀 행동력을 갖춰 나가게 하는 자원이자 기반이 된다. 즉, 보편적 인간의 품위나 권리에 대한 인식을 신장시키되 한국 사회에서 활동력을 갖춰 주는 역할을 하는 것이다. 대학 졸업 후 이중언어강사를 하는 한 여성은 자신이 강사로 활동하면서 학생들에게 다문화수업을 진행하게 되었고 그 수업을 통해 학생들이 바뀌는 모습을 보았다고 한다. 그 변화는 한편으로는 자신의 변화상을 되짚어 보여 주는 과정이었고 이후 스스로 가진 편견에 깊이 대해 생각하게 되었다.

> 그러다가 제가 다른 나라 사람들이랑 이야기를 하면서 생각했어요. 아, 내가 필리핀에 대해서 가지고 있었던 생각이 잘못된 거였구나. 한국 사람이 나를 우습게 보듯이 나도 필리핀 사람을 우습게 본 거지. 이런 단점은 또 다른 장점이 되고, 서로 이해하면 더 좋은 점을 훨씬 많이 배울 수 있구나. (작은 글씨는 인용자)

민족적 위계에 대한 고정관념 자체에 대하여 비판적으로 생각한다는 것은 세계시민성의 핵심에 해당한다고 해도 과언이 아니다. 하지만 명제적 차원에서 자민족중심주의가 나쁘다라고 말하는 것과, 스스로를 편견을 가진 존재라고 인정하는 것은 전혀 다른 문제이다. 한국우월주의가 열등하다는 사실을 명확히 이해하고 세계시민적 실천을 하고 있는 이 타자의 탄생은, 결혼이주여성이라는 '소수자 중의 소수자'가 '고등교육'이라는 이질적 제도에 도전하여 자신의 체계 안으로 전유한 결과라고 할 수 있다.

대개 대학 졸업 이후 나타나는 '다문화여성리더'로서 시민활동력의 확장은 스스로에 대한 반성과 더불어 인식지평의 확장과 결합한다. 단지 '내가 자민족중심주의에 빠지지 말아야겠다'라는 수동적 각성이 아니라 '더 좋은 사회를 위해서 나같이 이질적인 사람이 더 적극적으로 활동해야 한다'라는 능동적 태도로 나아가는 것이다. 이들의 말을 좀 더 들어 보자.

> 한국 사람도 국문과 다니는데 중국 사람이 중문과 다니면 그게 왜 창피하냐고. 중국에서 공부할 때와 달리 중국 사람 각도가 아니라 한국 사람 각도에서 이해하고, 이중적으로 이해가 되잖아요. 루쉰 작품을 해서 중국 사람 입장에서도 이해하고. … 초급중국어에 삽화가 틀린 게 많아요. (작은 글씨는 인용자)

> 60세 넘어서도 강의도 하고 자원봉사도 하고 중국어나 다문화쪽 강사해도 좀 더 이렇게 충실해서, 같은 봉사해도 조금 더 효과적으로 더 줄 수 있는 거 그런 것도 하고 싶고. 요즘 100세 인생이라는데.

이렇게 보면 결혼이주여성들의 고등교육 경험은 세계시민성으로 자연스럽게 이어지며 세계시민적 의식의 각성에는 민족적 이질성이라는 존재적 특성이 핵심임을 알 수 있다. 즉, 이들은 '이질성'으로 차별받기 때문에 집단적 정체성을 자신의 것으로 받아들이며 여성주의적 발달의 일반적 양상과 유사하게 조형, 2006 교육을 통해 능동적으로 차별적 상황을 변화시켜 내고자 한다. 대학의 선택이 능동적 환경 변화의 시도이기 때문에 이후 학습의 과정이 어떤 질적 차이를 갖더라도 세계시민으로서의 활동력과 연결된다. '엘리트주의적 글로벌리즘'은 자리할 여지가 없어지는 것이다. 다문화시민교육은 이질성의 수용을 통한 시민적 능동성을 갖추는 과정으로 사회 변화의 리더로서의 책임감을 수반하는 고등교육을 통해 완성될 수 있다.

Ⅳ. 다문화 세계시민교육의 중심어로서 '위치성'과 '타인애'

1. 결혼이주여성 고등학습자의 학습동학 dynamics

다문화주의적 차원에서 보면 세계시민성은 현대의 시민성을 이해하는 한 방식이기도 하며 "지구적 연계에 대한 이해와 공동선을 위한 참여"를 특징으로 삼는다. 그것은 단지 국가적-민족적 시민성의 범주를 확대한 것이 아니라 새로운 가치를 부여하는 개념으로 "지구적 차원의 민주적-다문화적 시민성"이다 Torres, 2017: 15. 그럼에도 불구하고 세계시민교육은 너무나 많은 맥락을 수용하기 때문에 명료한 원리나 구체적 특징으로 규정되기 어렵다.

이 글에서는 기존 교육론의 접근방식, 즉 정해진 목적이 있고 그 목적을 구현하는 수단으로서의 교육이라는 시각을 벗어나 학습자가 스스로 학습해 나가는 과정을 밝힘으로써 세계시민교육의 새로운 측면을 조명하고자 했다. 구체적으로 결혼이주여성이라는 한국 사회의 대표적 타자가 불평등하고 동질성 지향의 사회에서 고등교육을 통해 어떤 학습을 하는지 밝힘으로써 그것이 세계시민성의 차원에서 어떻게 해석되는지를 조명했다. 이들의 고등교육 경험의 다이나믹을 구조화하면 다음과 같다.

첫째, 결혼이주여성의 세계시민성 발달은 고등교육이라는 '외피'를 입으면서 시작된다. 결혼이주여성들에게 대학은 그간의 열등적 존재감을 벗어날 수 있는 대체재로 기능하기 때문이다. 후기구조주의적 시각에서 보자면 이주여성에게 대학은 '위치성'의 접합 혹은 전환을 의미한다. 후기구조주의적 인식에서 출현한 용어인 위치성 positionality 이란 인종, 계급, 성별 등의 정체성을 형성하는 사회적-정치적 맥락을 말한다 Merriam et. al. 2000. 즉, 위치성이라는 개념은 인종이나 성별 그 자체가 정체성이라고 보는 것이 아니라 그것을 '형성'하는 맥락이 존재한다고 보는 시각을 동반한다.

이렇게 보면 결혼이주여성에게 대학은 위치성 변화의 장 field 이다. 순혈주의적 경향이 강한 한국 사회에서 결혼이주여성은 '결핍된 존재'로서 한국어나 한국의 문화를 배워야 하는 존재이다. 이와 반대로 대학생이라는 위치성은 '대졸'이라는 최고학력으로 계층 이동을 할 수 있는 사회자본을 축적해 가는 '중심적 존재'이다. 따라서 '결혼이주여성의 대학생활'은 정주민과 이주민 간의 장의 역동 dynamics 을 발생시킨다. 열등한 결혼이주여성이 고졸 한국인보다 '우월한' 대학생이 되었기 때문이다. 즉, 결혼이주여성의 세계시민적 자존감은 이주민과 대학생이라는 '우월과 열등'의 모순적 접합의 역관계를 형성하면서 진행되는 것이다.

교육은 정해진 내용을 암기하거나 지식을 전달하는 것이 아니라 사회적 명명의 방식이 변화하는 것이기도 하며 이는 자아의 자리가 변화하는 것이기도 한데 손민호·조현영, 2013, 이를 위해서는 장기적인 자리 '점유'의 과정이 필요하다. 주변에서 중심으로 위치 이동이 이 타자들이 세계시민성을 학습하는 계기라면 그 전제는 '중심'의 자리에 충분히 앉아 보는 것이다. 4년이라는 기간은 존재적 차이를 느끼기에 충분한 시간이며 이것이 '과거의 나'에 속하는 일반

다문화여성들에게, '현재 혹은 미래의 나'인 여성 리더가 도움을 주고 싶다는 사회적 욕구를 갖게 하는 공간을 제공한다.

다음으로 이들이 세계시민성을 획득해 가는 과정은 '이주여성집단과의 정서적 동일시'를 경유한다. 결혼이주여성들은 대학에 입학하면서 곧바로 '이주민의 대표'라는 의식을 가진다. 교수나 다른 학생들은 '일반 학생'이 아닌 '다문화'로 이들을 대하는데 이는 결혼이주여성들에게 "나는 아무리 노력해도 다문화구나"라는 좌절감을 준다. 하지만 동시에 이들은 "나는 다문화 가운데 지도자"라는 의식도 가지게 된다. 대학은 사회의 리더를 키우는 곳이므로 '다문화'인 자신들은 결혼이주여성 집단의 리더가 되어야겠다는 결심을 자연스럽게 하게 되는 것이다.

결혼이주여성은 일반적으로 단순한 연대감에 머물지 않는 경향이 있는데 박미숙·이미정, 2015 대학의 경험은 타인에 대한 봉사나 사회평등을 위한 행동으로 나서게 하는 분명한 동인이 된다. 결혼이주여성들 대부분이 겪는 어려움을 조금이라도 해결하는 '다문화여성의 리더'로 살아야겠다는 결심은 사회적으로 능동적인 주체로서 스스로를 규정하게 하며, 이는 이들이 구축하는 다문화 세계시민성의 핵에 해당한다.

이들이 겪는 진한 정서적 과정은 이론적으로 보면 '타인애 allophilia' Pittinsky, 2012 개념과 연동한다. 타인애는 '자신과 다른 집단의 사람들에 대하여 가지는 긍정적인 태도'로서 편견과 대척점에 존재한다. 그것은 깊은 관심, 위로, 관여, 열정, 연계의식을 그 요소로 포함하며 다양한 인종적-종교적-문화적 차이를 아우르면서 이루어지는 리더십을 설명해 주는 개념이기도 하다. 자신 집단에 대한 애정이나 자신을 사랑하는 '자기애'가 아니라 전혀 다른 종류의 '타인들'에게 정서적 애착을 가지고 친밀감을 느낀다는 것이다.

대학을 경험한 결혼이주여성들은 자기와 전혀 다른 인종적-문화적 집단을

'다문화'라는 하나의 범주로 묶어 이해하며 그에 대한 충성도가 매우 높다. 나아가 그들에 향한 애정으로 후진국에 가진 관심을 발전시키며 '인간' 일반에 대한 이해도를 높여 나간다. 정서적 유대감을 기반으로 세계시민성을 발전시켜 나가는 것이다.

결혼이주여성들은 또한 주변인 취급을 받는 다문화여성집단이라는 집단적 정체성 위에서 자신을 조명하는 과정에서 리더십을 갖게 된다. '나도 그런 입장이었다'라는 동일시에서 시작되는 다문화여성에 대한 연민, 그리고 자신이 그들을 도울 수 있는 지적 지도력을 가지고 있다는 믿음이 이들을 개인주의나 엘리트주의에서 벗어나게 하는 것으로 보인다.

다른 한 축은 대학 경험을 통한 자기성찰력의 확장이다. 결혼이주여성은 다양한 갈등을 겪으면서 자신의 태도를 돌아보며 이를 통해 보다 높은 성찰력을 가지게 된다. 한 연구 참여자는 어느 날 필리핀인을 하대하는 자신의 무의식적 태도를 깨닫고 '그렇게 차별받는 것이 싫었던 나는 과연 다른 후진국의 여성을 하대하지 않는가?'와 같은 질문을 던진다. 이념적으로만 존재하던 평등이 자신의 태도에 개입하는 것이다. 무의식적 관행이나 태도에서 빠져나와 자신이 쉽게 서열의식에 사로잡힐 수 있는 존재임을 깨닫는 것은 쉬운 일이 아니다. 차별을 당하는 존재가 아니라 차별을 하는 존재로서 자신을 조망할 수 있는 능력은 인간의 생리적 경향과 단절하기 위한 노력을 필요로 하기 때문이다. 내면의 차별작동기제를 이해하는 것은 세계시민의 다양성과 평등함을 구현하기 위한 조건이기도 하다.

2. 학습동학에 대한 실험적 분석

이 글에서 드러난 결혼이주여성이라는 타자들의 대학 경험을 우리는 일종의 세계시민성 학습이라 부를 수 있다. 대학 입학과 동시에 주어진 새로운 위치성으로 인하여 이들은 자신을 주변인이나 열등한 존재가 아니라 삶의 주인으로 보기 시작하고 그 이후 대학 경험을 통해 엄마로서 자기정체성을 새롭게 구성해 간다. '다문화여성집단'의 리더로서의 자기규정 역시 대학이 아니었다면 생각하기 어려운 변화에 해당한다. 즉, 고등교육이라는 자랑스러운 외피, 지속적인 고등교육으로 인한 자기성찰성, 고등교육으로 인한 리더십 압박이 이 타자들의 세계시민성을 구성해 주는 영역인 것이다.

평생교육학적 차원에서 다시 말하자면 이들의 세계시민성 학습은 정해진 세계시민성 역량을 학습하는 것이 아니라 고등교육 경험이 수반한 자아관과 세계관의 변화이자 삶의 주체로서의 자기규정에 해당하는 것이다. 그러면 그 학습의 과정은 어떤 과정을 거치는가? 이 과정을 정리해 보면 다음과 같다.

출발점은 주변인적 정체성이다. 주변인적 정체성은 학습자들이 자신의 열패감 혹은 부족함을 인정하는 과정으로 세계시민학습의 시작점에 해당한다. 대개는 이런 정체성이 결혼이주여성과 같은 사회적으로 소외된 존재에게서만 가능한 것이라 여기기 쉽지만 사실은 어떤 존재건 지구화된 사회 속에서 주변인적 위치를 경험한다. 계급적 상층이라도 문화적 결핍이 있을 수 있고 남성이

결혼이주여성의 세계시민성 학습과정

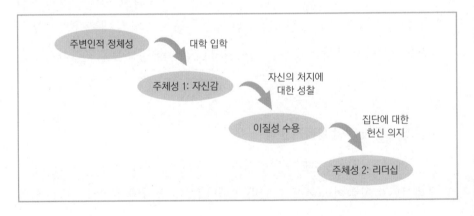

라도 가난할 수 있으며 학력이 높아도 체력이 부족할 수 있다. 상호교차적인 불안정성이 사회의 조건이라면 세계시민교육은 일차적으로 스스로의 '주변인성'에 주목하도록 하는 것이 필요하다.

이런 정체성에서 벗어나는 계기를 여기서는 대학 입학에서 찾았다. 대학은 주변인적 정체성을 벗어나게 하는 모순적 자기규정의 계기로서 대학 입학 이후 학습자들은 스스로 주변인성을 벗어날 수 있는 자신감을 갖게 되었다고 자평하고 있다. 주변인으로 머무는 것이 아니라 벗어날 수 있다는 자신감이 세계시민성의 핵심인 주체성이나 능동성의 기반을 이루며, 이는 반드시 그간 가져왔던 주변인이라는 정체성에 대한 재규정 과정을 거친다. '이질성을 수용한다'는 것은 '이질적인=타자적인=이류의'라는 공식을 깨는 심리적 과정으로 기존의 명명방식이나 규정방식에서 벗어나 사고하는 것을 말한다. 동일자적인 동질성의 관행과 습성에서 벗어나 타자성을 애정을 갖고 바라보는 것이다. 이는 세계시민적 주체가 되기 위한 핵심 과정으로 이 과정이 없을 경우 자신감은 쉽게 개인적 수월성의 이데올로기에 포섭되고 말 것이라 예측할 수 있다.

이 과정 이후 학습자들은 2~3년 이상 장기적 대학 학습과정 속에서 '주변집단의 리더'라는 더 강력한 주체성에 입각한 자기규정으로 나아간다. 이 역시 타자성에 대한 애정 위에서 성찰성과 집단성이 결합하는 방식으로 발전해 나간다. 이런 주체성은 세계시민교육이 최종적 목적으로 삼고 있는 바 Biesta, 2010 라고 해도 과언이 아닐 것이다. 소외된 집단의 리더 혹은 사회의 주변인에 대한 애정을 가진 적극적 시민으로서 글로벌 사회의 문제를 해결하고자 하는 의지를 가지는 주체의 탄생이기 때문이다.

이런 과정에서 주목하는 바는 크게 두 가지이다. 우선 위치성의 이동이다. 체계의 차원에서 보면 결혼이주여성은 〈후진국+부인〉이라는 〈주변인+주변인〉의 - - 결합을 상징한다. 빈곤뿐 아니라 한국문화에도 뒤떨어진 주변인인 것이다. 대학진학은 이 위치에 균열을 가한다. '후진국+대학생'의 결합은 주변인+중심인의 결합이 된다. 더 나아가 이들의 다문화 교사활동은 ++ 결합으로 이동을 예견한다. 〈대학졸업자+교사〉의 결합이 되기 때문이다. 이것은 이후 〈교사+어머니〉로의 이동을 통해 〈후진국+부인〉의 결합을 최종적으로 해체한다. 프레이리의 의식화 단계가 그러하듯이 타자들의 세계시민성 학습은 위치성의 지속적 이동을 통해 인식이 확장되는 과정을 거치는 것이다.

다음으로 앞서 제시한 타인애라는 개념이 어떤 방식으로 지속 가능 혹은 불가능할 것인지 생각해 보자. 이 글에서 정리한 세계시민성의 발달기제는 이주여성집단에 대한 충성심과 리더십, 그리고 그것을 가능하게 하는 타인애이다. 그렇다면 이는 결혼이주여성에게만 국한되는 것일까? '기제'에 주목하면 그 답은 의외로 쉽게 풀린다. 결혼이주여성이 가지는 타자성이 만약 상당히 많은 사람들이 이미 겪고 있는 문제라면, 그래서 유사한 어려움을 가진 자를 '집단'으로 인식하고 애정을 가질 수 있다면 이는 좀 더 넓은 집단에 적용 가능할 것이다. 또한 세계시민교육의 기반을 제공해 줄 수도 있을 것이다.

이와 관련하여 데스로체스가 제시한 '공동운명의 교육'이라는 개념을 떠올려 보자. 데스로체스는 다원화된 사회에서 시민성을 갖추기 위해서는 "앞으로 공동운명을 가질 수밖에 없다는 정서적 연대감에 기초해서 시민성을 획득하는 것이 새로운 패러다임이 된다"라고 주장한다 DesRoches, 2016: 539. 현재의 동일성이 아니라 미래의 존재를 내사introspect 하는 과정을 통해 동일성을 가져나간다는 것은 구성적이고 능동적인 작업이 없이는 불가능하다. 예컨대 노동계급과 노인계층은 '사회의 약자'의 차원에서 공동운명을 가지게 된다는 미래규정이 가능하며 이런 인식을 토대로 새로운 연대가 가능하다는 것이다.

이렇게 보면 세계시민적 연대가 형성되는 근거는 공동운명체라는 형성적 믿음을 통해서이고 고등교육을 거친 결혼이주여성들은 사회구조와 자신에 대한 성찰성을 높이는 과정에서 타인애를 발전시켜 간다고 볼 수 있다. 세계시민 교육의 핵심은 '세계시민성'이라는 규정불능의 개념을 교육 내용으로 선정하는 것이 아니라, 자신의 처지에서 가능한 공동운명체에 대한 감수성을 키우고 능동적으로 연대를 구축해 나가는 성찰성과 행동력을 키우는 일이다.

향후 세계시민교육은 타자성을 체현하고 있는 이들이 학습하는 과정에서 나타난 몇 가지 원리를 충실하게 고려하여 진행될 필요가 있다. 첫째, 지식교육의 패러다임에서 벗어나 정서적 변화에 초점을 두어야 한다. 이 과정에서 학습자들이 이미 가지고 있는 '주변인성'에 주목하게 하는 과정이 중요하다.

둘째, 기존의 자기애와 개인의 성취라는 코스모폴리탄주의적 교육의 궤도를 벗어나 타인애와 공동운명의 구성이라는 차원에서 세계시민교육을 기획할 필요가 있다. 즉, '코스모폴리타니즘이 엘리티즘으로 비판받는 이유는 그 추상성에 있다' Alejandral, 2017 는 주장을 심각히 받아들이고, 나아가 구체적인 차별의 장면과 다양성을 부정하는 감수성을 적극적으로 드러내고 비판하는 교육설계가 필요하다.

셋째, 소외집단을 축소시켜 나가는 것이 교육의 목적이라는 시각에서 벗어나야 한다. 일반적으로 교육은 소외를 극복한다거나 무능을 없앤다는 목표하에 진행된다. 하지만 앞서 살펴본 대로, 분명한 교육목표보다는 현재의 모순과 주변성을 받아들이고 이를 확대하여 타인을 이해하는 태도가 중요함을 밝히고 있다. 실제로 결혼이주여성이 가진 주변성과 다양성은 세계시민성의 핵심이다. 세계시민교육은 주변인에 대한 확장적 접근을 통해 세계시민적 주체성의 실질적 제고로 나아가야 한다.

V. 맺는 말

　지구적 차원의 이동이 일상이 된 사회에서 세계시민성의 문제는 교육의 핵심 사안이다Banks, 2017. 이 글에서는 결혼이주여성들의 세계시민성 학습의 장면을 추적하고, 타자성에서 출발하는 공동운명의식의 형성 과정을 세계시민교육의 중심적 테마로 설정할 것을 제안했다. 이제 분석 틀을 통해 범주를 재구성해 보자. 향후 다문화교육은 정해진 지식을 전달하는 기존의 교육 패러다임으로는 불가능하다는 문제의식 위에서 '결혼이주여성'의 '대학' 경험을 '세계시민'적 관점에서 살펴보았다.

　그림으로 재정리해 보자. 국가경계를 약화시킨 시-공간 압축Harvey, 2017과 교육의 교집합은 '글로벌 교육'이라고 할 수 있을 것인데, 그 교육의 종류는 세계지배체제에서 지배계급에 속하는 '초국적 엘리트'를 키워 내기 위한 소위 '위로부터의 세계화 교육'설규주, 2004과 지구적 위기를 해결하기 위한 '아래로부터의 세계화 교육'으로 구분할 수 있다D+A. 세계화와 결혼이주여성의 교집합은 글로벌화에 따라 상당수의 여성이 다른 나라로 이주하는 양상을 보여 주

연구의 분석 틀

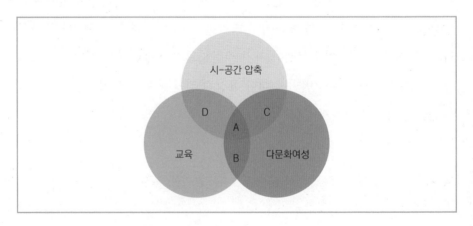

는 것으로 계급 상승을 위한 승혼과 가부장제의 유지를 위한 여성의 유입이라는 상호 이해관계가 맞물려 있다 C+A. 이주여성과 교육의 교집합은 비교적 분명하게 '이주여성을 위한 교육'으로서 현재 주로 한국어와 같은 동화주의적 차원의 교육이 주를 이루고 있지만, 이주여성들의 주체성을 찾아 나가기 위한 시민교육 등의 양상도 나타나고 있다 B+A.

앞의 그림에서 A는 국가의 정책적 지원을 받는 '다문화기초교육'이나 초국적 엘리트를 위한 '세계화교육'과 다른 대안적 중등후교육 post secondary 의 성격을 가진다고 볼 수 있다. 아마도 그 특징은 C와 D 간의 긴장, 즉 한국 사회에서 타자성 수용과 인재 지향성이 어떻게 수용되고 있는지에 따라 달라질 것이라 생각된다.

이런 틀 위에서 위치성이나 개념의 내재적 갈등을 유심히 고려해 보면 우리는 분석 범주가 가진 모순성과 유동성을 발견할 수 있다 Holliday and West, 2010. 구체적으로 위쪽 원의 글로벌화 globalization 는 세계화와 지구화로 구분되는 두 의미로 해석 가능하다. 세계화가 경제주의적인 지향성을 가지고 있다면 지구화는 생태적 문제의식을 내포한다. 세계시민교육을 이야기할 때 우리는 세계화와 지구화의 사이에서 진동하는 것이다.

두 번째 범주인 교육도 마찬가지이다. 예컨대 대학은 가장 높은 수준의 지식이라는 차원에서 '고등'교육이지만 대학교육의 보편화를 이끄는 '평생'교육 기관이기도 하다. 평생교육적으로 생겨난 낮은 문턱으로 인해 대학은 소외계층에 대한 사회적 소명을 수행하기도 한다. 오른쪽 아래 원 '다문화여성'이라는 범주는 결혼이주자이면서 성별이 여성이라는 특성을 갖는다. 하지만 다문화라는 말이 문화다양성의 수용이라는 차원에서 해석된다면, 다문화여성은 여러 문화권의 여성들, 예컨대 동성애나 비혼, 빈민이나 노동자여성들 속에서 재창조되는 개념 김진희, 2011 으로 재설정될 수 있다.

분석 틀의 구성적 재범주화

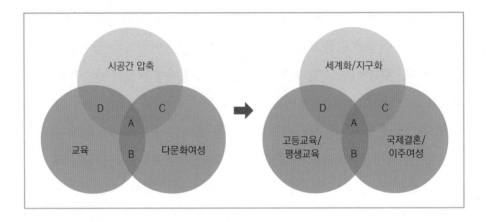

그림을 위의 사례연구와 연동해 보면 '다문화여성'이라는 타자성을 입고 살아야 하는 결혼이주여성들의 대학 경험이 수반하는 글로벌 학습은, 세계화와 지구화의 긴장 사이에서 주체성과 능동성의 세계시민적 자질 획득이라는 방식으로 나타난다. 이들의 글로벌 학습은 평생교육적으로 설정된 낮은 경계를 타고 '대학'이라는 '자부심 가득한 경험'을 경유하여 이루어지며, 비가시적 모성을 건강한 시민성으로 재구성하는 과정을 통해 지구적 문제의식을 강화하는 방향으로 나아가는 것으로 보인다.

이런 결과를 내용 중심으로 재범주화해 보면 D는 글로벌 교육이라는 단순한 장이 아니라 고등교육과 평생교육, 세계화와 지구화의 담론이 맞부딪히는 장으로, C는 '다문화여성'을 둘러싼 다양한 사업, 작업들이 경쟁력, 환경, 인권 담론에서 경합하는 장으로 새롭게 규정될 수 있다. B 역시 '다문화'라는 규정성을 빼고 보면 이주여성과 결혼의 갈등적 관계, 고등교육과 평생교육의 이해관계의 대립이 부각될 수 있다. 이런 시각에서 보면 A는 여러 단위들이 서로 경합하면서 겹쳐진 교집합으로서 '결혼이주여성들에게 제공되는 평생교육의 낮은 문턱을 가진 대학' B+A은 '지구화를 향한 이질성 가치의 제고에 기여하는 대안적 여성리더십 학습' C+A 이 일어나는 장 field 이라는 위상을 가지고 있다.

이완되고 재결합하는 범주는 교육에 대해서도 새롭게 메시지를 던진다. 명료하게 고정된 교육의 목표가 불가능한 시점에 이르렀다는 것이다. 지식전달을 교육의 주된 기능으로 보는 과거의 패러다임에 따르면 세계시민교육은 세계시민성이 무엇인지 규정할 때만 가능한 개념이다. '세계시민'으로서 갖춰야 하는 역량이 분명히 존재해야 그 역량을 가르칠 수 있기 때문이다. 이렇게 볼 경우 세계시민교육은 고정된 당위적인 내용을 가르치거나 지역 단위의 시민교육에 머무를 수밖에 없다 Sklad et al., 2016.

다시 정리해 보자. '글로벌' 사회 '시민성'의 출발점은 '시민임을 거부당했으나 시민적 주체성을 가지는 사람들'이다. 이들은 소위 '다문화인'으로서 시민임을 거부당했지만 '교육'을 통해 새롭게 정체성을 구성해 간다. 이들의 삶의 질을 보장하기 위해서는 무엇을 고민해야 하는지의 문제 Ellis, 2016 는 이들을 탐색하는 데서 시작되며 국가경계를 넘어 나아간다. 우리 사회의 '다문화여성'은 단지 외국에서 이주해 들어온 제3세계 이민여성이 아니라 '타자성에서 새롭게 시작되는 지구적 관점'을 보여 줄 수 있는 대안적 주체들로서 지속 가능한 세계시민의 상을 보여 주는 미래태적 존재이다.

참고문헌

김유진·오성배(2013). 국제결혼 이주 여성의 자녀 교육열 탐색. **한국교육문제연구**, 31(3), 135-160.

김진희(2011). 국제결혼이주여성과 이주여성노동자의 교육 참여 현실과 평생교육의 방향성 모색. **평생교육학연구**, 17(1), 25-51.

박미숙·이미정(2015). 대학원 과정을 경험한 결혼이주여성의 학업동기에 관한 연구. **학습자중심교과교육연구**, 15(7), 747-770.

백성희(2016). 외국인 유학생의 한국 대학생활 적응에 영향을 미치는 요인 연구. **다문화와 디아스포라 연구**, 8, 67-100.

백은숙·한상길(2017). 결혼이주여성의 전문대학 학습경험 의미. **한국콘텐츠학회논문지**, 17(4), 179-199.

서덕희·오성배(2012).결혼이주여성의 자녀교육관과 실제: 학력에 따른 차이를 중심으로. **한국교육**, 39(1), 169-207.

설규주(2004). 세계시민사회의 대두와 다문화주의적 시민교육의 방향. **사회과교육**, 43(4), 31-54.

손민호·조현영(2013). 다문화가정 결혼이주여성의 학습경험에 따른 정체성 구성에 관한 연구. **교육문화연구**, 19(3), 141-173.

여성가족부(2015). **2014년 전국다문화가족실태조사**. 여성가족부.

전은희(2014). 고학력 결혼이주여성들의 구직활동과 취업경험에 관한 내러티브 연구. **평생교육학연구**, 20(3), 233-267.

정민승·조지연(2012). 한국 다문화교육의 재생산기제 비판, **교육사회학연구**, 22(2), 211-231.

조선주 · 민현주(2017). 여성결혼이민자의 임금결정요인 분석. **노동정책연구, 17**(3), 45-75.

조성은 · 강복정 · 김승현 공편(2012). **2012 연간보고서.** 한국건강가정진흥원.

조형(2006). **여성주의 시민성.** 이화여자대학교출판부.

Banks, J. (2017). *Citizenship education and global migration: Implications for theory and research, and teaching.* Washington DC: AERA.

Biesta, F. (2010). How to exist politically and learn from it: Hannah Arendt and the problem of democratic education. *Teachers College Record, 112*(2), 556-578.

Alejandra1, B. (2017). Education for global citizenship at universities: Potentialities of formal and informal learning spaces to foster cosmopolitanism. *Journal of Studies in International Education, 21*(1), 22-38.

Caruana, V. (2014). Rethinking global citizenship in higher education: From cosmopolitanism and international mobility to cosmopolitanisation, resilience and resilient thinking. *Higher Education Quarterly, 68*(1), 85-104.

Colaizzi, F. U. (1978). Psychological research as the phenomenogist views. in R. S. Valle & M. King (Eds.). *Existential phenomenological alternatives for psychology.* NY: Oxford University Press.

DesRoches, S. (2016). An education of shared fates: Recasting citizenship education. *Study of Philosophy of Education, 35*, 537-549.

Ellis, M. (2016). *The critical global educator: Global citizenship education as sustainable development.* Abingdon: Routledge.

Engeström, Y. (1987). *Learning by expanding: An activity-theoretical approach.* Helsinki: Orienta Konsultit.

Harvey, p. (2017). *The ways of the world.* 최병두 역. **세계를 보는 눈.** 창비.

Holliday, M. and West, L. (2010). The sociology of reproduction and the psychosociality of transformation. http://leeds.ac.uk/educol/documents/191554.pdf

Hochschild, A. (2009). *The managed heart.* 이가람 역. **감정노동.** 이매진.

IOM(2014). A study on the social mobility of international marriage migrants in Korea:

Focusing on the mirgants of Gyeonggi Province. MRTC Working Paper Series.

Merriam, S. et. al. (2000). Power and positionality: Negotiating insider/outsider status in multicultural and cross-cultural research. Adult Education Research Conference 2000 Conference Proceedings. Vancouver.

Moon, S. (2010). Multicultural and global citizenship in the transnational age: The case of South Korea. *Internatioinal Journal of Multicultural Education, 12*(1), 1-15.

Nussbaum, M. (2002). Education for citizenship in an era of global connection. *Studies in Philosophy and Education, 21*, 289-303.

Pittinsky, T. (2012). *Us plus them: Tapping the positive power of difference*. Brighton: Harvard Business Review Press.

Schattle, H. (2007). *The practices of global citizenship*. Lanham: Rowman and Littlefield.

Sklad, M. et. al. (2016). 'Going Glocal': A Qualitative and quantitative analysis of global citizenship education at a Dutch liberal arts and science college. *Higher Education, 72*, 323-340.

Torres, C. A. (Ed.). (2017). *Theoretical and empirical foundations of critical global citizenship education*. New York: Routledge.

UNESCO(2013). Education beyond 2015. Presented in General Conference 37th Session. Paris: Unesco. in 김진희(2015). Post 2015 맥락의 세계시민교육담론 동향과 쟁점분석. 시민교육연구, 47(1), 59-88.

9장

입시는 정체성이다:
입시사슬의 기제와 평생교육

Ⅰ. 괴물, 사이코패스, 입시

> "우리, 사람은 되기 힘들어도 괴물은 되지 맙시다."

홍상수의 영화 〈생활의 발견〉에 반복해서 나오는 대사이다. 당연한 대사이지만 가만히 생각해 보면 그 안에는 나름의 철학적인 사유가 담겨 있다. 사람은 누구나 성숙한 인격을 갖기 위해 애쓰지만 거기에 도달하기는 쉽지 않으니, 적어도 괴물이 되지 않기 위해 노력하라는 것이다. 이 말은 니체 F. Nietzsche 의 괴물에 대한 유명한 언명과 연결된다. "괴물과 싸우는 자는 그 괴물이 되지 않도록 조심해야 한다. 오랫동안 심연을 들여다보면 그 심연 또한 너를 들여다보게 된다". 즉, 괴물은 인간만이 될 수 있는 존재이다.

> "동물은 야수 beast 가 되지만 인간은 괴물 monster 이 된다."

사전적으로 괴물은 '사람의 입장에서 다수의 사람들이 기이하게 생겼다고 보는 생명체'를 말한다. 괴물은 따로 존재하는 것이 아니라 '다수의 사람'들이

기이하다고 판단한 어떤 것이다. 괴물은 처음부터 괴물로 태어난 것이 아니라 내부의 어떤 악마성이 기묘하게 자라나 세상으로 나온, 일종의 '잠재적인 악마성'이 외현된 어떤 것이다. 연쇄살인마가 대표적이다. 괴물은 보통 사람들이 이미 가지고 있는 내면의 어떤 것, 예컨대 약간의 적의나 살의가 극단화되어 나타나서 끔찍한 범죄를 아무렇지도 않게 저지를 때 탄생한다.

섬뜩한 괴물적인 행위는 사회적으로 전제된 '인간의 관계'가 사라진 바로 그 지점에서 탄생한다. 자기의 욕망이 과도해서 타인의 존재를 감각할 수 없을 때, 자기애가 너무 과도해서 타인을 인식하지 못할 때, 과도한 망상으로 상황을 뒤틀어 볼 때 그 순간에 괴물이 탄생한다. 누구나 가지고 있는 욕망이 '타인이라는 방파제'를 갖지 못하고 확장될 때 인격의 제방이 무너지는 것이다. 이런 '때'들은 사회적으로 제어되어야 한다. 그러나 현실을 보면 그렇지 못한 것 같다. 유영철, 조두순에서 정인이 사건에 이르기까지 악마적 범죄나 비윤리적 행위가 일상화되고 있고 세대별-성별-지역별 적대는 강화되고 있다.

심리학적으로 보면 괴물은 극단화된 사이코패스를 말한다. 사이코패스는 타인을 지각하거나 배려하는 두뇌가 현저히 발달하지 못한 경우가 대부분이다. 문제는 우리 사회의 입시가 이런 타인에 대한 감각불능의 인간을 양산하고 있는지도 모른다는 점이다. 이 장에서는 입시가 이런 괴물을 키울 수 있는 일종의 '타인 제거기'로 기능할 수도 있으며 이에 대한 각성이 중요함을 밝히려고 한다. 입시는 부모와 교사라는 '어른'을 경유하여 우리 마음의 심연의 괴물들이 세상으로 뛰쳐나올 수 있도록 하는 문화적 기반이 될 수 있다. 한국 사회에서 입시는 단지 '제도'의 차원이 아니라 '정체성'의 문제로 해석해야 한다. 평생교육이 학습사회라는 공동체적 성장의 소통공간을 지향한다면 핵심적인 관심 지점은 입시로 인해 피폐되는 배려의 문화여야 한다. 입시의 자장에는 성장, 학습, 공동체, 호혜성이 무력해지기 때문이다. 이하에서 입시가 학교와 가정을 경유하여 아이들에게 작동하는 기제를 밝히고 평생교육적인 대응은 어떻게 가능한지 논의해 보자.

Ⅱ. 정체성의 다층적 규정과 부모의 영향력

1. 정체성을 어떻게 규정할 것인가

입시가 우리의 정체성을 형성하는 문제를 논하기 위해서는 정체성 개념을 정리해 볼 필요가 있다. 심리학적으로 정체성은 "우리가 누구이고, 우리가 다른 사람이 누구라고 생각하는지에 대한 우리의 이해방식"이라 정의된다 Danielewics, 2001. '어떤 사람을 그 사람답게 해 주는 질적 특성'으로 연속성을 가장 큰 특징으로 삼는다. 과거의 나와 현재의 내가 같은 사람일 수 있도록 하는 것은 몸일 수도 이름일 수도 있고 관계일 수도 있다. 나는 '아무개'로 불리고 같은 몸을 가지고 살아가며 누군가의 자식이고 누군가의 아내이며 누군가의 엄마라는 위치를 차지한다. 안정적이고 연속적으로 자신을 동일한 어떤 존재라고 여길 수 있기 때문에 인간 발달이나 성장을 이야기할 수 있다. '나'는 불변하고 고정적인 존재인 '나'이다. 이것이 근대적 차원의 정체성이다.

도대체 '나'라는 의식이 어떻게 해서 생겨난 것일까? '너'라고 부르는 사람이 없었다면 '나'라는 인식은 생성될 수 없다. 이런 점에서 개인의 자아정체성은 집단적 정체성을 전제로 한다. 나는 특정한 가족과 특정한 직업과 특정한 민족과 특정한 계급의 결합체이다. '당신은 누구십니까'라는 질문에 우리는 집단적 정체성으로 답한다. 정체성을 묻는 질문은 항상 경계에서 일어난다. 상대방이 누구인지 모를 때, 인종적 적대가 생겨날 때, 성적 침해의 문제가 생길 때 우리는 정체성을 묻는다. 질문의 의도에 맞춰 우리는 적당한 정체성으로 답한다.

좀 더 깊게 생각해 보면 집단적 정체성은 개인적 정체성이 생겨나게 해 주는 바탕이다. 내가 여성이라는 집단적 정체성이 없었다면 그 일환으로 개인 여성이라는 정체성은 생겨나기 어려울 것이다. 중간계급이라는 정체성, 한국 사람이라는 정체성, 서울시민이라는 정체성도 마찬가지이다. 집단적 정체성을 획득하면서 개인은 그 연결점 어딘가에서 자신의 특수성으로 봉합해 간다.

집단적 정체성은 기본적으로 폭력적이다. 인간은 '자신은 그렇게 되어서는 안 된다'라고 하는 이미지를 집약한 '부정적 아이덴티티'를 자신의 바깥에 투사한다. 자기보다도 아래의 인간에게 그것을 투영하고 몰아붙임으로써 겨우 자신의 아이덴티티를 형성한다. '선택된 유일의 민족'이라는 독선적 우월성이 생겨나는 것이다. 편협한 국가주의, 자민족 중심주의, 인종주의, 성차별 등은 이런 과정을 통해 강고하게 자리를 잡는다. 노력하지 않으면 당연하게 작동하는 것이 편견이고 차별이고 독단성이다 Erikson, 1977: 168.

아이들은 자라면서 우선적으로 집단적 정체성을 자신의 것으로 전유한다. 주지하듯이 정체성 identity 은 '동일성'이기도 하다. identify는 '동일화하다'라는 뜻을 가진다. 우리의 정체성, 즉 '나는 어떤 사람이다'라고 규정하는 바는 동시에 '나는 누군가와 혹은 어떤 집단과 동일한 존재이다'라는 사실을 내포한다. 그것은 처음에는 부모였다가 그다음에는 부모가 소속한 집단이었다가 그다음에는 자신이 속한 집단이 된다. 집단의 '포함과 배제'라는 교차 속에서 개인은 독특한 '나'로 자리매김해 간다 Hall, 1996.

근대의 인식론은 이렇게 독특하고 복합적이어서 상대적일 수밖에 없는 '나'를 흔들림 없고 명징한 '주체'로 세운다. 다들 알고 있는 데카르트의 '나는 생각한다, 고로 존재한다'라는 언명은 생각한다는 사실 자체의 부정 불가능성, 이성의 보편성, 존재의 근원으로서 합리성을 선포한다. 주체는 변함 없고 흔들림 없이 연속적으로 진리를 추구하고 실현하고자 한다. 주체는 대상을 진리에 따라, 주체의 목적에 따라 변화-변용할 수 있는 권능을 가진다. '인간 주체'는 다른 어떤 피조물보다도 상위에 있다.

이런 주체-객체의 철학은 곧바로 남녀, 상하, 백흑의 구도와 결합한다. 주체는 옳고 진리를 알고 힘이 있다. 객체는 틀렸거나 모르고 힘이 없다. 앞서 정체성identity의 독특성을 말한 것은 '나'라는 존재가 결코 전능할 수 없음을 말하는 것이다. 그런데 주체-객체의 철학은 그런 '나'에게 전능성을 부여한다. 진리를 깨닫고 이성과 합리성으로 세상을 해석할 수 있다면 '나'는 진리 주체로 다시 태어날 수 있다.

신의 자리에 계몽된 인간을 세우는 이와 같은 인식론은 근대의 산업주의와 결합하여 위계와 착취를 정당화하는 기반이 되었다. 자연에 대한 인간의 착취, 노동자에 대한 사용자의 지배, 여성에 대한 남성의 우월이라는 '구도'는 위계적 존재론이 없다면 불가능한 것이었다. 인권은 재산권을 전제로 한 것이었고 동물권 배제를 조건으로 삼고 있었다. '나'라는 존재가 다양한 동일시의 교차 결과 우연히 출현한 피조물에 불과하다는 인식이 있었다면 진리에 따른 오류의 수정 나아가 우월한 인종이 열등한 인종을 학살 이라는 행위는 불가능했을 것이다.

구조주의는 이런 진리 주체의 인식론이 얼마나 허구적인지를 드러내는 공격적 이론이었다. 추상적이고 보편적인 '인간'이 사실은 얼마나 껍데기에 불과한지가 언어와 사회의 구조 분석을 통해 드러났다. 소쉬르를 비롯해 레비스트로스, 알튀세 등은 인간은 구조가 생산한 결과물에 불과할 수 있다는 다소 비관적이고 냉정한 이론을 제시했다. 우리가 쓰는 말, 즉 발화parole는 문법적 언어langue에 부속되는 것이고 우리의 행동은 인류의 문법 안에 귀속되는 것이며 자본주의적 국가기구의 틀 안에서 작동하는 것일 뿐이다. 행위자의 선택이란 사실은 주체들의 허상에 불과하다는 것이다.

구조주의적 분석은 주체에 대한 과도한 믿음을 정지시켰다. 하지만 동시에 무력감, 허탈함과 같은 허무주의의 파도를 일으켰다. 교육사회학에서 필수적으로 다루는 부르디외의 문화자본론의 실천적 메시지를 보자. 계급의 재생산이라는 구조 속에서 "우리는 할 수 있는 일이 아무것도 없다"이다. 이는 매우 '비판적'이기는 하지만 '생성적'이지는 않다. 행위자, 피지배계급, 학습주체들이 할 수 있는 일이 없다는 것이다.

후기구조주의의 문제의식은 구조주의의 비관주의에 맞닿아 있다. 이론은 그 자체로 실천성을 가진다. 그렇다면 자본주의 혹은 현 지배계급을 혁파하지 않으면 어떤 변화도 불가능하다는 구조주의의 메시지는 결국 허무주의에 빠져 희망 없이 살아가는 무력한 피지배계급을 낳을 뿐이다. 구조주의의 실천성이란 비실천인 셈이다. 후기구조주의가 내세우는 해체, 부유 浮游 함, 비규정성 등은 구조를 흔들어 놓는 것이다. 주체에 대한 구조주의의 문제 의식은 유지한 채 구조의 제약에도 불구하고 움직이는 주체, 구조에 의해 생산되지만 그 이상으로 나아가는 힘에 주목하자는 것이다.

'나는 존재하지 않는 곳에서 생각하고 생각하지 않는 곳에 존재한다'라는 라캉의 언명을 보자. 데카르트가 말했던 '존재의 조건으로서의 사유'는 더 이상 적합하지 않고 인간은 사유와 분리된 존재가 된다. 인간이면 누구나 갖고 있는 이드 Id 에서 발원하는 욕망, 그리고 언어로 도저히 포착될 수 없는 실재계는 우리 존재의 근원이다. 실제로 우리가 우리 자신의 존재감을 느끼는 순간, 존재를 확인하는 장면은 생각의 흐름이 작동하는 상징계가 아니다. 생각이 진행되고 사고가 전개되는 그곳은 내가 존재하는 곳이 아니라 상징적 소통이 작동하는 곳, 타자들이 사는 곳이다. '언어는 무의식처럼 구조화'되어 있으므로 우리는 언어를 통해 우리의 존재 방식을 가늠해 볼 수 있지만 존재는 늘 언어를 넘어선다. 우리는 언어로 사고하므로 언어라는 구조의 통제를 받지만—같은 언어를 하는 사람들은 유사한 감각을 갖는다—동시에 언어를 넘어서서 존재하므로 언어의 통제를 받지 않는 모순적인—예술적 상상력의—존재인 것이다.

데리다, 푸코, 라캉, 버틀러 등 하나의 범주로 묶일 수 없어서 후기구조주의자라는 규정을 거부하는 이런 학자들을 관통하는 문제의식은 주체철학에서 구조주의에 이르는 인식론이 놓친 '타자'의 목소리를 살려 내자는 것이다. 이것은 다른 말로 하자면 단수의 정체성 identity 와 거기에서 시작되는 위계를 거부하고 다중적 정체성들 multiple identities [18]에 주목해 보자는 것이다. 이원론을 해체하는 것, 정신병의 개념을 바꾸는 것, 동성애의 범주를 흐트러뜨리는 것 등 이들이 전개하는 이론은 기존의 이론과 개념이 일종의 범주폭력을 저지르고 있었다는 인식을 공유한다.

물론 평생을 '아무개'라 불리는 내가 프랜스포머처럼 변할 수는 없다. 입장이 수시로 바뀔 수도 없다. 탈주와 해체의 아메바나 유글레나가 될 수도 없다. 다층적 혹은 다중적이란 다중인격을 의미하는 것이 아니다. 사회적 참여를 통해 여러 다른 정체성을 경험하면서 그 차이의 "협상 negotiated experience"을 이룬다는 것이다 Wenger, 1998: 149 . 후기구조주의적 시각을 도입해서 보면, 우리는 구조에 따라 규정되지만 구조 간의 모순으로 인해 계속 삐걱거리는 존재이며 여러 욕망의 교차 속에서 유동적이지만 다소 안정적으로 교차를 통합하는 존재이다. 매일 우리는 다른 실천 속에서 새로운 정체성을 경험하고 형성한다. 하다못해 영화 하나를 보더라도 어떤 인물과 동일시하는가에 따라 다른 존재로 계속 변형되는 '생성적인 becoming 존재'이다. 캠벨 Campbell & Moyers, 2002: 46 의 다음 이야기를 들어 보자.

영화를 보고 있는 사람은 그 자리에 있으면서도 동시에 전혀 다른 곳, 그러니까 영화가 나타내고 있는 상황을 체험한다. … 복수적인 정체성을 가진다. 그 배우는 수많은 형상 중의 한 형상으로 나타난다. 한 형상이 수많은 형상으로 존재하는 것이다.

교육학의 인식론적 기반에는 '단일한 자아'가 존재한다. 교육의 목적으로 삼는 '자아실현'은 씨앗과 같은 자아가 있어 그것을 교육을 통해 '실현'시키는 것이 교육임을 드러내 주는 개념이다. 청소년기의 교육목표로 제시되는 '정체성 확립'만 해도 정체성이 단단하게 바로 서는 것확립이 가장 올바른 상태임을 암시한다. 교육의 학자와 교사는 그 확립의 방법과 조건을 제시하는 것을 교육학의 과제라 여겼다.

이런 전제 위에서 '위계'는 매우 중요한 개념이 되었다. 입시 관련 교과는 물론이고 다른 활동에서도 학생과 학습자들은 '교육목표 실현'의 '대상'이 된다. '아는 자'인 교사, 강사, 교장, 장학관, 교수, 교육부관료 들은 '모르는 자'인 학생, 학부모를 계도하기 위해 힘쓴다. 그리고 교육사회학은 그 결과를 '계급의 재생산'으로 정리한다. 교육의 전제부터 교육적 분석까지 자아는 단일하고 정체성은 단단한 것으로 간주되었다.

하지만 인간이란 때로는 무의식의 흐름을 제외하고는 설명될 수 없는 복합적 존재이며 존중을 통해서만 성장한다. 다들 암묵적으로 동의하는 바이다. 교육의 개념과 이론, 교육과정과 교수법이 이를 잘 드러내 주지 않을 뿐이다. 교육학에서 가장 멀리 위치한 후기구조주의를 앞에서 살펴본 것도 그런 이유에서다. 멀리서부터 보면 오히려 할 수 있는 일이 보인다. 후기구조주의는 성별, 나이, 종교, 직업, 사는 지역이 정체성 구성에 핵심적이지만 그것을 어떻게 범주화할 것인가라는 주체의 선택 또한 중요하다고 본다. 주체의 실천이란 범주화와 재범주화의 연속된 과정이다. 당연시된 언어를 분석하고 새로운 개념을 제안하는 것은 곧바로 새로운 정체성과 연결되는 것이다.

크리스테바가 말한 비체abject, 非体 개념을 보자. 주체도 객체도 아닌 비체는 타자를 거부하고 추방하는 과정을 말한다. 이 과정은 주체가 어떻게 성립되는지를 역설적으로 보여 준다. "가부장적 사회에서 여성의 몸은 비체화된 살이다." 미투me-too 운동이 고발하는 수많은 사건은 여성을 주체로 본다면 적어도 타자나 객체로라도 보았다면 일어날 수 없었다. '비체'라는 개념을 통해 우리는 주체-객체를 넘어서는 차원을 고려할 수 있다. 남자건 여자건, 한국인이건 말레이시아인이건, 장애인이건 비장애인이건 자신의 정체성에 개입된 거부와 추방의 과정을 되짚어 볼 수 있는 것이다. 후기구조주의는 개념의 연쇄를 끊거나 다시 잇는 과정을 통해 현실을 변형시키고자 한다. 그 과정이 어떻게 이루어지는지가 바로 정체성의 변형 과정으로, 이는 곧 평생학습의 과정이자 명시적이지는 않았으나 늘 학문의 이면에서 작동하던 교육학의 핵심 주제이다.

2. 정체성 형성의 상수로서의 부모

정체성이 계속적으로 부유 浮遊 함에 비해 정체성에 미치는 부모의 영향력은 강력하다. 인간이 인간으로서 자신을 규정하는 순간 그것을 가능하게 하는 유일한 조건이 바로 부모 혹은 1차 양육자 이기 때문이다. 인간은 '생물학적 유기체'로 태어나 '사회문화적 존재'로 변화하는 것이고 이를 위해서는 프로이트가 말한 대로 '문화적 폭력'을 겪어야만 한다. 태어나서 어떤 의식도 없는 상태로부터 규율을 익히고 문화를 받아들이는 과정을 통해서만 인간은 '인간다운' 행동을 할 수 있는데, 이를 위해서는 일종의 폭력적인 진입의 과정을 겪어야 한다. 그 일을 대개 부모가 한다.

아기가 전기 코드를 물묻은 손으로 만지려고 할 때 부모는 강력한 제재를 가한다. 손으로 밥을 먹으려 할 때, 맨발로 밖에 나가려고 할 때 부모는 다소 가벼운 금지의 명령을 내린다. 아이들은 허용되는 것과 금지되는 것, 숭앙과 경멸, 존중과 무시의 문법을 부모로부터 배운다.

프로이트는 동일시, 반두라는 모델링이라는 개념으로 부모의 태도가 아이의 내면으로 전환되는 기제를 밝혔다. 상징적 상호작용론자인 허버트 미드는 보다 직접적으로 '중요한 타자 Significant Others '라는 개념으로 이 과정을 설명한다. 아이들의 세계관은 주변의 여러 사람들이 취하는 태도를 취해 봄으로써 형성되는데 그중 선택되는 태도는 주로 '중요한' 타자들의 것이다. 부모는 생물학적 유기체의 생존을 책임지는 '가장 중요한' 타자이다. 아이들은 본능적으로 부모의 태도를 자신의 것으로 내면화한다.

'사람의 입장'이라 여겨지는 것은 기본적으로 부모가 가진 태도일 가능성이 높다. 부모는 '사회의 대리인'으로서 자녀의 본능이나 충동을 억제하고 사회적으로 공인된 불변의 가치를 추구하기를 기대하는 존재이다. '엄부자모 嚴父慈母'라든가 '이쁜 아이는 매 한 대, 미운 아이는 떡 하나 더 준다'는 관행은 태어난 아이들을 인격적 주체로 키워 내기 위해 필요한 규율이 아이들의 바로 곁에 있어야 함을 말해 준다. 프로이트식으로 말하면 수퍼에고 초자아, 즉 부모의 금지를 내면화한 내적 명령의 주체 없이는 우리는 사회적 존재로 성장하기 어려운 것이다.

물론 부모의 입장이 그대로 아이들에게 복제되는 것은 아니다. 만약에 그랬다면 우리 사회에는 어떤 진보도 혁명도 개선도 없었을 것이다. 아이들은 부모에게 저항하면서 커 나간다. 세 살 무렵이 되면 아이들은 '아니오'라는 말을 시작한다. 내가 엄마가 아니라는 것, 내가 아버지의 말을 어길 수 있다는 것, 나는 부정과 반대의 언어를 내뱉을 수 있다는 것, 그것이 자아의 시작이다. '잘 자란 아이들'은 엄마를 사랑하지만 엄마의 바람을 어기고 산다. 자기의 내적 목소리가 무엇인지 알고 괴로워도 그것을 추구하며 산다. 이것이 사회의 에너지이다.

우치다 타츠루 2016 는 인간이 "배우지 않기 위해, 즉 무지 無知하기 위해 집요하게 골몰"하는 존재라고 말한다. 인간은 '무지를 향한 의지를 가진 존재', 즉 타인의 말을 절대로 안 듣는 존재라는 것이다. 아이들의 이런 무지에 대한 의지는 부모의 태도가 '돌봐주기 모드'에서 '설교 모드'로 바뀌는 순간 생겨난다. 아이들은 매 순간 설교의 징후가 있는지 안테나를 곤두세우고 설교가 시작되면 귀신같이 빠르게 귀를 닫는다. 부모의 입장에서는 서운하거나 짜증날 수 있으나 그것은 앞서 말한 '사회 진보'의 필요조건이다. 기존의 입장을 부정해야 새로운 진전이 이루어질 수 있기 때문이다.

학교가 아무리 사회화를 하려고 해도 사회의 규범을 뚫고 자신의 존재를 알리는 것이 사회 발전을 가동하며 교육은 그 과정을 지원한다. '교육＝사회화'라는 공식은 그래서 틀린 공식이다. 교육은 사회화를 넘어서 개별화를 이루는일이며 학교와 등치될 수 없는 활동이고 교화와 다르다.

새로운 사회구성원이 '부모의 규율을 내면화하는 동시에 자신의 목소리'를가지도록 하려면 일차적으로 부모가 아이들에게 내면의 자기 공간을 내어 주어야 한다. 원칙은 있되 그 안에서 아이들이 '내 것'을 찾아갈 수 있도록 여유 공간을 주어야 아이들이 잘 자랄 수 있다는 말이다.

III. 입시의 개입방식

1. 가족에서의 입시담론

우리에게 매우 익숙한 대화의 패턴을 보자. 꽤 오래 회자되었던 드라마 〈학교 2013〉에 나오는 전교 1등 민기와 그 엄마의 대화이다.

> 민기: 알아요. 엄마만 따라가면 창창한 삶이 된다는 걸. 근데 제가 원하지를
> 않아요. 엄마가 주시려는 삶, 제가 원하지 않는다고요.
> 엄마: 너 편하게 가라고 길 닦아 주는 게 불만이야? 이 세상이 얼마나 험하고
> 모진지 다 아는데 내 몸이 부서져도 너 꽁꽁 싸서 내보내야지. 너는 주

는 대로 받으면 된다.

민기: 엄마는 정답만 주는데 그게 다 내 것 같지 않아요. 근데 엄마가 주시는
　　것들 다 정답 맞나요?

엄마: 그건 10년 후면 알아. 대학 졸업하고 로스쿨 가서 판검사 확정되면 우
　　리 민기 웃을 날 와.

　아이는 '내가 원하는 것을 봐 달라'고 요청하고 부모와 소통하기를 원하지만 부모는 '너는 주는 대로 받아'라는 말로 단절을 선언한다. 엄마는 "지금부터 핵심만 보면 할 수 있다"며 미리 빼내 온 문제를 알려 주고, 시험 전까지 아이 옆에 붙어 '마지막으로 이거 검토하고 들어가라'라며 논술 모범 답안을 내민다. '너의 미래를 내가 안다'라는 입장에 서 있기 때문에 자녀는 반대할 명분이 없다. 대학에 잘 들어가야만 이 치열하고 냉혹한 사회에서 패자가 되지 않는다는 확신을 가지고 부모는 자녀의 판단에 개입하고 선택을 대신하는 것이다.

　부모의 높은 교육수준은 아이들에게 족쇄가 될 가능성이 높다. 부모가 학교에 대해 잘 모르면 부모는 '선생님 말씀 잘 듣거라'라는 말을 할 뿐 아이들의 학교생활에 개입할 수 없다. 사실 학교는 *In Loco Parentis*, 즉 교사를 부모의 위치에 두는 것으로부터 학생에 대한 지배력을 행사할 수 있었고, 나아가 학교의 공고화로 인해 교사는 부모를 제어할 정도의 지적-제도적 힘을 가지고 아이들의 생활에 개입해 왔다.

　하지만 이제 역전 현상이 다시 나타나고 있다. 상당수의 부모 학력이 교사보다 높으며 이렇게 '학식을 갖춘' 부모는 어느 틈에 교사나 학교를 평가하기 시작한다. 아이들은 교사에게 무엇인가를 배우기보다 부모의 입장에서 함께 재단한다. 동시에 부모는 아이에 대한 장악력을 높인다. 아이가 무엇을 하건 아이의 일거수 일투족이 부모의 시야에 들어온다. 아이는 일종의 투명한 원형 감옥에 갇히는 셈이다. 아이들의 내면이 부모에게 장악되는 것이다. 맑스의 개

념을 빌려 말하자면 이런 상태에서 아이들의 마음은 부모에게 '실질적으로 포섭'되어 있다고 할 수 있다 김종엽·정민승, 2019.

　예를 들어 보자. 부모가 고함치고 화를 내고 폭언과 손찌검을 하는 경우 또는 성적이 잘 나오면 용돈을 올려 준다거나 원하는 물건을 사 준다거나 하는 경우에 부모는 자녀를 통제하고는 있으나 실질적으로 포섭한 상태는 아니다. 그저 '형식적'인 포섭이 이루어졌을 뿐이다. 대개 부모의 학력이 자녀보다 낮고 사회경제적 수준도 높지 않아 자녀의 생활에 완전히 개입할 수 없을 때 부모는 형식적 포섭 상태에 머무른다.

　하지만 베이비부머들이 부모가 되는 1980년대에 이르면 부모는 자녀를 형식적으로 통제하는 상태에 머무르지 않는다. 자녀의 상태를 충분히 알고 아이들의 학습과정에 매 순간 개입하고 아이의 생활에 대해 보고받고 제어한다. 〈스카이캐슬〉이나 〈학교〉 시리즈물에서 나타나듯 아이들이 '엄마가 다 알고 있고 엄마가 옳아'라고 생각한다면 이것은 실질적으로 포섭된 상태이다. 자녀의 마음이 부모에게 일종의 '식민화된 상태'가 된 것이다.

　실질적 포섭이 완료될 경우 아이들은 굳이 부모가 지시하거나 야단치지 않더라도 자신이 한 행동을 부모가 알고 있다고 여기므로 스스로 부모의 관점에 맞춰 생활하게 될 가능성이 높다. 아이는 부모에게 온전히 종속되며 그 안에서 편안함을 느끼는 것이다. 고등학교는 물론 대학에 가서도 군대 입대는 물론 직장에 취업하고 나서도 부모는 '대신 살아준다'는 말이 무색할 정도로 자녀의 삶에 개입한다. 부모-자녀의 상호의존적 관계가 완성되는 것이다.

2. 사교육-공교육에서의 입시장치

　가족 밖으로 나와 보면 과열된 입시로 인해 학교교육이 왜곡되고 여기에 경쟁주의적 관계구조가 더해지고 있다. 입시는 매일의 담론을 통해 생산되는 매우 중요한 정체성 부여의 장치라고 볼 수 있는 것이다. 이 과정을 통해 아이들의 정체성과 부모의 정체성 나아가 가족 소통의 방식까지 변형되기에 이른다. 그러면 입시의 담론은 어떻게 정리될 수 있을까?

> 오로지 입시만을 위해 산다: 인간관계에 대한 무가치화
> 성장이 아니라 결과가, 실력이 아니라 성공이 중요하다: 도덕성의 탈각
> 불안을 조장하고 사교육 의존도를 높여야 한다: 내면의 피폐화

입시 성공을 위해 아이들에게 제시되는 것은 '지식'이 아니라 '삶의 문법'이다. 이렇게 실질적 포섭을 통해 아이들의 내면이 장악되면 사람이 바뀐다. 그저 시험을 잘 볼 수 있도록 지식이나 기법 정도를 가르치는 것이 아니라 '입시에 최적화된 인간'으로 개조한다. 입시에 최적화된 인간이란 합격이라는 목표에 장애가 되는 것은 무엇이든 가차 없이 버릴 수 있는 사람을 말한다. 실력이 아니라 결과가 중요한 것은 물론이고 입시에 도움이 되는 것이라면 어떤 활동도 해야 하고 때로는 부모가 대행한다.

입시에 최적화된 인간을 키워 내기 위해서는 비인간적, 비인격적, 비도덕적인 관리가 필요하다. 인간관계는 복잡하고 갈등적이므로 가능하면 줄이고 끊어지더라도 연연해하지 않도록 만들어야 한다. 시험은 수단과 방법을 가리지 않고 만점을 받도록 한다. 불법시험지를 유출하건 공부시간을 늘리건 간에 말이다. 시험이 아이들의 성장을 위한 평가라는 의미를 잃은 지 오래이므로 그리 크게 문제될 것은 없다.

입시로 인해 아이들이 '스스로를 개조'해 가는 경우가 그리 적다고 보기도 어렵다. 아이들에게 이미 중요한 타자인 부모와 교사가 '좋은 대학에 가야 인간 대접을 받을 수 있다'라는 메시지를 전달하고, '전교권인 아이들에게 상을 양보하라'라는 말을 서슴없이 하며 과정은 어떠했건 결과로 사람을 평가하는

모습을 지속적으로 보며 내면화해 간다면, 아이들은 스스로를 일종의 소시오패스처럼 만들어 갈 것이기 때문이다. 사실 이런 소시오패스적 인격은 낯선 것이 아니다. 다음 내용을 보자 Wilkinson & Pikett, 2019: 134 .

> 거짓말과 조작, 속임수, 자기본위, 냉담을 특징으로 하는 성격 장애를 지닌 사람이 현대 기업조직의 최정상에 오르는 경우가 많다는 사실은 그리 놀라운 일이 아니다. 심리학자 폴 바비악과 로버트 헤어는 이런 현상을 가리켜 '정장을 입은 뱀'이라 부르며, 치열한 현대 비지니스 세계에서 사이코패스 인격의 '뱀들'이 어떻게 남을 짓밟고 성공했는지를 기록했다.

사회학자들은 공통적으로 자신의 성공만을 중시하고 내면이 텅 빈 인격의 출현을 현대사회의 문제로 진단하고 비판한다. 자본을 인간보다 중시하는 사회, 산업을 자연보다 우월하게 여기는 사회에서 성공을 위해 자신의 내면이나 인간관계를 희생하는 것은 당연한 일이기 때문이다. 신자유주의가 비판을 받는 이유도 그것이 끊임없는 자기착취의 메커니즘을 통해 사회구성원을 탈진시키기 때문이다.[19] 한병철 2012 의 《피로사회》, 《투명사회》, 《심리정치》는 인간의 내면을 스스로 파괴하는 사회는 신자유주의적 기획이 도달한 사회의 전형적인 양상을 심도 깊게 분석한다.

한국 사회는 어떤가. 한국은 일제시대부터의 출세주의와 신자유주의가 결합하여 어떤 나라보다도 깊고 넓게 '성공-성과-결과-개인주의'의 지향성이 자리 잡았다. 입시를 고리로 전 사회가 나서서 이런 인격을 양산하거나 용인한다. 이렇게 되니 엄마는 '헬리콥터맘'[20] 아빠는 '온라인 통장 남편'이 되며 아이들은 '입시기계'가 된다. 교장 이하 교사들 역시 진학률을 높게 달성하기 위해 아이들을 닦달하는 관리자가 된다. 대학의 수준과 무관하게 대부분의 대학생들이 서열화로 인한 괴로움에 시달리고 심지어 스스로에 대해서조차 '차별받아 마땅하다'고 여기는 오찬호, 2013 것이다. 타자성과 타인을 거부하고 입시 '성공'에 매달리게 한 사회의 중요한 타자들, 그 신자유주의화된 '어른'들의 말과 태도 때문이다.

3. 또래 간의 입시 전쟁

적지 않은 수의 모범생들은 부모에게 자아를 내어 주고 공부하는 '역할'을 수행했으므로 '나의 자유를 희생한 대가'를 받아야 한다고 여긴다. 자기같이 '희생'하지 않은 '공부 못하는 아이들'은 그만큼 희생을 하지 않았으므로 사회적으로 보상을 받지 않아도 된다고 생각하는 것이다. 부모의 입시 전략은 수용하되 사회적 도덕이나 규범은 철저히 무시한다. 부모가 대의나 규범을 위해서 닦달한 것이 아니라 아이의 이익을 위해 닦달했고 아이는 자유를 대가로 내 놓았기 때문이다.

성적이 나쁜 학생 가운데는 겉으로는 강해 보이지만 마음 깊은 곳에서는 '나는 이런 대우를 받아도 싸다'라고 스스로 비난하는 경우도 있다. 사실상 '미래의 나'를 포기하는 것이다. 오찬호의 《우리는 차별에 찬성합니다》 2013 에는 20대들의 서열에 대한 복종 양상이 극명하게 드러나 있다. 명문대는 인서울을, 인서울은 지방대를 무시한다. 지방대 차별의 영화를 보고 울기까지 했지만 그 불공평함을 물어보면 인서울 학생들은 "지방대는 저희 학교보다 대학서열이 낮아도 한참 낮은 곳인데, 제가 그쪽 학교 학생들과 같은 급으로 취급을 받는 건 말이 안 되죠!"라고 답한다.

경영학과에 다니는 한 학생은 자기 학과가 다른 학과보다 훨씬 뛰어나다고 믿으며 '겨우 턱걸이'해서 학교에 들어온 철학과나 사학과 학생들을 '개무시'한다. 지역균형, 기회균등 전형으로 들어온 학생들을 '지균충', '기균충'이라 부르며 무시한다. 자신의 이익을 마치 사회의 규범처럼 여기는 상황, 전면적

아노미 상태라고 볼 수 있는 이런 상황은 상당 부분 부모와 교사들 탓이라고 봐도 과언이 아니다.

이런 상황 속에서 아이들이 극단적 가해자 피해자가 된다는 것은 일견 당연하기까지 하다. 《이지메의 구조》를 쓴 나이토 아사오는 모든 집단에는 여러 질서가 중첩적으로 작동하고 있다고 본다. 민주주의적 질서도 있지만 권력의 질서도 있고 성별에 따른 질서도 있다. 이지메, 즉 왕따는 일종의 군생질서 群生秩序가 유지되는 방식이다. 군생질서란 '힘 있는 자가 옳다'라는 원리에 따르는 독특한 질서로서 강하고 힘 있음을 기준으로 시시때때로 변하는 인간의 감정을 충실히 반영하는 집단구성 원리이다.

어른들의 세계가 시민사회의 질서에 따라 인권, 자유, 배려와 같은 민주주의적 원리를 근간으로 삼으며 이를 어길 경우 법의 심판을 받는다면, 왕따의 질서는 "그때그때 모두의 기분이 동해서" 생겨나며 강한 것이 '옳은' 것이고 "가장 그른 것은 집단구성원이 서로 공명하는 세계에 금이 가는 행동을 하는 것"이라는 것이다. 그래서 왕따를 없애려면 시민사회적 질서가 강력하게 개입하여 군생질서를 문제시하고 그 기반을 내파해야 한다.

왕따시키는 아이들은 전능성의 쾌감에서 출발하지만 절대적인 손해를 볼 경우에는 지속하지 않는다. 처벌이나 규제가 작동된다는 사실만 확실해도 대부분의 왕따는 사라진다. '학교는 성역'이라는 믿음으로 폭력사건들이 애매하게 처리되면 그 결과 안전함을 느낀 가해자는 더 심하게 왕따를 하고 이것은 이후 가해자와 피해자 모두의 인성에 큰 영향을 미친다.

그런데 군생질서의 외부에 다른 질서가 시민사회나 배려의 질서가 아니라 더 큰 군생질서라면 사회의 병리화가 진행될 수밖에 없다. 상당수의 아이들이 이런 군생질서의 원리 속에서 내면적으로 식민화되는 과정을 거치며 자기비하 혹은 과도한 자기우월감 속에서 살아가고 있는 것이 현실이다. 왕따의 군생

질서를 제도가 뒷받침해 주도록 내버려 둔다면 이것이야말로 교육적 직무유기인 것이다.

Ⅳ. 입시의 정체성을 벗어나기 위한 조건, 평생학습

한국 사회는 다이나믹하고 드라마틱하다. 전쟁에서 번영으로, 군부독재에서 민주화로의 이행도 그랬지만 미투의 폭발적 분출, 민식이법에서 정인이법에 이르는 급속한 법제화도 그러하다. 청년들은 왜곡된 엘리트들의 민낯을 직면했고 서열의 승자가 가진 도덕적 타락을 목도했다. 오로지 믿을 것은 명백한 시험점수밖에 없다는 사실은 우리 사회의 문화적 깊이의 알팍함을 보여 주지만 동시에 기회의 평등이 마련한 반듯한 출발선을 보여 주기도 한다. 더 늦기 전에 입시를 보다 본격적으로 '아이들의 정체성'의 차원에서, 즉 '어떤 방식으로 아이들의 자아에 개입하는지'라는 관점에서 논의해야 한다.

부모가 단단한 원칙을 제시하지 않으면 아이는 이드 원초아, 본능 의 힘을 어떻게 잠재울지 몰라 어려움을 겪게 되어 있다. 문화는 본능에 대해 일종의 폭력을 수반한다. 손가락이 아니라 젓가락으로 밥을 먹기 위해 우리는 인내해야 한다. 여름에 벌거벗지 않고 지내기 위해 우리는 더위를 감내해야 한다. 좀 더 높은 수준의 사회적 합의에는 존중과 인정이 개입한다. 타인을 존중하기 위해 우리는 근거 없는 비난을 억제해야 하고 타인에게 피해를 주지 않기 위해 행동을 조심해야 한다.

문제는 원칙이 개인의 욕망을 위해 봉사하고 있다는 사실이다. 상당수의 부모와 교사들이 요구하는 '입시경쟁에서 성공하라'는 것은 나의 생존을 위해 타인의 존재를 무시하라, 이드에 해당하는 생존본능에 철저히 따르라는 메시지이다. 공적 질서의 상징인 사회가 인간의 야수적 본능을 용인하는 형국인 것이다. 심지어 어떤 부모는 초등학생을 살인한 자녀에게 아스퍼거스 증후군 흉내를 내서 집행유예로 나올 것을 권한다. 아이들에게 한때는 우주이자 권위의 상징, 규범의 담지자로 보이던 부모가 극단적으로 이기적이고 반사회적인 행위를 요구하는 것이다.

아이들이 만나는 두 번째로 '중요한 타자'인 교사도 여기에 가세하는 경우가 많다. '사회는 힘 있는 자가 지배하는 곳'이라는 사실을 공고화시키는 것이다. 분명히 교재에는 우리 사회가 모든 사람에게 동등한 교육 기회를 부여하며 평등을 지향한다고 명시하고 있지만 이를 현실로 받아들이는 아이들은 거의 없다. 부모가 이드를 옹호하는 상황에서 사실 유일한 희망은 교사들이 평등을 수호하는 일이다. 아이들과의 관계 속에서 단호하게 모든 아이에게 동등한 태도를 보이는 교사들은 아이들에게 옳음의 메시지를 전달할 수 있다. 하지만 상당수의 교사는 학교라는 '제도'의 톱니바퀴 속에서 좌절하는 경우가 많다. 아이들은 이미 학교와 교사를 불신한 상태에서 학교에 오고 학교는 권위적 질서 속에서 수동적 가르침을 요청하기 때문이다.

이렇게 해서 사회경제적 상층과 하층이 모두 기형적인 자아상을 가지게 된다. 우리 사회에서 40대 이상의 성인들은 대개 모범생-날나리, 즉 수동적인 모범생과 능동적인 날라리의 양강 구도에 익숙할 것이다. 하지만 최근에는 그렇지 않다. 성적 좋은 학생 가운데 일진이 포진하고 성적이 나쁜 학생은 오히려 '찌질'한 상태로 머문다. 소위 '모범적' 학생이 내면적으로는 일탈적이고 일탈적인 학생이 내면적으로는 순응적인 셈이다. 극단적으로 말하자면 위선적 능동성의 1강 구도로, 성적이 좋은 학생이 다 가지는 The winner takes it all. 문화가 작동한다. 대의나 타자를 위해서가 아니라 '나를 위해서' 모든 걸 가지는 구도가 되는 것이다.

제도는 규범이 공고화된 것으로 원칙과 지향을 구현한다. 그런데 학교라는 제도가 개인의 욕망인 이드에 봉사한다. 논란이 되었던 EBS의 〈대학입시의 진실〉에는 놀라운 장면들이 몇 가지 나온다. 부모가 위장이혼을 한다. 아이를 사회배려전형으로 명문대에 입학시키기 위해서이다. 교장은 성적 조작을 지시한다. 한 명이라도 서울대를 보내기 위해서이다. 교사는 경시대회에서 좋은 성적을 거둔 아이에게 말한다. "너는 왜 시험을 잘 봐서 전교권 애들 상을 못 받게 하니?" 교수도 예외가 아니다. 자녀를 입시 학원에 보내고 최고급 입시정보를 그 학원 원장에게 알려 준다. 학원 원장은 말한다. "합격률이요? 당연히 100% 붙지요."

입시에 의해 구조적으로 재생산되는 자녀의 '마음 박탈'과 그에 따른 사회의 병리화는 괴물이 탄생할 최적의 조건이다. 괴물집단은 괴물을 일상화하고 그 과정에서 '사람다움'은 나약함의 표징이 되고 있는지도 모른다.

평생교육적 차원에서 논의와 실천의 시작 지점은 '공공성 만들기'이다. 일각에서 공공성은 '국가에서 진행하는 사업' 정도로 인식되고 있다. 하지만 1장에서 살펴본 대로 공공성은 공동의 관심영역에 대하여 '모든 사람에게 선한 결과를 초래하는 어떤 것'을 추구하는 원리이고, 따라서 자율성 키우기와 맞닿아 있는 개념이다. 자율적인 인간이라면 당연히 갖추고 있어야 할 덕성인 양심에 호소하는 것, 타인이 동의할 수 있도록 자신의 생각을 합리적으로 표현하는 것은 공공성의 실현을 위해 필수적이다.

사람들이 자녀를 학교에 보낸 까닭은, 그리고 학교에 대해 깊이 실망하는 이유는 이런 공공성을 학교에서 익힐 수 있다고 믿었기 때문이다. 지식과 문화를 배우는 과정에서 아이들은 자아와 세계에 대한 이해를 넓히며 이는 곧 합리성과 성찰성이 높아지는 과정이다. 곧 공공성을 만드는 과정이다.

개인이 자신의 이해관계에 매몰될 때, 즉 사적 관점에 머무를 때 성장은 멈춘다. 성장은 자기와 다른 견해를 가진 사람의 관점을 취해 보고 그 입장에 공감하며, 그 관점에 대해 자신의 마음을 나누고 생각을 논증하는 힘을 기르는 과정이다. 자신의 입장에서 출발하되 타인을 향하는 것이 학습의 전제이며 공공성의 시작이다.

그러므로 우리는 문제를 이렇게 진단해 볼 수 있겠다. 교육현장에서 생기는 상당수의 문제가 '공부하기' 혹은 '배운다'는 일이 '공공적'이 아니라 '사적'인 코드로 단일화되어 있기 때문에 생기는 것이라고 말이다. 아이들은 공부가 자아와 세계에 대한 성찰이며 더 나은 자신을 형성하는 과정이라고 생각하지 않는다. 사적 이익을 극대화해서 좋은 직장과 더 나은 수입을 보장받기 위해서라고 여긴다. 이렇게 생각하는 순간 헤게모니는 입시학원을 중심으로 하는 사교육으로 넘어간다. 이렇게 되면 교사는 공적 책임감을 가진 어른이 아니라 학생의 등록금 혹은 부모의 세금으로 살아가는 사사로운 월급쟁이로 전락한다. 그들은 학생이 원하는 '서비스'를 제공하거나 최소한 학생의 행동을 제지할 권리가 없는 존재로 상정된다 정민승, 2020 .

모두가 아우성치는 가운데 대부분의 아이들은 부모로부터 경쟁에서 뒤처지지 말아야 한다는 강박을 또 다시 배운다. 더 나은 교육상품을 빠른 속도로 모니터링하고 뒤처진 것을 폐기하는 사적 욕망의 관철 법칙을 배운다. 이렇게 사적 욕망의 법칙에 따른 결과, 소위 '성공한' 한 명문대학의 신입생 가운데 40%가량 되는 1,800여 명은 '심리치료가 반드시 필요한 상태'에 놓여 있고 대학생의 12%가 우울증을 겪은 것으로 보고되고 있다. 50대에 들어선 '성공한' 직장인의 과반수는 '도대체 내가 무엇을 위해 이렇게 미친 듯이 열심히 살아왔는가?'를 되뇌며 허무에 시달린다. 당장 해야 할 과제가 눈앞에 정해지지 않으면 불안하도록 학령기 내내 프로그래밍되었기 때문이다. 살아가면서 시간을 자기주도적으로 편성하고 타인의 의견을 전적으로 수용하는 주체와 주체의 만남을 체험하지 못했기 때문이다.

사소하더라도 공공성을 체험하는 것, 공공적 태도를 가져 보는 것이 절실하다. 공공성은 국가주의도 아니고 공공적 교육이 하향평준화된 수업을 말하는 것도 아니다. 공공성은 우리 마음속에 사적 이기심을 넘어 진정으로 타인을 받아들이는 자세이고 그렇게 해서 자신을 받아들이는 일이다.

심리학적으로 보자면 타인에 대한 미움은 자기 안에 있는 결핍에 대한 미움이며 타인에 대한 배려는 자아의 성숙을 의미한다. 그렇기 때문에 공공성은 우리의 일상이 되어야 하고 수업이 되어야 하며 학습의 근원이 되어야 한다. 교사가 공공적 존재로서의 자신을 돌아보고 학부모가 자신의 아이가 공적 인간으로 커나가도록 인도한다면, 그래서 아이들이 공공의 세상을 소중하게 바라볼 수 있는 시각을 얻는다면 이 복잡한 교육의 얼개 한 귀퉁이에서 변화가 시작될 수 있지 않을까. 이것이 다름 아닌 평생교육 아닐까.

욕망이란 "타자의 욕망을 욕망하는 것"이라고 한 라캉의 메시지는, 부모의 욕망 또한 그 부모의 부모에서 연유하며 이웃의 욕망에 주목하게 한다. 욕망의 연쇄가 부모를 경유하여 자녀의 내면에 쇠사슬로 장착된다. 이 연쇄를 바로 보는 것이 입시사슬을 끊어 버리는 출발점이다. 교사는 이 고리를 바로 볼 수도 있고 무시할 수도 있다. 분명한 건 입시는 어른들의 욕망의 하수구를 경유하여 상당수의 아이들을 괴물로 만들고 있다는 것이다. 지금 내가 습관적으로 반복되는 행위 혹은 말로 인해 누군가의 마음밭을 변형시킬 심연의 상처를 남긴 것은 아닌지 차분히 되돌아보아야 할 것 같다.

참고문헌

그레고리 베이트슨(2006). **마음의 생태학**. 책세상.

김종엽 · 정민승(2019). **입시는 우리를 어떻게 바꾸어 놓았는가: 입시가족에 대한 교육사회학적 분석**. 교육과학사.

김찬호(2019). "아이 합격하면 카톡 프로필 바꾸는 엄마들… 우리 안엔 스카이캐슬 없을까". 한겨레신문 2월 3일자 인터뷰.

나이토 아사오(2010). **이지메의 구조**. 한얼미디어

리처드 윌킨슨 · 케이트 피킷(2019). **불평등의 트라우마**. 생각이음.

마단 사럽(2005). **후기구조주의와 포스트모더니즘**. 조형교육.

박소진(2017). **신자유주의시대의 교육풍경**. 올림.

브로스 핑크(2002). **라캉과 정신의학**. 민음사.

신영복(2015). **담론**. 돌베개.

아마르티아 센(2019). **정의의 아이디어**. 지식의날개.

안토니오 네그리 · 마이클 하르트(2014). **공통체**. 사월의책.

오찬호(2013). **우리는 차별에 찬성합니다**. 개마고원.

우치다 타츠루(2016). **어른 없는 사회**. 김경옥 역. 민들레.

정민승(2019). **스카이캐슬을 넘어서**. 올림.

정민승(2020). **배움의 독립선언, 평생학습**. 살림터.

존 브레드쇼(2006). **가족**. 학지사.

페넬로페 도이처(2007). **HOW TO READ 데리다**. 웅진지식하우스.

허버트 미드(2010). **정신-자아-사회**. 한길사.

Block, D. (2006). *Multilingual identities in a global city: London stories.* London: Palgrave. http://books.google.com/books/a

Danielewics, J. (2001). *Teaching Selves: Identity, Pedagogy and Teacher Education.* Albany: SUNY.

Erikson. (1977). *Childhood and society.* 송제훈 역. **유년기와 사회**. 연암서가.

Hall, S. (1996). Introduction: Who needs 'identity'? in S. Hall, & P. D. Gay (Eds.). *Questions of cultural identity,* 1-17. London: Sage Publication.

Miyaharay, M. (2010). Researching identity and language learning: Taking a narrative approach. *Language Research Bulletin, 25,* 1-15.

Wenger, E. (1998). *Communities of practice: Learning, meaning, and identity.* Cambridge, England: Cambridge University Press.

10장

전환학습의 한국적 재해석:
'386세대'를 중심으로

Ⅰ. 전환학습론의 이론적 지형

이론의 중요도는 그것이 설명 혹은 예측하고자 하는 대상의 범주와 깊이에 달려 있다. 대상의 범주가 넓을수록 그 이론의 일반화 가능성은 높아지고 세부적인 설명력이 정확할수록 신뢰도가 높아진다. 전환학습론은 성인학습을 설명하기 위해 주창된 이론들 가운데 이론적 잠재력이 가장 큰 이론이다. 하버마스의 인식 틀을 수용해서 현대사회의 병리 현상들을 시각전환 학습을 통해 해결한다는 거시적 문제의식을 가지고 있는 동시에, 구체적인 단계적 인식전환 방법론 제시를 통해 현장의 변화를 이끌어 낼 수 있는 실천력을 내장하고 있기 때문이다 정민승, 2010 .

메지로우 Mesirow 는 학습을 1단계 의미도식 안에서의 학습, 2단계 새로운 의미도식을 구성하는 신념이나 느낌, 판단, 태도, 지식들 학습하기, 3단계 문제해결이나 이성적 담론, 행위의 내용이나 과정에 대한 비판적 성찰을 통해 의미도식 변형하기, 4단계 의미관점을 변형하는 학습으로 구분하면서 관점전환 학습은 궁극적으로 4단계로 나아가는 학습이라고 보았다. 이미 1975년에 메지로우는 이 과정을 구체화하여 인격적 전환 과정이 10단계의 국면을 통해 진행된다고 보았다.

> 1단계 기존의 성향으로 해결이 안 되는 딜레마 상황
> 2단계 죄책감 등의 자기 검토
> 3단계 자신의 전제에 대한 비판적 평가
> 5단계 개인의 불만과 전환의 과정은 연결돼 있으며 다른 사람도 자신과 유사한 변화를 한다는 사실을 인식
> 5단계 새로운 역할-관계-행동의 선택 모색
> 6단계 계획을 수행하기 위한 기술과 지식의 습득
> 7단계 새로운 역할을 임시적으로 시도
> 8단계 새로운 관계의 협상과 재협상
> 9단계 능력과 자기확신을 수립
> 10단계 개인의 삶에 새로운 관점을 재통합

구체적으로 전환학습론이 교육학에 기여한 바를 몇 가지 추출해 보기로 하자. 우선 전환학습론은 *개인을 철저히 사회와 연결된 존재로 조명한다*. 전환학습론의 출발점은 사회로부터 '왜곡된 관점을 습득한 개인'들이며, 변화의 계기 역시 학습자가 받아들일 수 없는 혼돈의 딜레마 상황이고 변화의 완성 역시 사회에 대한 적용 과정이다.

물론 사회적 존재로서의 개인 개념을 명시적으로 부정한 이론은 없으며, 사회의 변화와 개인의 관련에 대한 교육이론이 없었던 것도 아니다. 교육의 전제는 사회적 존재로서의 개인이고 상당수의 사회운동론은 개인의 신념이나 의식의 변화가 사회의 변화를 이끈다고 보면서 의식교육을 강조한다. 하지만 학습자-교육자에게 영향을 미친 사회의 힘을 명시한 이론은 드물다. 학습이론

은 개인 심리의 내적 역동을 다루는 것으로 간주되었기 때문이다. 전환학습론은 사회의 변화와 개인의 변화를 직접적으로 연결하여 설명한다는 특징을 갖는다.

또한 전환학습론은 학습자가 사회 변화를 추동해 내는 힘을 갖는다는 입장을 전제한다. 메지로우는 학습자가 비판적 성찰을 통해 객관적으로 외부에서 발생한 지식을 새로운 틀로 받아들일 능력을 갖추고 있으며, 사회로부터 주입된 참조 틀_{준거}에 대한 전환을 통해 자신의 생각과 믿음을 새로운 틀로 주조해 나간다고 보았다. 학습자 개인이 '변화의 주체'로 설정되는 것이다.

사회의 변화 주체를 이야기할 때 주로 거론되는 맑시즘에 근거한 사회운동론은 학습자를 수동적 '동원'의 대상으로 본다는 점에서 주체로서 학습자를 상정하지 못한다. '지배계급의 이데올로기' 속에서 살아가는 프로테타리아들이, 각성된 맑시스트의 노력으로 자신의 올바른 삶을 선택하게 된다는 시나리오가 맑시즘적 사회 변화의 기본 담론이었다. 사회변화는 논하되 학습 주체에 대해서는 주의를 기울이지 않았던 셈이다.

이와 달리 전환학습론은 '사회와 개인의 역동적 관계'에 주목한다. 전환학습론에서 관점 전환은 지배계급이 사회화를 통해 가르쳤던 내면화된 관점에 대하여 학습자 주체들이 '변형'을 가한다는 것을 의미한다. 자신이 옳다고 믿었던 관점을 폐기하는 일은 자신의 정체성의 일부를 잘라 내야 하는 고통스러운 일이다. 그러나 이런 고통을 감수함으로써 학습자는 사회를 변화시킬 주체로 나설 수 있다. 메지로우는 경력단절 여성에 대한 연구를 통해 그들이 생활과 교육적 경험 간의 단절에서 생겨난 혼돈스러운 딜레마의 영향으로 '인식상의 절름발이'가 되어 버렸음을 드러냈다. 전환학습은 자신이 가지고 있던 참조 틀을 변형하여 바로 서는 작업으로, 비판적으로 새로운 정보를 받아들이도록 하는 과정이며 바로 이 점에서 프레이리 _{Freire, 2000} 나 티스델 등 _{Tisdell & Tolliver,}

2001의 '의식화' 패러다임과 맞물리게 된다.

교육학적 관점에서 보면 '사회를 변화시키는 주체'가 어떻게 길러지는지를 밝히는 것만큼 중요한 것은 없다. 교육은 사회화와 대립할 수 있는 인간의 힘을 전제로 하는데 학교교육은 사회화의 기제를 중심으로 교육의 기능을 설명하고 있기 때문이다. 이런 차원에서 메지로우 Mezirow, 1991 뿐 아니라 보이드 Boyd, 1989와 댈로즈 Daloz, 1999까지 포함하는 전환학습의 문제의식은 사회화의 경계를 넘어서는 주체 형성에 대한 믿음에서 출발한다고 볼 수 있다.

전환학습론 의식전환의 과정을 '절차화'했다. 이는 전환학습과정을 세분화하여 제시해서 실천적으로 현장에 사용할 수 있도록 하는 작업으로 '전환학습론의 공학적 전환'이라 할 수 있다. 크랜턴은 전환학습의 과정을 이해하기 쉽게 절차화했고 Cranton, 1995, 테일러는 36개의 의미형성과 메타프로세스 활동의 속성을 정리하고 이들을 5개의 범주로 구분했다 Taylor, 2000. 이런 정교화된 절차적 과정은 인간인식의 단계적 변화를 재현하는 것으로, 실질적으로 교수자가 어떻게 학습자의 인식 발달을 지원해야 하고 그 지점은 어디인지를 시각화하는 것이다.

나아가 이런 절차적 이론은 '새로운 커리큘럼'으로 연결된다. 회계학이나 간호학에서 전환학습의 틀을 따라 제시할 경우 어떤 '대안적 회계학' 프로그램으로 나아갈 수 있는지, 그 프로그램은 어떤 학습효과가 있는지, 의복과 관련된 전환학습은 도구적-소통적 학습을 상호교차적으로 활용할 경우 얼마나 더 효과적인지에 대한 논의가 그것이다.

사실 이런 시도는 기존 교육과정이 잘 정비되어 있지 않을 경우 성공하기 쉽지 않다. '자신과 관련된 성찰'을 끼워 넣는다거나 생태적 문제를 전문적 교육 내용과 관련하여 논의거리로 다루어야 하기 때문이다. 그러나 기존의 교육과정이 잘 마련되어 있을 경우 전환학습만큼 전문가를 키우는 데 도움이 되는 이론은 없다. 건축, 종교, 자연자원, 의료, 물리학, 환경 등 여러 현장에서 적용된 전환학습은 성인교육의 학교교육과의 결합이며 교육학적으로는 큰 성과라고 볼 수 있다 Najjar et al., 2013; Quinn & Sinclair, 2016; Diduck et al., 2012; Fletcher & Meyer, 2016.

다음으로 전환학습론은 현 상황이나 학습을 설명하는 도구로도 활용된다. 아프리카권을 중심으로 한 '혁신적 교육'을 위한 연구들은 하나의 트렌드를 형성해 왔다고 해도 과언이 아닐 것이다. 아프리카의 문화와 젠더의 특수성 속에서 탈식민성과 여성주의가 상호 교직되면서 발전하는 전환학습의 전략을 제시한 연구 등은 앞서 말한 프레이리의 전통을 잇는 비판적 교육의 영역이라 볼 수 있다.

전환학습을 하나의 독자적인 범주로 보면서 전환학습의 속성을 밝히는 연구도 진행되었다. 호지 Hodge, 2014 는 상황학습에서 제시하는 '실천기반학습 practice-based learning'과 전환학습을 비교하면서, 전자의 경우 기업교육의 맥락에서 수용되면서 직업기술이나 기업의 상황에 자신을 적응시키는 미시적-특수의 학습 과정으로 이어졌으며, 이와 비교할 때 전환학습은 보다 큰 맥락-일반의 학습을 고려한다고 판단한다. 전환학습은 실천과 실천이 부딪히는 상황 속에서 출현하는 '실천 간' 현상이라는 것이다. 전환은 당연하고 친숙한 것들에서 벗어나는 고통의 시간을 동반하는 것으로 대개 그것은 근본적 딜레마, 자기성찰, 가정에 대한 비판적 검토 등의 공통점을 갖는다.

전환학습론의 발전 궤적은 이론적 흐름을 넘어 성인학습의 문화적 지형을 보여 준다. 그러면 한국에서는 어떠한가? 한국에서 전환학습 연구는 이론적 리뷰 이은영, 2012; 김경희, 1998 에 기초하여 결혼이주여성 임지혜·윤희진, 2012; 이은경·나승일, 2009 이나 실직자 장현진·나승일, 2008; 위영은·이희수, 2015 등 소외 집단을 대상으로 그 양상을 파악하는 연구와 공학적 차원의 연구로 구분된다. 후자는 전환학습을 기독교의 교수법, 유아나 초등생들을 위한 교육, 그리고 교사교육의 차원에서 교수실천에 새로운 통찰력을 가져다주는 교수법으로 바라보면서 이동민, 2010; 김규리·최은수, 2014; 박선미, 2013 전환학습의 유용성을 강조한다. 즉, 전환학습론이 가지고 있는 실천 맥락이나 한국 사회의 민주화와 관련한 학습 연구는 별로 진행되지 못한 것이다.

정리하면 전환학습론은 이론적으로 성인학습이라는 범주를 넘어 인간학습 일반을 설명하는 이론으로 다차원적으로 발전하고 있으나, 한국의 경우 특정 대상층의 전환학습 경험에 주로 초점을 맞추는 연구가 주를 이루고 있어 이론적 범용성이나 사회이론으로서의 발전 가능성에 별로 주목하지 못한 상태라고 할 수 있다.

II. 한국사회 민주화와 386세대의 전환학습

한국의 민주화 경험은 전환학습론을 통해 보다 잘 설명될 수 있으며 나아가 전환학습론에 대해서도 새로운 함의를 제시할 여지를 가지고 있다. 단적으로 한국의 민주화과정은 '386'이라 칭해지는 당시 젊은이들의 전환학습이 없이는 설명이 불가능하며 나아가 문민정부 집권 이후 보수정권의 집권, 사회의 보수화 역시 전환학습의 차원에서 해석될 수 있다. 동시에 이들의 학습은 기존의 전환학습론을 보다 풍부화할 수 있는 경험을 제공하고 있다.

좀 더 구체적으로 보자면 한국사회의 급격한 변화는 1987년을 분수령으로 '87년 체제'라 칭해질 정도의 사회구조적 변화를 겪는데 그 변화의 주역은 주로 386이라 거론되어 왔다. 1987년 6월 항쟁을 거치면서 당시 '30대, 80년대 학번, 1960년대 출생'의 첫 숫자를 따서 이름이 붙여진 '386'은 '충효사상의 이념

속에서 주입식 교육을 받으며 초중등학교를 다니고, 1980년대에 대학에 입학해서 전환학습을 거쳐 거대한 학생운동권을 구축했으며, 대학 졸업 이후 사회의 민주화를 이끌었다'고 여겨지는 세대로 2021년 현재 586, 즉 50대의 기성세대를 구성하고 있다.

전환학습의 차원에서 흥미로운 점은 유럽의 68세대와 마찬가지로 이들이 공통적 문화와 정치적 지향을 가지고 있으며 대학 시절의 학생운동이 공동의 의식전환에 영향을 미친 것으로 보인다는 점이다. 그러나 또 한편으로는 이들은 현재까지도 정치적으로는 진보적이면서도 사회제도적 차원에서는 기득권자로서의 위상을 가지고 기존의 기득권 세력이 가져왔던 태도와 별다른 모습을 보이지는 않는다는 것이다.

이하에서는 이런 모순적인 양상을 평생학습의 차원에서 해석해 보고자 한다. 학생운동에 적극 참여했던 경험을 가진 386과의 인터뷰를 통해 기존의 전환학습론에서 제시되지 않았던 '집합적 전환학습'과 '개별화된 전환학습' 등의 개념을 추출했다.

이런 개념들은 한국의 특수한 상황과 연결된다. 386의 청소년기 획일적 학교 생활은 일종의 코호트 Cohort 경험으로서 한편으로는 대학에서의 의식화를 통한 전환의 차원에서는 '집단적 전환'을 이루는 토대가 되지만, 다른 한편으로는 이후의 지속적인 개별화된 성장에는 장애로 작용하고 있음을 드러내 준다. 이는 한국 사회의 민주화과정이 개인 차원의 내면적 민주주의로까지 연결되지 못함을 밝히는 단서적 개념이라고 할 수 있겠다.

1. 386 등장의 배경

한국은 경제발전과 민주화라는 두 가지 과제를 동시에 달성한 나라로 세계적인 관심의 대상이 되어 왔다. 한국전쟁 이후 자원이 거의 없는 상황에서 경제

발전은 인적 자원의 개발을 통해 이루어졌으며, 이는 '나라에 충성, 부모에 효도'와 같은 표어에서 드러나듯 강력한 국가주도의 사회화를 통해 달성되었다.

1960년대 박정희 정권의 집권 이후 경제발전을 위한 노력은 '반공'의 국시 하에 전국적 차원에서 진행된 '산업역군 만들기'라는 장시간 노동과 반공에 무장된 국민을 키워 내기 위한 교육 프로젝트로 구체화되었다. 구체적으로 1972년에서 1979년까지 새마을 합숙교육을 받은 사람만 68만 명, 비합숙교육인원은 거의 7000만 명에 달했으며, 노동현장에는 공장새마을운동 기관이 설치되어 4만 명에 이르는 노동자들이 교육을 받았다 남태현, 2014: 215. 연인원으로 보면 온 국민이 두 번씩 교육을 받은 셈이었다.

이런 사상공세는 전두환 군사정권으로 이어졌다. 군부 쿠데타로 집권한 전두환 정권은 1980년 대학의 국민윤리를 필수과목으로 정하고, 초중등교육에 '국민정신교육 9대 덕목'을 설정해 교육하도록 했으며 삼청교육대, 녹화사업 등을 통해 시민과 학생들을 징집하여 감금-사상교육을 실시했다. 지속적인 간첩사건이 보도되고 학생들이 제적되며 사복경찰이 학교에 상주하여 대학을 감시하는 정치적 억압의 상태가 당시 386이 처해 있던 정치 상황이었다.

박정희와 달리 전두환 정권은 '광주유혈진압'이라는 국민의 희생을 기반으로 삼고 있었기 때문에 386은 '반독재'라는 세대 공통의 정치적 정서를 가지고 있었으며, 1988년 2월 임기가 만료되는 전두환 대통령직 승계를 두고 직선으로 바꾸고자 하는 국민적 열망과 연계되면서 성공적인 정치 운동을 전개한다. 1987년부터 시작된 시위는 박종철 사건과 이한열 사건으로 증폭되고 지속적으로 확대되면서 1988년 6월 26일 전국 34개 도시 4개 군에서 동시다발적으로 100여만 명이 참석해 역사상 최대 규모의 시위가 일어났고 결국 군사정권은 종식되었다. 이런 과정 속에서 노조의 폭발적 성장과 시민사회의 성장은 민주주의의 실질적 기반이 될 수 있었다. 즉, 한국의 민주화 과정에서 주목할 만한 특징 가운데 하나는 '사회운동에 의한 민주화'에서 찾을 수 있다.

2. 386세대의 등장과 집단적 전환경험

그러면 어떻게 한국은 민주주의를 일구어 낸 것인가? 한국의 지정학적 조건에서부터 우연적 변수에 이르는 다양한 이유가 제시될 수 있겠지만 학생운동 대학생들의 정치운동 이라는 요인을 빼고는 설명이 어려울 것이다. 한국의 급격한 변화의 기반에는 386으로 칭해지는 거대한 학생운동집단이 있고, 이들이 6.10항쟁의 중추를 이루었으므로 이들에 대한 설명은 한국의 민주화에 핵심적이다.

그러면 이들은 어떻게 '세대'의 명칭을 부여받으면서 사회운동의 중심에 서게 되었는가? 졸업정원제로 대학생의 숫자가 이전에 비해 3배가량 늘었으며 대학생 대부분이 군사독재에 대해 반감을 가지고 있었고 시위 등의 행동력도 가지고 있었기 때문이다. 즉, 숫자 면에서 대중성과 행동력을 동시에 가지고 있었다고 볼 수 있다. 교육학적 차원에서 보면 이들은 고등학교 때까지 가져왔던 신념이 전복되는 '전환학습'의 과정을 겪고 세대적 동질성을 가지고 있었다. 구체적으로 이들에게 전환학습의 시발점은 대학 캠퍼스 그 자체였다.

> 대학이라고 자유 넘치고 지적인 논의가 있는 곳이라 생각했는데 막상 들어왔는데 짭새 사복경찰 들이 가득한 거예요. 정말 기가 막혀서. 거기다 동트면 시위 주동 막 달려들어서 잡아가고. 이건 진짜 대학이 아닌 거 누가 봐도 다 아는데 지금까지 다 속았다는 생각이 드는 거죠. 아, 대학만 가면 된다고 생각했는데 아니었구나, 난 뭘 기대했나. (작은 글씨는 인용자)

전두환 정권은 졸업정원제를 통해 대학생들이 졸업에 몰두하도록 만들고자 했으나 당시의 폭압적 상황으로 인해 대학생들은 전환학습의 과정을 거치면서 역으로 거대한 운동권 집단을 구성하게 된 것이다. 한국 사회의 좌파를 분석하면서 김기원2012은 70년대 학번인 자신의 경험에 대해 "그때의 경험은 충격 그 자체였다… 고등학교 때까지 엉터리 반공교육을 받다가 진실에 부딪치면서 그 진실의 무게를 감당하기 어렵게 된 것이다… 거짓 교육이 정반대의 효과를 불러온 '거짓말의 역설'이라고 해야 할 듯 싶다."라고 고백한다. 기존의 신념 체계의 기반을 뒤흔드는 딜레마 상황 속에서 386세대는 이전 세대와 마찬가지로 자신이 이전에 가졌던 생각들에 대해 거리를 두고 다시 보는 시간을 갖게 된다. 전환학습의 전형적인 첫 단계인 충격적 딜레마disorienting dilemma 상황이다Mezirow, 2000.

이들은 이런 충격에서 벗어나기 위해 동료나 선배들과 시대상황에 대해 생각을 나누고 자신의 삶과 미래를 다시 조명해 보는 기회를 갖게 된다. 거의 모든 조직에서 진행된 '학회 커리 커리큘럼'와 '라이프스토리' 나누기는 신입생들이 속한 조직에서 진행된 학습 프로그램으로, 이들은 이런 과정 속에서 '사회변혁'의 필요성을 공감하고 구체적으로 자신의 미래에 대해 고민하기 시작했다. 이런 양상은 충격적 딜레마를 '집단적' 차원에서 해석하는 틀이 작동했음을 말해 주는 것이다. 이들은 공통적으로 그간 믿어 왔던 상식들이 "지극히 이데올로기적"이라 생각하고 학교교육의 기반을 이루는 '반공'이나 '자유민주주의'에 대해서 전면적으로 거부하는 입장을 가지게 된다. 체제유지적 이데올로기에 의해 자신의 생각이 아닌 체제의 사고에 세뇌된 것이라는 자각이 이들이 겪은 전환학습의 중심 내용이었고 이는 *시위-학습*이라는 *실천-이론*의 순환적 과정으로 이어졌다.

이런 변화의 과정을 전환학습의 차원에서 보면 그것은 세대 전반을 아우르는 집합적 특성을 가지는 전환학습이라는 의미에서 '집합적 전환학습'이라 명명할 수 있다. 메지로우Mezirow, 1997가 제시했던 전환학습론은 개인주의라는 비판을 받을 정도로 '개인 내면'에서 일어나는 근본적 변화에 초점을 맞춘다. 그러나 한국의 386들이 일반적으로 겪은 전환적 경험은 이와는 사뭇 다르게 '세대적 집단성'을 강하게 가지며 이런 집단성은 동년배cohort를 형성하는 무경계의 집단성이라는 점에서 '특정한 집단의 경험'과는 다른 성격이다.

이런 특징은 다음과 같은 '조직화'를 수반했다. 우선 이들은 개인적인 결단을 통해 사회운동에 참여한 70년대 학번의 '소수 운동권'과 달리 '대중조직'으로서 운동조직을 구축하고 '노선'을 마련하여 문화적 헤게모니를 발전시켰다. 의식화의 과정에도 하향식top-down의 조직적 교육이 도입되었다. 대부분의 신입생에게 전달되었던 '커리'는 운동권의 RP재생산, reproduction를 위해 조직적으로 제시된 내용이었다. 다시 말해 전환학습의 과정이 집단적으로 구축되었으며 모든 전환의 과정은 조직과 긴밀히 결합되었고, 그 결과 학습자들의 개별성은 무시되거나 적어도 존중되지 못했다. 이를 한 386은 다음 한마디로 정리한다.

그게 대세였어, 대세가 아니었으면 그렇게까지 열심히 몰두할 수 있었을까? 그게 뭔가 파워라는 느낌. 그게 중요했던 건 사실이야.

대세에 함께 참여하고 대세를 이루어나가는 것. 이것이 386의 힘이자 정체성이었다고도 볼 수 있겠다. 따라서 이런 "대세를 거부한" 신입생들, 소위 "자아가 강하거나 집단에 소속되는 걸 거북해 했던" 신입생들은 대부분 개인주의적이라는 비난을 받으며 개별적 경로를 선택했다. 휴학이나 자퇴와 같은 단절, 고시나 자격시험으로의 침잠, 우울과 자괴감 등의 과정이 이어졌고 그렇지 않은 경우에도 "주류가 아니"라거나 "부채감을 느꼈"다는 반응이 일반적이었다.

정리하자면, 386이 학생시절 겪은 전환학습의 과정은 고등학교 시기까지 획일적 사회화에 대한 비판적 자각과 대학의 폭압적 상황에 대한 분노가 결합되어 생겨난 학생운동 참여를 중심으로 삼고 있다. 이들은 학령기에 '집단적 주체'로서 형성된 만큼 이후 운동-성찰의 과정도 '조직'과 결합되어 진행되는 경향을 가졌으며, 따라서 조직에 속하지 않는 학생들은 일종의 비주류의 위축감 속에서 대학생활을 했다고 할 수 있다. 이것이 '세대'로서의 386을 가능하게 했던 집단적 전환학습의 특징이다.

3. 신자유주의의 대두와 개별화된 전환학습

1990년대 초반 사회주의권의 붕괴는 급속히 성장한 사회운동 진영에 큰 파장을 일으켰다. 민주화를 이끈 386세대의 이념적 지향에는 막연하게나마 자본주의의 대안으로 사회주의가 자리하고 있었고 사회주의의 존재를 어떻게 볼 것인가가 소위 '노선투쟁'의 중심에 있었다. 따라서 사회주의권의 광범한 붕괴는 이념적 균열로 이어졌다. 운동을 이끌던 386세대의 중심세력이 이탈하고 조직의 와해가 이어졌다.

1997년 IMF와 2008년 외환위기는 이런 이념적 소실을 물신숭배로 이어지게 하는 사건이었다. 국가적 경제위기를 거치면서 기존의 전통적 가치들이 붕괴되었고 그 자리를 '돈'이 차지했다. 김대중 정부의 국가적 프로젝트로 경제위기는 성공적으로 극복했지만 사회문화적 지형은 근본적으로 바뀌었다. 1980년대 후반 20%에 이르던 노동조합 조직률은 2000년대에 반 토막이 났고 다양한 법적 장치에도 불구하고 여성의 지위는 OECD 국가중 하위권을 기록했다. 사회갈등지수는 상위에 링크되었고 자살률은 모든 연령대에서 사망 원인 1위를 기록했다. 범죄율, 공해, 노후안정, 사회갈등, 정치적 자유, 여성의 지위 등은 OECD 하위권에 머무르고 있다.

말하자면 한국 사회에는 경제발전과 민주화라는 두 마리 토끼 가운데 경제라는 한 마리 토끼만 남은 것처럼 보인다. 여기서 우리가 갖게 되는 의문은 사회의 이런 급속한 변화에 386세대가 어떻게 반응했는가 하는 점이다. 경제발전이 중심이 되는 '충효사상'의 이데올로기를 비판하고 민중의 주체성을 강조하면서 스스로 사회운동의 중심세력으로서 성장했다면, 그들은 사회의 물신화나 개인화를 저지하기 위해 노력했을 것이다. 아마도 그것이 전환학습의 결과여야 마땅할 것이다.

하지만 그런 노력을 발견하기는 어렵다. 20대는 386세대에 대하여 "경제적 떡고물과 민주주의적 가치를 모두 차지한 세대" 엄기호, 2013 라고 비난하면서 세대적 적대감을 드러내지만 이에 대한 대응은 거의 없다. 실제로 386세대 가운데 상당수는 보수적 정당, 보수적 언론, 재벌기업의 이사 등 권력의 핵심을 차지하고 있다. 나아가 2019년 조국 사태를 비롯하여 소위 '좌파진영' 역시 크게 다르지 않다는 비판에 직면한다. 진보적 정당, 민주노총 등에서도 미투 고발이 이어지고 약자에 대한 보호나 문화적 차원의 평등 감수성은 좌우를 막론하고 낮다는 평가도 일반적이다. 이런 상황은 어떻게 설명할 수 있을까? 언론사에서 근무하고 있는 한 386은 과거와 현재의 입장에 대해 다음과 같이 이야기한다.

> 기본적으로 입장이 달라진 건 아니야. 그때는 눈이 확 트인 거지. 아, 이 새끼들이 거짓말을 한 거구나. 속았구나. … 근데 지금은 그건 아니지. 맨날 어떻게 세상을 생각해. 그냥 생활인이지.

청년시절의 전환학습은 인정하면서도 과거 철학적 전환을 동반했던 대학 시절의 전환학습이 30대를 넘어서면서부터 일상의 학습 안에서 지속적인 힘을 발휘할 수 없었다는 것이다. 이를 앞서 제시한 집단적 전환학습이라는 개념과 연결하여 해석해 보면 일종의 '운동권'을 형성했던 386세대는 '대세'라는 '집단적 전환'의 거대한 물살 속에서 전환학습을 체험했으나 그것이 자신의 일상을 지속적으로 바꾸어 갈 정도로까지 이어갈 수는 없었다고 할 수 있겠다. 이는 메지로우가 제시한 전환학습의 단계와 차이가 있다. 메지로우의 관점전환은 개인의 딜레마 상황에서 시작되어 개인의 의미관점의 변화까지 이어지는 연쇄를 이루지만 한국적 상황에서는 딜레마적 쇼크로 인한 집단적 의식화는 개인의 관점전환으로까지 이어지지 못한 것이다.

좀 더 살펴보자. 청년시절 386세대가 '대세'라는 판단을 따른 이유는 이 대세가 '정의'와 결합되어 있기 때문이었다. 즉, 아무리 대세라도 정의로움이 없다면 따르지 않았을 것이므로 대세를 따르는 것에 자부심이 있었다. 하지만 그런 변화는 외부적으로 존재하는 진리와 같은 일종의 '타자화된 정의감'에서 시작된 것으로 내적인 힘을 갖는 것은 아니다. 자기화의 과정을 철저히 거치지 않은 '정의'의 내용은 얼마든지 달라질 수 있다. 대기업이나 유명 언론사 등 '사회인으로서의 생활'은 젊은 시절의 믿음 혹은 정의감을 사라지게 한다. 타자화된 신념은 더욱 손쉽다. 이것이 기성세대의 "먹고 사는 일"이 갖는 힘이다.

그렇다면 이들과 달리 소위 기존 질서의 '떡고물'을 거부하고 계속 신념을 가지고 소위 '운동권'으로 살아가고 있는 386은 어떻게 다른가? 의외로 그들의 전환의 과정은 좀 더 '개인'에 밀착해 있다. 30년째 노동운동에 헌신하는 한 386의 말을 들어 보면 "그때부터 지금까지 사회운동을 할 수 있었던 이유"는 개인의 자율성에 대한 스스로의 존중에서 찾아질 수 있다.

> 마치 속아 사는 거 같은 느낌. 내 인생 … 그게 중요하고. 근데 대학에 들어와서 알고 보니 내가 침해되는 게 맞고 그러니까 속아 산 것 같고. 이런 거였지. 근데 그게 얼마나 억울했는지 몰라. 그게 난 굉장히 억울했어. 속상하고. 어떻게 할 수가 없는 거더라고. 그래서 대학 1학년 때 6개월 지나선가 버스 타고 그냥 종점까지 울면서 갔다 왔다 이런 거 있지. 굉장히 방황을 했어. (작은 글씨는 인용자)

다시 말해 대세라는 외적 권위가 아니라 '나의 자율성'이라는 내적 기준이 변화의 추동력인 것이다. 따라서 이들에게 집단적 전환의 과정은 함께 같은 판단을 한 것일 뿐 동력이 아니다. 자신의 선택이나 자율성이 침해되었다는 느낌이 전환학습의 중요한 계기이자 동력이다. 딜레마 상황에 대한 규정이 따르므로 집단적 전환 여부와 상관없이, 자율성을 유지하고 주체적으로 살아간다는 원칙은 계속 유지된다. 대학 때부터 34년째 시민운동을 하고 있는 한 386 역시 "결국은 존재의 문제고 선택의 문제"라고 말한다. 자신이 시민운동을 계속한 것은 "그게 할 일이었고 별다른 선택의 여지가 없었기 때문"이라는 것이다.

위의 두 유형을 구분해 보면 전환학습은 두 차원으로 분화한다고 할 수 있다. 하나는 전환학습이 중핵적 자아와 밀착하여 이후의 경험이 그것과 유기될 수 없는 자아확장의 과정이고, 다른 하나는 전환의 동기가 외부환경 에 대한 분노 혹은 적응 에 있어 중핵적 자아와는 연동되지 않는 표면적인 변화의 과정이다. 전자가 디크스 Dirkx, 2012 가 말한 '자아의 성장'과 결합된 전환학습이라면 후자는 '행위의 변화'에 머무르는 전환이다. 둘 다 전환학습의 시작 지점에서는 분노와 열정을 동반하지만 주된 동기와 전환의 기제가 어느 쪽인가에 따라 전환학습의 양상은 이후 다른 궤적을 그리게 된다고 볼 수 있다. 이를 한 대기업에 근무하는 386은 소위 '변절'을 종교에 비유하며 이렇게 정리한다.

기독교를 믿다가 불교를 믿는다. 이건 엄청난 변화처럼 보이지만, 그게 지금 잘 살게 복 달라는 구복적인 신앙이면 사실 본질적으로는 변화가 없는 거잖아. 그거랑 똑같다고 생각해요. 종교가 있다가 없다는 다른 거지만 그런 사람의 개종은 아주 쉬운 거지.

겉으로 보면 종교를 바꿨다는 동일한 행위이지만 변화의 층위가 '구복'인지, '종교관'인지에 따라 개종의 의미와 수준이 달라진다. 현세구복적으로 종교를 바꾸는 일은 현실의 필요에 따른 변화인 것처럼, 대학 입학 이후 닥쳐온 충격이 적응해야 할 새로운 환경일 수 있다. 만약 학생운동의 시작이 '대학 적응'의 과정으로서 분노에 의한 전환학습이었다면 그렇게 마련된 적응 기제는 소위 '변절'로 비교적 쉽게 나아갈 수 있다. 메지로우의 전환학습은 충격적 딜레마로 인해 인지부조화를 해결해 나가는 이성적 성찰에 중심을 두고 있는데 이는 역설적이게도 사회적응의 틀과 유사한 부분이 있다. 생물학적 존재인 유아가 문화라는 충격을 내면적으로 흡수하면서 사회적 존재로 전환하는 과정에도 인지부조화의 해소 과정이 있기 때문이다.

이와 달리 '개별화 전환학습 individuative transformative learning'은 자기 인식의 기반을 이루는 내적 자율성과 결합된 전환을 말한다. 융이 개별화 individuation 의 과정을 무의식의 의식화를 통한 개인의 자아형성 과정으로 본 것과 같은 맥락에서 전환학습에서도 개별화의 의지와 계기가 중요하다. 이런 자각의 계기는 개인의 생애사에서 비롯되는 자기의식에 주목하는 경험이라고 할 수 있다. 예컨대, 이런 자각이다.

정말 이상했어. 왜 자기 얘기를 묻는데 과격하다고 그러는지. 대학 서클에 와서 얘기를 해 달라고 해서 이런저런 상황을 얘기하길래, 나는 그래서 너는? 그랬거든. 분노한다, 문제다. 그러길래 그럼 너는? 어떻게 할건데? 데모하고 그러고 그다음에는 뭘 할 건데? 근데 애들이 울고 그랬다더라고.

이를 사회적 차원과 연결시켜 보면 아프리카 중심적 패러다임과 아프리카 페미니즘의 결합을 논한 네시네 Ntseane, 2011 에 주목하게 된다. 네시네는 사회를 변혁하는 해방의 지식과 자율성을 확장시키는 '마음을 여는 지식'의 생산을 방법론적으로 결합할 것을 주장한다. 사회변혁과 개인의 자율 지향의 연결고리로서 개별화를 고민해 볼 필요가 있는 것이다.

이런 점에서 사회변혁을 가능하게 하는 자아의 해석 기제에 좀 더 관심을 기울이고 이를 전환학습의 논의에 포함시킬 필요가 있다. 앞서 살펴본 대로, '나'와 무관하게 사회사태를 논하는 사람과 '나'의 존재론과 결합된 사회변화를 추구하는 사람들의 전환귀속력은 현저히 다르다. 후자에 대해서는 몇몇 심리학 연구가 밝히고 있는 것처럼 Sroufe et al., 2009 '어릴 때의 자율적 경험'에서 답을 찾을 수 있는 것으로 보인다. 노동운동가의 이야기를 들어 보자.

> 부모님이 참 놀라울 정도로 잘 받아주셨던 것 같아. 사실 나는 내가 뭘 결정할 때 어머니나 형제나 뭐 가족관계 때문에 안 하거나 그런 적은 없어요. 그런데 생각보다 그런 사람들이 많더라고. 억울하고 분노스러워서 운동이나 뭐 하거나 안 하거나.

전환학습론은 성인기의 변화에 대해 설명하지만 전환의 양상의 차이에 주목해 보면 자아가 형성되는 시기의 학습이 전환의 방식과 지속력에도 영향을 미침을 알 수 있다. 청소년기 이전까지 어떤 자아관을 형성했는가에 따라 성인기의 전환 의미가 달라지는 것이다. 이렇게 보면 평생교육에서 개인적 선택에 작용하는 무의식적 욕망과 개인이 기반한 다양한 문화적 지반을 파악하는 개별적 학습지원이 필요하다고 하겠다.

4. '민주화 이후의 민주주의'의 조건

2000년 이후 한국에서는 '민주화 이후의 민주주의'에 대한 문제의식이 있었다. 문민 정부가 등장하고 제도적인 민주화는 어느 정도 진전되었는데 실제로 재벌 개혁이나 관료의 행정권력 독점, 민주적 언론의 부재 등 삶에서 민주주의는 이루어지지 못하고 있다는 것이다 최장집, 2002.

앞서 논의의 연장선상에서 보면 하나의 이유는 386이라는 운동의 중심세력의 전환학습이 집합적 행위의 수준에서 이루어졌다는 점이다. 독재나 정치적 폭력 등에 대한 분노와 비판은 '대세'를 이루면서 분명하게 진행되었지만 내면의 통합적 정의감으로 나아가기에 386의 자율성은 취약했다. 그들은 "도대체 왜 내가 운동을 하는가? 운동권에서 제시하는 이 노선에 나는 동의하는가?"라는 질문을 집요하게 던질 수 없었다. 상황이 위법하고 절박했기 때문이다. 또 하나의 이유는 386의 중등학교 경험에서 찾을 수 있다. 입시 공부와 경쟁의 경험 속에서 주인의식이 발달할 수 있는 기회를 얻지 못했기 때문이다.

'나'의 문제를 이야기하는 것이 '한국 사회의 혁명'을 이야기하는 것보다 어려운 것이 386의 현실이었다. 이런 문화와 맞물리면서 '개인의 자율성'을 거론하는 것은 마치 "조직의 명령을 이탈하는 자유주의적 편향"으로 간주되었다. 상당수의 386은 학교라는 거대조직에서 운동권이라는 다른 거대조직으로 수평 이동하는 가운데 하향식의 지식전달 체계나 입시 중심의 암기식 교육의 수동성이라는 익숙함 속에서 독재 타도와 정권 교체를 외친 것이라 볼 수 있다. 껍데기는 강했지만 내적 성숙은 부재했던 셈이다.

이렇게 보면 386은 개별학습자가 아니라 '학습자 대중으로서 타인'과의 유사성에 녹아들어 있었으며 이런 자기규정성은 경제위기 이후 신자유주의의 물결 속에서 '개인'의 호명을 받게 된다. '운동권'의 '권', 즉 권역이 가진 보호벽이 사라진 상태에서 '생존'의 문법은 기존의 사회의 기성세대의 문법과 전혀 다르지 않았던 것이다. 현재의 586이 가지는 모순적 태도는 20대에 겪은 강렬한 집단적 운동권의 경험과 30대 중반 이후의 개별적 경쟁과 생존의 과정에서 비롯된다. 정치적으로는 민주적이지만 문화적으로나 개인의 심성에서는 위계적인 '마음의 구조'가 생겨난 것이다. 이들은 집단적 감수성과 위계적 태도를 여전히 유지하면서 일터나 가정에서 생활을 해 나갔고 이는 '나는 옳고 정의롭다'라는 정치적 정당성과 연결되어 보다 강화된 이중성을 낳은 것으로 보인다.

'민주화운동'의 정당성이 모든 행동을 정당화해 준 셈이다.

　이는 전환학습이 집단적 차원에서 이루어진 결과 개인적 성찰과 성숙을 방해한 경우에 해당한다. 지속적으로 성장하려면 자신의 삶과 기준을 계속해서 점검하고 성찰하는 과정이 필요하다. 성인이 된 후에도 끊임없이 자신의 기존 입장의 기반을 반성하고 바꾸어 나간다는 것은 익숙함과 기득권이 주는 안락함에 거리를 둘 때에야 비로소 가능하며, 극적인 충격이 없더라도 이런 노력을 한다는 것은 사회적 성숙을 의미한다.

　그러나 386의 경우, '의식화'를 통한 전환학습이 말하자면 불완전하게 이루어졌다. 집단적 전환학습은 내면화하여 개개인의 내면의 통합성을 증진시킬 때에야 비로소 전환학습을 완결한다. 메지로우의 전환학습의 과정도 현재의 프레임으로 해석이 불가능한 딜레마 상황에서 시작되어 의미를 구조화하는 의미 관점의 전환에서 완결된다. 사고의 일정한 패턴이 바뀌는 단계까지 이르러야만 전환이 완성되는 것이다. 386이 겪은 독재의 경험은 거의 모든 청년층에게 유사한 딜레마 상황을 야기했으며, 따라서 '집단적' 전환이 일어나기 시작한 것이다. 이런 전환은 삶의 여러 차원에서 민주적 사고와 품성을 가지는 과정을 통해 완성된다.

　개인의 차원에서는 한 영역에서의 전환 경험이 다른 영역의 전환학습으로 전이되는 과정이 이어질 수 있는데 이런 학습이야말로 민주주의의 중요한 기반이라고 볼 수 있다. 학생운동의 경험은 여성이나 동성애에 대한 인식전환으로 이어질 수도 있고 그렇지 않을 수도 있다. 노동운동의 과정에서 인종-민족적 편견을 깨는 경우도 있고 오히려 집단이기주의 속에서 편견을 강화할 수도 있다. 개인 안의 다중적 자아 multiple self 에 대하여 성찰하고 성장의 기제를 확장하는 작업이 필요한 것이다. 이를 '메타적 전환학습'이라 부를 수 있다. 영적 전환, 성별에 대한 자각 등 정체성과 관련된 전환학습은 적절한 계기와 성장에 대한 의지가 있다면 독서나 토론 등 일상적 장면에서도 노력을 통해서 충분히 전이와 확산이 가능하다.

이렇게 보면 2000년대 초반, 최장집 교수가 말했던 '민주화 이후의 민주주의'의 성취는 성인기 전환학습의 정도에 따라 결정될 수 있다고 할 수 있다. 시민성 향상은 전환학습을 통한 국민의 일반적 자율성의 향상과 그에 따른 민주적 인간으로서 정체성을 가져 나가는 과정을 통해 가능할 것이다.

III. 새로운 논의의 지점들

성인이 전환학습을 한다는 것은 살아온 관점을 바꾼다는 것을 의미하며 새로운 삶의 궤적을 만들어 가는 것으로 이해되어 왔다. 그것은 정치적 의식화 등으로 해석되는 삶의 성장이나 의식 지평의 확장을 의미하는 것이었다. 그러나 한국 민주화 주체 세력들의 경험을 찬찬히 보면, 외형적으로 인생의 전면적인 전환이라고 보이는 경우에도 전환은 집단 차원에서 그치며 개인 내면의 전환으로까지 이어지지 않는 사례가 왕왕 있음을 알 수 있다.

전환학습을 이루는 전환의 계기는 역사적 사건에 맞물려 있으며 혁명이나 민주화투쟁은 중요한 사회적 성장, 즉 사회학습의 차원에서 다시금 조명되어야 한다. 기존의 전환학습론은 사회역사적 차원에서의 집단적 전환에 주목하지 않았으며, 이로 인해 전환의 과정으로서 집단적 의식화 과정은 중요하게 다루어지지 않았다. 집단적 전환이 개인에게 어떤 의미를 갖는지, 그것이 어떤 한계를 갖는지에 대해서는 별로 관심을 가지지 않았던 것이다. 앞의 논의를 토대로 그 의미를 추려 보면 다음과 같다.

첫째, 전환학습은 '단계별 전환의 과정'과 같이 일반화된 절차적 과정을 거쳐 진행되는 것이 아니라 개인에 따라 서로 다른 층위에서 발생하며 이는 사회문화적 특성을 반영한다. 386의 경험은 전환학습이 한 세대를 아우르는 사회적 차원에서 전개될 수 있음을 드러낸다. 전환학습은 한국 사회 공통의 학교 문화 특성과도 밀접하게 연결된다. 획일적이고 권위주의적인 학교문화 속에서 집단적 소속감을 익힌 세대는 한편으로 개인성을 키워 나갈 기회를 잃지만 동시에 반독재의 공감대를 창출하는 집합적 동질성을 가지고 있다. 한국의 민주화의 힘은 민주화의 한계를 설정한 이런 집합적 특성과 무관하지 않다. 이런 점에서 사회전반의 변혁을 경험한 사회에 대한 전환학습 차원의 설명이 가능하며, 나아가 학습론적 접근을 통해 향후 세대의 변화를 예측할 수 있다.

둘째, 사회변화와 개인의 학습을 설명하기 위해서는 전환학습론에서 나아가 확장학습이나 복잡계 이론과 연동할 필요가 있다. 어떤 개인은 집합적 전환의 계기를 개인화의 과정으로 이어 나간다. 다른 개인은 그렇지 않다. 또 어떤 개인은 처음부터 집합적인 전환을 염두에 두지 않는다. 문화적 특수성에 따라 전환의 방식과 한계가 결정된다. 그렇다면 이런 현상들을 어떻게 설명할 것인가?

지금까지 논의한 바에 따르면 각 개인이 겪은 과거의 경험이나 자율성의 정도, 그리고 환경과 개인이 관계 맺는 방식들이 중요한 변수라고 볼 수 있다. 예컨대, 전환학습의 양상과 깊이는 학습자의 자율성과 밀접한 관계가 있다. 자율성을 충분히 갖춘 학습자는 상황에 대한 판단을 자기 자신과 연결하여 진행한다. 메지로우가 제시한 전환의 단계는 이런 자율적 인간을 전제로 한 것이라 볼 수 있다. 그러나 삶을 흔드는 큰 충격을 접한 사람들의 상당수는 이렇게 자율적이고 성찰적이기 어렵다. 상황을 회피하거나 부인하는 경우가 오히려 많다. '변절'이나 '위선', '관점을 제대로 바꾼 게 아니다'라는 비난은 따지고 보면 '현실의 학습자'에 대한 이해의 부족에서 온다. 개인이 살아온 삶의 궤적, 타인과의 관계, 문화적 복잡성 등이 전환의 과정에 계속 개입한다. 개인을 네트워크의 한 노드로 설정하고 그 유동성을 추적하는 과정이 필요한 것이다. 예컨대, 사회의 문화가 권위주의적일 수도 있고 그렇지 않을 수도 있으며, 동화assimilation의 의지가 강할 수도 있고 그렇지 않을 수도 있다. 집단 안에서 개인이 차지하는 위상 역시 전환에 영향을 미친다. 예를 들어 아시아권에서는 유럽에 비해 집단의 영향이 크다고 할 수 있는데 이런 특성으로 인하여 때로 집단적 전환은 유사전환pseudo-transformation에 그치는 경우가 왕왕 나타난다고 볼 수 있다. 관점 전환의 학습을 촉진하려면 이런 여러 변인들을 정교하게 고려해야 한다.

향후 전환학습의 이론화에는 자율/정직과 학습의 관계, 고통과 학습의 관계, 마음의 습관habit of mind 혹은 행위와 학습의 관계 등에 대한 논의가 이어질 것을 기대한다. 평생학습으로부터 사회의 변화를 이끌어 내는 마을 만들기나 사회운동에 대한 설명은 이런 전환의 경험에 대한 진단과 밀접할 것이기 때문이다. 이제 평생학습운동은 사회적 사건에 자신의 경험을 대입하고 그로부터 자신의 전환의 특성을 추출할 수 있는 그런 연구로 뒷받침되어야 할 것이다.

참고문헌

강명희·김현정·류은진·한양대학교 교육공학연구소(2014). 만성콩팥병 환자를 위한 전환학습 프로그램 개발. **학습과학연구**, 8(1), 61-80.

김경희(1998). 전환학습과 성인교육. **평생교육학연구**, 4(1), 217-242.

김규리·최은수(2014). 컬러테라피 프로그램을 통한 성인학습자의 감성리더십 개발과정 연구: 전환학습 관점을 중심으로. **안드라고지 투데이**, 19(1), 181-212.

김기원(2012). **한국의 진보를 비판한다: 노무현정권과 개혁진보진영에 대한 성찰**. 창비.

남태현(2014). **왜 정치는 우리를 배신하는가: 선거만능주의의 함정**. 창비.

박경호(2003). 전환학습이론을 기반으로 하는 기독교 성인교육. **기독교교육정보**, 7, 292-315.

박선미(2013). 전환학습이론에 기초한 유아교사교육의 가능성 탐색: 예비교사의 반성적 사고와 반성에 대한 인식변화를 중심으로. **어린이문학교육연구**, 14(1), 139-164.

엄기호(2013). **교사도 학교가 두렵다**. 따비.

위영은·이희수(2015). 재취업 및 퇴직교육 프로그램 참가자의 전환행동 분석. **농업교육과 인적자원개발**, 47(2), 47-71.

이동민(2010). 초등사회과 학습부진아들의 사회과에 대한 인식전환의 유형적 특성 -5학년 1학기 공간영역을 사례로. **한국지리환경교육학회지**, 18(1), 1-22.

이은경·나승일(2009). 결혼이민 여성농업인의 전환학습에 관한 현상학적 연구. **농업교육과 인적자원개발**, 41(2), 1-27.

이은영(2012). "성찰적 전환"을 통한 미술교사의 정체성 형성. **미술교육연구논총**, 31, 23-48.

임지혜·윤희진(2012). 이문화 적응에서의 전환학습 과정 연구. **문화교류연구**, 1(2), 5-19.

정민승(2010). **성인학습의 이해**. 에피스테메.

장현진 · 나승일(2008). 실직자의 전환학습과 관련 변인. **농업교육과 인적자원개발**, 40(3).

최장집(2002). **민주화 이후의 민주주의**. 후마니타스.

Boyd, R. D. (1989). Facilitation personal transformation in small groups. *Small Group Behavior, 20*, 459-474.

Campbell, J. & Moyers, B. (2002). *The Power of Myth*. 이윤기 외 역. **신화의 힘**. 이끌리오.

Cranton, C. (1996). "Types of group learning". in S. Imel. (ed.), *Learning in groups: Exploring fundamental principles, new uses and emerging opportunities*. San Francisco: Jossey-Bass.

Daloz, L. (1999). *Mentor: Guiding the journey of adult learners*. SanFrancisco: Jossey- Bass.

Diduck, A., Sinclair, A. J., Hostetler, G., & Fitzpatrick, P. (2012). Transformative learning theory, public involvement, and natural resource and environmental management. *Journal of Environmental Planning and Management, 55*(10), 1311-1330.

Dirkx, J. (2012). Self-formation and transformative learning: A response to "Calling transformative learning into question: Some mutinous thoughts", *Adult Education Quarterly, 62*(4), 399-405.

Freire, P. (2000). *Pedagogy of the oppressed*. London: Bloomsbury Publishing.

Fletcher, K. A., & Meyer, M. (2016). Coaching model + Clinical playbook=Transformative learning. *Journal of Professional Nursing, 32*(2), 121-129.

Hodge, S. (2014). Transformative learning as an "Inter-Practice" phenomenon. *Adult Education Quarterly, 64*(2), 165-181.

Kucukaydin, I., & Cranton, P. (2013). Critically questioning the discourse of transformative learning theory. *Adult Education Quarterly, 63*(1), 43-56.

Mezirow, J. (1991). *Transformative dimensions of adult learning*. San Francisco: Jossey- Bass.

Mezirow, J. (1997). Transformative learning: Theory to practice. in P. Cranton (Ed.), *Transformative learning in action: No. 74. New directions for adult and continuing education*, pp. 5-12. San Francisco: Jossey-Bass.

Mezirow, J. (2000). Learning to think like an adult: Core concepts of transformation theory. in J. Mezirow & Associates (Eds.). *Learning as transformation: Critical perspective on a theory in progress*, pp. 3-34. San Francisco: Jossey-Bass.

Najjar, D., Spaling, H., & Sinclair, J. (2013). Learning about sustainability and gender through Farmer Field Schools in Taita Hills, Kenya. *International Journal of Education, 33*, 466-475.

Ntseane, P. G. (2011). Culturally sensitive transformational learning incorporating the Afrocentric paradigm and African feminism. *Adult Education Quarterly, 61*(4), 307-323.

Quinn, L. & Sinclair, A. J. (2016). Undressing transformative learning: The roles of instrumental and communicative learning in the shift to clothing sustainability. *Adult Education Quarterly, 66*(3), 199-218.

Sroufe, L. A., Egeland, B., Carlson, E. A., & Collins, W. A. (2009). *The development of the person: The Minnesota study of risk and adaptation from birth to adulthood*. NY: Guilford Press.

Taylor, E. (2000). Fostering Mezirow's transformative learning theory in the adult education classroom: A critical review. *The Canadian Journal for the Study of Adult Education, 14*(2), 1.

Tisdell, E. and Tolliver, D. (2001). The Role of Spirituality in Culturally Relevant and Transformative Adult Education. *Proceedings of the 31st annual Standing Conference on University Teaching and Research in the Education of Adults (SCUTREA)*, 399-403. London: University of East London.

3

경계를 넘어, 비판적 재구성

11장

학습주의 준거로서의 평등

Ⅰ. 랑시에르의 교육적 평등론

1. '보편적 가르침'의 역설

교육현장에서 '교육자가 학습자에게 권력을 위임한다'고 할 때, 일반적인 의미는 교사 권위의 원천인 지적-제도적 권위를 학생에게 넘겨 준다는 것이다. '자기주도적 학습'과 같은 개념에서 드러나듯 성인교육학 Andragagy 에서는 교사가 아닌 학생이 학습 내용을 선택하는 것, 학습 속도를 조절하는 것, 평가 방식을 결정하거나 운영위원회에 참여하는 것 등을 제안했다. 그리고 이런 문제의식에는 학습자가 '성인'이라는 점을 감안하여 일방향적 지도를 줄여 나가야 한다는 인식이 있었다. 권한을 넘기더라도 여전히 교육자가 교육의 주체이며 우월한 지적 능력을 가진 만큼 학습자를 배려하자는 것이다. 엄밀하게 보면 이는 학습자와 교육자가 사실은 지적으로 평등한 것이 아니라는 인식을 저변에 깔고 있다.

랑시에르는 이런 인식을 문제 삼는다. 랑시에르의 핵심 주장은 교육자와 학습자는 '지적으로' 완전히 평등하다고 정리될 수 있다. 학습자가 평등하게 대접받아야 한다는 것이 아니라 지적으로 평등하다는 것이다. 교육학적 차원에서 랑시에르에 주목하는 이유는 그가 명시적으로 '가르침'과 '교육', '스승'의 관행적 의미를 전복하고 있기 때문이다.

그의 대표작 《무지한 스승》을 보자. 제목에서도 드러나듯이 그는 가르치는 자가 무지할 수도 있음을 선언한다. 《무지한 스승》은 1818년 자코토라는 교육자의 수업 경험에서 출발한다. 네덜란드로 이주한 프랑스인 자코토는 루뱅대학의 불문학 담당 외국인 강사로 임용된다. 그런데 학생들은 프랑스어를 전혀 몰랐고 자코토는 네덜란드 말을 못했다. 교사와 학생이 서로 소통할 수 없었던 것이다. 이런 상황에서 자코토는 독특한 실험을 전개한다. 프랑스어와 네덜란드어 대역판이 나온 《텔레마코스의 모험》을 교재로 삼아 학생들이 스스로 배우도록 한 것이다. 그가 한 유일한 일은 통역을 통해 제1장의 반을 외우고 나머지는 이야기할 수 있을 만큼 읽을 것을 학생들에게 '주문'한 것이다. 그 성과는 놀라웠다. 학생들이 한 학기 만에 "초등학생 수준이 아니라 작가 수준"의 문장을 구사하게 된 것이다.

교수의 지도 없이 학생이 일정한 성과를 낸 이 상황에 대해 랑시에르는 '인류가 내내 실천해 온 자연스러운 상황'이라고 본다. "무언가를 설명해 주는 스승 없이 혼자 힘으로 배워 보지 못한 사람은 지구상에 한 명도 없다". 랑시에르는 이를 '보편적 가르침'이라 부른다. 자코토가 가르친 방식이야말로 "이 세계가 시작되고부터 모든 설명방법과 함께 실제로 존재한" 것이며 "우연의 방법을 체계적으로 되풀이"하기 때문이다.

그렇다면 보편적 가르침은 어떻게 가능한가? 그 방법은 아주 간단하다. "무언가를 배우라. 그리고 그것을 나머지 전체와 연결시켜라." 기존의 교육방식이 몇 가지 규칙과 기본 원리를 배우고 다음 단계로 또 다른 지식을 배우는 '배움의 연쇄'를 구성한다면 보편적 가르침은 기본적인 것을 배우고 난 후에 '이미 알던 내용-사물'과 연관시키는 과정을 통해 앎을 확장한다. 이렇게 하면 한 권의 책으로도 모든 것을 배울 수 있다. 《텔레마코스의 모험》이라는 책 한 권으로도 학생들은 프랑스어 전체를 학습할 수 있다. "전체가 전체 안에 있는 것"이다.

우리는 랑시에르가 '배움'이 아니라 '가르침'이라는 용어를 사용하고 있음에 주목할 필요가 있다. 왜 보편적 배움이 아니라 보편적 '가르침'일까? 가르침 없는 배움을 우리는 '독학'이라 부르며 독학은 일종의 배움의 연쇄이다. 그런데 랑시에르는 이런 배움의 연쇄를 '가르침'이라 명명하고 있는 것이다. 나아가 이런 보편적 가르침을 통해 누구나 지적으로 해방될 수 있다고 본다. 배움과 가르침에 대한 상식을 전복하는 것이다.

대개 교육은 지식을 가진 교육자가 지식을 가지지 못한 학습자에게 지식을 '가르쳐 주는' 과정으로 간주된다. 학습자는 무엇인가를 모르는 존재라는 '결핍'의 관점에서 구성된다. 랑시에르가 보기에 이는 불평등을 전제하는 것이다. '아는 자'가 '모르는 자'를 가르친다는 것은 당연한 일처럼 보이지만 사실은 아는 자가 모르는 자를 가르치는 '일방향적인 설명'의 과정 속에서 무한하게 불평등이 재생산된다. 아는 자는 계속 권력을 가진 자이며 모르는 자는 그를 좇는 자여야 하기 때문이다.

이런 구조 속에서 "학생을 발화자로 보는 것은 해방적 교육을 위한 새로운 출발점" Biesta, 2010a 이 된다. 보편적 가르침은 학습자가 스스로를 가르칠 수 있는 존재라는 믿음 위에서 가능하다. 학습자들이 교육자와 지적으로 다르지 않다는 것, 즉 출발부터 '지적으로 평등하다'는 믿음이 보편적 가르침의 근간을 이룬다. 바보화하는 stultifying 과정이 학습자를 지적으로 우월한 자에게 종속시키는 것이니 해방은 "지성이 스스로 학습자 자신 에게만 복종하는 상태가 될 때" 이루어진다. 해방교육은 결국 개개인이 자신의 지성을 드러내는 과정이다. 개인은 "자신이 받은 지적 해방의 혜택을 다른 이들에게 알림으로써 남을 도울 수" 있으며 Rancière, 2008a: 40 , 이런 상호 배움의 연쇄가 교육이다. 평등은 도달해야 하는 목표가 아니라 출발 지점의 진단인 것이다.

2. 랑시에르의 교사론

랑시에르는 보편적 가르침에 관여하는 스승을 세 차원에서 정의한다. 첫째, 학생에게 가르칠 것을 알지 못하는 스승. 둘째, 어떤 앎도 전달하지 않으면서 다른 앎의 원인이 되는 스승. 셋째, 불평등을 축소하는 수단을 조정한다고 여겨지는 불평등에 대한 앎을 모르는 스승. 모든 학생을 평등하게 대하고 학생에게 특정한 지식을 주입하려고 하지 않으며 학생을 믿는 스승이 그 조건이다. 보편적 가르침의 과정에서 교육자는 학습자에게 '지식'을 가르치지 않지만 '의지'를 가지고 학습을 강제하며 모든 학생이 지적으로 평등하다고 믿는다.

교육자와 학습자의 관계는 의지의 관계이지 지능의 관계가 아니다. 지적인 차원에서 한 사람이 다른 사람에게 복종하는 것은 있을 수 없는 일이라고 보면서 랑시에르는 '지적으로는 평등하나 의지 will 의 차원에서 복종하는 것'이 교육적 관계라고 파악한다. 여기에서 좀 더 주의를 기울여야 하는 것은 학생을 그냥 놔두기만 하는 것을 교육자의 배려라고 보지는 않는다는 점이다. 랑시에르는 지적으로 개입하지 말아야 한다고 강조하지만 학습자를 그냥 놔두는 것을 제안하는 것도 아니다. 자코토가 스승이었던 까닭은 "학생들을 그들 혼자서 빠져나올 수 있는 고리 안에 가둬 두도록 명령했기 때문" Rancière, 2008a: 30 이다. 스승은 의지로 강제한다.

랑시에르는 지식의 자리에 '열린 책'을 둔다. 교육자는 의지의 자리로 이동한다. 사물, 즉 책은 교육자가 설명을 통해 지식을 자신의 것인양 제시하던 "무능력의 속임수와 앎의 속임수를 동시에 쫓아낸다" Rancière, 2008a: 71 . 교육자가 학습자에게 지식을 가르치는 대신에 학습자가 책의 내용을 제대로 알고 있는지를 확인하면 충분하다. 이 과정을 통해 학습자가 배울 수 있도록 만든다는 것이다.

교육은 "두 이성적 존재 교육자/학습자 사이에서 일어나는 모든 소통의 동력을 작동시키는 것" Rancière, 2008a: 126 이며, "생각은 진리로 말해지는 것이 아니라 진실함으로 표현" Rancière, 2008a: 120 된다. 교육자와 학습자의 관계는 철저히 '덕'의 관계이고 정서적 관계이다. 스승이란 "구하는 자가 그의 길을 계속 가도록 유지하는" 자이다. 구하는 자, 즉 학습자가 계속해서 구하도록 '만들어 주는' 것. 그 의지의 구현체가 바로 교육자이다.

이런 점에서 랑시에르의 보편적 가르침은 소크라테스식 대화법이나 듀이식의 경험 중심적 교수법 혹은 맑시즘의 해방적 교육론과 다르다. 소크라테스의 대화법은 학생을 대화에 끌어들이기는 하지만 지적 불평등에 기반을 두고 있다. 듀이에게는 사회계급의 코드가 없다. 맑시즘은 해방을 논하지만 진보적 엘리트의 주장에 복종할 가능성이 높다. 랑시에르에 따르면 아무리 진보적이라고 하더라도 기존 교육론의 전제는 하나의 지능과 또 다른 지능이 관계를 맺는 일이고 우수한 지능과 열등한 지능 간의 판별이 작동하는 한 이는 '불평등한 관계'를 재생산한다 Bingham, 2010. 이런 방식으로 불평등의 구조화가 진행된다.

> 사상가가 노동자의 지능을 무시할 수 있는 까닭은 바로 노동자가 농민을 무시하고, 농민이 여성을 무시하고, 여성이 이웃 여성을 무시하고 이렇게 무한히 이어지기 때문이 아닌가. 사회의 무분별을 집약하는 정신은 우리가 우월한 열등자의 역설이라고 부를 수 있는 것에 있다 Rancière, 2008a: 167.

해방은 지적능력의 평등을 전제로 모든 인간이 자신의 방식대로 지각의 틀을 재편성할 때 찾아온다. 교육자를 지능/지식의 차원에서 규정하지 않는다는 것은 혁명적인 의미를 가진다. 열등한 지능과 우월한 지능이 있다는 신화, 그래서 "우월한 지능이 사물을 이성적으로 인식"하여 열등한 지능에게 알려 주며, 열등한 지능은 "지각을 무작위로 등록하고 기억해 두고 해석하고 … 되풀이"하는 그런 관계가 모든 교육의 기반이기 때문이다. 생물학적으로 보이는 '우월한/열등한' 지능의 구분은 불평등이 사회질서의 토대라는 것을 긍정하게 한다. 만약 이미 이해한 교육자가 이해하지 못한 학습자를 이해시키고자 한다면 교육방식을 개선하는 것은 평등을 가져올 수 없다. 그것은 "바보 만들기의 진보"일 뿐이다.

Ⅱ. 해방의 재개념화: 감각의 재분배

1. 개념의 전도

랑시에르는 현재의 교육 패러다임의 근간을 비판하면서 학습자는 아무리 무지해 보여도 스스로 배워 나가는 과정을 통해 해방될 수 있는 존재이며, 해방은 기존의 모든 시스템에 자동적으로 수반되는 우월/열등이라는 구분선에 기초한 지배의 방식을 전복하고 자신의 지성을 계발하는 교육적 과정이라고 보았다. 학습자들은 교육자로부터 권한을 이양받아 스스로 학습의 주체가 될 수 있다는 것이다. 그렇다면 우월/열등의 구분선을 해체하는 것은 어떻게 가능한가? 랑시에르는 해방의 재개념화 혹은 재구조화로 이에 답한다.

일반적으로 '해방'은 주로 정치적 맥락에서 "종교나 재산 등 개인의 어떤 사적인 특성과 상관없이 법 앞에 평등하고 국가와 관련하여 개개 시민이 동등한 지위를 가지는 상태"를 말한다. 즉, 해방은 불평등한 사람들이 평등한 상태로 나아가는 과정을 일컫는다. 이와 같은 비판적-해방적 교육학의 차원에서 교육은 '피지배계급이 정치적 억압에서 해방되는 것'으로 조망되어 왔다 홍은영, 2012.

이런 해방에 대한 정치적 규정은 피지배계급이 어떻게 해방으로 나아가는가의 문제를 잘 설명하지 못한다. 지배계급이 제도교육을 장악한 상황 속에서 그들의 헤게모니가 유지되거나 아비투스 Habitus 를 통해 계급이 재생산된다면 피지배계급은 해방될 수 없을 것이기 때문이다 Bourdieu, 2005.

랑시에르는 이런 규정에서 벗어나 해방을 "소수자로부터 벗어나는 것"이라고 정의한다. 이는 소외계층 minority 에서 벗어나 주류 majority 로 간다는 의미가 아니라 소수자 스스로 자신을 소수자로 보는 시각에서 벗어나는 것을 말한다. 소수자가 자신을 소수자로 보지 않는 것은 "사물의 질서에 대한 파열"을 수반한다. 파열은 숨어 있던 주체성의 출현을 의미하며 곧 주체화의 과정이다 Biesta, 2010b: 46. 랑시에르의 구도에서 해방은 모든 '보통 사람'이 "자신의 존엄함을 깨닫고 자신의 지적 능력의 진가를 알아보며 그 능력을 결정할 수 있을 때" ibid: 39 찾아온다.

한편으로 이는 자유주의적인 한계를 가지는 규정이라 볼 수 있다. 계급적 한계를 주시하지 않은 채 인간 내면의 존중과 능력을 중시한다고 볼 수 있다. 그러나 일상적으로 존엄한 대접을 받지 못하는 사람이 "스스로의 존엄함을 깨닫"는 일, 지적으로 열등하다는 평가를 받는 사람이 자신의 "지적 능력"을 아는 일, 그리고 스스로에 대한 믿음 속에서 결정을 해 나가는 일은 개인에 대한 존중과 자유라는 자유주의적 원리를 넘어서서 랑시에르를 '가장 급진적인 학자'라 평가하는 이유이기도 하다.

구체적으로 보자. 랑시에르는 정치 politique 와 통치 혹은 치안 police 을 구분하면서 권력을 중심으로 기존 사회를 유지하는 '통치'와 달리 '정치'는 공동체적 삶을 이끌어 내는 기술이라고 재정의한다. 정치란 "민주주의적 다수의 법을 공동체적 삶의 원리로 전환하는 기술"이다. 이렇게 새롭게 규정된 정치 개념 위에서 민주주의는 통치형태나 사회적 삶의 방식이 아니라 '정치적 주체들이 존재하기 위해 거치는 주체화 양식'으로 재정의된다. 듀이가 민주주의와 교육을 불가분의 관계로 놓고 민주주의를 역동적으로 개념화한 것과 마찬가지로, 랑시에르는 평등이라는 전제를 현실로 만드는 과정을 '정치'라고 부른다.

그간의 사회운동이 평등한 사회를 '향해' 투쟁할 것을 요청했음에 비해 랑시에르는 노동자가 '이미' 평등하며, 사회운동은 이 사실을 '증명'하는 것이 필요하다고 주장한다. 해방은 지배자와 피지배자가 동일한 권리를 갖는 것이 아니라 피지배자가 이미 평등한 위치에서 자신의 방식대로 살아가는 '주체성'을 갖는 일이다. 랑시에르는 '다른 시간성', 즉 불평등주의가 원래 없었던 것처럼 불평등주의적 가정들을 거부하고 '현재를 계속해서 발명하는 것'을 과업으로 삼는다. 그런 운동이야말로 근원적 운동이라는 것이다. 불평등 위에서 출발하고 불평등을 줄이기 위해 노력하는 사람은 단지 불평등의 위계를 만드는 일을 해 나갈 뿐이다 Biesta, 2010b.

2. 감각적인 것의 재분배

그렇다면 소수자들의 자존감과 주체감은 어떻게 획득될 수 있는가? 사회의 구성원이 '가시적인 것의 분배'에 연연할 때 지배가 관철된다. 눈에 보이는 분배를 중시하고 평등하게 분배하는 일에 몰두할 때 지배는 강고화된다는 것이다. 랑시에르는 분배와 같은 '가시적인 평등의 작업'에 대하여 분배가 이미 변형 혹은 확증의 일환임을 밝힌다. 분배라는 말 자체가 일종의 행위임을 깨달을 때에야 비로소 평등이 시작될 수 있다고 본 것이다 Rancière, 2010: 277.

주체성을 획득하기 위해서는 공적인 것과 사적인 것을 구성하는 공간의 분배, 가시적인 것의 포함과 배제, 주어진 이름들의 수용이나 거부와 같은 여러 감각을 키워 내는 과정을 통해 기존의 감각과는 다른 감각을 만들어 내는 것이 필요하다. 랑시에르는 '감각적인 것의 나눔'이라는 전략을 제시한다. '나눔'이란 분배와 달리 각자의 몫에 참여하게 만드는 것이다. 감각하는 여러 방식이 구분되는 것, 예컨대 보이는 것과 보이지 않는 것, 들리는 것과 들리지 않는 것, 말할 수 있는 것과 말할 수 없는 것의 '나눔'은 누가 주체인지를 드러낸다. 그 부분의 과정이 실천이다. 때로는 소리가 들리지 않고 대상이 보이지 않게 만드는 감각 방식이 있다. 이런 공통의 지각 형식을 새로운 방식으로 나누어 가는 일이 '투쟁'이다. 새로운 감각세계가 이전의 감각세계 위에 포개지면서 나눔이 재편성되는 것이 진정한 변화이다. "감각적인 것의 나눔이란 감각 경험 안에 갈등적인 공통 공간을 짜는 일" Rancière, 2008b: 26 이다.

가령 특정한 공간에서 의사소통이 이루어지고 있다면 '누가 말의 영역에서 배제되고 무력화되어 있는가?'라는 문제를 제기할 필요가 있다. 누가 말하는가의 문제는 '말하도록 허락된 것'의 문제이다. 교육 공간에서 허락된 자는 '강사'이다. 가르칠 만한 권위와 지식을 가진 사람이 말하도록 허락되어 있기 때문이다. 이런 맥락에서 보면 학습자가 말한다는 것은 말하도록 허락된 자의 범위를 변화시키는 일이며 나아가 의미를 창출하고 그 공간에서 말에 대한 감각을 바꾸는 것을 말한다.

이렇게 해서 만들어진 새로운 공간은 동의의 공간이 아니라 불일치와 위반의 공간이다. 동의나 합의가 아니라 이견과 의견 충돌이 더 근본적이며 중요하다. 한 사람이 옳다는 것을 증명하는 일은 타인을 틀렸다고 밀어붙이는 일이 아니다. 진정으로 모든 사람이 평등하다면 누구나 자신의 주장을 자신의 방식으로 내세울 수 있어야 한다. 즉, 해방은 탈정체성의 작업을 통해서만 "노동자들이 행하고 보고 살고 느끼고 말하는 지배가 벼려 놓은 방식에서 벗어나는 틈을 만드는 작업을 통해서만" 이루어질 수 있다.

위반하는 실천은 기존의 지배자들이 정해 놓은 '감각하는 방식'을 벗어나는 과정을 통해 가능하다. 노동자들이 "스스로 해방된다는 것은 이탈을 감행하는 것이 아니라 공통세계를 함께-나누는 자로서 자신을 긍정하는 것을 전제하는 것" Rancière, 2008b: 113 이다.

이를 위해서는 언어와 사물 사이의 거리를 인정해야 한다. 만약 언어가 진리를 그대로 표상할 수 있다면 감각적인 것의 재분배를 할 수 있는 여지도 줄어든다. 교사가 '진리'를 말하면 학생은 수용해야 할 뿐이다. 하지만 진리는 원래 언어로 곧바로 표현될 수 없다. 언어 외의 공간에서 진리가 생성되기 때문이다. 이런 점에서 언어의 임의적인 속성을 부정하는 사람은 민주적 상호작용의 가능성을 무시하는 사람이다. 언어의 임의성은 모든 언급이나 모든 수용을 도전으로 바꾸어 '듣고 싶은 것'과 '말하고 싶은 것' 간의 긴장관계를 촉발한다 Rancière, 2008a: :81 . 정리하자면 감각적인 것의 나눔이란 특정한 사람에게는 생산을, 또 다른 사람에게는 사고의 특권을 부여해 왔던 전통적 분배방식에 대한 균열을 의미하는 것이다 Rancière, 2008c: 219 .

랑시에르는 1830년대의 노동자의 삶을 연구하면서 당시 노동자들은 신문, 결사, 시 창작, 동아리 활동 등을 했는데 이때 노동자들이 한 일은 해방이 기존의 방식대로 행사하는 것을 넘어서는 일이었다고 보고한다. 정해진 길이 아닌 길을 만들어 내는 것. 이런 이견의 생산은 주체가 자신의 모습을 드러내는 '주체화의 행위'이다. 랑시에르는 주체화가 "기존의 주어진 경험영역에 머무르지 않고, 그래서 유사한 경험의 틀을 만드는 한 부분에 머무르지 않고 자신의 능력이나 일련의 신체 행동으로 이루어 내는 생산" Rancière, 2008a:: 35 이라고 본다.

이견은 설명을 하는 교사가 제출할 수 없다. '시적 poetic 인간'을 통해서 가능하다. 시적 인간은 정서라는 침묵하는 언어와 발화된 혀가 갖는 임의성 간의 차이를 작업하는 사람이다. 시인은 진리가 해석자의 경험으로 번역될 수 있으며 언어는 진리의 전달이 아니라 '번역'의 과제를 가지고 있다고 보는 사람이다 Bingham, 2010. 나눔이란 설명이 아니라 이디엄 idiom 을 창조하는 일이다. "배우는 사람들이 스토리텔러나 번역자가 되는 공동체가 바로 해방된 공동체"인 것이다 Bingham, 2010: 662. 해방된 교사는 진리의 *설명-전달자*가 아니라 스토리텔러이다.

Ⅲ. 평등한 교육의 내포와 외연

지금까지 논의를 통해 우리는 '사회적 평등이 실현되기 위한 조건으로서의 교육적 평등'이라는 개념 틀을 추출할 수 있다. 상식적인 차원에서 평등을 구현하는 것은 '불평등한 사람을 평등하게 대접하는 일'로 간주되고 있지만, 사실상 '불평등하다'고 전제하는 순간 우리는 불평등의 트랙에 들어서며 그 불평등의 강고화는 설명이라는 방식을 통해 내면화된다. 누군가는 똑똑하고 다른 누군가는 그렇지 않다는 상식, 누군가는 아는 사람이고 다른 누군가는 그에게 배워야 한다는 믿음이 현재의 교육적 실천을 이루며 그 교육적 실천을 통해 사회적 지배는 강고화된다.

랑시에르는 교육적 실천에 개입하지 않고는 평등이 불가능하다고 본다. 모든 사람은 완전히 '동등한' 지적 능력을 가지고 있다고 믿고 그 지적 능력을 스스로 사용하도록 교육적 질서를 바꾸는 것이 올바른 해방의 과정이다. 이는 평생교육의 이념적 지향에 대해 뚜렷한 준거를 던져 준다. 평생교육이 사회평등에 기여하기 위해서는 더 많은 학습자에게 교육의 기회를 제공하는 것이 중요한 것이 아니라 학습자들이 학습주체로서 스스로 배우고 기존의 경험을 연결하도록 해야 한다. 소외계층에게 교육프로그램을 제공하는 것은 오히려 현재의 지배 체제를 강고화하는 교육이 될 수도 있다. 소외계층이 스스로 학습하게끔 '의지'를 가지고 밀어붙이는 것이 촉진자가 할 일이다.

학습자가 자신을 믿고 자신의 지식생성력을 믿으면 그로부터 기존의 논의와는 전혀 다른 '이의' 혹은 '위반'이 생겨난다. 언어로는 포착되지 못하는 경험의 잉여 부분이 기존의 판 자체를 바꾸어 놓는 것이다. 하나의 권력이 다른 권력으로 대치되는 것이 아니라 권력 구조 자체가 바뀌는 것이 평등이고 학습자 중심성이다. 가르치는 자와 배우는 자의 권력이 '균형'을 이루는 것이 아니라 언어와 침묵의 방식 자체가 바뀌는 것, 가르치는 자의 역할이 붕괴하고 배우는 자의 배움 방식이 바뀌는 것이 평등이다. 그래서 랑시에르의 논의 구도에서 학습자 중심성의 준거는 새로운 의미의 평등이고 평등은 해방의 열쇠말이 된다.

랑시에르의 이론은 구조주의와 개인주의를 비판적으로 관통한다. '구조'만을 강조하는 맑시즘에 대해서는 인간의 주체성을 강조하고 동시에 '개인'의 자율성에 집착하는 자유주의에 대해서는 몰사회성을 비판하면서 '평등'이라는 사회적 출발점을 명료하게 제시한다. 이런 점에서 랑시에르는 프레이리를 정교화한다 Lewis, 2010. 랑시에르는 소외된 자의 개인적 지적 발전이 얼마나 중요한 역할을 할 수 있는지를 사회구조적으로 설명하고 있는 것이다.

랑시에르는 다양한 용어로 새로운 논의틀을 제시하지만 실천 현장을 보면 이미 실행되고 있는 모습이기도 하다. 이미 많은 학습자들이 학습공동체의 형성 과정 속에서 주체화를 경험하며 정해진 언어들의 한계를 실감하고 넘어서고자 한다. 또 많은 평생교육사들은 학습자의 지적 능력을 믿고 학습자들이 스스로 학습해 나가도록 촉진하는 역할을 담당한다.

랑시에르가 예리하게 지적하는 것은 사회평등을 지향하는 실천들이 지적

계단의 상층을 향하는 우愚를 범하기 쉽다는 것이다. 학습자가 더 많은 지식을 갖도록 설명하는 것이 대표적이다. 필요한 것은 학습자가 지식에 대한 새로운 감각을 지니고 나름의 의견을 제시하도록 학습하게 '밀어붙이는' 일이다. 이런 맥락에서 연구란 현장에서 이루어지는 하나하나의 실천이 어떤 의미를 가지고 있으며 그 지향성이 어떤 '학습주체적' 의미를 가지고 있는지에 대한 분석을 말한다. 크게 혹은 작게 진행되는 새로운 교육적 실천이 감각-지능-정치적 평등의 차원에서 의미를 갖도록 출발점 평등을 구현하는 일이야말로 추후 과제일 것이다.

참고문헌

강인애 · 주현재(2009). 학습자중심교육의 의미에 대한 재조명. **학습자중심 교과교육연구**, **9**(2), 1-34.

김신일 외(2005). **학습사회의 교육학**. 교육과학사.

권낙원(2001). 학습자중심교육의 성격과 이론. 창간호. **학습자중심 교과교육연구**, 창간호, 29-40.

목영해(2012). 랑시에르 교육관이 학력양극화 해결에 주는 시사점. **교육사상연구**, **26**(2), 35-48.

서동진(2009). 자유의 의지, **자기계발의 의지**. 돌베개.

홍은영(2012). 비판적 교육학은 자기비판적인가? **교육철학연구**, **34**(1), 205-227.

Biesta, G. (2010a). *Learner, student, speaker: Why it matters how we call those we teach. Educational Philosophy and Theory, 42*(5-6), 540-552.

Biesta, G. (2010b). A new logic of emancipation: The methodology of Jacque Rancière. *Educational Theory, 60*(1), 39-59.

Bingham, C. (2009). Under the name of method. *Journal of philosophy of Education, 43*(3).

Bingham, C. (2010). Settling no conflict in the public place: Truth in education, and in Rancierean scholarship. *Educational Philosophy and Theory*, 649-665.

Bourdieu, P. (2005). **구별짓기: 문화와 취향의 사회학**. 새물결.

Deranty, J. P. (Ed.). (2010). *Jacque Rancière: Key concepts.* Durham: Acuman Publishing Limited.

Lewis, T. E. (2010). Paulo Freire's last laugh: Retinking critical pedagogy's funny bone through Jacques Ranciere. *Educational Philosophy and Theory*, 42(5-6), 635-648.

McCombs, B. L. & Whisler, J. S.(1997). *The learner centered classroom and school: Strategies for increasing student motivation and achievement*. San Francisco: Jossey-Bass.

Rancière, J. (2008a). **무지한 스승**. 민음사.

Rancière, J. (2008b). **정치적인 것의 가장자리에서**. 길.

Rancière, J. (2008c). **감성의 분할: 미학과 정치**. 비.

Rancière, J. (2010). **합의의 시대를 평론하다**. 인간사랑.

Rancière, J. (2011). **문학의 정치**. 인간사랑.

12장

평생학습의 맥락과 주체의 변형 :
신자유주의적 자기계발인가 해방적 자기배려인가

I. 평생교육연구에서 맥락 분석의 중요성

1. 교육공학적 문제의식과의 차이

평생교육학에서 사용하는 '맥락' 개념은 기존의 교육공학에서의 맥락과 출발점이 다르다. 후자는 학교의 학생을 중심으로 수업의 결과 습득된 내용이 실제 현장에 적용되기 어렵다는 점에 주목하여 '현장 적용능력'을 높이기 위한 방법으로서의 맥락을 구안한다. 현장과 교실 간의 차이를 줄이기 위해 학습전이의 문제나 맥락 요인을 반영하는 교수설계의 문제에 초점을 맞추는 것이다 Dick, Carey & Carey, 2009. 창의성 발달이나 지식의 전이를 극대화시키기 위한 이러한 맥락기반의 교수법은 맥락의 중요성에 주의를 기울이되 기본적으로 학습맥락을 창조한다는 문제의식에 기반한다. 다시 말해, "학습 내용이 현장에 적용되어 의미를 형성하는 맥락의 질을 생성하는 것을 경험할 수 있도록 학습 내용과 관련된 과제, 도구, 상호작용활동을 설계하는" 박경선·나일주, 2011: 6 맥락 설계가 관심의 중심에 있는 것이다. 맥락 설계는 학습자를 둘러싼 사물-사건-현상-행위 등을 구성하고 있는 핵심요소와 가정을 교육장면에 도입하는 일로, 현실의 맥락이 갖는 다의성의 문제를 극복하고자 한다.

학교에서의 교육 과정을 좀 더 맥락 반영적으로 구성하기 위해 이런 이론들에서는 성인학습연구에서 제안된 상황학습 Lave & Wegner, 1991 이나 문제기반학습 Barrows, 2002; Barell, 2006 등의 논의를 도입한다. 실제적이고 풍부한 맥락에서의 학습을 '지원하기 위해' 능동적으로 참여하고, 질문하고, 협력할 수 있도록 교육과정을 설계하는 것이다.

평생교육학에서 맥락에 대한 관심은 학습자의 현재에서 출발한다. '맥락'의 어원을 보면, 맥락을 뜻하는 영어 context는 라틴어 contexere에서 파생한 말로 '공동으로 짜 맞추며 결속한다'는 뜻이다. 텍스트가 의미를 갖는 것은 공동의 묶임 틀 안에서이고, 맥락이란 그런 묶임이 밖으로 드러나게 된 상황을 말하는 것이다. 텍스트는 그 텍스트를 전달받는 대상이 그 내용을 이해할 때 그 내용이 최종적으로 결정된다 정화열, 1999. 맥락이 없다면 텍스트 이해는 사실상 불가능하다는 것이다. 즉, 학습된 내용은 항상 그 학습이 이루어진 상황을 동반한다는 말이다.

공학적 차원에서 '어떤 학습을 하도록 설계할 것인가'가 중심 관심이라면, 평생교육에서는 학습자가 '현재 어떤 방식으로 학습하여 이런 처지에 놓여 있는가'를 밝히고자 한다. 강대중 2012 은 실제 학습자들의 생활과 학습을 이전의 학습이력이나 학습습관, 인터넷 동호회라는 매체의 특성에 따라 설명하고, 이영환·상종열 2013 은 문해학습이 인생 전반에 대한 태도 전환의 기제가 되는 과정을, 김효경·윤창국 2014 은 학습동아리를 통해 변화해 가는 과정을 확장이론에 근거하여 설명한다. 성인학습자들은 이미 자신만의 뚜렷한 삶의 궤적을 가지고 있으며, 학습은 이 궤적과 관련하여 해석할 때 비로소 제대로 된 의미가 살아난다는 것이다.

다시 말해, 학습자 맥락에 대한 이해의 필요성 위에서 학습자가 일상적으로 어떤 상황에 놓여 있으며, 어떻게 학습을 하게 되는가라는 기술적 연구 descriptive가 진행되는 것이다. 프로그램 개발을 수반하는 실천적인 연구의 경우에도, 학습자의 사회경제적 맥락을 파악하거나 학습자 참여 장애요인을 학습자들이 처한 맥락에서 분석하는 내용이 중심을 이룬다. 평생교육학에서는 일상의 학습을 이루는 맥락의 암묵적 작동방식에 관심을 가진다는 것이다. 사회역사적-경제적 맥락이 특정한 방식의 억압이나 차별을 정당화할 경우 학습은 그 기제를 벗어나 진행될 수 없다. 현재의 맥락을 정교하게 분석하는 것이야말로 평생학습의 주제 추출 과정인 것이다 Tisdell et al., 2012.

2. 맥락이라는 용어

맥락이라는 용어를 분석해 보면, 공통적으로 '환경과 행위자의 접속'이라는 차원의 교육학적 의미를 내장하고 있다. 우선, 맥락은 '환경'이나 '상황'과 달리 행위자를 경유한다. 맥락은 현재의 사건 또는 행위가 과거의 역사적 사건 또는 행위의 연속적 흐름에 영향을 받아 생성되는 역사적 사건 또는 행위의 재현으로서 미래의 사건 또는 행위에 영향을 준다 Pepper, 1942. 다시 말해, 맥락은 행위자가 과거의 행위로부터 영향을 받아 미래에 어떤 방식으로든 변화가 이루어진다는 의미를 내장한다.

다음으로 맥락은 개인과 사회의 변증법적-상호적 생성을 함축한 개념이다. 맥락은 인간이 자신의 특정 목표나 목적을 달성하면서 사회를 만들어 간다는 생성적generative 특성을 가지고 있을 뿐 아니라 인간의 행위와 관련된 인공물, 타인, 환경 들을 개인이 반영하는 내면화의 특성을 가진다 Rogoff, 1984. 따라서 일상에서 일어나는 행위를 제대로 이해하기 위해서는 그것의 맥락인 배경을 하나의 통합된 전체로서 파악해야 한다 Fox, 2006. 이렇게 보면 학습에서 맥락은 '학습자에 대한 환경의 관여'의 방식을 명시화하기 위해 도입된 개념으로 다분히 학습에 영향을 미치는 방식까지 포괄하는 용어라고 볼 수 있으며, 학습자들이 축적해 온 사고 방식이나 규범, 신념이나 관계의 양식을 틀 잡는 어떤 것이라고 볼 수 있다.

평생교육학적 차원에서 보자면, 맥락은 문화와 연동하여 해석될 경우 보다 개념적 유용성을 갖게 된다. 예컨대, 신념이라거나 국가의 문화적 특성, 이데올로기에 이르는 다양한 문화적 준거 Hofstead et al., 2010 는 개개인의 내적 구조를 이루면서 집단적 행위로 나아가게 하는 기반이 된다. 노르딕 국가에서 개인의 우월성을 표현하는 사람은 기본적 소양이 부족한 것으로 간주된다거나, 일본에서 폐를 끼치는 것에 대한 비난이 그것이다. 이렇게 문화적 규범이 학습과 맞닿는 장면이 학습자에 대한 해석을 가능하게 하는 맥락이다.

맥락은 한편으로는 개인에게 수용되지만, 반대로 개인의 성향을 반영하기도 한다. 예를 들어 민주주의는 정치적 맥락을 형성하면서 개인의 자기표현에 대한 정당성을 부여하지만, 이렇게 해서 생겨난 평등에 대한 신념은, 젠더나 동성애 등 그간 문제시되지 않았던 영역의 출현을 가능하게 한다. 자본주의는 경제적 맥락을 형성하면서 교환가치에 대한 신념을 갖게 하지만, 이렇게 해서 인간의 노동까지 교환가치로 환산되면 인간을 상품으로 보는 신자유주의적 관행이 생겨난다. 푸코가 권력-담론-지식의 복합체를 해체하여 재조명했던 지적 작업은 학습의 관점에서 보면 맥락에 의한 주체의 전유, 그리고 주체에 의한 새로운 맥락의 생성이라는 변증적 과정이라고 볼 수 있다. 이제 그 두 측면에 대해 살펴보자.

Ⅱ. 신자유주의 통치 테크놀로지로서의 평생교육

1. 신자유주의 통치성

맥락을 고려하여 평생교육을 둘러싼 담론을 구분해 보면, 평생교육담론은 대략 평생교육의 필요성 담론과 정당화 담론, 사회구성 담론으로 구분해 볼 수 있다. 필요성 담론이 국가 정책적 차원에서 평생교육의 필요성을 강조하는 것이라면, 정당화 담론은 평생교육의 정당성을 인권적-인간발달적 차원에서 주장하는 담론이며, 사회구성 담론은 평생교육이 시민학습자를 생산함으로써 그리고 배움의 연쇄를 만들어 냄으로써 사회를 구성해 나아간다는 입장을 피력한다. 2000년경 평생교육 담론이 등장한 이후, 거버넌스의 변화에 따라 필요성 담론은 정당화 담론으로 또 사회구성 담론으로 변화하거나 정교화되거나 중첩되어 전개되어 왔다.

여러 담론의 기저에 권력 변수를 대입해 보면, 평생교육 담론은 지식기반사회의 등장과 이에 따른 유연한 주체에 대한 요구와 맞물린 신자유주의 담론과, 평생학습을 해방의 주요한 기제로 보면서 기존 교육학의 무맥락성과 가치중립성의 문제점을 지적하는 비판적 담론으로 구분할 수 있다. 평생교육이라는 담론을 사회-권력적 차원에서 보면, 평생교육을 정당하고 필요하며 필수적인 것이라고 인식하는 시각 자체가 통치성과 관련되며 이는 학습자에게 과도한 적응과 불안감을 갖도록 함으로써 일상적인 소외 상태에 놓이게 한다. '평생학교'화된 사회 속에서 사회구성원들의 내면이 피폐화된다는 것이다. 반대로 평생교육이 학습자들을 일깨워 자신을 둘러싼 권력 현상을 민감하게 해석하면서 해방의 주체로 나서게 한다는 입장도 있다. 학습자를 옥죄는 사회-구조-문화-계급적 규정은 그에 대한 인식에서 비롯되며, 자신의 문제의식으로 사회를 재구성하는 과정으로 나아갈 수 있다. 이렇게 보면 마을의 학습공동체는 학습자의 자기배려 인식과 공유의 담론이 작동하는 공간이다.

신자유주의 통치기술로서 평생교육을 바라보는 입장은 푸코M. Focault의 분석을 빌려온다 손준종, 2015. 푸코의 통치성governmentality은 출산억제나 출산 장려 정책과 같이 인구에 관한 통계학적 정책이라거나 건강이나 수명과 관련된 테크놀로지를 통해 한 국가의 국민들을 관리-통치하는 것을 말한다. 현대 사회의 권력 형태이기도 한 이 '생명관리권력bio-power'은 법이나 규율로 통제하는 것 이상의 통치력을 갖는다. 사회구성원들이 스스로 자신의 삶을 관리하는 과정에 권력이 스며들기 때문이다. 이것이 신자유주의적 통치의 본질이기도 하다.

신자유주의적 통치는 사회 속에서 살아갈 수 있는 자insider와 사회 바깥에 버려져야 하는 자 사이outsider의 경계선을 긋는 배제의 방법기술이다. 20세기의 신자유주의는 인간형을 변형시킨다. 비교하자면, 자본이나 국가권력의 폭압적 지배를 받는 노동계급이나 피지배계층은 '계급적' 저항을 통해 스스로의 권리를 확보한다. 저항하는 산업사회의 인간형이 생겨나는 것이다. 자본은 노동과, 노동은 여가와 분리되어 존재한다. 그러나 신자유주의적 지배하에서 개인은 신체뿐 아니라 자신의 모든 행위를 자본으로 다루는 '기업가'의 위치를 부여받는다. 신자유주의 통치성은 건강하고 생산적이며 유연한 인구를 만드는 것을 목표로, 사회구성원들이 지속적인 교육적 교정을 통해 '이윤을 생산하는 능력'을 갖추도록 한다 Gorden, 2014. 그런데 이런 '유연한 인구'로 변화하는 것은 바로 평생교육을 통해 가능해진다. 구체적으로 국가는 평생교육담론을 통해 학습욕망을 통치화하고 학습을 자본화하며 학습과 관련된 권력/지식을 중심으로 사회를 재조직화한다.

이런 시각에서 보면 평생학습은 자아를 관리하는 전형적인 방법으로, 이는 국가가 개인에게 스며드는 적극적인 방식이라고 볼 수 있다. 학습자는 기업가의 마인드를 갖춰 스스로를 통제하고 관리하여 계발해야 하기 때문이다. 현대 국가의 신자유적인 통치성은 개인이 시장 원리를 내면화된 복종의 형식으로 받아들여 자발적으로 자신의 인적 자본을 극대화하게 만든다. 평생학습을 하지 않는 사람은 어느덧 게으르고 무능한 사람이 된다. 평생교육은 권리이기보다는 학습하지 않는 자에게 낙인을 찍는 적극적 개입의 과정이며, 평생교육의 담론 속에서 사회구성원들은 새로운 학습규범을 수용하며 행동을 교정하게 되는 것이다. 다시 말해, 맥락적으로 해석해 보면 평생교육은 사람들이 기존의 수동적 습관을 벗어나 새로운 학습에 열중하도록 하는 과정에서 자본주의적 자아를 수용하게 하는 테크놀로지로서 '신자유주의 통치성'의 일환이라 볼 수 있다.

2. 한국의 평생교육 통치성

한국 교육에서 신자유주의의 시발점은 1995년 교육개혁위원회의 5.31 교육개혁안에서 찾아진다. 그 시기는 1980년대의 레이거노믹스와 대처리즘이 그간의 강고했던 복지국가론을 흔들고, 그 여파가 '세계화'라는 구호로 우리 사회에 상륙하던 때이다. 국가발전을 위해 요청되는 경제개혁은 세계화 없이는 불가능해 보였고, 언제나 그렇듯 변화의 가장 쉬운 단추는 교육정책의 개혁이었다. 5.31 교육개혁안은 그런 세계화의 맥락에서 자율적 교육에 대한 지향을 담고 제출되었으며, 평생교육은 그 중심 기류였다.

이후 1997년 IMF를 거치면서 신자유주의적 문제의식과 개혁안은 사회의 저변으로 강력하게 퍼져 나갔다. 전 사회적 구조조정 속에서 사회는 '자기계발'을 화두로 삼아 개인이 스스로를 하나의 기업처럼 관리해 나갈 것을 요청했다. '신지식인'의 창의성이 사회를 구제한다는 판단에 따라 입시에 창의인재전형이 생겨나고 학교는 다양화되었으며 각종 평가가 도입되었다. 한편으로 신자유주의는 그간의 획일적인 교육을 청산하고 역량을 강화하는 적절한 장치처럼 보이기도 했고, 다른 한편으로는 국가의 교육책임을 개인에게 떠넘기고, 계급관계를 재생산하는 도구로서 학교를 재규정하는 음모로 여겨지기도 했다.[21]

이후 교육에 대한 국가의 직접적 통제는 줄어들었지만 점점 더 많은 규정이 생겨났고, 관료의 책임은 축소되었지만 행정처리에 쏟는 시간은 늘어났으며, 자율을 보장하기 위해 줄어들어야 할 상명하달의 속도는 전산화되면서 한층 빨라지고 있다. 역량강화 사업들은 지극히 행정적이고 규제적이며 절차적이다. 신자유주의는 정책으로 구현되어 학교를 다양화하고, 다양한 평가를 도입하도록 하는 데 성공했고, '성과주의'는 중요한 규범이 되었다.

이런 시각에서 보면, 평생교육의 등장과 발전은 통치성의 차원에서 어렵지 않게 설명된다. IMF를 거치면서 등장한 1990년대 후반의 '신지식인' 담론은 당시 경제상황과 결합하여 새로운 교육론을 필요로 했다. 당시 국가는 "학식을 많이 쌓은 대학교수만이 지식인이 아니라 자신의 일을 개선, 개발, 혁신해서 자기 몸값을 높이는 사람도 지식인이다. 그래서 짜장면 배달원이나 청소부, 운동선수, 회사원 등 누구나 지식인이 될 수 있다" 서동진, 2005: 84 는 선언으로 새로운 지식인상을 제공했고, 이는 곧 '자기 몸값을 높이기 위한' 전 사회-전 생애에 걸친 교육론으로 나아간다. 국가가 평생교육이라는 담론을 적극적으로 전개하면서 탄생한 '자기계발 주체'는 스스로를 경영하고 관리한다.

IMF 이후 전면화된 '인적자원개발' 담론은 이명박 정권에 이르러 보다 명백하고 선명하게 신자유주의적 정책을 천명한다. 2001년 교육인적자원부로 명칭을 변경했던 교육부는 2008년 교육과학기술부로 명칭을 다시 바꾸었고, 평생교육의 주된 영역은 직업훈련으로, 성인들의 평생학습은 '유용성'을 중심으로 재편되었다. 인간이 더 높은 수준의 '자원'이 되기 위해서는 스스로를 사회의 요구에 맞춰 계발해야 한다는 명제가 상식이 되었으며, 2008년 외환위기를 거치면서 더 나은 스펙, 더 나은 대학, 더 나은 국가자격을 갖추는 것이 자신의 경쟁력을 높이는 길이며, 이를 위해 평생 자기계발을 해야 한다는 주장이 평생교육의 중추를 이루게 된다.

이런 사회적 흐름은 평생교육이 국가적 '장치'로 기능하는 측면을 잘 보여준다. 학교교육이 의무적 취학을 강제함으로써 모든 구성원에게 특정한 규범을 내면화하도록 함으로써 규율권력을 구현했다면, 평생교육은 학습자들에게 자발적인 능력계발을 통해 경쟁력을 확보하도록 요청함으로써 학습자의 '스스로에 대한 착취'를 완성하도록 돕는다. 평생교육에서 내세운 철학은 '학습자의 자기 선택'이지만, 내용은 '사회적으로 정해진 스펙 중 하나를 선택'하는 일이며, 성인임에도 불구하고 학습자 개인은 여전히 '내 주는 문제를 풀 수 있을 뿐인 수동적 존재'로 해석될 수 있는 것이다.

신자유주의의 힘은 개인의 '자유'를 개인의 '능력'으로 치환시키는 변용능력에 있다. 프로그램이 되었건 지식이 되었건 교육은 마치 개인이 자유롭게 선택한 것처럼 보이지만 선택지가 먼저 존재한다. 능력보다 성과지표가 먼저 존재하며, 개인은 정해진 지표 안에서 더 높은 성과에 도달하기 위해 부심한다. 학습자는 구매자로서 정해진 상품 안에서 선택할 수밖에 없으며, 따라서 선택의 아키텍처는 철저히 상품 생산자가 제시하는 리스트에서 벗어날 수 없다. 교육상품의 쇼퍼 shopper 들은 자기 삶의 주체성을 확장하기 어렵다. 평생학습은 일종의 학습장치로서, 학교에 대해 발휘했던 규율권력을 성인의 일상으로까지 확대하며, 사회구성원 전반의 주체화-예속화를 이루어 내고 있다. 신자유주의라는 정의 자체가 개인의 지속적인 자기계발이 국가의 발달을 보장하는 담론이라는 것이다.

이렇게 보면, 1997년부터 20여 년간 한국 사회 구성원들의 자아에 대한 감각과 감수성, 감정과 도덕성은 개인화-파편화되어 왔고, 평생교육은 그 흐름 안에서 성장한 측면이 있다. 경제적 부가 압도적 가치가 되었으며 그 중심에는 '개인이 알아서 실력을 키우라=배우라'는 메시지가 있다. 평생교육은 '나는 이렇게 성공했다'라는 다양한 자기계발의 고백적 실천과 결합, '학습자의 자세'를 일상화 Fejes & Dahlstedt, 2013 한다. 일상적인 삶의 페다고지화가 사회의 근간을 이루는 것이다. 이렇게 되면 학습은 끊임없이 수행되 어야만 하는 활동으로, 국가는 모든 공간과 시간을 페다고지화함으로써 통치성을 완성하는 것이다.

교육적 인재상도 마찬가지이다. 신자유주의는 주체가 자본의 문법에 스스로를 맡기도록 하는 통치력을 갖는데, 평생교육의 필요성에서 정당성에 이르는 논의 가운데 상당수가 그 근저에 경쟁과 축적의 논리를 따르는 경향이 있다. 상당수의 구성원들은 급속하게 변화된 사회 속에서 능동적이고 지속적으로 스스로 학습해야 하며, 그렇지 않을 경우 도태되고 말 것이라는 강박에 시달린다. 모든 교육의 책임은 최종적 수혜자인 개인이 지는 것이 마땅하며, 이는 그 개인의 동기부여를 위해서도 필요한 일로 정당화된다. 신자유주의적 통치는 평생교육 정책의 의도치 않은 결과로 자기계발적 학습자라는 새로운 신민의 탄생을 가능하게 한 것이다.

Ⅲ. 해방적 자기배려로서의 평생학습

1. 맥락으로서의 일상과 자기배려

평생교육은 '요람에서 무덤까지의 배움'을 주창하는 교육이다. 평생에 걸쳐 학습이 일어난다는 점을 인정하고, 이 학습을 언제 어디서나 보장해 주어야 한다는 것이 평생학습사회의 이념이다. 앞서 살펴본 바와 같이, 이 학습의 장면에는 '지식기반사회의 통치 테크놀로지'가 작동한다. 반면에, 평생교육의 등장과 확산은 그 반대의 영역, 즉 통치성에 함락되지 않는 자기배려의 자기장을 형성하기도 한다. 개인은 매일매일의 삶, 즉 일상 속에서 거부하고 협상할 수 있는 권력의 주체이기도 하다. 여기서 우리는 '일상'에 좀 더 주목할 필요가 있다.

일상은 습관적으로 유지되는 공간이 아니라 권력에 의해 매순간 투쟁이 이루어지는 역동적인 공간이다. 일상이 서로 경합하고 타협하며 쟁투를 벌이는 공간이라면, 가르침과 배움을 둘러싼 의미 다툼 역시 중요한 권력작용으로 해석될 필요가 있다. 즉, 학교와 같은 정해진 교육공간을 벗어나 일상 속에서 교육을 재규정하는 과정이 필요하다는 것이다. 이는 일상과 교육 양 차원에서 재생산과 변혁이 이루어짐을 의미한다. 재생산이 기존 체제의 복제라면 변혁은 새로운 삶의 문법이 만들어지는 것으로, 일상 속에서 매일매일의 삶을 구성해 가는 개인들의 정체성은 바로 평생학습의 중심 주제가 되는 것이다.

개인은 자기의식을 형성하고 창조하며, 이와 같은 주체화하는 실천들은 보편적이라기보다는 시간과 공간에 따라 다양하다. 신자유주의가 "편재된 관계망에 의해 세밀하게 그 내면을 잠식하는 훈육적 규범" 최유리 외, 2017: 128 으로서 개인의 내부에 통합되어 들어간다면, 이에 대한 저항은 내면에 들어온 신자유주의적 지배의 기제를 바라보는 작업에서 시작되어야 한다. 이는 권력욕, 명예욕, 물욕 등 자신의 외부에 대한 다양한 욕망과 쾌락으로부터 벗어나 자신의 내부로 시선을 돌리는 일을 수반한다. 자신의 본성을 찾기 위해 노력하고, 자기 자신과의 관계를 더욱 새롭게 설정하는 것. 이것이 소크라테스가 말한 '너 자신을 알라'의 내용이자 평생교육의 출발점이다.

여기에 푸코의 자기배려에 대한 논의가 연결된다. 자기배려는 학습자들이 "자신의 행동을 개별화하고 변형시키는 숙련된 태도와 탐구 자세를 통해 스스로를 주체로" 만들어 나가는 과정으로, 학습자를 내-외적 구속에서 벗어나 '자기로의 전향'으로 나아갈 수 있도록 해 준다. 이는 외부에 대한 관심이나 야망에 대한 염려 혹은 미래에 대한 두려움에서 멀어지는 것으로서 동요될 수도 강탈될 수도 없는 자기 자신에 대해 느끼는 일종의 기쁨의 경험이다 Foucault, 2004b.

기존의 학교교육이 길러내고자 했던 학습자의 상은 단일하고 고정된 자아라는 점에서 관념적인 것이며, 선험적 주체란 인식의 '비어 있는 자리'를 상징적으로 드러내는 이미지에 불과하다. 우리는 관념 속에서 '자아'라는 공허한 이미지를 설정하고, 여기에 가치 있는 무엇인가를 채워 넣기 위해 교육한다 Brookfield, 1999. 자기배려는 이와 다르다. '배려'는 인식을 넘어서는 실천이며, '자기'는 순수한 자아가 아니라 사회-문화-역사적 맥락을 가지는 얼룩진 자아로서, 다양한 장치를 경유하면서 하루하루 협상으로 정체성을 구성하는 존재이다. 전향적으로는 미시권력의 주체 형성 장치를 간파하고 비판하며 자신의 목소리를 드러내는 주체이다.

다시 말해, 평생학습은 사회적 역할에 눌려 미처 발견하지 못했던 자신만의 고유성에 다가가는 활동이며, 자신과의 관계가 강화되는 가운데 타인과의 건강한 관계를 설정한다. 이런 학습은 일견 간단하고 당연해 보이지만, '가르침=전달', '배움=수용'이라는 공식이 작동하는 견고한 상식의 공간 속에서 상식에 균열을 내는 작업이라는 점에서 쉽지 않은 활동이다. 학습자들이 자신에게 부과되는 지속적인 지배-통제와 관리의 테크놀로지를 거부할 수 있도록 하기 위해서는, 우선 학습자가 이를 거리를 두고 볼 수 있어야 하며 일상적 실천을 통해 내면의 목소리를 생활life로 외현시킬 수 있어야 한다. 통치와 구분되는 일종의 '생활정치'로서의 평생학습이 필요한 것이다.

이런 차원에서 촛불혁명이 가지는 의미는 아무리 강조해도 지나치지 않을 것이다. 사회적 이슈에 대한 개인의 목소리를 상징하게 된 촛불은 세월호 문제에 이르러 정권에 대한 문제제기로 이어졌고, 대규모 평화집회의 문화를 정착시켰다. 세계적으로도 새로운 현상으로 소개된 바 있지만, 평생교육학적 차원에서 보면 이는 '해방적 학습의 장'이 열린 것으로 해석할 수 있다. 조금 길지만 당시 집회에 대한 기술을 보자 정민승, 2017.

> 광화문 일대에 차선은 인도가 되고, 신호등은 정지되며, 발언대에서 어떤 내용이 나올지는 누구도 알 수 없었다. 정해진 규율이 없다는 것. 어떤 실험도 용인된다는 것. 그것이 해방감의 원천이다. 청와대주사파연합, 하야하 개, 특껌, 박근혜하야사탕 등 풍자적으로 표현이 길을 메우고, 경찰차는 꽃차로 변신한다. 이렇게 열려진 해방의 공간 속에서 사람들은 자신도 모르게 '새로운 나'를 경험했다.
>
> 60년간 한 번도 시위에 참석해 본 적이 없는 할머니, 광화문에 처음 나온 중학생은 물론이고 수도 없이 참석해 본 민주노총 간부도 사람들이 가득한 공간에서 평화로움이나 질서가 형성되어 나아가는 체험은 새롭다. 이것이 '그전의 나와는 다른 나'를 가능하게 한다. 사람들이 일상을 살아가는 것은 언제나 우연적이고 즉시적인 그 순간의 행위에 의해서이기 때문이다. 구호를 외쳐보는 것, 처음 보는 사람들에게 말을 건네는 것, 함께 행위의 규칙 "천천히! 뒤로! 앉자!" 등등을 외치는 것, 이런 행위들은 정해지지 않은 즉각적 판단이 낳은 행위들이며, 그런 체험은 그 체험 이전의 나와는 다른 나를 형성해 가는 과정이다. 학습이 정체성의 형성 과정이라면, 집회나 시위는 집단적으로 정체성 형성의 학습을 진행해 가는 과정인 것이다.

이것이 바로 평생학습이 일상적 쟁투로 작동해 가는 방식이다. 장소는 집회가 될 수도 있고 아파트 뒷마당이 될 수도 있다. 교육자와 학습자가 서로 평등하게 의미를 생성해 나가고, 기존의 권력작용을 가로지르는 장면이 있다면 그것은 권력-지식-담론의 구조변동을 수반하는 평생교육의 장 field 이라 할 수 있다.

2. 자기배려로서의 앎에 대한 재규정

푸코의 권력-담론-지식 복합체에 대한 개념은 교육-지식-실천에 대해서 시사하는 바가 크다. 교육학에서 이론의 구획에 흔히 사용되던 순수이론과 실천이론 간의 간극을 넘어설 수 있는 고리를 제공하기 때문이다. 교육학 일반이 그렇지만, 평생교육학에서도 지식은 실천과의 관계 속에서 그 위상을 획득해 왔다. 새로운 교수법은 보다 높은 학업성취로 그 정당성을 입증해 왔고, 학습이론은 현장을 잘 설명해 왔다. 문제는 이론이 실천을 견인하는 것이 아니라 이론이 실천을 추수해 왔다는 점이다.

푸코의 권력-담론-지식에 대한 이론은, 실제로 현장의 교육장면에서 관철되는 권력이 무엇인지를 지식에 대한 담론을 통해 분식할 수 있도록 해 준다는 점에서 지극히 이론적인 동시에 실천적이다. 푸코에 따르면, 교육은 중립적인 지식을 전달할 수 없으며 실천은 지식-권력과 결합할 수밖에 없다. 역으로, 지식과 권력을 연결하는 주체에 대한 관점이 분명할 경우 이는 새로운 교육실천으로 연결된다.

구체적으로 평생교육 교재에서 빠지지 않고 언급되는 원리인 '평생교육의 네 가지 기둥'을 살펴보자. 알기 위한, 행하기 위한, 더불어 살기 위한, 존재를 위한 학습이라는 '네 기둥'은 개념적 엄밀성보다는 상식적 언어로 보이며, 교육의 수평적-수직적 통합원리나 자아와 세계에 대한 이해라는 교육의 목적은 지나치게 평범하다. 하지만 푸코의 시각을 도입하면 이 지침과 원리들이 가진 이론적 깊이가 새롭게 조명될 수 있다.

평생교육의 네 기둥은 권력-지식-담론의 복합체적 차원에서 볼 경우, 기존의 학습지향성과는 전혀 다른 방식의 특징이 드러난다. 처음 두 기둥인 앎-행함은 기존 교육에서도 자주 논의되던 영역이다. 더 많은 지식과 더 많은 수행성을 보장하는 배움은 평생학습사회에서도 계속 유지되어야 한다. 뒤의 두 기둥, 더불어 살기 위함과 존재를 위한 배움은 기존 학습에서는 학습내용으로 간주되지 않던 영역이다. 타자와 함께 지내는 것과 존재하는 것이 자동으로 보장되는 것이 아니라 학습의 대상이 되어야 하는 사회가 된 것이다. 지식-직업으로 이어지는 앎-행함의 학습은 자칫 소유를 위한 학습으로 학습자를 삶의 맥락에서 떨어뜨려 놓을 수 있다. 계속적인 수행성과 자기계발의 압력 속에서 자신의 삶에서 스스로 소외될 수 있다는 것이다. 이런 학습은 더불어 삶-존재의 학습과 균형을 맞출 때에야 비로소 원래적 의미를 찾을 수 있다. 평생학습의 네 기둥은 각 기둥의 차원에서가 아니라 네 기둥 간의 관계가 가지는 의미가 중요하며, 사회적 의미와 관계성 속에서 해석되어야 하는 것이다.

평생교육의 주된 내용으로 거론되는 '학습자 자신과 세계에 대한 이해'도 마찬가지이다. 근대적 지식관을 따른다면, 학습자 자신에 대한 이해는 자아를 탐색하는 심리학 이론을 통해서, 세계에 대한 이해는 사회과학이나 자연과학적 지식을 통해서 획득 가능하다. 그러나 푸코의 인식론에 따르면, 개인은 철저히 사회적으로 구성된 존재로 통치 테크놀로지에서 자유로울 수 없으며, 지식은 권력 및 시대인식과 불가분의 관계를 가진다. 따라서 만약 철학, 심리학, 경제학, 정치학, 자연과학 등 근대의 분과학문들이 병렬적으로 학습자에게 제시되는 것이라면, 그것은 평생교육이 자아의 테크놀로지의 일환으로 기능함을 의미하는 것이다.

'자기 self'은 주어진 코드 안에서 구성되지만 "행위의 윤리적 주체로서 주어진 코드를 그대로 받아들이지 않을 수 있는 여지" 역시 가지는 역동적 존재이다. 내면화는 도덕적 주체가 당연하게 주어지는 환경들을 낯설게 하여 상황을 문제화하고 problematization 이를 통해 자기실천의 새로운 틈을 만들어 낼 수 있는 과정이다 Fillion, 1998: 150. 자기실천은 일종의 '존재의 예술'로, 창조적 가능성을 삶 속에서 구현해 가는 자기구성의 과정이다. 여기에 주목하면 '자기 자신과 세계'의 관계론은 전혀 다른 방식을 취하게 된다.

다시 말해, 지식의 핵심은 학습자 자신이고 학습자의 경험세계를 중심에 두면, 통치술로서의 평생학습이 작동하는 경우를 분별해 내고 나아가 학습자의 해방에 기여할 수 있는 채널들이 보다 분명하게 나타난다. 자신에게 스며드는 지배의 방식과 과정에 대한 "신중함과 성찰, 그리고 점검" Foucault, 2004a: 55 을 통해 독자적인 도덕적 기준을 만드는 일은 '자신'에 대한 복합적 사유가 가능할 때 시작되며, 이것이 평생교육에서 굳이 분과지식이 아닌 '학습자 주체'를 중심에 두는 이유이다. 푸코는 앎과 지식을 구분하면서, 주체의 변화 여부에 주목한다. 트롬바도리와의 대담에서 푸코는 주체가 변화되지 않는 상태의 지식과 주체의 변형과 결합된 앎을 구분한다.

> 내가 앎이라는 말을 사용하는 것은, 그것을 지식과 구분하기 위해서입니다. 전자는 앎은 주체가 … 알기 위해 행한 노동에 의해 변경되고 있는 과정입니다. 그것은 주체의 변경과 대상의 구성을 가능케 하는 것이지요. 그러나 지식은 알 수 있는 대상들을 증식시키고 그것들이 가진 명증성을 발전시키며 그것들의 합리성을 이해하게 만드는 과정으로서, 그 연구를 수행하는 주체는 항상 똑같이 남아 있습니다 Foucault & Trombadori, 2004: 72.

세상에 대해 아무것도 모르는 생물학적 유기체가 세상의 지식을 흡수하는 것이 아니라, 역사적-사회적-문화적으로 중층적으로 규정되는 복합적 전체로서의 학습자가 새로운 역사-사회-문화를 형성해 가는 과정으로 앎이 작동하게 되는 것이다. 이렇게 보면 '자신과 세계'는 지속적으로 상호 규정하면서 생성되는 구성적 전체이며, 평생학습은 이 구성의 중심에 존재하는 능동적이고 적극적인 전유의 활동이 된다. 평생학습의 고유성은 근대적 지식-권력의 실천들과 단절한다는 것이다. 학습자가 주체화되어야 한다는 평생교육학의 언명이 힘을 갖기 위해서는 주체-권력-지식에 대한 정교한 구분과 그에 기초한 지향성이 명확해져야 한다.

자기배려와 자기실천, 주체의 변형과 도덕적-미적 주체의 수립은 예술작품에 비유하면 다소 분명해질 수 있다. 예술작품이 가치 있는 것은 세상에서 단 하나밖에 존재하지 않기 때문이다. 이와 마찬가지로 개별 인간의 삶 역시 대체 불가능한 고유의 미학적 가치를 갖고 있다. 푸코는 개인의 삶이 자신의 예술작품이 되는 곳에서 '존재의 미학'이 새롭게 탄생할 수 있다고 보았다. 그는 고대 그리스와의 비교 속에서 근대적 '자율'을 비판하는데, 이는 관념적 자율이 자아라는 허상 속에서 정작 삶 life 속에서 실현해야 할 창조적 잠재성을 잃어버렸기 때문이다. 평생교육이 등장부터 주장한 삶에 대한 강조는 자신의 고유한 모습을 발견하려는 교육학적 실천의 연장선상에서 해석되어야 하는 것이다.

예술작품을 만드는 것은 예술가이지만 자신의 삶을 예술작품처럼 창조하는 것은 바로 자기 자신이므로 이를 발현할 수 있는 주체는 오직 자기 자신뿐이다. 만약 자신의 삶에 대한 고유함을 깨닫지 못하거나 이를 깨닫기 위한 실천을 하지 않는다고 해서 처벌을 받는 것은 아니다. 어떻게 살 것인지에 대한 선택은 자기 자신에게 달려 있다.

자기에 대한 경험은 단순히 통제된 어떤 힘에 대한 경험이나 거역할 준비가 되어 있는 어떤 힘에 대한 지배력의 경험이 아니다. 그것은 자기 자신에 대해 느끼는 일종의 기쁨의 경험이다. 마침내 자기 자신에 접근할 수 있게 된 자는 그 자신에게 하나의 즐거움의 대상인 것이다. 사람들은 그대로의 자신에 만족하고, 그것으로 만족하는 데 동의할 뿐만 아니라 '스스로를 즐긴다.' … 그 기쁨은 심신에 어떠한 형태의 장애도 수반하지 않는 하나의 상태를 의미한다. 그 기쁨은 우리 자신과 무관하고 따라서 결과적으로 우리의 능력을 벗어나는 그 어떤 것으로도 결코 유발되지 않는 기쁨이다 Foucault, 2004b: 87-88 .

"경험은 주체를 그 자신에게서 떼어내어 주체가 더 이상 자신이 되지 않게 하거나 주체가 자신의 파괴 또는 해체로 내몰리게 하는 어떤 것"이다 김홍중, 2010: 109 . 경험에 대한 여러 해석이 있지만, 능동적 경험에 초점을 두면 경험은 체험과 달리 개인에게서 시작되는 능동적 행위 경험하다 이다. 이렇게 두 개념을 구분하면 주체를 더 깊은 예속의 상태로 빠뜨리는 체험 체험되다 과 달리 경험은 주체가 세계에 대하여 의미를 형성해 가는 일이 된다. 그리고 그 경험의 중심은 '스스로를 즐기는' 자기실천이다. 자기 자신과 세계를 이해하는 일은 세계에 의해 지배되지 않는 자기자신의 고유성을 알아가는 일이며, 이는 평생교육의 지향성과 정확히 일치하는 바인 내면의 기쁨을 경험하는 일이다.

IV. 새로운 학습맥락을 향하여

인간의 성장은 언어와 사회구조에 빚지면서 일어나는 인간 고유의 현상이다. 동시에 인간의 성장은 언어와 사회구조를 창출하게 하는 인간의 유일한 힘이다. 교육은 '인간에 대한 사회구조의 각인'과 '인간의 사회구조 생성력'이라는 두 측면을 모두 담는 개념이며, 그 역동성으로 인해 개념 규정이 어렵다. 사회와 인간은 교육을 매개로 변화하는데, 정확한 시작 지점과 종결 지점이 없다. 평생교육은 교육의 장을 일상으로 확장시키기 때문에 파악이 더 어렵다.

이 글에서 분석하고 제안한 것은 그 순환의 가장 가까운 지점인 '나'에 대한 배려와 실천이다. '나'는 신자유주의적 사회의 코드가 내면화되는 최종 지점이지만 동시에 그 코드를 바꿔 낼 수 있는 시작 지점이기도 하다. 나에게 가해진 억압을 거리를 두고 보고, 내가 욕망하는 바를 확인하고 건강한 자기를 형성해 가는 것은 평생학습의 새로운 맥락을 만들어 나가는 일이다.

굳이 맥락이라는 개념을 사용한 것은 평생교육을 논의하면서도 기관이나 시설, 프로그램이나 교재라는 기존의 틀을 벗어나기 어렵기 때문이다. 학교학이 쳐 놓은 학문의 빗장을 걷어내려면 개인의 심리나 미시적 상호작용을 넘어서는 렌즈를 도입할 필요가 있다. 고립적 개인 학습자나 진공의 교실을 넘어서서, 성인들이 살아가는 일상으로 연구의 범위를 넓히고, 이데올로기나 사회구조의 작동방식에 대한 감수성을 갖추는 일은 교육환원주의적인 관행에서 벗어나기 위해 우선적으로 요청되는 일이다.

교육은 정해진 내용을 가르치는 것이 아니라, 학습자의 개인적-집단적 맥락을 읽어 내고 교육이 이루어지는 현장의 맥락을 새롭게 창출하는 일이다. 필요하다면 때로는 학습자에게 그들의 맥락을 보여 주고, 학습자가 스스로 자신의 내면을 드러내도록 하며, 기존의 맥락에 그들을 대립시키는 일이다. 이를 통해 자기배려의 새로운 맥락이 창출될 수 있다. 개인-환경의 이원론이 아니라 이 둘을 통합하는 인식의 고리로서의 맥락에 주목하는 이유도, 그것이 내면화되는 동시에 외현화되기 때문이다. 신자유주의적 통치성은 사회적 관리기술이지만 동시에 개인 내면의 변화이며, 자기배려의 실천은 개인 내면의 실천이지만 동시에 사회의 변화이다. 실천적으로는 이런 논의가 "하나의 맥락에서 거리를 두고 다른 맥락으로 나아가도록 돕는 것이 좋은 교사"라는 매넌 van Manen, 1991 의 말이 가진 내포를 확장하는 하나의 시도로 읽히기를 바란다.

강대중(2012). 자력학습 인터넷 논객들의 학습생활연구. **평생교육학연구**, **18**(4), 33-63.

강대중 외(2017). 학습자자세, 학습관리장치, 맥락지식: 평생학습이론 구축을 위한 중심 개념 탐색. **평생교육학연구**, **23**(4), 27-53.

고미숙(2011). 자기배려의 도덕교육. **윤리연구**, **80**, 231-265.

김분선(2017). 푸코의 배려주체와 자기배려의 윤리. 중앙대학교 박사학위논문.

김석완(2009). 미셸 푸코의 소크라테스 해석과 자기배려의 교육. **교육철학**, **46**, 27-48.

김세희(2019). 푸코와 '자기배려'의 주체. 이윤미 외(2019). **비판적 실천을 위한 교육학**, 149-193. 살림터.

김신일(2020). **학습사회**. 학이시습.

김종갑(2016). 혐오와 여성의 살: 정동과 감정. **안과밖**, **40**, 54-79. 영미문학연구회.

김홍중(2010). 비판이론의 위기와 스노비즘의 헤게모니. **민주주의와 비판문법**. 한상진사회이론연구소 창립기념세미나. 2월 26일. 서울대 호암교수회관.

김효경·윤창국(2014). 확장학습을 통한 노인학습자의 활동체계 변화과정과 의미. **평생교육학연구**, **20**(2), 1-33.

박경선·나일주(2011). 교수학습 환경에서의 맥락설계 원리 및 모형개발 연구. **교육정보미디어연구**, **17**(1), 1-37.

서동진(2005). 자기계발의 의지, 자유의 의지. 연세대학교 박사학위논문.

손준종(2015) 학습장치와 학습하는 주체의 탄생: 통치 테크놀로지로서 평생학습. **교육사회학연구**, **25**(3), 95-128.

송하영(2017). **눈치 보는 학교 문화는 어떻게 만들어지는가?: 후기 푸코 통치성 이론을 중심으로**. 좋은교사운동출판부. .

이상길(2015). 열광의 정치학: 미셸 푸꼬의 계몽이란 무엇인가에 관하여. **안과밖**, **38**, 129-158. 영미문학연구회.

이영환·상종열(2013). 자활참여자의 경험을 통해본 인문교육의 의미연구. **한국사회정책**, **20**(2), 131-167.

이정우(1994). **담론의 공간**. 민음사.

이주호, 조상식(2014). 미셸 푸코의 '자기배려' 개념과 교육적 담론의 복원. **교육철학연구**, **36**(1), 99-118.

정규영(2013). 미셸 푸코의 "규율 권력"과 근대 교육. **교육사학연구**, **23**(2), 157-201.

정민승(2017). **촛불집회를 어떻게 볼 것인가**. 평생학습타임즈. 2017. 2. 8.

정화열(1999). **몸의 정치**. 민음사.

조수경(2013). 교육의 실천적 조건 : 푸코의 주체와 윤리 문제. 부산대학교 박사학위논문.

진태원(2012). 푸코와 민주주의: 바깥의 정치, 신자유주의, 대항품행. **철학논집**, **29**, 153-188.

최유리, 허예지, 소경희(2017). 교육과정 자율화 논의에 가정된 교사 자율성 재개념화: Foucault의 '자기배려'논의에 기초하여. **한국교육과정학회**, **35**(2), 119-141.

하상복(2009). **푸코 & 하버마스: 광기의 시대, 소통의 이성**. 김영사.

허미경(2018). 미셸 푸코의 '자기배려'에 대한 사이코드라마적 고찰. **한국사이코드라마학회지**, **21**(1), 75-89.

Ball, S. (2019). *Foucault and education: Putting theory to work*. 손준종 외 역. **푸코와 교육**. 박영스토리.

Barell, J. (2006). *Problem-based learning: An inquiry approach*. Thousand Oaks: Corwin Press.

Barrows, H. (2002). Is it truly possible to have such a thing as dPBL? *Distance Education, 23*(1), 119-122.

Biesta G. (1998). Pedagogy without humanism: Foucault and the subject of education. *Interchange. 29*(1), 1-16.

Blonsky, M. (Ed.). (1985). *On signs: A semiotics reader*. Oxford: Blackwell.

Brookfield, S. (1999). Reclaiming and problematizing self-directed learning as a space for critical adult education. Paper presented at SCUTREA, 29th Annual Conference, 5-7 July 1999, University of Warwick. University of St. Thomas.

Dick, W., Carey, L., & Carey, J. (2009). *The systematic design of instruction* (7th ed.). Addison-Wesley Educational Publishers Inc.

Elliott B. (2018). Work, culture, and play in the neoliberal condition. *Information, Communication & Society, 21*(9), 1279-1292.

Fejes, A & Dahlstedt.(2013). *The confessing society: Foucault, confession and practices of lifelong learning*. NY: Routledge.

Fejes, A.(2008). To be one's won confessor: Educational guidance and governmentality, *British Journal of Sociology of Education, 29*(6), 654-664.

Fillion, R. (1998). Foucault on history and the self. *Theology and Philosophy, 54*(1), 143-162.

Foucault, M. (1999). 정일준 편역. **자유를 향한 참을 수 없는 열망**. 새물결.

Foucault, M. (2003). *Discipline & punish: The birth of the prison*. 오생근 역. **감시와 처벌**. 나남. (원전은 1995에 출판)

Foucault, M. (2004a). *The history of sexuality*. 이규현 역. **성의 역사 1: 앎의 의지**. 나남. (원전은 1990에 출판)

Foucault, M. (2004b). *The care of the self*. 이규현 역. **성의 역사 3: 자기배려**. 나남. (원전은 1990에 출판)

Foucault, M. (2007). *The hermeneutics of the subject, lectures at the collège de France 1981-1982*. 심세광 역. **주체의 해석학**. 동문선. (원전은 2005에 출판)

Foucault, M. (2016). *Qu'est-ce que la critique? La culture de soi]*. 심세광 역. **비판이란 무엇인가? 자기수양**. 동녘.

Foucault, M. (2012). *Les mots et les choses*. 이규현 역. **말과 사물**. 민음사.

Foucault, M. & Trombadori, D. (2004). *Remarks on Marx*. 이승철 역. **푸코의 맑스**. 갈무리.

Fox, E. J. (2006). Constructing a pragmatic science of learning and instruction with functional contextualism. *Educational Technology Research & Development, 54*(1), 5-36.

Gaile S. Cannella. (1999). *The Scientific Discourse of Education: predetermining the lives of others –Foucault, education, and children*. Texas: Texas A&M University, College Station.

Gordon, C. (2014). *The foucault effect: Studies in governmentality*. 이승철 외 역. **푸코 효과: 통치성에 관한 연구**. 난장. (원전은 1991에 출판)

Herzberg, H(2006). Learning habitus and the dynamics of lifelong learning. *Studies in the Education of Adults*, 38(1), 37-47.

Hofstead, G., Hofstede, G. J. and Minkov, M. (2010). *Culture and organizations*. USA: McGraw Hill Companies.

Lave, J. & Wenger, E. (1991). *Situated Learning: Legitimate Peripheral Participation*. Cambridge: Cambridge University Press.

Mayo, P.(1999). *Gramsci, Freire and adult education: Possibilities for transformative action*. London: ZED Books.

Pepper, S. (1942). *World Hypotheses: A Study in evidence*. CA: University of California Press.

Popkewitz, T. and M. Brennan, M(2017). *Foucault's challenge: Discourse, knowledge and power in education*. NY: Columbia University Teacher's College Press.

Rajchman, (2020). *Michel Foucault, the freedom of philosophy*. 심세광 역. **미셸푸코, 철학의 자유**. 그린비.

Rancière, J. (2008). *Le maitre ignorant*. 양창렬 역(2008). **무지한 스승**. 궁리.

Rogoff, B. (1984). Instruction: Thinking and learning in social context. in B. Rogoff & J. Lave (Eds.), *Everyday cognition: Its development in social context*, pp. 1-8. Cambridge: Harvard University Press.

Tisdell, E. J., Taylor, E. and Forte, K. S. (2012). *Community-based financial literacy education in a cultural context*. NY: Routledge.

van Manen, M. (1991). *The tact of teaching: The meaning of pedagogical thoughtfulness*. NY: SUNY.

13장

온라인 평생학습: 위상과 제안

I. 뉴노멀 시대, 교육의 문법 바꾸기

우리 사회에서 미디어에 대한 관심은 진동 폭이 매우 크다. 기술혁신으로 미디어가 새로 출현할 때마다 '뉴'미디어에 대한 사회적 관심이 폭증했다가 곧 사그라들었다. PC의 출현은 뉴미디어 시대를 알렸고 인터넷은 새로운 문화혁명으로 받아들여졌다. 교육계도 마찬가지이다. CAI와 e-러닝, m-러닝과 u-러닝 등 교육에 기술을 접목한 교수법이나 교수매체가 연이어 출현했지만 파격이 기대되었던 매체는 빠르게 과거의 교육양식에 적응했다. 대면 교육의 압도적 우위 속에서 뉴미디어는 기껏해야 '조금 더 빠른 전달 수단'에 불과했다. 교육현장에 컴퓨터와 광통신망이 깔리고 각종 디바이스가 보급되었지만 그것이 교육의 문법에 크게 영향을 미치지는 못했다. 학교건 평생교육기관이건 온라인은 오프라인을 보조하는 하나의 도구였다.

2020년 코로나19로 '대면이라는 노멀'이 불가능해지자 언택트 un-contact 에서 만남을 가능하게 하는 '뉴노멀 new-normal 로서의 온라인'이 대두되었다. 교육계에서도 온라인에 대한 수요가 폭증한다. 모든 교육기관에서 기존의 교육을 온라인으로 제작하기 시작했고 유튜브는 더욱 더 각광을 받고 있다. 줌 Zoom 과 구글미트 Google Meet 로 회의가 열린다. 뉴노멀의 중심에 미디어가 들어선 것이다. 미디어의 위상이 이전과는 다르다. 유발 하라리를 비롯하여 여러 학자들이 진단하는 바에 따르면 이런 상황은 쉽게 바뀔 것 같지 않고 그 방향은 사람들이 정한다. 단기적 상황이 아니라 새로운 정상성이 될 것이라는 말이다.

온라인은 대면 교육의 보조적 도구가 아니라 교육의 주된 양식 mode 으로서 논의되고 있다. 뉴노멀의 시대에는 온라인 교육을 전면적으로 도입해야 한다는 주장도 적극적으로 전개된다. 하지만 과연 언택트라는 뉴노멀의 상황 속에서 온라인은 교육의 새로운 '규범 norm'을 만들어 가고 있는가? 미디어의 변화만큼 교육의 문법도 바뀌었는가를 짚어 보면 별로 그렇지는 못한 것 같다. '실상'이 무엇인지를 잘 보지 않으면 이상은 상상에 그치고 만다. 상상 가운데 실상이 되지 못한 이상, 그것이 '허상'이다. 우리 교육과 관련하여 보자면 학교교육의 문법을 그대로 유지하는 상태에서 온라인 교육을 도입할 경우 온라인을 통한 교육혁명은 허상에 불과할 것이다.

이런 점에서 '온라인'보다 방점이 찍혀야 하는 것은 '평생학습'이다. 평생학습의 잠재력을 충분히 키워 나간다면 온라인은 새로운 교육의 전형을 만드는 계기로 작용할 수 있다. 이를 보는 대안적 매체로서의 온라인과, 대안적 교육관으로서의 평생학습에 대한 주목이 필요하다. 이런 문제의식하에 이 글에서는 교육에서 미디어를 어떻게 보아야 하는가를 개설적으로 살피고, 이미 우리의 삶을 바꾸고 있는 현재의 미디어 상황을 검토하고 온라인을 평생학습이 시각으로 활용하기 위한 조건이 무엇인지 살펴보고자 한다.

Ⅱ. 미디어의 교육적 존재론: 교육에서 미디어를 어떻게 보아야 하는가

1. 미디어와 교육

미디어medium란 본래 사람 사이를 잇는 매개체를 말한다. 사람과 사람 사이, 그 관계형성의 공간을 메우는 것이 바로 매체이다. 매체를 통해서 시공간적 거리를 좁힌다는 것은 발화자와 수신자 간의 의사소통의 가능성을 높이는 것을 말한다. 매체의 기능은 소통 거리를 축소하는 데 있다. 인간은 생존을 위해서라도 타인과 가까워지기를 원했고 함께 사냥하고 음식을 만들면서 거리를 좁혔을 것이다. 거리를 좁히기 위한 소통의 모든 방식, 그것이 미디어이다.

기술의 혁명적 발전과 더불어 사람 사이의 거리도 혁명적으로 줄어들었다. 데이비드 하비는 이를 '시공간 압축'이라는 말로 명명하는데 Harvey, 2017 현대에 들어 지구적 차원의 교통과 통신이 현기증이 날 정도로 빨라졌다는 것이다. ktx와 스마트폰이 얼마나 속도를 높이고 공간을 좁혔는지를 떠올려 보면 누구나 이 용어에 쉽게 동의할 것이다.

교육에서 미디어는 '매체'라 칭해지면서 교육자와 학습자의 거리를 좁히기 위한 도구로서 인식되어 왔다. 전달할 내용이 있는데 이를 좀 더 빨리 혹은 좀 더 정확하게 전달하기 위해서 도움이 되는 매개체가 교육매체이다. 필사본보다는 인쇄본이 낫고 OHP보다는 PPT가 낫다. 이런 '도구로서의 교수매체'는 기술의 발달에 따라 다른 매체로 대체될 뿐 교육에서 위상이 달라지지 않는다.

하지만 원론적 차원에서 보면 미디어는 훨씬 더 중요한 위치를 차지한다. 미디어를 단순한 도구로 보는 입장에서는 기술혁신에 따른 미디어의 발전은 좀 더 편리한 기능의 출현에 불과하지만, 미디어가 인간의 인식과 존재 양식을 바꾸는 '문화'라는 입장을 가지면 미디어는 인간의 본성 자체에까지 영향을 미치는 중요한 장치가 된다. 당연히 교육과 지식의 변화가 수반된다. 예컨대 디지털 방식은 아날로그적인 지식의 존재론을 바꾸고 지식에는 '진짜'와 '가짜'가 있다 → 모든 것은 0와 1의 조합이다. 즉 복제도 동일하다, 온라인 콘텐츠는 교수설계의 치밀도를 높이며, 자아정체성에 대한 과감한 실험 성별의 전환 도 진행한다.

문제는 교육에서 이런 매체의 특성을 적절히 수용하고 있는가이다. 새로운 매체를 '전달'도구로만 활용하는 것은 변화된 삶에 대한 몰이해이자 매체의 잠재력을 극단적으로 축소하는 일이다. 평생학습의 시각에서는 당연히 매체를 문화변혁의 고리로 상정한다. 매체와 결합된 삶 속에서 학습 촉진을 고민하기 때문이다. 그러나 아직까지 이렇게 확장된 매체관은 일반적이지 않다. '온라인'을 바라보는 시야를 넓히기 위해 미디어의 발달과 그에 따른 인간의 인식변화에 대해 살펴보기로 하자.

2. 교육적으로 미디어 바라보기

우리는 문자를 미디어라고 생각하지 않지만 따지고 보면 한마디 말조차도 미디어이다. 사람과 사람을 매개하기 때문이다. '쓰기'는 말을 테크놀로지화 technologizing 하는 최초의 방식으로서 '기록된 글'은 말과 달리 글을 '아는 주체'를 '모르는 객체'로부터 떼어 놓았다. 쓰기는 기억하는 일을 문서가 떠맡도록 함으로써 인간의 두뇌가 외워야 하는 비중을 줄이고 대신 사색으로 나아가게 한다 Goody, 1977. 즉, 쓰기라는 테크놀로지의 등장이 의식을 높여 주는 효과를 가져온 것이다. 인식의 거대한 변화를 초래한 초기의 주요한 미디어는 문자였다. 옹 Ong, 1995 은 구술문화와 문자문화를 구분하면서 '쓰기'를 중심으로 하는 문자의 보편화가 인간의 세계에 대한 태도 전반을 바꾸어 놓는다고 주장한다. 읽고 쓰는 활동은 말하고 듣는 활동과 전혀 다른 방식으로 인간의 경험을 구조화한다는 것이다.

쓰기는 생활경험으로부터 일정한 거리를 두고서 지식을 구조화한다. 말하기가 생활세계에 완전히 붙박여 생산하고 생활하고 투쟁하기 위한 도구로 사용되는 데 반해, 쓰기는 일정한 추상성을 가진다는 점에서 쓰기의 내용이 생겨난 인간적 관계로부터 거리를 둔다. 같은 내용이라고 하더라도 글로 쓰인 기술 description은 맥락에서 감정을 떼어 놓음으로써 '열정에 대한 거부감'을 불러일으킨다는 비판도 받는다.

말하기가 구술-청각의 세계에서 이루어지는 통합적이며 맥락적인 일종의 활동이라면 쓰기는 시각의 세계에 거하는 분석적이며 탈맥락적인 기호이다. 맥락과 결합되어 있는 말하기의 사회에서 말한다는 것은 안다는 것이고 안다는 것은 듣는 대상과 일체화가 됨을 의미한다. 서사시를 통해 변하지 않는 내용을 전달하는 인디언의 화자는 자신이 말하는 내용과 일체화되어 있다. 이에 비해 문자문화에서 중요한 것은 씌어진 내용이 갖는 '객관성'이다. 객관적으로 증명 가능한 내용이 의미 있다는 것이다 Ong, 1995: 74. 이는 매체마다 의미를 구성하는 방식이 다르다는 것을 말해 준다. 문해교육을 논할 때 말과 글의 이런 '미디어적 존재론'은 비문해자를 이해하고 문자가 갖는 특성을 이해하는 데 유용하다.

좀 더 발전된 매체들도 마찬가지이다. 인쇄매체의 출현은 '쓰기의 극적 완성'이라고 해도 과언이 아니다. 책이나 신문 등 인쇄매체의 등장은 문자가 갖는 특징을 극대화시켜 드러낸다. 책은 독자에게 저자가 제시하는 선형적 논리성을 그대로 수용할 것을 요청한다. 지식의 중요한 표상방식으로서 문자는 대량으로 유포되면서 진리의 유일한 담지체로 전환되기에 이른다. 기존에 구어적으로 사용되던 교육 내용은 '과학적이지 않는' 일상의 이야기로 전락하고 책에 수록된 내용이 근대적 교육체제의 비호하에 진리성을 획득한다. 객관화에 대중성을 덧붙임에 따라 모든 사람이 '보편적'인 지식을 '보편적'인 표준말로 사용하여 학습하는 시대가 열리는 것이다.

전파매체의 출현은 어떠한가? 라디오와 텔레비전은 일방향적으로 미리 제작된 내용을 더 많은 대중에게 전달하는 것으로 소임을 다한다. '대중'매체의 본성을 실현하는 매체답게 라디오와 텔레비전은 내용을 단편적인 메시지로 분할하여 대중에게 전달한다. 이런 점에서 라디오와 텔레비전은 개인 간 의사를 소통시키고 나름의 생각을 발달시키기 위한 매체라고 보기는 어렵다. 오히려 이 매체들이 특정 내용을 전경화하고 다른 것을 후경화함으로써 대중매체의 재현 방식대로 대중이 세계를 보도록 만드는지 분석하는 것이 필요하다 Shuramm, 1977. 대중매체의 폭력성은 내용의 폭력성을 말하는 것이 아니라 매체가 선별한 내용을 사람들이 넋을 놓고 앉아 수동적으로 받아들인다는 점에 있다. 능동적 학습은 멀어진다.

한편으로 이런 대중매체의 특징은 '소원했던 세계와의 친근성을 회복시켜 주는 것'이라고도 볼 수도 있다. 전 세계가 각 가정의 텔레비전 안으로 스며든다. 지구 바깥편의 이야기가 옆집 에피소드처럼 다루어진다. 그러나 매체를 통해 다듬어진 그 세계는 자신의 삶과는 아무런 관계가 없다. 사람들은 비판적 감각을 놓고 던져지는 정보를 수용하기에 바쁘다. 모든 사람들이 텔레비전이라는 하나의 매체만 바라보는 상태는 생활세계의 소통이 완전히 단절된 일방향적 소통의 전형이다. 이런 과정 속에서 대중매체는 공동체의 내적 환경을 파괴하여 개인과 개인의 관계를 소원하게 만든다. 우리가 대중매체적 일상 속에서 '배우는' 것은 소통의 주권을 매체에게 넘기는 일인 것이다. 이런 소외의 반복 속에서 개인이 스스로를 표현할 수 있는 능력은 사라지고 사람들 간의 '매개로서의 매체'는 존재 내 자리를 잃는다.

말하자면 대중매체 시대의 도래는 우리에게 물리적 거리의 축소라는 선물을 가져다주었지만 동시에 주체적 자기규정을 잃게 만들었다고 할 수 있다. 책과 라디오, 텔레비전과 같은 테크놀로지가 보여 주는 공통점은 거리감을 줄인다는 점이다. 더 빨리 더 먼 거리를 응축해 내자는 것이 매체의 기본적 경향이다. 여기에는 기본적으로 인간이 가지는 매개의 욕구, 소통의 욕구가 자리 잡고 있다. 다른 곳에 있는 사람, 더 많이 배운 사람, 다른 경험을 한 사람들은 도대체 어떻게 살고 있는지를 알고자 하는 본연의 욕구가 테크놀로지 발달의 원동력인 것이다. 그러나 정작 그런 소통 노력의 결과는 오히려 거리를 더 멀어지게 만든다고 볼 수 있다. 책은 저자의 견해를 따라갈 것을 강요하고 라디오와 텔레비전은 파편적 내용 속에서 손쉬운 감각만을 선호하도록 한다. 소통 속도는 놀랄 정도로 빨라졌지만 공동체는 파괴되며 삶의 질을 높여 주는 내용 역시 찾아보기 힘들다.

다소 길게 논의했지만 미디어의 발전과정을 통해 드러나는 것은 미디어가 늘 자아관과 학습양식 mode of learning 에 상당한 영향을 미치고 있다는 점이다. 헤겔식으로 말하자면 '미디어의 속성은 존재에 본질적'이라고 볼 수 있다. 매체는 사물의 실체성을 구성하는 요소로 "사물의 내적 변화의 운동 자체"로 상정된다 김상환, 1998: 25 . 존재한다는 것은 타자화되고 대타적 차이 속에 외면성을 만들고 외면성 속에서 스스로 모순과 소외를 경험하는 일이다. 즉, 차이의 산출과 극복은 사물의 존재가 실현되는 모습인데, 자기동일성의 형성 원리에는 반드시 자기산출적 외면성의 내면화 과정이 포함되며, 따라서 매체란 자기산출적 외면성의 다른 이름이라는 것이다. 매체는 인간 존재의 유지와 변화에 필수적인 존재의 기반이다.

이런 시각을 평생교육에 적용해 보자. 평생학습이란 전형적인 '차이의 산출과 극복의 과정'으로 미디어를 통한 외면성의 내면화 작업을 수반한다. 미디어는 사람들이 외부로 내어 놓은 생각과 이야기를 더 효과적으로 타인의 내면으로 실어 나르기 위한 장치이며, 따라서 인간이 학습하는 과정과 결합한다. 예컨대 텔레비전이 출현하면 사람들은 전달되는 뉴스를 수용하며 수백 만의

'대중' 가운데 하나로 자신을 규정하면서 드라마나 뉴스의 '진실'을 따라가고 자 한다. 기존의 인식지평에 포함되지 않았던 외적 환경을 미디어를 통해 접하 면서 세상에 대한 이해가 달라지고 자아 개념도 변화하는 것이다. 자신의 경험 을 재구조화하는 것, 외부의 환경에 구조접속하는 것, 외부를 내면으로 받아들 이는 것, 표현은 다를지라도 이 말이 지칭하는 것은 동일하게 개인의 존재 지평 이 성장하는 과정, 곧 평생학습이 진행됨을 말한다. '온라인'이라 부르는 인터 넷의 등장은 더 말할 것도 없다. 좀 더 자세히 보자.

3. 인터넷의 등장과 그 교육적 의미

인터넷은 최고의 '지적 미디어'이다. 엄청난 양의 지식을 저장할 수 있고 빛 의 속도로 유통시킬 수 있다. 컴퓨터의 처리 속도는 18개월마다 두 배가 되므로 향후 처리되는 정보의 양은 가공할 만하다고 볼 수 있다. 교육의 차원에서 보면 컴퓨터와 인터넷의 처리 속도와 양은 기존의 지식관을 바꾸어 놓는다는 점에 서 '혁명'으로 받아들여졌다. 기존의 교육이 전제로 삼던 암기력은 검색 엔진 앞에서 불필요해졌고 지식은 개인의 소유가 아니라 집단의 공유를 통해 힘을 가지는 것으로 받아들여졌기 때문이다.

보다 근본적인 차원에서는 디지털이 지식의 존재론을 바꾸어 낸다는 점을 주목할 필요가 있다 정민승, 2006. 인터넷의 화소들은 모든 정보를 기본적으로 0과 1의 반복적 조합이라는 디지털 정보로 전환시켜 특정 이미지나 소리를 묘 사한다. 이미지의 광학캡처와 화학반응으로 만들어진 '아날로그'의 사진이나 소리의 모사로 탄생한 '아날로그' LP판과 달리 디지털 정보는 숫자를 통해 입 력된 내용을 묘사한다. 이런 점에서 디지털 이미지는 이미지가 아니라 정보의 조합이며 우리는 그 조합된 정보가 나타내는 이미지를 보는 것이다. 진짜 현실 을 아날로그적으로 모사한 가짜가 아니라 수만 번을 복제해도 동일한 정보의 조합이라는 점에서 디지털 이미지는 수정과 변조가 자유롭다. 사진은 네거티브 필름에서만 수정될 수 있지만 스캔을 거친 디지털 이미지는 언제나 쉽게 수정될 수 있다.

이미지나 소리를 수정하고 복제할 수 있다는 말은 우리가 접하는 내용이 가공 가능한 잠재태로 존재한다는 특징을 갖는다. 어떤 이미지나 소리도 쉽게 복제되고 간단한 조작을 통해 변조가 가능하므로 '원래의 상태'란 사실상 존재하지 않는다. 잎의 크기에서 색깔, 소리에 이르기까지 모니터로 보이는 것은 정보적으로 가공된 상태이며 변화 가능성이 정보 자체에 이미 내재하고 있기 때문이다.

이런 디지털의 특성은 교육학적으로 보면 '가르쳐야 할 진리'의 원형이 존재하지 않음을 의미한다. 그것은 언제나 '복제와 수정'이 될 수 있으며 몇 번이고 다시 불러올 수 있다. 사실 교육기관에서 특정한 '배울 거리'를 줄 수 있었던 것은 '기르쳐야 할 진리'가 존재하며 개인이 그 지식을 '소유'하는 것이 필요하다는 인식에 근거하는 것이다. 그리고 가르쳐야 할 진리가 있다는 것은 변화하지 않는 진실이 존재한다는 믿음에 터하고 있다. 그러나 디지털 정보는 그 자체가 이미 변화하지 않는 진실은 존재하지 않는다는 것을 웅변한다. 보이는 것은 숫자의 조합이지 '진짜'가 아니기 때문이다.

또한 디지털 정보는 복제가 쉬우므로 '자료를 소장하고 있다' 혹은 '암기하고 있다'는 것을 의미 없게 만든다. 오히려 자신이 가진 정보를 더 많이 유통시켜 사람들의 관심사를 구성하는 데 자신의 의견이 반영되도록 하는 것이 중요 사안으로 부각된다. 수정 역시 자유로우므로 사람들은 개별적 취향과 견해에 따라 내용을 재편한다. 얼마나 독특한 의견을 제시할 수 있는가, 차별적으로 내용을 구성할 수 있는가가 '얼마나 많이 알고 있는가'보다 중요한 것이다.

더불어 인터넷은 과거 대중매체가 창조했던 익명의 '대중'을, '개인'을 불러낸 대중, 즉 '공중 the public'으로 재호명한다. 인터넷의 이용자는 매우 익명적인 '대중성'을 가지지만 동시에 게시물에서 유튜브에 이르기까지 독특한 '개인성'을 분명하게 드러낸다. 개인의 특성이 강렬할수록 팬덤이 생겨나지만 동시에 팬덤은 눈에 보이지도 않는 완전한 익명성을 갖는다. 인터넷의 공중은 개인성과 대중성, 독특성과 익명성을 극화시켜 버무린 새로운 집단이다.

4. 인터넷은 사람들이 머무를 '공간'을 만든다

인터넷이 구축한 '공간'에 주의를 기울여 보면 인터넷은 몇 가지 점에서 교육적 쟁점을 불러일으킨다. 우선 인터넷에서는 익명적 관계가 일반적이기 때문에 내용의 질이 더 중요하지만 동시에 무례함이 일상화되기도 한다. 사회적지위, 나이, 신분 등을 알 수 없으므로 '누가 말했는가'가 아니라 '내용이 얼마나 타당한가'가 중요하며 권위 역시 '좋은 내용을 올린 사람'이 가지게 된다고볼 수 있다. 2004~2019년까지 운영된 다음 daum 의 아고라 Agora 는 이런 익명성이 순기능을 했던 경우라고 볼 수 있다. 접속만 할 수 있다면 그 사람은 자신의사회적 지위와 관계없이 대화에 참여할 수 있으며 자신이 알고 있는 정보를 공개할 수 있다는 점에서 정보의 생산자이자 교육자가 된다는 것이다. 하지만 익명성은 무책임성을 동반하며 익히 알려진 대로 트라우마를 일으킬 정도의 악성 댓글을 가능하게 한다. 컴퓨터를 좀 더 잘 다룬다는 하나의 이유만으로 음악을 좀 더 많이 안다는 사실 하나만으로 누구나 그 분야의 권위자, 가르치는 자가 될 수도 있지만 교육적 관계 양미경, 2002 자체를 해체할 수도 있는 것이다.

둘째로, 시간과 공간의 제약을 받지 않는 공간이기 때문에 지역적 편향을 줄이는 문화상대주의적 가치교육을 하는 데 기여할 수 있다. 메시지는 언제나 저장이 가능하므로 송신자와 수신자가 동시에 마주앉아 있을 real-time communication 필요가 없고, 또한 지역적 제약이 없으므로 사람들은 시-공간적 제약이 없이 자신의 관심에 따라 구성된 새로운 집단과 만나면서 새로운 내용을 학습한다. 미국의 한 소년이 아프간의 학생과 사이버에서 만나 이야기하고 나면 서로는 자신이 기존에 가지고 있던 문화적 편견을 바라보게 될 수도 있다. 하지만 반대로 국가경계를 넘어서는 비난과 집단적 혐오로 나아갈 수도 있다.

정체성의 실험 역시 자유롭다. 동호회 등에서 글로만 대화하면서 대면 상황에서는 드러나지 않던 모습이 드러나기도 한다. 유튜브를 하면서 처음으로 해방감을 느끼는 사람도 있다. 매체에 따라 숨어 있던 내면이 조명되는 것이다. 거침 없이 말하던 사람이 온라인에서 수줍은 모습을 보이기도 하고 비사회적인 사람이 이타적인 태도를 나타내기도 한다. 스스로 정체성을 실험하며 다양한 정체성 간의 긴장과 경합을 경험하는 것이다. 대여섯 명과의 동시적 채팅을 통해 공간적 한계를 초월하여 여러 장소에 현현하는 체험을 하기도 하고, 누구에게도 할 수 없었던 비밀을 아이디 뒤에 숨어 털어놓으면서 위안을 얻기도 한다. 자신을 객체로서 드러내고 타인의 지적을 듣는 과정을 통해 사람들은 새로운 교육적 체험을 하는 것이다. 이는 동시에 '숨을 공간'을 제공하여 스스로를 직면하지 못하게 한다는 한계가 있기도 하다.

양면적인 인터넷의 특성은 '어떻게' 그것을 사용하는가에 따라 향후의 특성이 결정된다는 점에서 구성주의적이라고 볼 수 있다. 디지털의 속성은 복제와 변조를 가능하게 하므로 지식의 존재론을 바꾸어 놓는다. 암기나 축적이 무가치해지고 활용과 공유가 중심에 선다. 하지만 사회적으로 여전히 지식 암기나 축적을 중심에 놓으면 디지털의 잠재력은 최소한으로 축소되고 만다. 익명성도 마찬가지이다. 인터넷의 익명성은 제도적인 권위에 억눌리지 않는 내용 중심의 소통을 가능하게 하지만 무책임한 발언이나 비난으로 믿을 수 없는 매체로 만들 수도 있기 때문이다.

5. '실상'의 부박함

이런 차원에서 보면 그간의 상황은 인터넷의 교육적 잠재력이 잘 발현되기보다는 기존의 교육관행에 가능성이 축소되는 방식으로 전개되었다고 할 수 있겠다. '온라인 교육'이라 하면 주로 동영상이나 텍스트를 통해 학교교육과 유사한 지식 중심의 강의를 떠올리고, '익명적 소통'의 내용 중심성을 보장하는 소통은 별로 없다.

소위 '교육'을 내건 공간에서는 '대면 교육'을 복제하기 바쁘다. 평생교육 영역에서도 사정은 별로 다르지 않다. 온라인 교육은 대면으로 만날 수 없는 상황에서 출현하는 것이므로 온라인 교육은 인터넷이 가진 특장점을 최대화시키기보다는 대면 교육과 유사하게 만드는 데 부심한다. 온라인 소통의 익명적인 특성은 탈권위적인 교육적 소통으로 나아갈 수도 있지만 비윤리적인 대화가 될 것이라 여겨 차단한다. 복제와 구성이 자유로우므로 새로운 방식의 창조를 과제로 낼 수 있지만 여전히 지식의 암기로 평가한다.

준거가 학습이고 온라인-오프라인은 이를 위한 수단이어야 하는데, 준거가 대면 교육이니 온라인은 당연히 열등재에서 벗어날 수 없다. 앞서 살펴본 대로 인터넷은 지식의 존재론을 바꾸고 교육의 환경 자체에 혁명을 일으킬 수 있는 잠재력을 가지고 있지만, 그것을 활용하는 '사람들'이 여전히 대면 교육주의적 패러다임에 사로잡혀 있다면 테크놀로지가 가진 잠재력의 발현은커녕 이류 교육에 머무른다. 디지털 정보의 변용 가능성과 하이퍼텍스트 체계, 학습자원이 될 수 있는 풍부한 정보축적능력과 누구나 학습자원을 만들 수 있다는 열린 가능성 등은 인터넷의 고유한 교육적 특성이며 학습자 중심의 지식 구성과 활용이 가능하다 Harada, 2003. '평생학습'에 대한 관점과 상상력을 전면적으로 고민할 필요성이 여기에 있다.

Ⅲ. 이미 우리 삶을 바꾼 '환경'으로서의 인터넷

1. 뉴스와 정보검색

우리의 생활세계로 잠시 눈을 돌려보자. 인터넷 매체는 평생 학습이 일어나는 우리의 일상을 어떻게 바꿔 놓았을까? 우선 뉴스의 전달방식을 보자. '2019 언론수용자조사'에 따르면 한국언론진흥재단, 2019 1996년 85.2%에 달했던 종이신문 열독률은 20여 년 만인 2019년 12.3%로 급격하게 떨어졌다. 하루 평균 종이신문 열독시간도 43.2분에서 4.2분으로 급감했다. 거의 대부분의 사람들이 신문을 구독하지 않는다는 말이다. 대신 온라인을 통해 뉴스를 접한다. 네이버나 다음 등의 포털 뉴스가 주된 정보원이다. 그런데 이 포털에서도 뉴스 검색은 급속하게 줄어들고 있다. 네이버만 보더라도 뉴스 편집을 AI 자동추천 서비스로 진행하다가 언론사 구독 형태로 바꾸었다. 네이버의 페이지에 언론사가 갤러리 형태로 제시되는 방식이다. 하지만 2019년에 이르러 페이지 뷰노 10만 이상 줄었고 뉴스 소비도 분산되고 파편화되었다.

최근 포털은 알고리즘으로 많이 본 뉴스만을 뽑아서 보여 준다. 뉴스의 헤드는 '많이 본 뉴스'가 실시간으로 제시된다. 문제는 제목이 자극적인 기사일수록 많이 본 뉴스가 된다는 점이다. 기자들은 제목을 '클릭'할 수 있도록 가능한 한 센세이셔널하게 뽑는다. 내용은 중요하지 않다. 사회적으로 중요하다고 판단되는 내용은 오히려 뒤로 빠진다. 시민적 역량의 기본이 되는 세상에 대한 지식을 '시장'의 방식에 맡겨 놓고 있는 셈이다.

흘러 다니는 정보의 양은 가공할 만하다. 세계경제포럼은 2020년 전체 디지털 세계의 데이터 규모를 44제타바이트로 전망했다. 제타바이트는 1바이트로 칠 때 0이 21개 킬로바이트가 1000바이트 이다. 현재 관측되는 우주의 별보다 40배 많은 숫자이다. 집단지성으로 만들어지는 위키피디아는 10년 전만 해도 공

종이신문 열독률 추이(2002~2019년) (단위: %)

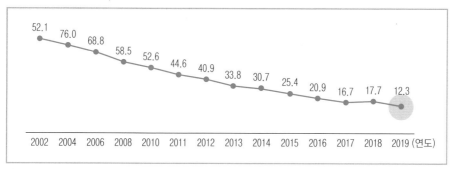

출처: 한국언론진흥재단, 2019.

종이신문 열독시간 추이(2011~2019년) (단위: 분)

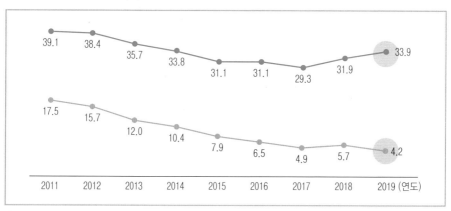

출처: 한국언론진흥재단, 2019.

신력을 의심을 받았지만 이제는 상당수의 학자들이 위키피디아 없이는 연구 작업이 어렵다고 말한다. 사람들의 검색 자체도 빅데이터가 되어 정치적 행위의 예측과 사업 아이템의 자료가 된다. 구글의 검색 엔진에서는 1분당 450만여 개의 검색이 작동한다. 양적 축적이 질적 전환을 이루고 질적 변화가 양적 축적을 가속화하는 흐름이 이어지고 있는 것이다.

2. 카페 등의 동호회

문제는 이런 급속한 변화의 흐름 속에서 '단절' 역시 급격하게 이루어지고 있다는 점이다. 2018년 미국과 영국의 25세 이하 페이스북 이용자가 300만 명 이상 급감했다. 그 이유는 부모의 친구 신청이 싫기 때문이다. 우리나라도 10 대는 네이버와 밴드를 상대적으로 안 쓴다. 부모가 쓰기 때문이다. 세대 간 단절이다. 익히 알려져 있듯이 SNS의 활용도 집단별 간극이 크다. 정치적으로 '색'이 다른 사람들은 하나의 집단으로 묶이지 않으며 알고리즘으로도 연결해 주지 않는다.

커뮤니티를 보면 상황은 좀 더 심각하다. 네티즌들은 상당수가 자료 검색이 아니라 자기 커뮤니티에서 정보를 받는다. 맘카페를 보자. 2020년 4월 기준 경기도 용인의 맘카페는 50만여 명, 부경맘카페는 27만여 명, 강남 20만여 명이 이용자로, 뉴스와 생활에 관한 모든 정보를 카페에서 얻는 경우도 상당수이다. 회원 수 300만 명이 넘는 레몬테라스나 일간베스트 일베도 마찬가지이다.

SNS를 사용하는 시간은 우리나라의 경우 하루에 142분으로 두 시간이 넘는다. 단독활동으로 보면 모든 활동을 압도한다. 속한 집단에 따라 세계상이 달라질 수밖에 없는 '환경'인 것이다.

3. 성인들의 일상과 유튜브

구체적으로 성인의 하루 일과를 보면 하루는 24시간이 아니라 31시간 28분이다. 성인들의 온라인 활동이 다른 활동과 겹쳐지기 때문이다. 속칭 '멀티태스킹의 시대'로 사람들은 스마트폰을 켜 둔 채 두세 가지 활동을 한다는 것이다. 온라인은 오프라인과 '반대'가 아니라 오프 행위의 '배경'이 되는 것이다.

내역별로 보면 유튜브가 압도적이다. 유튜브의 월 이용시간은 2016년 3월 79억 분에서 2019년 8월 460억 분으로 늘었다. 2위 카톡이 220억 분, 네이버가

데이터는 잠들지 않는다

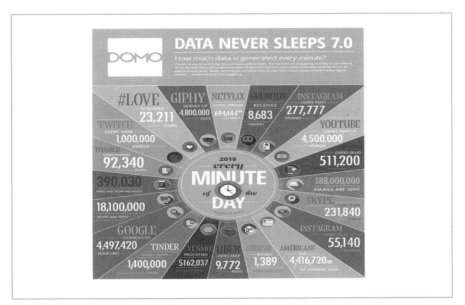

출처: Data Never Sleeps 7.0(DOMO, 2019).

170억 분이다. 1인당 한달 평균 23시간 11분을 유튜브에 쓰고 있다. DOMO의 '데이터는 잠들지 않는다' DOMO, 2019 를 보면 전 세계의 사람들은 1분당 450만 개의 유튜브 영상을 감상하고 51만 1,200개의 트위터를 올린다. 앞의 내용과 연결해서 보면, 대부분의 성인들은 온라인 단체에 소속해서 정보를 취득하고 늘상 SNS를 켜두고 생활하며 유튜브를 통해 광범하게 소통한다. 극우 성향의 유튜버가 "문재인이 금괴 200톤을 가지고 있다"라는 가짜 뉴스를 올리면 얼마 되지 않아 100만 넘는 조회 수를 기록한다. 유튜버나 트위터들은 '1인 셀럽'이 되면서 자기 방식의 콘텐츠를 생산하며 이는 어떤 지상파 뉴스보다도 높은 구독률을 기록한다.

이런 상황에서 유튜브를 규제할 수 있는 방법은 없다. 1인 미디어이기 때문에 가짜 뉴스건 비도덕적이건 문제가 되지 않는다. '표현의 자유'에 해당되기 때문이다. 해외 플랫폼을 이용한 동영상도 마찬가지이다. 사업자들을 강제할 방법이 없다. 텔레그램 n번방도 마찬가지이다. 이런 상황을 고려하면 SNS가 개인의 자유로운 표현을 통해 민주주의의 도구로 기능할 것이라는 예측은 사실 쉽지 않다고 볼 수 있다. 흩어진 개개인은 자극적인 거짓 정보에 약하고 편협한 집단이 이를 지지할 경우 개인의 신념은 강화될 수밖에 없기 때문이다. 학습하는 시민의 건강한 판단력이 매우 중요한 이유이다.

4. 이상적 온라인 공동체의 실패

인터넷의 미디어적 특성을 고려했을 때 온라인에서 가장 이상적인 학습은 '신뢰를 전제로 한 익명적인 존재들 반半 익명성의 지식구성적 소통'이라고 할 수 있다. 익명적인 관계이므로 내용 외의 변수가 개입할 여지는 없으나 신뢰할 만한 ID이므로 그 사람이 말하는 내용에 대해서는 귀기울여 듣고, 지식은 일방향적으로 전달받아 외워 습득하는 것이 아니라 학습자 자신이 의문을 제기하고 생각을 내보임으로써 새로운 사고의 궤로 나아간다. 예컨대 다음 Daum 에서 제공했던 공론장 아고라는 상당한 성공을 거둔 온라인 학습공동체의 모델이었다.

다음에서는 2004년 본격적 공론장을 분명한 목표로 내걸고 그리스의 시민 광장의 이름을 딴 '아고라'를 토론공간으로 개설했다. 익명적인 관계지만 지속적인 동호회식 토론 활동이 등장하므로 그 안에서 좋은 글을 쓴 사람은 신뢰를 얻도록 하는 '내용 중심의 토론방'을 만든 것이다. 이에 따라 각 영역마다 숨어 있던 '고수'들이 등장했다. 누구나 의견을 낼 수 있고 동조하면 시민행동으로 나아간다는 시민성의 원칙도 자리 잡았다 정민승, 2008. 그러나 광우병 촛불시위로 아고라의 힘이 증명되자 이명박 정권은 적극적으로 이에 대해 대응했다. 경찰, 검찰, 국세청 세무조사, 공정거래위원회 조사가 이어졌고 2009년 미네르

바로 알려진 박대성이 허위사실 유포로 구속되었다. 박대성은 결국 2010년 12월 무죄가 확정되었으나 아고라는 동력을 잃었다. 2011년에 국정원에는 아고라 담당팀만 14개였던 것으로 알려졌다.

결국 2019년 1월 다음은 아고라의 서비스를 중지하기에 이른다. 앞서 말한 대로 팟캐스트와 유튜브가 급성장했기 때문이다. 아고라의 실패는 평생학습의 차원에서 보면 매우 안타까운 일이다. 평생학습의 관점에서 보면 시민학습자의 중요한 성장의 장 하나가 폐쇄된 것이기 때문이다. 유튜브와 팟캐스트를 통해 새로운 방식의 전달자인 '셀럽'이 등장했고 '듣는' 사람들은 댓글로 답하기는 하지만 여전히 지식 구성에서는 수동적인 상태에 머무르게 되었다. 결국 아고라의 폐쇄는 자생적 학습과 논의의 정제 과정 강대중 외, 2012 이 우리 사회에서 성공하지 못했음을 보여 준 것이며 지속적인 국가의 통제는 상당한 힘을 가지고 있음을 증명한 것이라 볼 수 있겠다.

5. 새로운 조류

최근의 흐름을 보면 네티즌의 필요에 맞춘 질 좋은 정보를 제공하는 사이트가 늘어나고 있다 정혜승, 2020 . 정확하게 SYBAW Smart, Young and Bored At Work 이라고 대상층을 정해 식상한 정보가 아니라 비즈니스, 기술, 금융, 디자인의 정보를 생산하여 제공하는 경제매체 쿼츠 QUARTZ , 북페어나 세계적인 컨퍼런스에 직접 다녀와서 내용을 전해 주는 퍼블리 PUBLY 등의 사이트는 주목할 만하다. 대상층이 필요로 할 만하다고 보이는 내용을 '깊이 있게' 학습해서 전달해 주기 때문이다. 기술적으로는 국경수비대에게 매질당하고 테이저 건에 맞아 사망한 멕시코 이주민 사건을 '가상현실기술'로 보여 주었던 것으로 유명한 바이스 VICE 도 있다. 이런 저널리즘 회사의 경우 직원의 평균연령 25.5세로 인턴에게 회사를 맡기기도 한다.

이런 새로운 현상을 가능하게 했던 네티즌은 '포모 FOMO, Fear Of Missing Out' 라고도 부르는데 이들은 자신의 역량을 키우기 위해 유료로 인터넷 정보를 구독한다. 중국은 포모 시장이 2017년 기준 8조 원에 이른다. 그러면 이들은 자신의 학습을 촉진하기 위해 정보를 취합해 내는 다소 시민적 상식을 가진 새로운 학습자층인가? 아마도 그럴 것이다. 하지만 이들의 동기에는 불안이 엿보이기도 한다. 월스트리트 저널에서는 "주식에 투자하지 않아 미래 주가 상승기에 자기만 투자수익에서 제외되는 것에 대한 두려움"에서 이런 층이 등장한 것으로 설명한다. 한편으로는 '자신의 취향'을 분명히 하고 이를 찾아가는 '생애학습'의 선명화가 작동하고 있겠지만 다른 한편으로는 '배워야만 살아남는다'는 시대적 불안함이 작동하고 있다고 볼 수 있겠다.

정리해 보자. '교육계 밖'에서 진행되는 미디어의 흐름을 보면, 셀럽을 중심으로 하는 '초超대중적 전달자'의 출현이 두드러지지만 자신의 전문성과 취향, 개성을 소중히 여기는 '네티즌 학습자'의 요청을 다른 한 축으로 심는다. 손쉬운 클릭과 유튜브 소비는 개인의 생각할 시간을 없애고 횡적 연대를 줄이는 측면이 있지만 빠르면서도 깊은 정보의 편집은 거대한 네티즌 학습자를 생성해 내고 있다.

VI. 온라인 평생학습의 재편을 위한 제안들

1. 코로나19로 열린 온라인이라는 장

미디어는 이미 '필요에 따라 가져다 쓰는 도구'에서 '일상을 구성하는 환경'으로 전환되고 있다. 문제는 사람들의 인식이다. 코딩 교육 플랫폼 엘리스의 김재원 대표는 "같은 내용의 콘텐츠를 학습하도록 해도 어떤 필요와 규제가 있는가에 따라 전혀 다른 결과가 나왔다"라고 보고한다. 테크놀로지가 아니라 그것을 활용하는 사람과 제도가 중요하다는 것이다. '기술보다 사람'이라는 주장은 이미 수십 년 전부터 나왔지만 아직도 현실이 되지는 못한 것 같다. 여전히 '테크놀로지 자체가 미래를 보장할 것'이라는 시각이 우리의 상식을 구성하기 때문이다.

포스트코로나 시대에 대한 전망도 마찬가지이다. '온라인'을 '오프라인'과 구분되는 교육 '방식'으로 규정하는 것이나 온라인 교육을 미래교육의 대명사로 보는 것은 지나친 단순화이다. 향후 온라인이 중심이 되고 오프라인은 보조적이 될 것이라는 주장도 있지만 그것은 제도나 문화가 어떻게 진행되는가에 따라 달라질 것이다. 오프라인과 달리 온라인은 원거리에서 교육을 가능하게 하고 반복 학습과 속도 조절을 가능하게 한다는 점에서 우월한 교육방식이 될 수 있지만, 교육적 실재감이 부족하고 중도 포기를 야기하는 열등재이기도 하다. 엄청난 저장력과 정교한 내용으로 전달매체의 최고봉이라 간주될 수도 있지만, 학습의 차원에서 보면 새로운 관계망 속에서 자신을 구성해 갈 수 있도록 하는 도전적 환경이라는 의미를 갖는다. 전면적 재편도 가능하지만 코로나19의 떠들썩함도 한때의 해프닝이 될 수 있다.

현재 '학교적 상식'은 온라인의 가능성을 상당히 축소시키고 있는 것으로 보인다. 초등학교에서는 상당수가 EBS의 콘텐츠를 아무런 지침 없이 학생들에게 제공하며 대학에서도 상당수의 수업을 과제로 대체한다. 학교가 '보육'의 차원에서 필요할 뿐이었다는 자성의 소리도 나오고 아이들은 집에서 쾌재를 부르기도 한다. 교육내용의 질을 높이기 위해 최선을 다하는 교사도 분명히 있지만 온택트 교육의 상식을 새롭게 만들어 내지는 못한 것이다. 평생학습의 관점은 '학습자'들이 어떻게 '온택트'를 느끼는가에 초점을 맞춘다. "교육을 해야 하는데 코로나로 만날 수 없으니 일단 온라인을 쓰자"가 아니라 "코로나로 열린 온라인이라는 장을 어떻게 활용하여 보다 많은 시민을 학습자로 불러낼 것인가"라는 질문이 그 핵심이다. 세 가지 쟁점을 중심으로 정민승, 2006 그 질문에 답해 보도록 하자.

2. 기술이 아니라 맥락으로서의 테크놀로지

가장 중요한 이슈는 온라인 테크놀로지를 사회적 맥락에서 파악하는 것이다. 근대적 존재인 우리는 습관적으로 분리하여 사고하는 것에 익숙하다. 예컨대 기술은 사물세계에 대한 것이고 제도는 기관에 대한 것이며 규범은 사회에 관련된 것으로 본다. 하지만 기술은 제도 위에서 개발되고 문화적 규범을 통해 현상한다. 아동청소년을 '보호'해야 한다면서도 온갖 사이트는 성폭력 동영상으로 연결되며 각종 콘텐츠에는 상업용 광고가 빈틈없이 박혀 있다. 법적 규제나 문화적 규범이 자본의 법칙 앞에 맥을 못 추는 것이다. 자본의 욕망이 장악한 기술의 장. 이것이 '맥락'으로 본 테크놀로지의 현실이다.

'온라인 평생학습'도 이렇게 '맥락'으로 접근하는 것이 필요하다. 대개 우리는 온라인 평생학습을 교육기관에서 운영하는 온라인 콘텐츠로 보며, 철저히 교육주의적으로 개발된 플랫폼을 당연시한다. 다만 어떻게 더 잘 '적용'할 것이냐를 문제 삼는다. '온라인'을 '평생학습의 시각'으로 보는 것은 이런 관행과 당연시된 관점을 전환하는 것을 말한다. 사회와 문화, 학습이 작동하는 방식을 살피고 기술의 특성을 따져 결합해 보면 어떤 부분을 개발하는 것이 필요한지가 드러난다. 앞서 알알이 박혀 있는 광고 동영상은 학습을 저해한다. 제목으로 현혹하는 글이 난무하고 폭력을 정당화하는 콘텐츠가 버젓이 교육 콘텐츠에 붙어 있다. 학습자가 '시민주체성'을 갖도록, 즉 '네티즌network-citizen'이라는 원래적 이름에 걸맞게 활동하도록 하는 환경이 전혀 아니다. 이렇게 보면 1차적으로 해야할 일은 평생학습의 차원에서 거버넌스를 작동하도록 하는 일이 된다. 시민들의 '온라인 학습권'을 지키기 위해 할 수 있는 금지와 제어, 촉진과 지원 제도의 도입이 필요하다. 온라인 관련 범죄의 처벌 수위와 금지 내역, 사이버에 대한 문화적 통제는 선진국의 최하위권이라는 미국과 비교해도 형편없이 낮다. 이런 상황에서 도구로서의 온라인만을 강조해서는 교육이 좋아질 수 없다. 평생교육 전문가는 이런 작업을 설계하고 문화의 코드를 바꾸는 사람들이다.

거버넌스가 중요한 것은 행위 규범이나 방향성를 틀 지우는 제도를 만들거나 바꾸는 힘을 갖기 때문이다. 사실 어떤 유기체도 '습성'을 거스르는 것을 즐기지 않는다. 학습은 습성을 거부하는 능동적 의식작업이므로 반드시 사회적 관여가 필요하다. 학습에 대한 인센티브를 법적으로 제공한다거나 평생학습 바우처를 마련한 사회와 그렇지 않은 사회는 근본적으로 학습에 대한 태도가 달라질 수밖에 없다. 의무적인 학습이 있다거나 학습성과에 대한 제재가 있는 경우와 없는 경우도 완전히 다른 '맥락'을 형성한다. 온라인은 어떤 학습 촉진을 가능하게 만드는지 사회의 맥락을 읽고 학습 촉진적 강제력과 인센티브를 부여하는 것이 지자체를 비롯한 다양한 거버넌스에서 핵심적으로 추진해야 할 일이다.

계급문제도 유사하다. 기술은 중립적인 것 같지만 교육의 부익부 빈익빈 현상은 평생학습에서도 그대로 작동하며 인터넷을 비롯한 첨단의 사회적 디바이스들은 사람들을 더욱 소외된 상태로 몰아 넣는다. 언택트 시대에 인터넷 비문해는 문자 비문해만큼이나 치명적인데 첨단 기술은 접근 자체가 어려운 이질적인 것으로 느껴지기 때문이다. '맥락'에 대한 관심은 계급적 격차로 인해 학습 자체를 하지 않게 되는 비학습의 관행을 전환시킬 고리를 세심하게 찾는 일이다. 눈 깜박임만으로도 문자를 전송하여 소통이 가능한 기술력의 시대에 디지털 비문해층의 언택트를 그대로 두는 일은 사실은 '무관심'이다.

3. contact, untact가 아니라 tact다

그러면 어떻게 할 것인가? 주목할 용어는 택트tact 다. tact의 뜻은 '요령, 눈치, 재치'로 옥스퍼드 영어사전에서는 "상대방을 언짢지 않게 하면서도 옳은 것을 해낼 수 있는 능력 혹은 옳은 말을 할 수 있는 능력"으로 정의한다. 어원을 보자면 'toc, tac 하고 두드리다'로 '무엇이 ~에 닿다, 접촉하다, 어루만지다, 촉진하다, ~에 접하다, 감동시키다, 만지다, 접하다'로 나아간 것이다. 따라서 tactful은 '재치 있는, 약삭빠른, 감각이 세련된'으로, tactic은 '만져서 흐트러진 것을 정리하다'라는 뜻에서 복수형으로는 '전술'이 된다.

교육과 관련해서 보면 택트는 '교육장면에서 사용되는 직관적 소통' 정도로 정의할 수 있다. 택트를 교육의 중심으로 본 매넌Manen, 1990: 156은 "언어적 촉진보다 비언어적 소통이 학습자를 자극하고 향상시키는 데 더 잘 기능한다"라고 보았다. 학습자가 필요로 하는 바를 직관적으로 파악하여 감동을 통해 성장하도록 하기 위해서는 정해진 룰이나 원칙이 아니라 '그 순간 작동할 만한' 소통을 해야 한다는 것이다. 그는 이런 소통을 택트라고 칭하면서 대표적인 세 가지 비언어적 소통매개로 침묵, 눈, 제스처를 든다.

- 침묵도 말한다. 택트는 침묵을 통해 매개된다.
- 눈을 통해 전달된다
- 제스처를 통해 매개된다. 우리는 서로를 몸과 제스처를 통해 만난다.

암묵적인 교류가 교육적으로 매우 중요하다는 것이다. 교육을 소통이라는 관점에서 보면 매넌의 이런 주장은 새로운 것이 아니다. 사회학자 알버트 메러비안 교수가 조사한 바에 의하면 대화에 영향을 미치는 요소는 몸짓과 태도 등의 말에 수반되는 행동이 55% , 음성이나 어투 등의 청각적인 요소가 38% , 말의 내용은 7% 정도이다. 우리가 어떤 사람과 이야기를 하고 난 후 머릿속에 남는 것은 대화의 내용 그 자체보다는 대화를 하면서 상대방이 취했던 몸짓, 말하는 태도, 음성, 독특한 어투 등인 것이다. 이와 같이 비언어적인 의사소통은 우리가 생각하는 것보다 훨씬 더 중요한 역할을 한다. 동작학kinesics의 창시자 버드 휘스텔 교수 역시 의사소통 시 동작언어가 전달하는 정보의 양이 65~70%에 해당되고 음성언어는 불과 30~35%의 정보만을 전달한다고 주장한다. 의사소통에서 비언어적인 의사소통이 차지하는 비중은 언어적 의사소통에 비해 훨씬 더 크다는 것을 알 수 있다.

교육을 '지식의 전달'이라는 차원에서 보면 택트는 중요하지 않다. 하지만 '의미의 구성'이라는 차원에서 보면 진짜 소통을 가능하게 하는 택트는 교육에서 핵심적이다. 이렇게 보면 '온라인'이라는 원격 상황은 택트가 이루어지기 쉽지 않은 환경이다. 글은 물론이고 화상으로 얼굴을 본다고 하더라도 몸짓이나 분위기는 알 수 없다. 이런 점에서 콘택트, 즉 함께 만나서 소통하는 대면 교육 상황은 기본적이며 핵심적이라고 할 수 있다. 이것이 온라인에 대한 낭만적 상상이 허상이 되는 이유이다.

하지만 대면 상황이라고 해서 택트가 자동적으로 보장되는 것도 아니다. 교실 상황은 위계적 관계를 당연시하여 교육적 지원이라는 감각을 거꾸로 줄이는 환경이 될 수도 있다. 거리감을 좁히기 위해 보다 정교하게 여러 차원의 소통채널을 탐색할 수도 있는 것이다. 그러면 언택트가 불가피한 팬데믹 시대에서 콘택트로도 교육할 줄 모르던 현장을 넘어서기 위한 조건은 무엇인가? 적어도 사람들이 어떻게 택트를 발휘하는지에 대해서는 좀 더 면밀하게 분석해야 한다. 학습자는 어느 순간에 특정한 상황에 집중하는가 혹은 산만해지는가? 그것이 온라인일 때는 어떠한가? 대면 상황의 침묵, 제스처, 눈은 온라인에서 어떻게 작동하는가? 소위 '명강사'의 택트는 무엇인가? 우리는 교류의 외적인 특징에 주목하여 contact, untact 혹은 ontact를 이야기한다. 하지만 본질적인 것은 택트이다. 교육자의 제공 push 이 아니라 학습자의 당김 pull 을 중심에 놓고, '온라인에서의 택트 구현'의 조건을 찾아보는 작업을 진행하는 일이 필요하다.

4. 인터넷을 여러 층위가 결합된 작동체로 보자

조금 미시적 차원에서 보면, 테크놀로지나 학습자를 따로 보는 것이 아니라 학습자의 참여 맥락에 대한 분석 조영환 외, 2015 을 생태학적으로 수행하는 것이 필요하다는 점을 알 수 있다. 앞서 살펴본 대로 학교는 물론 평생교육 현장에서도 온라인은 '대면 공간을 메꾸기 위한 기술' 정도로 인식되고 있다. 그러나 위에서 살펴본 바와 같이 온라인을 '문화를 동반하는 새로운 환경'이라는 차원에서 본다면 온라인은 서로 다른 성격의 층위가 맞물려 돌아가는 복합체로 이해할 수 있다.

다음 그림은 교육자와 학습자의 서로 다른 입장을 보여 준다. 언택트 상황에서 우리는 대면의 거리를 메우기 위해 '인터넷'이라는 온라인 테크놀로지를 떠올리고 그에 적합한 콘텐츠인 교육 내용을 상정한다. 그리고 이것을 어떻게 사용할 것인지를 알아야 하고 마지막으로 각 교육기관이 자리 잡은 지역적 특성을 부분적으로 고려한다. 즉, '온라인' 공간이 활동의 장을 마련하고 그 안에 콘텐츠가 의미망을 구축하며, 콘텐츠에 따라 사람들이 사용을 하며 사용방식에 사회적 맥락이 결합한다는 것이 일반적으로 테크놀로지를 보는 태도이다. 교육기관들은 대개 테크놀로지를 중심으로 사고하며 '온라인'은 주로 플랫폼, 잘해야 콘텐츠를 말한다.

하지만 실제로 학습자는 그 반대의 방향을 취한다. 당장에 필요한 사회적 요구나 문화적 맥락 때문에 학습하고자 하는 욕구를 가진다. 온라인은 그 방법

온라인 학습공간에서 고려해야 하는 층위들

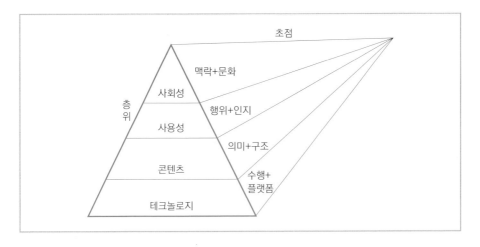

가운데 하나일 뿐이다. 어쩔 수 없이 온라인 학습을 해야 한다고 할 때야 비로소 어떻게 학습하면 되는지 사용성을 익히며 가능한 학습의 콘텐츠를 검색하게 된다. 실제로 온라인 플랫폼이 어떤지, 어떤 연결망과 효율성을 가지고 있는지는 별로 중요한 문제가 아니다. 한마디로 미디어 자체에 대한 관심은 거의 없다고 해도 과언이 아니다.

학습자 개인의 차원에서 보면 자신의 학습에 대한 분석과 이해를 할 경우 학습자들은 스스로에 대한 이해도가 높아진다. 결국 '환경으로서의 인터넷'을 조망할 수 있게 된다. 평생교육학에서는 늘상 학습방법의 학습 Learning to learn 을 강조하지만 실제로 현장에서 학습자들에게 '자신이 어떻게 학습하고 있는지'를 이해하도록 해 주는 일은 매우 어렵다. 바로 이 지점에 온라인의 강점이 있는 것이다. 온라인은 자신이 활동해 온 궤적을 훌륭하게 되짚어 보여 줌으로써 '과거의 인식'을 분명하게 볼 수 있도록 만들어 준다. 이것을 각성시키는 학습촉진자가 별로 없을 뿐이다. 또한 '온라인' 환경이 어떻게 그 안에서 활동하는 사람들의 인식을 바꿔 놓는지에 대한 이해도 함께 이루어질 필요가 있다.

어떤 상황 속에서 사람들은 온라인 학습을 하는가? 자기도 모르게 학습하게 된 부분은 무엇이며 참여의 계급적 특징은 어떻게 나타나고 있는가 Digital Literacy? 특정한 플랫폼은 어떻게 학습을 촉진 혹은 저해하는가? 평생학습의 관점으로 온라인 학습자를 탐색하는 작업이 필요한 것이다.

5. 개인이 아니라 공동체를 보자

일반적으로 온라인은 '개인 맞춤형 교육'이 가능하다는 점이 강조된다. 반복 학습과 개별화 교육이 가능하므로 온라인이 도입되어야 한다는 것이다. 하지만 평생교육 현장의 경험은 그와 다른 강조점을 알려 준다. '공동체' 관점이 그것이다. 공동체의 종류는 지역사회처럼 클 수도 있고 몇몇의 취미 동아리처럼 작을 수도 있지만, '개인'이 아니라 '망 web'을 중시한다는 점에서 평생학습의 관점은 집합적 collective 이다. 온라인에서 공동체는 정화장치적 기능을 하며 때로는 대면적 공동체보다 우월한 측면을 갖는다.

구체적으로 온라인에서 구성되는 학습공동체는 학습자가 집단적 정체성을 갖는 기반이 된다 정민승, 2010. 온라인의 강점이자 약점은 '개별화'이다. 하지만 카페나 동호회 등과 같이 온라인 공동체에서는 분명한 '집단'을 느낀다. 학습자는 다른 학습자와의 만남을 통해서 자신이 학습하고 있음을 감지하고 확인한다. 대면 상황이 아니더라도 학습자는 끊임없이 타인의 영향을 받으며 학습한다. 자신이 '학습자'로서 어떻게 학습하는 것이 필요한지, 다른 학습자는 어떤 생각으로 해당 학습을 하고 있는지를 확인하는 과정을 통해 학습자는 메타학습능력 meta-learning 을 높인다.

또한 온라인에서 소통이 그룹 단위로 가능할 경우 학습자들의 내러티브, 즉 삶의 이야기는 학습자 스스로가 지식생산의 주체로 나설 수 있도록 자신감을 부여한다. 지식수용자가 아니라 지식생산자로서 부분적 경험을 해 나가는 과정을 통해 학습자는 능동적 학습자로서의 정체성, 즉 학습자로서 지평 확대를 경험한다.

이런 점에서 학습공동체는 학습자의 정체성 변화를 추동하는 주요한 기제라고 볼 수 있다. 학습자는 다른 학습자와의 관계 속에서 동질적 존재감을 느끼는 동시에 학습공동체에서 자기 나름의 기여방식을 찾고 다른 학습자의 헌신을 보면서 학습자로서의 태도를 익힌다. 학습공동체는 단순히 학습자에게 '위안'을 제공하거나 다른 학습자로부터 배우는 것이 크다는 점에서 의미를 갖는 것이 아니라 존재감의 변화를 수반하는 교육적 소통을 가능하게 해 주는 연결장치인 것이다. 학습자는 다양한 콘텐츠 학습을 통해, 그리고 다대다 소통 multiway communication 을 통해 스스로를 되짚고 교육의 상 image 을 체득한다. 동시성과 비동시성의 적절한 결합, 예컨대 채팅과 게시판의 조화로운 운영은 대면 교육보다 나은 다양한 소통채널을 형성할 수도 있다. 개인학습자가 아니라 학습자 공동체에 관심을 기울일 때 온라인의 이상이 현실화될 수 있다는 말이다.

현장을 보면 2020년 코로나19 상황을 맞이한 평생학습도시들의 힘은 '주민학습동아리'에서 나왔다. '은평배움모아'와 같이 마스크 제작 보급 등 지역사회가 필요로 하는 작업을 수행하기도 했고 학교에 못 가는 아이들을 위해 공공책 배달 서비스에 나서기도 했다 강대중 외, 2020 . 이들의 활동은 온라인을 통해 탄력을 받았다. 오프라인의 힘이 온라인을 추동하고 있는 것인데, 온라인의 공동체 촉진적 특성에 보다 면밀하게 주목하면 아고라를 통한 촛불집회처럼 온라인에서 오프라인으로 나아가는 시민학습공동체의 형성과 확산도 가능할 것으로 보인다 정민승, 2008 .

6. 소통유형에 주목하여 적극적으로 실험하자

뉴노멀의 미래를 생각한다면 온라인에서 가능한 소통의 네 가지 방식에 따라 어떤 차별적인 학습이 가능한지를 검토하고 촉진하는 일은 매우 중요하다. 아래의 표를 보자. 가로축은 온라인 소통의 방식을 비동시적-동시적으로 구분한 것이고, 세로축은 교육의 유형에 따라 지식 전달과 의미 구성 학습활동을 구분해 본 것이다. 이렇게 유형을 구분하여 보면 온라인상에서 어떤 소통이 보다 활발한지, 그 안에서 어떤 방식의 학습 혹은 학습촉진이 이루어질 수 있는지가 좀 더 분명해진다. 평생교육사가 어떤 역할을 담당해야 할 것인지에 대한 논의도 가능해진다.

가령 1은 지식 중심으로 동기부여가 충분한 학습자를 대상으로 하되 학습자는 수동적이므로 강사의 내용 장악력이 가장 중요하다. 2는 구글 행아웃과 같이 상호작용에 참여하는 학습자를 전제로 삼으므로 어떻게 학습자의 반응을 좀 더 유도해 낼 것인지가 중요한 과제가 된다. 예컨대 학습자의 생각을 발전시키기 위한 자료나 학습활동지를 추가로 제공하는 것이 좋다. 3은 기존의 동호회를 학습의 관점에서 보게 할 수도 있고 학습자들을 핵심 그룹으로 묶어내기 위한 후속활동이 될 수도 있다. 이때 평생교육사는 그룹을 구성하는 기본 단위로서 공감대를 유지하도록 적절한 학습거리를 제공할 필요가 있다. 4는 기획이나 학습내용을 정할 때 학습자를 거버넌스에 참여할 수 있도록 하기 위한 장치가 될 수 있다. 학습자 참여를 제도적으로 보장하기 위해서, 즉 자기 이해와 조직 이해를 확장시키기 위해 화상토론을 상시화할 수 있는 것이다. 학습

온라인 소통방식에 따른 학습활동영역

	비동시적(asynchronous)	동시적(synchronous, 실시간)
교육-지식 전달	1. 비실시간 강의 동영상	2. 상호작용적 동영상 수업
학습-의미의 구성	3. 카페 등 활동을 수반하는 동호회	4. 화상 툴을 이용한 토론

공동체는 이런 여러 차원의 활동이 학습자 상호적으로 교직되는 과정에서 형성되고 강화될 수 있다.

이와 같은 표를 다양하게 만들어 보는 것은 학습촉진에 매우 도움이 된다. 예컨대 '익명성'이라는 특징은 앞서 말한 바와 같이 '내면의 소통'으로 나아갈 수도 있고 악성 댓글로 인한 비극적 사건에서 보듯이 '내면적 위해危害'가 될 수도 있다. 즉, 익명적 특성은 잘 활용될 경우 학습공동체의 단단한 구성을 보장하는 반면 학습 자체를 저해함으로써 공동체 형성을 불가능하게 한다. 그러면 어떻게 '익명'이 긍정적으로 작동하게 할 수 있는가?

위해행위에 대한 강력한 규제와 대화명 등 익명성을 감화시키는 장치를 도입하는 것은 이런 점에서 '온라인'을 학습공간으로 전환시키기 위한 일종의 필터라고 볼 수 있다. 이런 필터는 기본적으로 제도를 필요로 하지만 제도만으로 보장되지 않는다. 온라인에서 소통의 흐름을 보고 적절히 개입하는 사람, 즉 '온라인 평생학습의 촉진자'가 필요하다. 이들은 예민하고 세심해야 가능한 '품이 많이 드는' 일을 담당해야 한다. 품이 든 만큼 효과가 있는지에 대해서도 의문이 들 수 있다. 하지만 강점은 e-러닝이 그러하듯 대면 활동의 영역에 대한 분석이 다시금 교육력을 확장시킨다는 점이다.

온라인 학습공동체는 개념이 출현하던 시기부터 "개인적-집단적 학습자 행동으로 창조되고 그러한 행동을 하기 위한 조건을 갖춘 일종의 장소"로 Fjuk, 1998: 70 정의되어 왔다. 온라인 시스템을 학습자의 자발적 학습에 통합해 내는 가장 효율적 매개가 학습공동체라는 것이다. 평생학습의 차원에서 본다면, 온라인 학습공동체는 콘텐츠 등을 통해 '주어지는' 지식을 학습자 스스로의 것으로 만들어 실질적인 학습력을 증대시키는 '전환의 장' Palloff & Pratt, 1999 이라는 과거의 규정에서 더 나아가 지역사회의 활동 주체에게 요구되는 인간소통을 증폭시킬 것이라 생각된다.

V. tact-on의 학습사회를 위하여

1. 핵심개념으로서의 교육적 실재감

기존의 인터넷 관련 연구들은 사회적 단서가 사라진 언택트 상황에서 '사회적 실재감'을 어떻게 높일 것인가에 관심을 기울였다. ID가 아닌 '진짜 사람'으로서 사회적 교류를 할 수 있는가의 여부가 인터넷 활동의 성공 여부를 결정했기 때문이다. 여기에서 더 나아가 e-러닝 연구에서는 인지적 실재감, 즉 학습자가 인터넷에서의 학습을 통해 의미를 구성하고 이해해 나아간다고 느끼는지를 중요하게 다루었다. 최근에는 사회적 실재감과 인지적 실재감을 촉진하여 학습 성과를 이루게 촉진하는 교수 실재감도 온라인 콘텐츠 설계를 위해 동원되었고 이는 교육적 실재감이라고 호명되기도 했다 이현경·김지현, 2017.

평생학습의 관점에서는 이런 기존의 '실재감'을 학습의 관점에서 재편하여 제시할 수 있다. 이것을 '평생학습 실재감'이라 부를 수 있다. 즉, 기존의 연구들에서 교수 실재감이 여전히 정해진 내용을 학습성과를 높이기 위해 '촉진'하는 것으로 설정됨에 반해 Rodgers & Raider-Roth, 2006 평생학습의 관점에서는 학습자가 '가르치는 사람이 존재하고 있다'고 느끼는지가 중요하다. 인지적 실재감은 '내가 이해하고 있고 의미를 새롭게 구성하고 있다'고 하는 학습자 중심적 관점으로 전환된다. 사회적 실재감은 학습공동체의 구성요인으로 '내가 다른 사람들과 서로 도와서 함께 학습하고 있다'를 말해 주는 것으로 설명할 수 있다.

'학습하고 있다' 혹은 '학습하고 싶다'라는 평생학습자로서의 실재감은 온라인 평생학습의 핵심이라고 할 수 있다. 평생학습 실재감이란 '내가 배우고/가르치고 있다는 현실적 감각'으로서 자아감각과 수용성, 그리고 연계성을 필요로 한다. 시민들은 온라인에서 학습할 것을 권유받는가? 상호 대화의 과정

평생학습 실재감의 구성요소

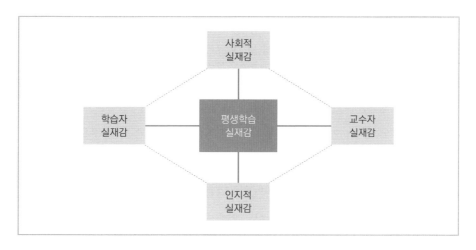

에 학습촉진적인 측면이 작용하는가? 몰입을 방해하지 않도록 광고들이 적절히 제어되는가? 자유롭게 자신의 이야기를 꺼낼 수 있는 분위기가 형성되어 있는가? 예컨대 이런 질문은 온라인에서 평생학습 실재감이라는 키워드를 꺼내들었을 때 생성되는 일종의 일감이다. 이렇게 개념화하고 보면 앞서 말한 택트와 참여의 맥락, 공동체 구성 등은 평생학습 실재감을 높이는 전략임을 알 수 있다. 간략한 그림으로 정리하면 위와 같다.

2. 학습사회의 조건

평생학습사회는 일종의 이상이다. 하지만 평생학습의 관점에서 사회를 읽어 내면 모든 사회가 다양한 방식의 학습사회이고 우리는 좀 더 나은 방식의 학습사회를 지향할 뿐이라는 객관적 언명에 도달할 수 있다 김신일, 2020. 유비쿼터스 학습도 온라인 학습도 이와 마찬가지이다. 새로운 테크놀로지가 출현하자 사람들은 그 기술로 인해 이상적인 혹은 문제적인 교육이나 학습이 도래할 것이라고 상상했다. 하지만 미디어라는 관점에서 일별해 보면 결국은 사람과

제도, 문화가 그 현실태와 한계를 결정하게 되었다.

개념은 현실의 변화를 담아내기 위해 출현하며 여기에는 이상이 담긴다. 이런 개념으로 과거와 현재를 조명해 보면 그간 보지 못했던 측면을 볼 수 있다. 이 글에서 나는 '온라인'과 '평생학습'이라는 개념으로 그간 당연시되었던 '대면', '교실교육'을 재단해 보고자 했다. 새로운 기술은 우리가 보지 못했던 상호작용의 교육적-비교육적 측면을 드러내 주며, 평생학습의 관점을 철저히 적용해 보면 온라인이 당연시하던 개별화된 데이터 중심의 설계라는 허상이 드러난다. 기존의 패러다임에 갇히면 코로나19 시대 현장의 평생교육전문가들이 할 수 있는 일은 급속히 줄어든다. 대면 교육도 만남도 소규모 학습활동도 불가능하기 때문이다. 하지만 교육의 가장 본질적인 차원에 주목하면 할 수 있는 일은 의외로 급증한다.

온라인 평생학습의 지향, 즉 유비쿼터스 학습은 학습자의 문화 맥락이라고 하는 필터를 거치고 나서야 비로소 실성으로 진환된다. 현재까지 온라인 평생학습은 그간 진행되어 왔던 오프라인의 평생학습 틀 안에서 작동했다. 하지만 '언택트 un-contact'가 일상이 될 수도 있는 멈춤 상황 속에서 우리는 그간 암묵적으로 당연시되어 왔던 학습의 여러 관행들을 다시 보고 '온택트 on-tact'에서 시작할 수 있는 일을 찾아 나갈 필요가 있다. 택트 tact 가 지속되는 tact-on 활동을 통해 '콘택트 contact'의 지평은 넓어진다. 이것은 동시에 그간 별로 주목하지 않았던 평생학습의 여러 가능성을 발양시키는 일이기도 하다.

코로나19로 인한 위기 상황은 미래에 대해 근원적 질문을 던져 주었다. 포스트코로나 시대는 이 질문에 대해 인류가 어떻게 답하는가에 따라 전혀 다른 양상으로 전개될 것이다. 코로나19로 인한 멈춤 상황은 교육에 대해서도 근원적인 질문을 던져 주었다. 교육은 무엇인가. 학교는 무엇을 하는 곳인가. 지금까지 검토한 대로 평생학습적 사유와 실천은 붕괴된 교육, 경직된 학교 관행을 지역의 학습이라는 끈으로 새롭게 묶어 내어 혁신으로 나아가게 하는 힘을 갖는다. 언택트를 가로지르는 실천은 탈학교적 제안과 실험에서 시작되는 평생학습운동을 통해 가능하며 새로운 교육 코드를 생성할 수 있다.

참고문헌

강대중 외(2020). **코로나19, 한국교육의 잠을 깨우다**. 지식공작소.

강대중·최선주·이승협(2012). 자력학습 인터넷 논객들의 학습생활 연구- '아고라 경제토론방 고수'를 중심으로-. **평생교육학연구**, 18(4), 33-63.

김상환(1998). **매체의 철학**. 나남출판.

김신일(2020). **학습사회**. 학이시습.

김지현(2001). 교육하는 인간의 원형으로서의 유아. **교육원리연구**, 6(1), 57-63.

양미경(2002). 사이버공간에서 교육적 관계형성의 가능성과 한계. **교육과정연구**, 20(3), 173-190.

이현경·이지연(2017). 대학 평생학습자 대상 플립러닝 교수학습 모형 탐색 - 평생교육 단과대학 사례를 중심으로. **교육문화연구**, 23(6), 157-182

장상호(1991). 교육학 탐구영역의 재개념화. **교육학연구**, 91(2).

장석진(1987). **오스틴:화행론**. 서울대학교출판부.

정민승(2006). 원격매체의 교육적 소통 조건 탐색. **KNOU논총**, 48집.

정민승(2008). 촛불집회에 대한 교육학적 말걸기. **교육비평**, 제25호. 123-141.

정민승(2010). **인터넷과 평생학습**. 교육과학사.

정혜승(2020). **홍보가 아니라 소통입니다**. 창비.

조영환, 허선영, 최효선, 김정연, 이현경(2015). 고등교육 분야 온라인 학습 연구의 동향: 생태계적 접근. **교육공학연구**, 31(4), 725-755.

한국언론진흥재단(2019). **2019 언론수용자 조사**. 한국언론진흥재단.

DOMO(2019). Data Never Sleeps 7.0. Domo.

Fjuk, J. (1998). Computer support for destributed collaborative learning. Ph.D. dissertation. Department of Informatics, University of Oslo.

Goody, J. (1977). *The Domestication of the Savage Mind*. Cambridge: Cambridge University Press.

Harada. V. H. (2003). From instruction to construction. in Fitzgerald, M. et al. (Eds.). *Educational Media and Technology Yearbook 28*. Westport: Libraries Unlimited.

Harvey, D. (2017). *The ways of the world*. 최병두 역. **데이비드 하비의 세계를 보는 눈**. 창비.

van Manen, M. (1990). *Researching lived experience human science for an action sensitive pedagogy*. Albany: State University of New York Press.

Ong, W. J. (1995). *Orality and literacy*. Routledge.

Palloff, R. M. & Pratt, K. (1999). *Building learning communities in cyberspace: Effective strategies for the online classroom*. NY: Jossey-Bass.

Rodgers, C. & Raider-Roth, M. (2006). Presence in teaching teachers and teaching. *Theory and Practice, 12*(3), 265–287.

Shuramm, W. (1977). *Big media, small media*. London: Sage.

14장

평생학습의 지향성, 페미니스트 페다고지

Ⅰ. 평생교육학의 이론적 난맥과 페미니즘

한국에서 평생교육학이 하나의 학문영역으로 선포된 것은 1992년 서울대에 평생교육전공이 설치된 시점이라 볼 수 있다. 그 이후 학문적 논의의 발전은 주로 학교적 패러다임에 대한 비판을 통해 이루어져 왔다. '학교와 다른 교육'이라는 정언적 규정 위에서 평생교육학의 담론적 중심은 '평생학습'으로 자리 매김했다. 《평생교육학연구》에 이어 《안드라고지 투데이》, 《평생학습사회》가 잇따라 창간되었고 성인학습자 참여에 국한되던 연구는 문해교육에서 시민교육, 장애인교육에 이르는 영역별-대상별 분석으로 확장되었다 곽삼근·최윤정, 2005. 학습 생애사나 내러티브 분석, 정책 분석에 이어 빅데이터 분석에 이르는 윤지혜, 2016 방법론적 확장도 이어졌다.

하지만 이런 양적 팽창에도 불구하고 평생교육학에 대한 비판은 지속되었다. 한마디로 이론적 개념과 방법론이 충분히 정교하지 못하다는 것이다. 전통적 교육학에서조차 '교육'과 '학습'에 대한 정의가 불분명했으니 신생 학문인 평생교육학에서 개념 혼란은 일견 당연한 것이었다. 사회교육과 평생교육,

평생학습에 대한 개념규정 문제는 초반부터 제기되었으며 현재까지 이어지고 있다 최운실, 2019.

그러나 개념조차 혼란한 상황 속에서도 평생교육연구는 지속-확장되었다. 개념도 방법론도 학문공동체도 분명하지 않은 상태에서 연구가 어떻게 계속 지속될 수 있었을까? 그 답은 평생교육이 특정한 실천적 '지향성'을 가져왔다는 점에서 찾을 수 있다. 초반부터 평생교육의 문제의식을 사회에 분명하게 제시했던 것은 기존의 교육적 관행을 '교육주의'로 규정하고 나선 '학습주의'였다 김신일, 1994; 1995. 학습주의는 시민혁명으로 인한 인권의 출현에 버금가는 전환이 '학습권의 보편화'라고 보았다. 학습주체에 대한 이런 분명한 지향성으로 인하여 현장 실천가들은 학교와 차별적인 실천을 만들어 냈고 학습공동체와 지역평생학습이 중심 키워드로 부상할 수 있었다 조대연, 2019.

사실 지향성은 일정한 한계를 가지는 개념이다. 지향성은 현상학에서 주로 다루는 개념으로 주관적인 인간의 의식을 지칭한다는 점에서 현장의 역동성을 포착하기에는 너무 관념적이다. 그러나 동시에 지향성은 '주어진 문화의 내적인 구조inner structure'로서, 이 내적인 구조는 단일한 사실이나 현상을 통해서가 아니라 그것이 놓인 전체 안에서 연관성과 작동 방식을 이해하고 제시할 때에만 발견될 수 있는 총체성을 내장한 개념이다. '현상'은 언제나 '지향성 속에서 포착된 현상'이며 의식은 언제나 '무엇에 관한 의식'으로서 대상에 대한 지향성을 본질로 한다.

다시 말해 평생교육학에서 축적해 왔던 연구가 다른 연구들과 구분되는 지점은 학습자를 중심에 두고 학습주의적 '지향성'을 뚜렷하게 가지고 있으며, 그로 인한 학문적 구심력이 유지되고 있다는 점이다. 평생교육학자들은 학습자가 주체성을 가지고 삶을 통합적으로 발달시켜 가는 지향성을 가지고 연구를 진전시켜 왔다. 현상을 인식하고 실천을 이끌어 내는 중심에 '학습자를 중심에 둔 평생학습의 동학 dynamaics'이라는 지향성이 있었다는 말이다. 평생교육의 실천 현장은 평생교육활동가를 중심으로 점진적으로 확대되어 왔으며, 연구 역시 다양한 방법론이 실험적으로 적용되면서 풍부해졌다 조진숙, 2019. 학교나 전통적 교육학과 구분되는 평생교육과 평생학습에 대한 실천과 연구는 세월을 거듭하면서 축적되었고 애매하지만 외연과의 경계도 생겨났다. '인간 개인'이 아닌 '활동'과 같은 간인격적 inter-personal 단위에 대한 관심도 출현했다 김경희, 2011. 이런 흐름을 종합해 보면 평생교육학에는 일종의 지향성을 형성하는 공리 axiom 가 존재하고 있다고 할 수 있다. 이를 추출해 보면 다음과 같다.

> 학습자에게 힘을 실어 주는 교육에 주목한다.
> 학습은 사회적 맥락 속에서 시작되며 권력의 문제와 불가분하다.
> 개인이 아닌 집단, 기관이 아닌 공동체를 체제적 관점에서 본다.

우선 첫 번째 공리는 학습자의 활력화 혹은 세력화 혹은 힘 실어 주기로 번역되는 empowering을 교육의 중심으로 삼는다는 것이다. 이는 프레이리와 듀이의 계보를 잇는 린드만의 사회교육 실천운동의 일환으로 평생교육의 위상이 설정된다는 것으로, 교육의 최종적인 목적을 학습자 개인의 활력화와 학습자 집단의 세력화에 둔다. 자기계발이나 직업훈련이 특정한 교육의 목적을 설정하고 학습자들을 그 목적에 맞추어 변형해 가는 입장을 취하고 있는 것과 달리 평생교육은 분명하게 학습자의 '온전성'을 지향한다. 이것이 인적자원개발과 평생교육이 구분되는 지점이다 박성정, 2001; 최운실, 2019.

둘째로, 학습자에 대한 맥락적 이해가 중요하다는 것이다 김신일 외, 2019. 평생교육학은 성인교육의 실천에서 시작된 학문으로, 이것이 학교교육의 실천론인 교직학과 평생교육학이 구분되는 지점이다. 학습을 아이들의 두뇌에 지식을 저장하는 일로 보는 메타포는 교육의 맥락을 제거한다. 교육은 각기 다른 문화적-계급적 존재들이 모여 의미를 생성해 가는 과정이다. 평생교육학은 학습자가 이미 무엇인가를 겪었고 알고 있는 존재라는 인식에서 출발한다. 따라서 평생교육학은 불평등의 문제에 대한 관심을 갖게 된다. 학습자에서 출발하는 교육은 학습자의 수준과 처지를 고려하지 않을 수 없다. 이미 사회적 존재 조건으로 인해 상처를 받았거나 소외된 처지에 놓여 있는 집단이 있다면 그 집단에 대한 교육제공이 우선시되어야 한다는 것이다 곽삼근, 2008 . 이런 점에서 학교교육 수혜 계층이 더 많은 성인기 교육의 혜택을 받는 '교육의 빈익빈 부익부 현상'은 최우선적으로 해소되어야 할 사회문제로 간주된다.

세 번째로 제시할 수 있는 공리는 개인과 집단을 이원적으로 보지 않는다는 것이다. 철저히 맥락적 이해를 추구하다 보면 인간의 학습은 공진화를 전제로 한다. 배우는 것은 개인학습자의 성장과 사회의 성장을 맞대는 일이며, 배움의 가치를 구현하는 것은 경제적 가치를 거부하는 일이다. '학교교육적 패러다임에 대한 대안'은 단지 학교의 지식 중심적 관행을 폐기하는 것이 아니라 근본적 관점을 바꾸는 일인 것이다 한승희, 2019 . 이것이 '지향성'이다. 객관적 진리의 전수나 교수자 중심의 지식전달이 아니라 상호적 지식구성의 과정과 학습자 주체성의 고양에 근거해서 실천과 이론을 전개하다 보면, 학습공동체나 상황학습은 자연스럽게 논의의 중심에 서게 된다 정민승, 2010 .

다시 말해, 평생교육이나 평생학습을 정해진 확정적 개념으로 정의하고 연구의 영역을 설정하는 것이 아니라 교육이 지향하는 방향을 분명하게 제시하고 이를 구체화하기 위한 방략을 찾아내고자 하는 것이다. 이런 점에서 예컨대 학습자 중심, 맥락 중심, 사회평등, 대안성과 같은 특정한 '지향성'은 평생교육학의 핵심 개념이라고 볼 수 있다. 평생교육은 '학습자의 자기됨을 통해 평등을 구현'하는 의미 생성의 활동이며 평생교육학은 이 문제의식을 중심으로 이론을 전개한다. 따라서 학습자가 어떤 사회체계 속에서 얼마나 또는 어떤 방식으로 자율적 힘을 얻거나 잃게 되었는가에 관심을 두며 그 과정과 방법에 주의를 기울인다. 지향성 차원에서 보면, 교육학의 개념이나 정체성 혼란에 대해서도 설득력 있는 해명이 가능하다. 교육은 본디 추상적 차원에서 규명될 수 없는 활동성을 가지고 있는데, 기존의 교육학은 이를 정태적이고 본질적인 차원에서 규정하고 이론화하고자 했다는 것이다.

페미니스트 페다고지, 특히 벨 훅스가 제안했던 페다고지는 '지향성'으로부터 이론과 실천이 생성되었다고 해도 과언이 아닌 이론과 방법론이다. 벨 훅스는 가부장적 지배가 남성이건 여성이건 인간 모두에게 내면적 상처를 입히므로 가부장적 지배에서 벗어나기 위한 지향성 속에서 이론과 실천을 전개하면서 배움의 실천을 자신의 이론을 통해 구현하고자 했다. 평생교육학의 렌즈로 보면 일상이 지배를 재생산하는 장치로 활용되고 있는데, 이런 일상적 지배로부터 개인의 주체성을 회복하는 평생학습의 실천을 벨 훅스가 구현하고 있는 셈이다.

II. 벨 훅스의 '이론'이 갖는 힘

학문적 차원에서 보자면 벨 훅스는 이론이 갖는 의미와 위상을 바꾼 학자이다. 일반적으로 페미니즘에 대해서는 '여성의 입장을 대변하여 기존의 이론을 비판한다'는 의미를 부여한다. 그러나 벨 훅스는 기존의 이론과는 다른 방식으로 이론-실천-교육 간의 관계를 설명한다. 페미니즘 이론의 시작을 '나의 경험'으로 보며, 자기 경험의 재조직을 통해 정교한 지배에서 해방되어야 한다는 시각을 취한다. 벨 훅스를 주목하는 이유는 기존 이론에 대한 젠더 차원의 비판에서 나아가 프레이리나 일리치, 랑시에르처럼 기존의 이론이나 제도를 보는 시각 자체를 바꾸었기 때문이다. 이하에서는 이론적 차원에서 '도전적인 패러다임'으로 간주되는 지점들을 살펴보도록 하자.

1. 이론의 위상: 이론은 교육이고 실천이다

벨 훅스에게 이론과 실천의 구분선은 무의미하다. 정확하게 말하자면 벨 훅스가 이론적 작업을 한 이유는 이론이 지배의 틀을 바꾸는 실천이라 보았기 때문이다. 그녀는 사회변화를 위해 새로운 방식으로 책을 썼는데, 모든 저작을 관통하는 특징은 '교육적'이라는 점이다. 헨리 지루 등 Giroux & McLaren, 1994 이 언급했듯이, 벨 훅스는 대중매체가 이데올로기적으로 보수적인 메시지의 증식을 통해 젊은 층을 어떻게 가르쳤는지 탐색했다. 그람시의 헤게모니에 대한 주장 Gramsci, 1999 에 동의하면서 벨 훅스는 대중문화가 사람들이 동의를 얻기 위해 싸우는 '투쟁의 장'임을 강조했다. 벨 훅스는 이런 관점을 흑인 페미니스트 문제와 명시적으로 연결시키는 것이 자신의 이론적 소명이라고 생각했다.

벨 훅스는 이론가들이 선호하는 복잡한 개념이나 논리적 설명을 거의 하지 않는다. 그렇다고 해서 수필을 쓰는 것도 아니다. 사회에 대한 분석과 페미니즘적 쟁점이 모든 저작에 등장하며 '사회변화를 위한 실천'이라는 지향성 속에서 재의미화된다. 그런 점에서 벨 훅스의 저서들은 독자를 변화시키고자 하는 분명한 목적을 가지는 '경험 고백을 담은 의식화 교본'이라고 할 수 있다.

벨 훅스의 저서에 대해서는 내용보다는 '스타일'의 중요성이 강조된다 Ohman, 2010 . 벨 훅스의 글은 단순함, 접근성, 생생함이라는 '독특한 스타일'을 가지는데 그것이 사실은 지금까지 별로 주목받지 못했지만 이론적으로 중요하게 다루어야 할 특징이다. 구체적으로 보자. 첫째, 단순함이란 사고의 명징성과 현재성이라는 점에서 선명함을 의미한다. 복잡하지 않다는 의미가 아니라 복잡한 것을 얼마나 명확하고 분명하게 담아내는지가 핵심이다.

둘째, 접근성이란 '누구나 읽고 이해할 정도의 가벼움'을 의미한다. 이론이 무엇인가? 소외된 사람들은 이론을 통해 대안적 인식론의 수단이자 저항의 도구를 가지게 된다. 그렇다면 이론은 더욱 더 가볍고 쉬워야 한다. 이는 이론이 대중성을 가지기 위한 조건이기도 하다.

셋째, 이론은 생생하게 표현되어야 한다. 대개 이론은 추상적이고 원리적이라는 점에서 생생한 표현과는 거리가 멀다. 그러나 벨 훅스는 글을 쓸 때 부정적인 언어, 현학적인 표현을 배제하며 삶과 밀착된 언어를 구사한다. 한마디로 말하자면 '스토리라인이 살아 있어야 한다'는 것이다. 이는 내러티브와도 연결되는데, 분석을 통해 단절된 '죽은 논리'가 아니라 의미의 창조를 가능하게 하는 '살아 있는 이야기'가 되어야 한다는 말이다.

벨 훅스의 저작은 지속 가능의 윤리 ethos of sustainability 를 체현하며 소외된 사람들도 상실감에 시달리거나 표류하는 느낌을 갖지 않도록 품어 내는 스토리를 펼친다. 벨 훅스의 저작들, 예컨대 《행복한 페미니즘》이나 《벨 훅스, 경계 넘기를 가르치기》, 《벨 훅스, 계급에 대해 말하지 않기》 등은 비판적 이론을 스토리에 담아낸 대중서라고 볼 수 있다.

벨 훅스에게 이론이란 '체험들에 의미 있는 연결을 수행하는 작업'이다. 조각나고 해석되지 않는 경험들에 질서를 부여하고 의미화하는 것이 이론이라고 보기 때문에 벨 훅스에게 이론서는 비판적 관점으로 대중의 경험을 해석하도록 돕는 도구에 다름 아니다 벨 훅스, 2008: 90 . 기존과는 다른 방식으로 글쓰기를 하고 보수적인 학자들의 글쓰기 형식을 따르지 않는 것은 포용하는 태도를 지니고자 하는 열망, 즉 다양한 위치에 있는 가능한 한 많은 독자와 접촉하고 싶은 열망에서 비롯된다.

벨 훅스는 객관적이고 엄정한 설명이 아니라 흑인 여성인 자신의 경험을 회고하면서 그 회고 속에서 가부장제적 모순과 억압을 드러낸다. 식수Cixous가 말한 '여성적 글쓰기', 즉 '자신의 경험을 생생하게 드러내는 동시에 가부장제를 비판하는 실천'을 저서를 통해 충실히 수행하는 셈이다 이봉지, 2001. 그에게 이론은 생생한 경험과 자기 회복 및 집단 해방의 과정이 근본적으로 연계되었음을 알려 주는 이야기이며, 저작을 통해 억압과 착취에 대한 공동의 이해와 공동의 실천을 제안하는 것이다.

2. 이론의 기능: 사소하고 정교한 지배를 분석한다

벨 훅스는 저작 전반에 걸쳐 가부장제를 관철하는 지배의 기제를 끈질기게 분석한다. 대립과 반목의 정치만으로는 저항의 정치를 지속할 수 없으며, 고도로 유연한 자본주의를 고도로 예리하게 읽고 '다른 방식으로 생각하고 창조하는 과정'을 통해 사회운동이 발전할 수 있다고 보았다. 이는 '비판'에서 한걸음 더 나아가 '생산'에 중심을 두는 관점으로 벨 훅스는 다양하고 소소한 실천을 중심으로 하는 새로운 운동이 이루어지는 지점을 '주변'으로 본다. 주변은 새로운 의미 생산의 공간인 셈이다. 벨 훅스는 스스로를 저항의 거점으로서 주변에 위치시키는 것이 필요하다고 파악한 것이다.

따라서 '주변적' 사람들, 즉 억압받는 모든 사람들이 중요성을 가진다. 이들은 인종주의와 자본주의, 그리고 가부장제가 주변화된 사람들의 삶을 평가절하하는 방식에 대해 스스로 각성하여 새로운 운동의 주체가 될 수 있다 Florence, 1998. 백인우월주의-자본주의-가부장제의 지배력은 이들 주변적인 사람들이 스스로를 소외시키는 과정을 통해 관철된다. 지배는 인종이나 계급, 그리고 성이 미국과 전 세계에서 주변화된 집단을 억압하는 데 기여하는 방식과 연계되는 것이다.

예를 들어 벨 훅스는 자유주의를 주장하는 백인 여성들이 '체계 system'의 한

부분이 되어 백인우월주의와 자본주의를 촉진시키는 데 기여한다고 보았다. 즉, 백인 여성들은 페미니즘을 소외된 계급의 경험으로 해석하지 못했고 하층이나 흑인과 같은 집단을 무의식적으로 배제한 결과 결국 지배체제를 유지하는 데 기여했다는 것이다. "만약 보다 많은 페미니스트 여성들이 권력을 적극적으로 재개념화했다면, 그들은 의식적으로건 무의식적으로건 보다 큰 사회에 존재하는 계급과 인종의 위계를 무시한 채 페미니스트 운동을 벌이지는 않았을 것"벨 혹스, 2000: 88 이다.

억압의 미묘한 교착은 다이어트나 성형수술로까지 나아간다. 예컨대 벨 혹스는 생명을 위협하는 다이어트 강박증이나 생명을 위협하는 모든 형태의 성형 수술을 여성 할례와 연결시켜 설명한다. 성형이나 다이어트 행위들은 할례와 마찬가지로 남성이 원하는 여성상에 도달하기 위한 것이라는 점에서 "근본적으로 성차별주의와 여성혐오에 기초하고 있다". 지배가 여성의 몸을 통해 관철되고 있다는 주장이다.

벨 혹스의 재현 representation 에 대한 설명과 문화 분석 역시 어떻게 재현의 대중적 체제가 억압을 재생산하는가를 밝히기 위한 것이다. 저서 *Outlaw Culture* 1994 에서는 마돈나에서 갱스타 랩, 스파이스 리의 영화 〈말콤 엑스〉에 이르는 다양한 대중적 텍스트를 넘나든다. 벨 혹스는 소외집단이 만든 이런 작품들이 도대체 어떻게 해서 지배적 문화 강령을 재생산하게 되는지를 분석한다. 예를 들어 갱단의 랩은 소외된 젊은 흑인 남성의 목소리를 전면에 내세우는 것처럼 보이지만 가부장제의 야만적 인식 안에서 작동한다. 이런 가부장제에 대한 인식은 랩에서만 나타나는 것이 아니다.

가부장제에 대한 인식은 역사적으로 지배적 문화의 한 영역을 담당해 왔다. 〈말콤 엑스〉도 마찬가지이다. 벨 혹스는 이 영화가 이슬람의 지도자를 미국 남성문화의 주류에 적합한 인물로 형상화하여 탈정치화한다고 비판한다. 혁명가를 다루지만 그 내용이나 내용을 구조화하고 있는 영화 내러티브의 서사 차원에서 모두 보수적이라는 것이다. 영화의 감독이 아프리카계 미국인이라는 점이 중요한 것이 아니라 영화의 서사 구조가 중요하다.

이것은 '내부의 외부'와 '외부의 내부', 즉 주변과 중심의 이중적 시각으로 현실을 파악하고 이를 근거로 현실에 개입하고자 하는 구체적 시도이다. 젠더 뿐 아니라 다른 이슈들도 페미니즘의 쟁점으로 이론화하고 소통의 실천과 공감의 윤리를 지향하는 것이다 bell hooks, 1984. 이것이 그녀가 주창하는 "가시화하는 visionary 페미니즘"으로 사회운동 안에까지 존재하는 인종적-성별적 편향성을 극복하는 '건강한' 페미니즘의 생산방식이다.

3. 연구자의 위상: '나'를 드러내고 '공공'으로 나아간다

벨 훅스는 모든 저작에서 '나'를 드러낸다. 그리고 거기서 출발한다. 일반적으로 이론은 보편성을 강조하고 이로 인해 개인의 경험보다는 반복 가능성이나 실증성을 중시하는 경향을 가진다. 따라서 이론가들은 가능하면 연구물에서 '나'라는 개인 연구자의 특수성이나 특이성을 드러내지 않고자 하는 태도를 가지게 된다.

벨 훅스는 '흑인 여성'이라는 자신의 집합적 정체성과 '나'라는 개인적 정체성을 신뢰하고 거기에서 이론을 시작한다. 이름을 bell hooks라고 선택한 것도 가부장제적 질서에서 탈피하되 '흑인 여성인 나'에 주목하는 강렬한 시도이다. 벨 훅스의 본명은 글로리아 왓킨스 Gloria Watkins 이지만 가부장제적 혈통 위계의 핵심에 대문자 성 姓 이 존재한다고 보았기 때문에 할머니의 이름을 잇는 소문자로 개명한 것이다.

또한 자신의 경험에 주목하여 당시 사회운동가 모두가 반대하던 흑백분리주의에 찬성하는 입장을 피력한다. 어릴 적 다닌 흑인학교에서 가졌던 자부심이나 자신감이, 백인과 함께 인종통합학교에 다니면서 사라졌던 자기 경험을 신뢰하는 것이다. 벨 훅스는 인종통합학교보다 '흑인학교가 오히려 더 흑인 리더십을 키워준다'라는 입장을 제시한다. 대개의 경우 이론가가 빠지기 쉬운 '당위'에서 벗어나 '나'라는 개인이 체험한 평등과 해방의 감수성에 주목하는 것이다.

이런 시도들에 대하여 페미니즘의 틀frame 안에서도 해석은 가능하다. 페미니스트들은 실증주의적이고 과학주의적인 태도를 '남성 중심적'이라고 비판하면서 학문이 여성을 소외시키는 방식으로 이론을 구축해 내고 있다고 비판해 왔다. 양적 연구보다는 질적 연구를 지향해 왔고, 논리나 추론보다는 주관적 경험이나 감정을 드러낼 것을 촉구해 왔기 때문이다.

하지만 벨 훅스만큼 자신의 경험을 온전히 신뢰하면서 평등이나 해방에 대한 주장을 매우 쉬운 용어로 전개해 나간 경우는 매우 드물다. 주디스 버틀러나 이리가리이의 저작처럼 지나치게 어렵고 현학적으로 이론을 전개하는 쪽이 일방적이다 정민승, 2004. 벨 훅스는 상당수의 페미니스트조차 걷어내지 못했던 '보편이론지향'을 자신의 경험으로 반박하면서 새로운 이론의 지형을 창출한 셈이다. 계급적-인종적-성적 특수성을 철저히 개인으로 녹여 내고 동시에 개인의 문제를 계급적-인종적-성적 해방의 관점에서 해석한다. '나에 대한 믿음'에서 출발한 신념은 자연스럽게 공공으로 나아간다.

벨 훅스는 흑인 여성을 위한 비판적 공간을 만드는 일을 자신의 소명으로 삼았으며, 흑인 여성들이 공통적으로 가지고 있는 백인 여성을 향한 분노와 적대감을 공개적으로 표현할 수 있는 공간이 필요하다고 주장했다. 이는 상당한 용기가 필요한 일이며 논쟁적인 주장이다. 젠더 투쟁의 동력이 인종적 입장 대립 속에서 무력화될 수도 있기 때문이다.

벨 훅스는 명백하게 "흑인 여성의 경험과 투쟁은 보다 가까운 곳에서 조망되어야 한다"라고 주장한다. 억압을 종식시키기 위해서는 그 독특성에 면밀하게 주목해야 한다는 것이다. 예를 들어 흑인 여성노예의 경험은 때로는 흑인 남성노예의 것과 유사하다고 간주되지만 사실은 상당히 다르다. "인종적 위계에만 초점을 맞추어서는 우리는 흑인 여성의 지위를 정확하게 그려낼 수 없다." 벨 훅스, 1981: 12 라는 것이다.

　벨 훅스의 이론이 갖는 힘은 교육과 불가분의 관계라 할 수 있다. 가르침과 배움은 이미 자신의 삶에서 섞여 한 덩어리로 작동하고 있고, '나'는 이론의 출발점이자 변혁의 시작 지점, 가부장적 지배에 저항하는 사랑의 진원지로 작동하고 있다. 벨 훅스는 "스스로가 주인이 되는 인생을 살고자 하는 사람이라면 누구나 페미니스트"라고 보았고, 내면의 목소리를 듣고 함께 대화해 가는 기쁨의 과정을 페다고지라고 정의했다. 벨 훅스의 이론은 평생교육학의 문제의식과 맞닿아 있으며 이론과 실천의 '맥락' 속에서 분명하게 지배의 다이나믹을 드러낸다고 볼 수 있다.

Ⅲ. 벨 훅스의 교육론의 특징

　평생학습의 관점은 학습의 맥락과 학습자가 처해 있는 위치성을 강조한다. 학습자를 교육의 주체로 상정하기 때문에 학습자가 어떤 상황 속에서 살아가고 있고, 그로 인해 어떤 인식상의 장벽 혹은 경제적 난관에 처해 학습을 하거나 하지 못하게 되었는지에 주목한다. 페미니스트 페다고지는 평생교육학적 인식에서 '성별'의 부분을 뽑아 올려 교육론을 다시 쓴 이론적-실천적 시도이다. 즉, 평생교육학이 현상한 것이 페미니스트 교육론이고 페미니스트 교육론의 결과들은 평생교육학의 지평을 넓히는 바탕이다.

벨 훅스는 '페다고지'를 전면에 내세운 몇 안 되는 페미니스트이다. 페미니즘이 가부장적 불평등구조를 혁파하는 것을 목표로 세우고 있음에도 불구하고 대개의 페미니스트들은 반가부장적 교육이나 교수법을 부수적으로 다룬다. 이론적 차원의 여성억압 분석에 보다 주목하는 것이다. 벨 훅스는 분석보다는 '변화'에 주목한다. 벨 훅스는 영화나 광고를 비롯한 대중적 텍스트에 대한 이데올로기 비판을 통해 사람들이 어떻게 배우는가를 밝히는 '일상의 교육이론가'인 동시에, 자신의 교육과 관련된 경험을 페미니즘적 시각에서 제안하는 '교육실천가'이다. 페다고지는 사회변혁 social transformation 을 도모하기 위한 방법론에 해당한다.

1. 벨 훅스의 관여적 교육론[22]

벨 훅스는 자신의 페다고지를 '관여적 교육론 engaged pedagogy'이라고 명명한다. 영어로 engage는 '서로 맞부딪히다, 약혼하다'를 뜻하며 이는 쉽게 해체될 수 없는 적극적 구속을 의미한다. 따라서 관여적 교육론은 학습자와 교수자가 계속적으로 교감하며 강고한 연계 속에서 교육을 진행하는 교수법 혹은 교육실천을 말한다. 이 교육론에서 학습자들은 교육의 대상으로 머물러 있거나 수동적으로 학습하는 존재가 아니라 교육의 내용 및 교사와 전면적으로 연관된다.

관여적 교육론은 비판적 교육론 critical pedagogy 에 뿌리를 두고 있다. 비판적 교육론은 프레이리에 의해 대표되는 교수법으로 학습자들을 참여적이고 비판적인 존재로 거듭나게 하는 교육이야말로 기존의 사회를 변화시키는 데 핵심적이라고 본다. 즉, 교육은 프락시스 또는 성찰적 실천으로서 자신의 존재와 인식의 기반에 대해 반성하는 힘을 가지며 이로 인해 사회의 근본적 변화를 가능하게 한다.

벨 훅스는 프레이리의 저작들이 자신에게 작동한 방식, 그리고 변혁적 지성인으로서 자신의 비판적 의식을 활성화시킨 과정에 대해 기술하면서, 프레이리의 변혁적 사회전망에 깊이 공감하고 그 방법론을 사용하게 되었다고 말한다.

프레이리는 내게 언어를 알려 준 사상가입니다. 그를 알게 된 뒤 저항의 정체성 구조 문제를 깊이 생각하게 되었습니다. … "주체가 되기 위한 투쟁에서 지배 대상으로서는 참여할 수 없다". … 프레이리는 내 정신과 마음에서 의욕을 북돋우는 교사로 자리잡았습니다. … 탈식민화의 과정은 프레이리의 글과 내 글에서 다루는 개념 중 하나이며, 미국 독자들이 자주 오해하는 개념입니다 벨 훅스, 2008: 60-61.

벨 훅스는 삶과 해방, 열정과 교육을 결합한 프레이리의 교육론을 빌려와 여성들의 의식화 운동 전략을 만들었는데 그것이 관여적 교육론의 핵심이다. 의식화의 핵심은 비판적인 인식과 참여이다. 프레이리는 "모든 사람이 지식에 대해 '공동으로 일구는 들판과 같다'라고 주장한다면 평등해질 수 있다"라고 했는데, 벨 훅스는 이에 기반하여 '지식을 공동으로 일구자'는 주장을 '공동 노력'이라고 개념화했고, 이를 '관여에 의한 지식의 생성'이라는 명제로 발전시켰다.

페미니스트 페다고지는 '변화를 위한 방법론'으로 기존 교육이 전제로 삼는 명령의 문화, 암기의 문화에 저항하기 위한 방법론을 만들어 낸다. 벨 훅스는 인간이라면 누구나 집합적이고 공동체적 맥락에서 즐겁게 참여하는 교수법을 통해 저항의 주체가 될 수 있다고 본다. 관여적 교육론의 교수전략은 예를 들면 이런 것이다.

- 학습자들이 자유롭고 안전하며 편안한 상태에서 자신을 표현하고 있는지
  살펴보기
- 다양한 학생들의 교육적 경험에 주목하고 학생들의 문화적 차이가 어떻
  게 수업에 반영되는지에 대해 주의를 기울이기
- 다양성 관련 이슈를 다루고 서로가 서로를 환대하는 수업환경 만들기
- 평등한 학습관계를 만들고 재미와 흥분의 순간이 생겨나도록 학습자를
  촉진하기

교육적 차원에서 당연히 지켜야 할 원리처럼 보이지만 각 항목은 관여적 교육론의 원리하에 조직된 것이다. 예컨대 학습자들이 '관여'하기 위해서는 스스로 '안전하다'는 느낌을 가져야 한다. 자신의 내면이 그대로 표현될 경우 위협을 받을 수 있다는 분위기라면 학습자들은 관여적인 태도를 가질 수 없다는 것이다. '교육적 경험'에 주목하는 방식도 마찬가지이다. 학생들이 가지고 있는 문화적 차이는 곧 계급적 차이를 의미하며 이것이 수업에서 어떻게 다루어지는지에 명민하게 주의를 기울여야 한다 Musial, 2012: 224. 다양성의 이슈, 환대의 수업환경, 평등한 학습관계, 흥겨움도 모두 마찬가지로 기존의 교육문법과는 전혀 다르다.

벨 훅스의 이런 관점은 초기 자유주의 페미니스트의 한계를 지적하는 것이기도 하다. 자유주의 페미니스트 베티 프리단의 《여성의 신비》와 같은 저작이 중간계급 여성의 요구와 관심, 특히 여성의 교육권이나 고용권에 초점을 맞추고 있음에 반해 벨 훅스는 그런 자유주의적 권력 개념은 체계를 변화시키는 것이 목적이 아니라는 점에서 한계를 가진다고 보았다. 여성에게 더 많은 교육 기회를 준다고 하더라도 동일한 권력 관계 속에서 위축된 학습자에 머무르는 한 여성의 힘은 강화될 수 없기 때문이다. 관여적 교육론은 사회에 제대로 관여할 수 있는 학습자를 키우기 위해, 학습자의 소외된 상태에 적극적으로 관여하는

전략을 취한다. 진정한 변화를 위해서는 교실에서 학습관계-수업환경-경험-학습자의 위상이 전적으로 달라져야 한다고 보았던 것이다.

2. 관여적 교육론이 갖는 평생교육학적 특징

벨 훅스는 '학자'와 '지식인'을 구분했고 "지식인이 되는 것은 학자가 되는 것과 같지 않"bell hooks, 2004: 22 다고 보았다. 지식인이 되는 것은 학자 중심의 학문적 공동체뿐 아니라 비학문적 공동체에 이르는 비공식적 장에서 '가르치는 일과 강의하는 일'을 의미한다. 진보적인 개개인이 자신이 가진 생각을 문법이 다른 사람들을 위해 번역하는 일, 즉 새로운 교육적 공간을 만들어 나가는 일이 중요하다. 이는 '학문적 공동체'에 익숙한 학자들이 자신이 완전히 통제할 수 있는 좁은 공간에서 전문적 언어로 말하면서 사는 것과 전혀 다른 일이다. 지식인은 "어떤 가르치는 장면에 있더라도 마음을 담을 수 있는 언어를 사용하는 것을 배워야"bell hooks, 2004: 43 한다.

벨 훅스에게 교육은 정해진 내용을 잘 전달하는 교수법일 수도 없고 저항운동을 위한 투쟁 수단만일 수도 없다. 그것은 교육장면에 '관여된 사람'이 바뀌어야 하는 것이다. 따라서 벨 훅스가 제시하는 관여적 페다고지는 기존의 페다고지와 다른 원리를 따른다.

첫째, 감정에 충실하라는 것이다. 전통적 교육학에서 자제해야 하는 첫 번째 항목이었던 감정이 관여적 교육론에서는 장려된다. 둘째, 위반하고 경계를 넘나들라는 것이다. 이는 개인의 이성을 기축으로 삼고 기존의 가치를 전수하는 기존의 교육학과 결별하는 것이다. 셋째, 온전성으로 나아가라는 것이다. 우선 교사가 온전한 사람이 되어야 하며 이는 치유가 아니라 돌봄의 문법에 의거한다. 치유가 병리학적 관심이라면 돌봄은 일상의 관계에 기반한다. 모두가 평생교육의 지향과 맞닿는 원리들이다. 각각에 대해 살펴보자.

가. 정동적 감정에 대한 존중

관여적 교육론이 갖는 가장 큰 특징은 학습자가 가진 문화적 특성이 교육과정과 적극적으로 결합=관여되어야 한다는 것이다. 이를 위해서는 학습자가 교육의 현장으로 가지고 들어오는 정치적-사회적-문화적 경험에 교실이 개방되어 있어야 한다. 학습자가 눈치보지 않고 자신의 내면을 드러낼 수 있어야 교육 과정의 목적이 왜곡없이 작동하여 학습자의 진정한 변화가 가능하기 때문이다. 이는 성인학습자의 맥락성을 강조하는 평생교육학의 입장과 같다.

하지만 바로 이런 이유로 관여는 종종 위험한 일로 간주되어 왔다. 학생을 이성적이고 중립적인 인간으로 보는 것은 교실의 통제와 현재의 가치 체계의 전수를 비교적 수월하게 해 준다. 이런 맥락에서 전통적 교육학에서는 흥겨움 excitement 은 이성적이고 진지한 분위기를 깨뜨리는 감정적 상태로 생각되었고, 에로스는 교육자와 학습자, 혹은 학습자 상호간의 건전한 관계를 해치는 문제적 요소로 간주되었다. '건전'과 '불온'이 이원적으로 구분되며 교육자와 학습자가 위계적으로 구분되는 것이 전통적 교육론의 전제였기 때문이다.

그러나 이는 강박적인 당위일 뿐이다. 벨 훅스는 현재의 교육이 바뀌기 위해서는 교실에서 '감정'이 바뀌어야 한다고 본다. 학습은 감정적 변화를 야기할 수밖에 없고, 학습자들이 교육 내용이 일으킬 수 있는 흥겨움을 나누겠다는 열망을 품는다면 그것보다 좋은 교육은 없다. 벨 훅스가 "흥이 나는 학습이 이루어지려면 지식에 대한 흥분감만으로는 충분치 않다"라고 주장하는 것은 이런 맥락이다. 수업 공동체의 구성원으로서 서로에 대해 그리고 서로의 말소리와 존재에 대해 얼마나 관심을 보이느냐에 따라 흥겨움의 정도는 크게 달라진다. 흥겨움은 교수와 학생의 공동의 노력으로 이루어진다. 강의실을 진정으로 '공동의 공간'이라고 이해하면 공동의 노력으로 학습 공동체를 만들고 유지할 수 있는 가능성은 매우 높아진다.

또한 학습자가 교육자에게 선망을 갖는 것은 배움의 강력한 동기가 된다. 에로스와 에로티시즘은 자아실현을 위한 인간의 총체적 노력을 추동하는 힘이며 비평적 상상력을 촉진시키는 힘인 것이다 최성희, 2008: 180. 가르치는 일에서 에로스를 인정하는 것은 교실이 열정적인 신체가 함께 어우러지는 공간이라는 것을 인정하는 일이다. 이런 종류의 열정은 학교를 중심으로 하는 교실에서는 배제해 왔던 영역이다. 교사들은 이런 열정을 꿈꾸는 것이 '교육자답지 못한 것'으로 생각하도록 체계적으로 문화화되었고 학생의 인종, 성, 계급에 대한 인식을 배제하는 태도와 결합되어 있었다.

이런 입장에서 콜 Cole, 2009 은 벨 훅스의 관여적 교육론이 실현되려면 반식민주의적-비판적-페미니스트 교육론이 계몽적으로 상호작용해야 한다고 주장한다. 계급적, 인종적, 민족적, 성적 감수성이 상승적으로 결합해야 한다는 것이다. 이것이 관여이다. 교실은 '안전한 곳'이기보다 비판적이고 도전적으로 '공동체'를 구축하여 지적으로 엄격하면서도 편견 없는 풍토를 만드는 곳이어야 한다. 교육자가 다문화의 세계를 인정하여 교육을 급진적으로 변화시킬 때 학생들이 열망하며 마땅히 받아야 하는 교육을 제공할 수 있다. 교육자는 의식을 변화시킴으로써 자유롭게 표현하는 풍토를 조성하도록 가르칠 수 있다. 자유로운 표현은 진정한 해방 교양 교육의 기본 요소라는 것이다.

나. 교육자-학습자 간 경계 넘기

'관여'란 학습자의 문화적 특성이 교육과정과 연결되는 것을 가리킴과 동시에 교육자가 기존의 구획을 넘어서서 학습자와 새로운 방식으로 연결되는 것을 의미한다. 관여적 교육론에서 교수나 교사는 특권적 지위를 가지지 않으며 '대화적인 관계를 장려하는 사람'이 된다. 여기서 나아가 벨 훅스는 가르치는 자들이 특권적인 학문적 지위에서 벗어날 것을 요청한다. 교육자는 학습자들을 '수동적인 소비자'로 간주해서는 안 된다. 이것은 기존의 지적 권위를 가지는 교육자와 그렇지 못한 학습자 간의 경계를 넘나드는 것을 말하는데, 이런 경계 넘기는 다양한 차원의 구획에 대한 일종의 위반이다.

예컨대 교사와 학생의 이분법을 가로지르는 것은 육체와 정신의 구분을 다시 보는 것으로 연결되며, 육체와 정신의 이분법을 가로지르는 것은 육체에 대한 접촉을 허용하는 것이기도 하다. 벨 훅스는 "교실에서 말하기 전, 우리는 몸으로 함께 있다. … 존재는 몸에서 온다. 만약 우리가 교실 안이나 밖에서 우리의 몸에 대해 듣는다면, 우리는 타인과 관계 맺을 수 있는 보다 많은 방법을 알게 된다"라고 말한다 bell hooks, 2007: 153. 지배적 패러다임 안에서 육체는 관리되고 처벌되고 조율되는 대상이다. 신체는 차별화되고 상처받거나 비인간화되어 기껏해야 저항의 자리가 될 뿐이다. 이런 구획 속에서 학습자가 할 수 있는 일은 수용 이외에는 거의 없다.

위계적 교실에서 교육자의 피드백은 학습자들에게 상처가 된다. '옳은 답을 내지 못했다'는 창피함을 느끼면 학습자들은 자존감이 낮아진다. 여기서 벗어나려면 교육자는 평가적 언어를 최소화하고 옳고 그름의 문법을 버리고 '향상'이라는 차원에서 '보조'해 주는 태도를 가져야 한다. 학습자의 자존감을 높여 주고자 한다면 경쟁적인 분위기를 최소화하는 것이 가장 중요하다.

벨 훅스의 교육론에서는 서로 보듬고 상처를 치유하며 위안을 받는 관계가 교육의 중심이다. 이런 관계는 '돌봄의 관계'라고 할 수 있는데 돌봄의 관계를 형성해 나가는 것이 바로 교육적 공간이라는 것이다. 이렇게 해서 형성된 관계는 이후 윤리적 의사결정의 기초를 제공하고 '돌봄 사회'의 발달을 촉진한다 벨 훅스, 2008:208. 돌봄의 관계는 학습자들이 자신의 마음을 확장하고, 정해진 패러다임을 넘어 교육적 만남을 이루는 능력을 키우도록 하며 이 과정에서 돌봄의 사회가 형성된다. 말하자면 돌봄의 관계는 관계 속에서 사회적 정의감을 키워내며 비인간화와 고립화하는 이윤 중심적 대학의 관행을 저지하는 일이다.

이렇게 중요한 핵심개념임에도 불구하고 '돌봄'이란 별 게 아니다. 그저 학생의 이름을 기억하고 학생의 입장을 잘 헤아려 듣고 학생의 삶에 관심을 표현하는 것이다. 교수자가 돌봄자로 전환되면 교육적 공간이 열린다. 이곳에서는 "아이디어 가득한 사랑의 황홀한 서클 안에서 댄스하면서 경계 넘기라는 위반이 일어난다"라고 말한다. 거기에는 "얽어매는 제한이 없다. 인종, 성별, 계급과 같은 모든 것들은 그 뒤로 미뤄진다". 다노비츠에 따르면, 구체적으로 관여적 교육론에서는 다음과 같은 전제가 작동한다 Danowitz, 2011: 50.

- 교육이 자유의 실천임을 주지한다. 누구나 학습의 주체가 될 수 있다.
- 교육은 의미도 있어야 하지만 신나야 한다. 재미있고 신나는 것은 집합적 노력을 통해서만 가능하다. 지루해서는 안 된다.
- 교사가 힘 있다거나 모든 것을 안다고 생각해서는 안 된다. 학습을 통제해서는 안 된다.
- 교사 중심적 교수학습과정을 피해야 한다. 모든 학생들은 수업에 참여해야 한다. 이를 위해 학생들과 대화적 관계를 수립해야 한다.
- 학생들은 교실에 들어올 때 소비자가 아니라 활동적 참여자로 들어와야 한다.

이것이 돌봄이 작동되는 교육의 맥락이다. 관여적 교육론은 "교실의 변화를 향한 의지"를 의미하며, "학생 간의 관계의 변화"를 허용한다 벨 훅스, 2008: 30. 교사와 학생이 함께 새롭고 보다 민주적인 공동체를 형성할 수 있도록 하는 완전 참여된 공간이 되어야 하는 것이다.

다. 영성을 통한 온전성 integrity 의 구현

진보적인 홀리스틱 Holistic 교육으로서 '관여적 교육론'은 전통적인 비판적 교육이나 페미니스트 교육보다 더 큰 노력을 요구한다. 이 두 가르침의 실천 방식과는 달리 관여적 교육론은 '참 삶'을 강조한다. 관여적 교육론의 목적은 정신과 육체, 그리고 영혼의 결합체로서의 헤겔식의 "객관적 정신"을 넘어서서 자기실현과 의미 있는 지식을 삶 속에서 구현하는 것으로 설정된다.

홀리스틱, 즉 총체적 관점을 취하는 만큼 교육자도 학습자와 전면적으로 연결된다. 따라서 교육자가 학습자의 역량을 강화하고자 한다면 우선 교육자 자신부터 적극적으로 자아실현에 힘써 몸과 마음의 건강을 증진시켜야 한다. 관여적 교육론은 학습자의 표현을 반드시 필요한 것으로 여긴다. 홀리스틱 모형을 채택한 교실에서라면 교육자도 성장하며 학습과정을 거치면서 역량이 강화된다. 학습자들에게는 위험을 감수하라고 하면서 교육자는 비난받기를 거부한다면 역량 강화가 일어날 수 없다. 자아실현을 포용하는 교육자는 학습자를 참여시키는 교육실천을 더 잘 해낼 수 있을 것이다. 더불어 학습자들에게 인생을 넉넉하고 깊이 있게 살아갈 능력을 강화시켜 주는 지식을 제공해 줄 것이다.

교육자에 대한 이런 입장은 아프리카계 미국인 연구나 민족 연구, 여성 연구와 같은 프로젝트를 통한 벨 훅스 자신의 경험과, 형식적 교육기관에서 소외되어 자라 왔던 경험에서 나온 것이다. 소외된 학습자들에게는 사회적-정치적으로 충전된 교사가 필요하며, 이들은 '가르침이라는 차원에서의 개입'을 통해 학습자들의 역량을 강화한다. 이는 대개의 정치적 의식화교육에 등장하는 카리스마 넘치는 교사상을 넘어선다. 벨 훅스에게 교육자는 학습자들이 이미 가지고 있는 영적 전체성을 발견하는 존재이다.

사실, 영성은 인간의 존재 자체를 담아내기 위한 개념이라는 점에서 전체성을 담고 있는 용어이다. 지식이나 감정, 체력이나 지력과 같이 분화된 방식을 넘어서서 인간을 근원적인 차원에서 안내하고 환경을 변화시키는 어떤 자장이 작동하는 신비의 힘에 주목한다. 인간 존재에 활기를 불러일으켜 주는 에너지의 근원을 가리키는 개념인 것이다. 그것은 죽음까지도 포함하는 존재의 전체성을 탐구한다.

존재와 죽음의 문제를 다루므로 영성은 종교성과 쉽게 연결된다. 그러나 영성은 신이나 종교에서 다루는 인간의 능력이 아니라 존재의 정수essence를 발견하고자 하는 인간의 내적인 힘의 총체로서, 개인이 자아를 넘어서서 타인 및 더 높은 존재와 의미 있는 관계를 만들어 내고자 하는 에너지이다. 따라서 교육의 차원에서 영성은 잃어버렸던 교육의 본원적인 힘을 복원한다는 차원에서 조명될 필요가 있다. 지-덕-체로 나뉜 인간의 분할된 능력을 합하는 차원의 통합적 교육이 아니라 원래적으로 하나였던 통합된 전인全人적인 인간의 에너지를 복원하자는 것이다. 전인성을 회복하는 것이 바로 온전성의 구현이다. 잃어버렸던 영성의 전체성을 회복한다면, 그것이 곧 온전성=자아실현으로 나아가는 길이 된다는 것이다.

이런 차원에서 벨 훅스는 틱낫한의 논의를 빌려 교육자를 '치유자'라고 명명한다. "치유자, 치료자, 교사, 그 외에 남을 돌보는 전문가는 우선 자신부터 돌봐야 한다. 만일 남을 돕는 사람이 불행하다면 많은 사람을 돌볼 수 없기 때문이다". 틱낫한이 주장한 지식에 대한 접근법은 학생들에게 적극적인 참여자가 될 것과 인식과 실천을 함께 할 것을 요구했다는 점에서 프레이리의 주장과 유사하지만, 프레이리에 비해 전인성, 즉 마음-몸-정신의 통합을 강조한다. 학습과 영적 수행에서 홀리스틱 접근은 형식 논리적으로 기존의 교수법을 포함하는 것이지만, 실질적으로는 다양한 구분과 경계를 넘어 새로운 방식의 교육으로 나아가는 것을 뜻한다.

신자유주의적 삶의 문법은 경쟁에서 승리하는 것이다. 관계는 제로섬 게임이며 남을 딛고 성공하는 것이 생존조건이다. 이것은 승리자까지도 피폐하게 만든다. 영적 차원에서 보면 관계는 포지티브섬 게임이며 삶의 문법은 협력이다. 벨 훅스는 '온전한 존재'로서 제대로 된 삶을 살아가기 위해 성찰성과 자기배려의 문법으로 살아갈 것을 주장한다. 공격적이고 적대적인 페미니스트 교수기법이 아니라 배려하고 사랑하는 페미니스트 교육론을 주창하는 것이다.

V. 나가며

평생교육학이 갖는 학문적 에너지는 '지향성'에 있다고 해도 과언이 아니다. 기존의 교육학이 '학교'라는 교육공간에서 이루어지는 '교사'의 직업적 특성을 중심으로 하고 있었던 것에 비해 평생교육학은 학교와는 다른 교육 본질을 '지향'하며 출발했고, 그 지향성으로 인하여 새로운 학문담론과 영역이 출현했기 때문이다. 학습자 중심, 학습주의, 자기주도성, 상황 맥락, 경험 중심, 관계, 사회변혁 등의 용어는 이런 지향성 속에서 평생교육학의 키워드로 등장했다.

이 글은 이제 성인기에 들어선 평생교육학이 지향성으로부터 구체성으로 나아가기 위해 필요한 원형archetype을 모색하기 위한 시도이다. 페미니스트 페다고지, 그중에서도 벨 훅스의 페다고지는 평생교육학이 지향해 왔던 지향성을 사회구조적 모순과 연결하여 교육론으로 제시한 보기 드문 이론적 실천에 해당한다.

벨 훅스의 이론은 제3세계 빈민을 위한 프레이리의 해방적 교육론의 맥을 잇는 동시에 윤택하고 정교해진 자본주의의 지배 상황에 적합한 저항의 방식을 제공한다. 그 둘을 잇는 지점은 '주변인들의 자기애'라고 할 수 있는데, 이는 교육을 주변인으로서 처해 있는 소외의 상황 속에서도 자신을 자랑스럽게 생각하고 공동의 문제를 토로하는 주체가 되어 가는 과정으로 재규정하는 일이기도 하다.

또 하나의 특징은 새로운 즐거움을 만들어 가는 공동체의 형성 과정에 주목하는 것이다. 벨 훅스는 '여성'의 문제를 넘어 계급과 성, 인종이라는 3대 모순에 근거하여 이들의 길항 지점을 포착하는 공동체를 제안한다. 즉, 자아를 성장시켜 가는 교육 본연의 가치를 굳게 지키면서도 사회적 모순에 저항하고 해결해 나가는 집단의 교육학을 제시하는 것이다.

평생교육학적 차원에서 보자면, 벨 훅스는 전통적 교육의 전제 모두를 전복하는 새로운 교육론을 제안할 뿐 아니라 이론가이자 실천가, 저자이자 사상가로서 미지의 영역을 계속적으로 개척하는 프런티어 교육자라고 볼 수 있다. 벨 훅스는 교육자와 학습자가 단지 평등한 위치를 점하는 것에 머무르는 것이 아니라 서로 소통하고 돌보는 관계를 만들어 나아가야 한다고 보며, 모든 인간의 인간다움을 형성하는 영성을 교육의 출발점이자 도달점으로 제시한다. 앞서 우리는 일견 화합적으로 보이는 이런 교육론은, 제도적 권력이나 전통의 권위를 '흑인 여성'이었던 자신의 경험에 기초하여 하나씩 완전하게 전환시킨 결과임을 확인했다. 관여는 권위적 교육의 완전한 전복이며, 영성은 암기식 교육에 대한 전면적인 비판이다. 자신의 삶에서 나오는 강력한 목소리를 스스로 신뢰하고 작고 분명한 실천을 해 나가는 것이 벨 훅스의 힘이며, 그 역동적 관점과 구체적 실천이 평생교육의 지향성을 구체화한다.

곽삼근(2008). 여성노인의 젠더불평등경험과 인식전환에 관한 연구. **한국여성학**, 24(4), 141-174.

곽삼근 · 최윤정(2005). 학술지를 통해 본 한국 평생교육학의 연구동향. **평생교육학연구**, **11**(1), 91-113.

김경희(2011). 지식사회에서의 평생학습이론의 지향점: 엥스트롬의 확장학습이론. **평생교육학연구** 17(4).

김신일(1994). 학습주의 관점에서 본 현대교육제도의 문제. **한국교육학의 맥**.

김신일(1995). 학습권 개념내용과 교육학의 새 연구과". **평생교육학연구**, **1**(1), 19-32.

김신일(1998). 학교교육에서 학습권의 위상. 서울대교육연구소. 제3회 관악교육포럼, 41-49.

김신일 외(2019). **평생교육론**. 교육과학사.

박성정(2001). 평생교육 관점에서 본 인적자원개발체제. **평생교육학연구**, 7(1), 159-175.

벨 훅스(2000). **벨 훅스, 계급에 대해 말하지 않기**. 모티브북.

벨 훅스(2008). **벨 훅스, 경계 넘기를 가르치기**. 모티브북.

벨 훅스(2017). **모두를 위한 페미니즘**. 문학동네.

장상호(2005). **학문과 교육(중)**. 서울대학교 출판부

서동진(2009). **자유의 의지, 자기계발의 의지**. 돌베개.

윤지혜(2016). '훌륭한' 교사의 삶에 관한 탐구: 한 중등미술교사의 학습생애사를 중심으로. **교육인류학연구**, 19(3), 5-225.

이봉지(2001). 엘렌 식수와 뤼스 이리가레에 있어서의 여성성과 여성적 글쓰기. **프랑스문화연구**, **6**, 45-58.

정민승(2004). 합리적 대화를 넘어 차이 배우기로: 후기구조주의 페미니즘의 교육학적 의미 지평탐색. **교육사회학연구**, 14(3).

정민승(2010). **성인학습의 이해**. 에피스테메.

조대연(2019). 국내 평생교육 연구논문의 핵심어에 대한 평생교육 담당자의 관심도 분석, 41-66, **2019년 상반기 연차학술대회**.

조진숙(2019). 프레이리 대화교육의 평생교육적 의미 고찰: 평생교육의 네 가지 원리 중심으로. **한국교육사상학회**, 33(1), 105-124.

최성희(2008). 페미니스트 페다고지의 정치, 윤리, 미학. **영미문학페미니즘**, 16(1), 167-184.

최운실(2019). 평생교육학의 학문적 기저와 확산: '경계너머' 낯설게 '다시보기'. **평생교육학회 학술포럼**, 1-21.

한숭희(2019). **교육학개론 다시쓰기: 교육학, 그 탈주와 재영토화**. 2019년 한국평생교육학회. 제1회 학술포럼. 서울대학교 교육종합연구원 평생교육연구센터.

bell hooks (1981). *Ain't I a woman?: Black women and feminism*. Boston: South End Press.

bell hooks (1984). *Feminist theory: From margin to center*. Boston: South End Press.

bell hooks (2003). *Teaching community: A pedagogy of hope*. London: Routledge.

bell hooks (2004). *Outlaw culture*. NY: Routledge.

bell hooks (2007). *Teaching critical thinking*: Practical wisdom. London: Routledge.

Cole, B. (2009). Gender, narratives and intersectionality. *International Review of Education*. 55, 561-578.

Collins, P. H. (2000). *Black feminist thought: Knowledge, consciousness and the politics of empowerment*. NY: Routledge.

Danowitz, M. & Tuitt, F. (2011). Enacting inclusivity through engaged pedagogy. *Equity and Excellence in Educaqtion*, 44(1), 41-56.

Florence, N. (1998). *bell hooks' Engaged Pedagogy: A transgressive Education for critical consciousness*. CT: Bergin & Garvey.

Friedan, B. (2005). *Feminine mystique*. **여성의 신비**. 김현우 역. 이매진.

Giroux, H. & McLaren (Eds.). (1994). *Between borders*. London: Routlege.

Gore, J. (1992). "What we can do for you! What can we do for you?: Struggling over empowerment in critical and feminist pedagogy." in Luke, C. & Gore, J. (Eds.). *Feminisms and critical pedagogy*. London: Routledge.

Gramsci, A. (1999). *Prison Notebooks*. 그람시의 옥중수고 2. 이상훈 역. 거름.

Klangwisan, Y. (2016). The third body: Cixous' feminine trinity. *Hecate, 42*(1), 84-91.

Musial, J. (2012). Engaged pedagogy in the feminist classroom and yoga studio. *Feminist Teacher, 21*(3), 212-224.

Ohman, A. B. (2010). bell hooks and the sustainability of style. *Nordic Journal of Feminist and Fender Research, 18*(4), 284-289.

Welton, M. R. (1995). *In defense of the lifeworld-critical perspectives on adult learning*. New York: State University of New York Press.

Williams, DA, Berger, J. B. & McClendon, S.A. (2005). *Toward a model of inclusive excellence and change in postsecondary institutions*. Washington DC: AACU.

15장

평생교육의 생명성: 경계 넘기

Ⅰ. 교육의 다양한 경계들: 비생명성의 고착화

'평생교육'이라는 말을 들으면 두 가지 이미지가 떠오른다. 하나는 랑그랑의 유명한 '수직적-수평적 통합' 원리로 떠올리게 되는 좌표평면이고, 다른 하나는 들로어의 '평생교육의 네 기둥'으로 만들어진 신전이다. 좌표평면은 사람들이 자신의 좌표를 찍고 남들과 비교해 보거나 자신의 미래좌표를 찍어 보는 데 유용하다. 랑그랑이 의도했던 것은 아니겠지만 랑그랑이 제시한 평생교육 개념으로 모든 사람들은 학습자로서 자신의 나이와 사회적 역할에 따라 좌표를 찍어 볼 수 있다. 어떤 좌표에 있더라도 그에게 적합한 교육을 받을 수 있다면 그런 사회야말로 이상적인 학습사회가 아니겠는가. 랑그랑의 '통합' 개념은 기존의 '분화'를 발전으로 보는 교육학의 기본 시각에 근본적인 파격을 가했다.

들로어의 네 기둥 역시 학습개념 전환의 계기를 제공한다. 평생교육의 네 기둥은 알기 위한 학습 Learning to know, 행하기 위한 학습 Learning to do, 더불어 살기 위한 학습 Learning to live together, 존재를 위한 학습 Learning to be 이다. 모두 가치로운 개념처럼 보인다. 하지만 보기보다 쉬운 개념은 아니다. '존재'를 위

'수직적-수평적 통합' 개념과 좌표평면

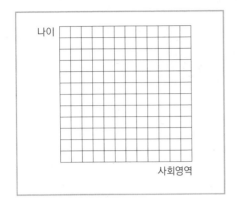

학습의 네 기둥

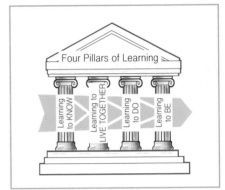

해 학습한다는 것이 무슨 말인가? 행하기 위해서 학습한다는 것은 아는 것을 실천하는 것과 어떻게 다른가? 이전의 학습은 더불어 살기 위한 학습이 아니었는가? 기존의 학습이 지식의 축적을 위한 학습임을 인정하면 이 네 가지 기둥은 기존의 학습의 개념을 전복하는 의미를 가진다. 우리 사회의 지배적인 패러다임은 앎과 행동을 분리시키며 다른 사람들과 더불어 살고 있지 않으며 존재보다는 소유에 집착하며 아는 것이 무엇인지에 대해 충분히 숙고하지 않는다. 현대사회에서 학습은 학습의 본래적 가치를 잃고 있으며, 그래서 삶-앎-존재-공유의 가치를 회복하는 과정으로서 평생학습이 더욱 강조되고 있다. 평생교육은 소외되고 분절된, 소유에 집착하고 경쟁적인 삶을 바꾸기 위한 문화코드의 재설정 작업인 것이다.

랑그랑과 들로어를 위와 같이 해석하면, 평생교육은 *교육-문화코드를 바꾸는 운동*이라 할 수 있다. 교육이나 문화의 코드를 바꾼다는 말은 인간-사회의 정체성 형성 영역을 다루는 근원적 차원의 변화를 도모한다는 의미를 갖는다. 하버마스 혹은 웰턴의 말에 따르면 Welton, 1995 국가나 기업에 의해 강요된 '체계 system'의 논리가 우리의 일상까지 밀고 들어와 개개인의 욕망에까지 침투해 있는 상황이 근대의 현실이며, 바로 그런 이유로 경제나 사회구조적 차원의 변혁만으로는 사회가 변화하기 어렵다. 식민화된 개개인들이 '생활세계 life-world'를 복원하는 과정을 통해서만 사회는 그 짜임의 '코드'가 바뀔 수 있다는 것이다.

평생교육에서 사용되는 '경계'라는 용어도 이런 차원에서 해석하는 것이 필요하다. 체계의 문화코드는 '닫힌 경계'를 기반으로 작동한다. 체계의 경계는 구멍이 없다. '생명'이 아닌 '완벽'을 지향하기 때문이다. 국가 관료제의 통제 구도에는 빈틈이 없다. 기업의 운영도 완벽을 추구한다. 권력과 자본의 법칙은 냉혹하다. 승패를 가르는 경쟁에는 한치의 양보도 없다. 국가나 기업 등 '체계의 경계'는 기본적으로 외부에 대하여 닫혀서 자체적으로 완전한 성취를 지향한다.

속도와 동작에서 인간보다 더욱 능률적으로 수행하는 기계, 그리고 그 기계들을 총체적으로 조합하는 공장 체제, 날마다 일상생활 속으로 쏟아져 들어오는 상품들. 역사의 전 기간에 걸쳐 물자의 빈곤과 비능률에 시달려 온 인류가 이런 기술 발달 속에서 유토피아적 가능성을 발견한 것은 그리 놀랄 만한 일이 아니다. 그것은 끝없는 자기 혁신을 통해 발전을 도모해 온 모더니즘의 승리처럼 간주되었다. 기계에 대한 숭배는 국가 체제에도 적용되었다. 국가 역시 기계를 이상적 모델로 간주했다. 관료주의는 합리성과 효율성을 기반으로 삼는다는 점에서 기계와 다를 바가 없었다. 과학을 통해 자연을 지배한 것에 지나치게 고무되어 사람들은 모든 사회 조직에도 그와 같은 이성의 내적 논리, 즉 보편성, 객관성, 자율성의 논리를 적용했다.

경계도 이런 맥락에서 등장한다. 학교를 보자. 학교는 여타 생활공간과의 경계를 출발선으로 삼는다. 학교는 '교육'이 이루어지는 공간이 일상과 분리되어야 한다는 것을 교문과 교실로 가시화한다. 이는 곧 학습과 일상 간의 경계를 의미한다. 수업을 보면 과목 간의 경계, 놀이와 앎의 경계가 분명하다. 분과학문 간의 경계는 근대학문체계의 근간이기도 하려니와, 학교에서는 이런 학문을 진리로 보고 그 진리를 효율적으로 잘 전달하는 것을 소명으로 삼는다. 아는 것은 정당화된 지식으로 국한되고 놀이와 앎도 강한 경계로 분리된다.

가장 강한 경계는 교사와 학생 사이에 그어진다. 주지하듯이 교사는 '지식이라는 진리'를 전달하는 자이고 학생은 그 진리를 받아들여 체화해야 하는 수동적 존재이다. 사실 교사와 학생 간의 경계가 무너지면 현재와 같은 학교는 존립이 불가능하다. 교사라는 위상 안에 지식관과 교육관이 모두 녹아 있기 때문이다. 프레이리, 일리치, 지루 등 여러 비판적인 학자들이 지적한 것과 같이 교사의 설명식-주입식-일방향적 교육은 단지 하나의 교육방법이 아니라 학생-민중-피억압계급을 무력화시키는 적극적 과정이다. 이런 점에서 제도교육의 경계는 경직적이며 투과성이 없다. 사람들은 그들의 경험으로 정체성을 구성하며 그 경험의 핵심은 반복적 실천을 가능하게 하는 형식이기 때문이다.

사람 사이의 경계는 이와 다르다. 그것은 내부의 질서는 있으나 외부를 향해 늘 열려 있는 생명의 경계이다. 식물은 광합성을 해야 살고 동물은 음식을 섭취해야 하듯이, 인간은 문화를 받아들여 자신의 것으로 만들어 내는 과정을 통해 사회 속에서 생존한다. 삶의 배경이 되는 생활세계는 사람들의 소통행위의 지평을 이루는 영역이다. 의미가 생겨나고 행위가 상호교환되며 무엇보다 돌봄이 이루어지는 곳이다. 국가나 기업, 학교나 제도와 같은 체제가 내장하지 못한 소통의 인간 본성이 작동하는 공간이다. 그 경계는 유연하며 투과적이다. 평생학습운동은 생활세계의 역동을 반영한다. 이하 사회운동을 통해 그 내용을 살펴보자.

Ⅱ. 경계에 대한 도전들: 사회운동과 학습운동

1. 운동, 사회운동, 제도화

철학적으로 운동이란 대립물의 통일을 가능하게 하는 모순의 변증법적 진전 과정으로, 변화하지 않는 것을 변화하게 만드는 추동체로 간주된다 Fiedler, 2009 . 모든 실재에서 대립물의 통일은 상대적이고 그 투쟁이 절대적이다. 통일을 유지하고 있는 모순을 부단히 해결하면서 또 다시 새로운 통일을 만들어 내는데, 이런 과정이 반복되면서 실재는 부단히 변해 간다. 사회운동은 사회를 구성하는 여러 경계들, 주로 사회구조적인 경계를 바꾸는 발전의 동인자로, 사회적 관행이나 경계를 넘나들고 변화시켜 사회의 역동을 재창출하는 일이다. 지배가 정태적인 구조를 안정화하는 과정이라면 운동은 그 구조를 유연화한다.

그러나 실제로 모든 사회운동이 운동의 철학적 특성을 구현하지는 못했던 것 같다. 사회주의 혁명운동의 결과가 단적으로 보여 주듯이, 혁명집단은 대부분 권력을 가진 후 급격하게 보수화되었으며 지배구조는 형식을 바꾸어 존속되었다. 아이러니하게도 운동이 제도권 내로 편입되면 원래의 역동성을 잃고 제도화되며 제도화는 다시 운동을 억압하곤 했다. 예컨대 노동운동이 조직화되어 노동조합운동이 되면 제도화된 노동조합을 목표로 삼고, 곧이어 조합의 자생적 운동에 대한 억압이 발생했다. 이런 이유에서 일리치는 제도화하는 장치 자체를 비판했고, 잉겔하르트는 운동과 제도를 대척점에 배치했던 것이다.

교육도 마찬가지이다. 교육은 전형적으로 모순의 변증법을 구현하는 변화의 철학이다. 배움은 가르침이 되고 가르침 속에 배움이 녹아들며 새로운 의미가 탄생한다. 그러나 배우고 가르치는 일이 제도화되면 삶과 연관된 싱싱한 배움은 억압된다. 가장 강력한 교육제도인 학교는 체계를 존속시키는 사회조직 가운데 대표적이다.

2. 평생교육의 딜레마

《평생교육론》의 첫 장에는 언제나 평생교육의 '유형'이 나와 있다. 그것은 형식교육, 비형식교육, 무형식교육이다. 형식교육은 학교를 말한다. 화이트 White, 1987가 말했듯 내용을 희생시킨 형식의 고착은 학교교육의 가장 큰 특징이다. 교사는 물론이고 학생에게도 일정한 규정이 적용된다. 배우는 과목과 시간, 시험과 과제도 모두 틀이 있다. 수업시간에 딴소리는 해도 되지만 수업시간 자체를 마음대로 편성하면 안 된다. 능력 없는 교사는 용인되지만 자격증 없는 교사는 고용해선 안 된다. 내용보다 형식에 대한 규정을 훨씬 중요하게 다루는 것이다. 앞서 말한 대로 이것이 '체계'의 문화코드이다.

교육에서 '형식'을 강조하는 것은 그 형식이 보장하는 것이 있기 때문이다. 알튀세식으로 말하자면 학교는 국가적 정체성을 공유한 국민을 키워 내는 국가기구 State Apparatus 이고, 보울즈와 긴티스의 연구가 밝힌 것처럼 학교는 자본주의의 재생산 기능을 담당한다. 개인의 온전한 성장이나 행복이 아니라 투표하고 노동할 수 있는 '정치적 시민-경제적 노동자'를 키워 내기 위한 기관이다. 학년/반/번호, 수업시간표, 진도와 시험 등의 형식은 비사회적이던 인간을 사회적 존재로 형성하는 틀이다. 그리고 이때 '사회적 존재'란 사회적으로 역할을 수행하는 단위를 말한다. 기계의 부속품이 잘 만들어져야 기계가 잘 돌아가듯이 사회도 그 구성원을 잘 길러 내야 발전할 수 있다는 시각이다. 이런 시각은 테일러리즘에서 극대화되었고 소위 '지식기반 사회'라고 하는 오늘날에도 여전히 작동하는 논리이다.

문제는 이런 *지배-재생산*의 교육이 민중이나 피억압계급을 위한 교육에도 그대로 적용된다는 점이다. 사실 피억압계급이 무력화되지 않도록 돕기 위해 가장 손쉽게 생각할 수 있는 방법은 이들을 교육하는 것이다. 교육은 노동자, 여성, 농민, 도시 빈민 등의 소외된 계층이 자신의 권리를 찾아나갈 때 필수적인 활동으로 상정되었고 사회운동과 교육은 불가분의 관계로 받아들여져 왔다. 사회운동을 발전시키기 위해서는 피억압자들에 대한 교육이 필요하고, 교육받아 의식화된 계급은 사회를 평등하게 만들어 나가는 주체로 상정되었다.

그런데 이런 생각은 크게 두 가지 가정을 전제로 한다. 우선 민중 학습자가 가르치는 대로 변화하며 가르치는 내용은 이들에게 이롭다고 하는 가정이다. 민중은 착취와 억압을 받는 존재이므로 상황을 깨닫기만 하면 이들은 사회운동의 중심 세력으로 나설 수 있다는 믿음이 존재했다. 민중은 암흑 혹은 침묵 속에 있는 '모르는' 존재이며 이들에게 빛을 던지면 자동적으로 사회운동가가 될 것이라는 가정이 이런 교육에 깊이 자리 잡고 있었다.

또 하나는 과학에 대한 믿음이다. 이들은 노동운동을 자본가 개인에 대한 노동자 개인의 투쟁이라고 보지 않는다. 노동운동은 기본적으로 자본주의의 구조적 모순을 문제로 삼는데 모순의 근원은 개인 차원에 있는 것이 아니라 '계급'이라는 사회구조에서 비롯된다. 과학적이고 구조적인 인식, 계급관계의 추론으로부터 운동의 지반이 마련되는 것이다 Melucchi, 1996.

바로 이런 두 가지 가정 모두 기존의 제도적 교육관에서 크게 벗어나지 않는다는 데 문제가 있다. 학습자에게 가르치는 '내용'은 완전히 반대라고 할 수 있지만 '학습자는 무지한 존재이며 교육자가 진리를 가르쳐야 한다'는 시각, '과학이 해방의 길을 열어줄 것이다'라는 계몽주의적 믿음은 제도적 교육관과 같다. 우리는 내용에 주의를 기울여 왔지만 우리의 정체성에 더 큰 영향을 미치는 것은 형식이다. 사회운동에 더 많은 사람을 동원하기 위해 선전하는 교육은 사회를 변혁한다는 목적을 가진다는 점에서 제도권 교육을 비판하며 그와는 전혀 다른 교육을 펼쳐나가는 것처럼 보이지만, 사실상 '기존 교육'의 가정을 그대로 따르고 있다. 이런 교육은 프레이리식으로 말하자면 '변혁'이라는 내용을 예금하는 은행저금식 교육이다. 문제 제기를 통해 학습자의 의식을 변화시키는 교육이 아니라 학습자를 지속적으로 '무지한 자'로 재생산하는 교육인 셈이다.

3. 사회운동과 평생교육의 내적 결합

진보적 교육이 여기서 그친 것은 아니었다. 남성 중심적 객관성을 비판하면서 등장한 여성운동은 '여성의 경험과 주관성'에 의미를 부여하면서 기존의 진리관에 의문을 제기했고, 마을 생태계를 복원하자는 환경운동도 진행되었으며, 개인의 자발적-자율적 참여가 보장되는 '생활정치'를 내걸고 신사회운동이 활성화되기도 했다. 이런 운동에서 교육은 맑시즘적 강령을 선전하는 교육과는 사뭇 달랐다. 교육은 학습자의 욕구에 천착하는 것으로 간주되었고, 그래서 사람들이 어떻게 살고 무엇을 고민하며 어디서 기쁨을 느끼는지에 주목했다.

이런 새로운 양식의 운동은 일차적으로는 사회구조의 변화와 긴밀히 연결되어 출현한 것이다. 과거 산업사회에서 축적의 메커니즘이 단지 생산의 구조에 머무르고 있었다면 탈산업사회-정보사회에서는 축적의 메커니즘이 사회적 관계에까지 영향을 미친다. 서비스직의 확장, 정보산업의 증대 등 생산구조의 변화는 생산의 중심이 '사물'이 아니라 '상징'으로 이동했으며, 이는 사람들의 관계에 직접적인 영향을 미치는 경제구조가 출현했음을 의미한다. 근대의 출현과 맞물린 합리적 사고가 전 사회구성원들에게까지 확장됨과 동시에 생산의 논리가 삶의 공간까지 파괴했다는 것이다 Offe, 1985.

따라서 이런 사회운동에서는 '자기 정체성의 재소유'가 가장 중요한 쟁점이 되고 사람들의 '직접적이고 소외되지 않은 참여'를 논의한다. 환경운동, 문화운동, 지역운동 등이 부상하는 것은 환경, 문화, 지역 등의 주제가 개개인의 동기 유발과 자발적 참여를 가능하게 하는 고리들이기 때문이다. 가치는 평등에서 자율과 정체성으로 이동하고, 행위 수단의 합법성과 공동체 성원의 합의에 기초한 목표의 설정이 주요한 쟁점으로 부상한다. 운동집단이 성취할 '목표'가 중요한 것이 아니라 그 목표를 이루는 '과정'이 보다 중요하게 대두된다. 곧 행위자들의 어떤 의견도 함부로 희생될 수 없다는 것이다. 수평적인 의사소통양식과 개인의 삶과 결합된 문제 설정이 핵심이 된다. 기존의 운동이 불평등의 해방을 과제로 삼는 '해방의 정치'였다면 새로운 운동은 '삶의 정치'이다. 운동은 개인의 삶의 양식 life style 에 관한 결정과 밀접히 결합되는 것이다.

어떤 사회학자도 명시적으로 말하지 않았지만 이런 사회운동의 핵심이 학습자의 주체적 학습이라는 것은 두말할 필요도 없다. 주체적 학습자가 된다는 것은 세계를 변화하는 것으로 보고 자신과 세계를 알아나간다는 것을 뜻한다. 이전 시대에는 사회운동에서조차 나의 앎을 타자의 의지에 복속시켰다면 이제는 '나의 앎을 내가 구성해 나가는 과정'이 운동이 되는 것이다. 학습은 하나의 삶의 양식이고, 무엇을 알고 그 앎을 어떻게 나누며 얼마나 즐기는지가 삶의 질을 결정한다. 새로운 정보를 얻고 재능 기부에 참여하는 것은 곧 '다른 나'가 만들어지는 과정이며, 사회운동은 그런 '다른 나'를 받아들이기로 한 결정에서 출발한다. 곧 자기결정과 자기학습의 원리가 사회운동을 추동시키는 힘이 되는 것이다.

4. 패러다임의 경합

세상에는 두 가지의 교육 패러다임이 있다. 하나는 표준적 교육 패러다임으로서, 교육은 지식전달로 구성되어 있고 세계에 관한 우리의 지식은 분명하고 명증하다고 믿으며, 교육자는 그 자체로 권위를 가지며 학습자는 정보를 습득함으로써 지식을 획득한다고 보는 관점-입장-인식틀이다. 다른 하나는 성찰적 교육 패러다임으로서, 지식이 교육자에서 학습자에게로 '전달'되는 것이 아니라 학습자가 '구성'하는 것이므로 학습의 주체는 학습자라는 입장을 취한다. 학습자는 사려 깊고 반성적이며 합리적이고 분별력 있는 존재로 언제나 '교육자의 기능'을 수행할 수 있는 주체인 것이다.

이런 두 교육 패러다임으로 조망해 보면 1980년대 맑시즘적 사회운동의 '표준적 교육 패러다임'은 시민 학습자가 수행하는 소소한 실천들 속에서 '성찰적 교육 패러다임'으로 변화하고 있다. 진정한 의미에서 학습자 중심적 교육은 학습자의 욕구를 조사해서 '더 잘 가르치는' 것이 아니라 학습자와 교육자의 존재론 자체의 변화를 이끄는 일이다. 이런 변화는 계몽주의-모더니즘-자본주의로 이어지는 이성-남성-문명-산업에 대한 신화적 믿음에 대한 균열에서 출발하되 이성을 감성으로, 남성을 여성으로, 문명을 자연으로, 자본계급을 노동계급으로 대체한다는 입장을 넘어선다. 이원적 대립에서 약자를 두둔하거나 나아가 위치를 뒤바꾸는 것이 아니라 이원적 대립 자체를 바꾸거나 무력화해야 한다는 입장이다.[23]

이 차이는 매우 크다. 학습자가 교육자가 되는 것은 '전복'처럼 보이지만 실제로 개개의 학습자가 교육자가 되는 일은 교육자와 학습자의 경계를 없애거나 넘나드는 것이 아니기 때문이다. 만약 학습자가 뭔가 더 많이 알고 있는 사람, 지식권력을 가진 사람이 되고 싶어서 교육자가 되고자 한다면 그것은 경계를 넘나드는 일이 아니다. 핵심은 학습자와 교육자를 나누는 권력적 틀이 사라지고 본질적인 배움과 가르침이 자유롭게 흘러 다닐 수 있도록 말길이 트이는 일이다.

한마디로 프레임 자체를 문제 삼는 것이 중요하다. A가 권력의 위치에 있을 때 우리는 A를 B로 대체하는 것을 변화라 생각한다. 그러나 프레임을 문제 삼으면 A와 B의 위치 자체를 고민해야 한다. 이렇게 볼 때 남성-여성 가운데 누가 억압을 받고 있는가가 문제가 아니라 남성과 여성을 위계적으로 틀 지우는 남성주의적-가부장적 관행이 문제시될 수 있고, 자연을 파괴하는 산업비판을 넘어 생태학적 관점이 등장한다.

III. 도전을 위한 조건

프레임을 다른 프레임으로 대체하는 것이 아니라 프레임 자체를 문제시할 경우 곧이어 '어디로 나아갈 것인가?'라는 질문이 제기된다. 방향을 가늠할 수 없기 때문이다. 이에 대해 다음 우화는 평생교육 차원에서 교육 프레임을 문제 삼는다는 것이 갖는 의미를 생각하게 해 준다. 좀 길지만 다음 우화를 읽어 보자 Garcia, 2012: 51-68 .

우물의 입구

옛날 옛날에 오래된 진흙투성이인 우물이 있었습니다. 이 우물은 흔히 있는 다른 우물과는 달랐습니다. 우물 벽에는 여기저기 구멍과 삐져나온 돌이 많았고 바닥에는 진흙 웅덩이가 있었으며 가장자리는 들쭉날쭉했습니다. 상당히 복잡한 우물이었지요.

그러나 이 우물은 적어도 세 마리의 개구리 페페, 필라, 페트라가 살기에 충분했습니다. 세 마리 개구리들은 이 우물에서 아무런 불만도 걱정도 다툼도 없이 아주 행복하고 만족스럽게 살고 있었습니다. (중략)

어느 날, 페페는 평소보다 더 먼 곳까지 가서 서성대고 두리번거렸습니다. 지금까지 개구리들은 항상 우물 속의 오싹하고 캄캄한 구멍이나 틈을 마주치면 다시 왔던 길로 돌아가 버리고 말았습니다. 그러나 그 당시 페페는 궁금증이 생겨서 우물의 굴곡들과 후미진 곳, 미궁과 같은 틈새로 뛰어들었습니다.

결국 페페는 바위로 된 평평한 곳에 도착했습니다. 여기서 페페는 크게 한 번 위로 뛰어올랐고 우물 끝에 내려앉아 거친 숨을 내쉬었습니다.

바로 그때 페페는 예전에 보지 못했던 무엇인가를 보았습니다. 이것은 너무도 밝아서 페페의 눈을 아프게 할 정도였습니다. 그것은 바로 태양이었습니다!

페페는 황급하게 친구들에게 되돌아가 소리쳤습니다.

"이봐, 필라, 페트라! 이리 와 봐. 너희들에게 할 말이 있어!"

"침착해, 페페. 왜 이리 흥분했어?" 필라가 말했습니다.

"페페, 무슨 일 있어? 뭐가 문젠데?" 페트라도 잇달아 물어보았습니다.

"나는 보고야 말았어. 아주 크고 눈부신 빛을!"

"정말로? 흥미로운 이야기지만 믿기 어려운걸?" 페트라가 말했습니다.

필라는 "페페, 그건 불가능해"라고 말하며 눈썹을 치켜뜨고 "우린 여기서 한평생을 살았어. 여기서 우리는 작고 둥그스름한 푸른 것만 보아 왔어. 이것이 이 세계의 크기이자 진실이야. 너는 정말로 눈이 멀었구나"라고 덧붙였습니다.

"그렇지만 내 말은 사실이야." 페페는 계속 주장했습니다.

"난 그렇게 생각하지 않아" 필라는 단호하게 말했습니다.

"난 잘 모르겠어" 페트라는 망설이며 중얼거렸습니다.

빛나는 달

다른 개구리들을 설득하기가 힘들다는 것을 안 페페는 심사숙고하기 시작했습니다. 페페는 오랜 생각 끝에 필라와 페트라가 그 빛을 직접 보기 전에는 자신의 말을 믿지 않을 것이라는 결론에 도달했습니다. 페페는 필라와 페트라를 설득하기 위해 다른 방법을 쓰기 시작했습니다.

"필라, 네가 내 말을 믿지 못한다는 것을 나도 잘 알아. 그렇지만 네가 나를 기쁘게 해 줄 수 없겠니? 네가 시간이 좀 있고 피곤하지 않고 지금 네 다리가 아주 상태가 좋다면 이 장벽을 건너 뛰어 보지 않을래? 오른쪽으로 돌아가서 큰 틈새를 향해 몇 걸음 가다 보면 바위에 도착할 거야. 바위의 정상에 도달하려면 최선을 다해야 할 거야. 정상에 도달하면 곳이 보일 거야. 그곳에서 너는 한번 더 크게 뛰어 올라서 그 사이를 건너가야 해. 크게 뛰어 오르지 않으면 땅바닥에 처박혀서 아마도 다음 2주일 동안 웃음거리가 될 거야. 그런데 그곳에 도달하면 내가 말한 빛을 보게 될 거야! 참, 그리고 내가 충고 하나 하자면 빛을 너무 오랫동안 바라보지마. 아마 네 눈이 상할걸." (중략)

어느덧 저녁이 되었고 필라는 다음으로 뛰어올라야 할 돌들을 찾기 어려웠습니다. 필라는 곁눈질로 자신이 뛰어야 할 거리를 가늠해 보았습니다. 거의 자포자기의 상태였습니다. 정확한 거리를 가늠하는 것도 불가능했고 무엇보다도 몹시 피곤했습니다. 필라는 그 자리에 주저앉아 버렸고 곧 잠에 빠져 버렸습니다.

필라가 잠에서 깼을 때는 이미 한밤중이었습니다. 그런데 주위가 약간 밝아졌음을 알아채고 의아해했습니다. 필라는 아까는 보이지 않았던 돌들을 볼 수 있었습니다. 용기를 얻어 자세를 고쳐 앉고는 몸을 풀기 시작했습니다. 거리를 가늠하고 약간 뒤로 움츠렸다가 셋을 센 후에 뒷다리에 있는 힘을 다 주고 솟구쳐 뛰어올랐습니다. 끝날 것 같지 않은 허공을 날아서 결국 멋지게 정상에 착지할 수 있었습니다.

"자, 페페가 말한 게 뭐지?" 필라는 위를 쳐다보았습니다. 그러자 부드러우면서도 밝은 약간 얼룩진 모양의 둥그런 것이 눈에 들어왔습니다. 필라는 몹시도 혼란스러웠습니다.

"도대체 페페가 말한 눈이 멀 정도로 밝은 빛은 어디 있지? 이 빛은 너무도 부드럽고 곱잖아?"

필라는 달을 지긋이 바라보았습니다. 그리고 달의 불가사의한 아름다움에 도취되고 말았습니다. (중략)

"그래, 필라야, 넌 강렬한 빛을 봤니?" 페페가 흥분해서 물어보았습니다.

"무슨 소리를 하는 거야? 그 빛은 내가 지금까지 봤던 어떤 빛보다 부드럽기만 하던데. 난 그 빛에서 눈을 떼지 못했다니까."

"뭐? 2초 이상 빛을 보면 눈이 멀고 만다구."

"아냐. 그건 너무 부드러웠어."

"아냐. 너가 잘못 알고 있어." 페페가 필라의 말을 끊고 끼어들었습니다.

"내가 무엇을 보았는지는 내가 알아." 필라도 지지 않고 페페를 노려보며 말했습니다.

이때 페트라가 끼어들었습니다.

"그만해. 너희 둘은 날 혼란스럽게 만들고 있어. 난 더 이상 누구 말을 믿어야 할지 모르겠어."

깨달음

페페가 할 수 있는 일은 머뭇거리고 있는 페트라를 설득하는 것뿐이었습니다.

"페트라, 넌 나만 믿으면 돼. 내가 가장 먼저 봤어. 내가 개척자야. 필라는 정상까지 올라가는 데 힘을 너무 써서 혼동하고 있는거야." 페페가 말했습니다.

"아냐, 페트라. 넌 혼란스러워할 필요가 없어. 넌 그냥 나만 믿으면 돼. 내가 그 빛을 가장 최근에 봤으니까 말야. 나의 생생한 경험이 훨씬 유리하지." 필라도 지지 않고 반박했습니다.

페페와 필라의 논쟁은 페트라가 질릴 때까지 계속되었습니다. 페트라는 참지 못하고 말했습니다.

"둘 다 이젠 그만해! 너희 둘 다 옳을 수 있다는 생각은 안 해 봤니?"

"아… 음…." 페페와 필라 둘 다 말을 더듬었습니다.

"아니면 둘 다 잘못 생각하고 있다거나." 페트라는 계속해서 말했습니다.

"내 생각으로는 이 문제를 해결할 방법은 한 가지라고 생각해."

"그래, 우리 모두 함께 가 보는 거야. 우리 모두."

"페트라는 거기까지 가지 못할 걸. 빈약한 다리 좀 봐."

"난 할 수 있어."

"좋아. 내 생각도 페트라는 해낼 수 있다고 봐. 우리가 페트라를 도우면 돼."

개구리 세 마리는 다음날 새벽까지 전략을 짠 후에 똑같은 길을 가기 시작했습니다. 예상했던 대로 개구리들은 커다란 난관에 부딪혔지만, 서로 돕고 의지하면서 목적지에 도달할 수 있었습니다. 때는 늦은 오후였습니다.

해는 서쪽 지평선 위에서 따스하게 빛나고 있었습니다. 개구리들은 이 광경을 조용히 지켜보았습니다. 페페도 필라도 먼저 말을 꺼내지 않았습니다. 페페는 이것이 자신이 전에 보았던 희고 뜨거운 물체와 똑같은 것이라고 확신할 수 없었습니다. 필라 역시 자신이 보았던 것보다 이 물체가 확실히 더 밝다는 것을 알고 있었습니다.

"어때?" 페트라가 말했습니다.

"음…." 페페와 필라 둘 다 웅얼거렸습니다.

"여기서 좀 더 있다가 무슨 일이 일어나는지 한번 보자." 페트라가 제안했습니다.

"좋은 생각이야." 필라가 대답했습니다.

"그런데…." 페페가 머뭇거렸습니다.

"제발!" 페트라와 필라가 동시에 말했습니다.

"좋아!"

개구리 세 마리는 처음으로 일몰을 보았습니다. 그 모습은 정말로 장관이었습니다. 이 경험은 말로는 표현할 수 없는 것이었습니다. (중략)

개구리들은 조심스럽게 우물에서 나와 더 넓고 복잡한 세상 속으로 뛰어들었으며, 곧 마주할 아름다움과 위험에 스스로 대비하기 시작했습니다.

필리핀의 민중교육의 교본으로 사용되어 왔던 위의 우화는 현 교육의 특징과 미래교육의 향방을 암시적으로 보여 준다. 페페와 필라와 페트라는 첫째, 누구도 온전한 진리에 도달할 수 없고, 둘째, 체험해 보기 전에는 상대의 경험을 제대로 알 수 없으며, 셋째, 새로운 사실을 접할 때 개인은 서로 다른 특정한 태도를 취하고, 넷째, 서로의 지식에 도달하기 위해서는 상당한 애를 써야 한다는 것을 알게 된다. 이 우화는 진리가 명료하게 존재하고, 언어를 통해 그 진리가 전달될 수 있으며, 학습자는 동일하고, 서로의 지식에 도달할 필요가 없다는 '상식'을 조목조목 비판하고 있다.

그렇다면 여기서 교육자는 누구인가? 없거나 혹은 전부이다. 개구리들이 누군가의 안내에 따라 우물 밖에 나간 것은 아니었다. 어떤 지식도 전달되지 않았다. 세 마리의 개구리 학습자들은 스스로 학습을 한다. 생각하고 따져 보고 비교하고 비판하면서 자기 나름의 지식을 쌓아나간다. 주인공이 '학습자'인 것이다. 이 학습자들은 한 학습자인 페페의 촉발과 세 마리 개구리의 토론, 그리고 실제로 함께 알아보려는 시도를 통해 학습을 해 나간다. '우물 안의 개구리' 속담이 우물 밖에 진리가 있다로 끝나는 데 반해 세 마리 개구리들은 각각이 세상을 보는 관점, 남의 이야기를 듣는 관점, 모험을 대하는 태도가 모두 다르며 그럼에도 불구하고 '스스로 살아나가기 위해' 세상 속으로 들어가는 현실감 있는 존재이다. 구성주의에서 늘 강조하듯 학습자는 스스로 학습하며 그 학습자의 경험세계를 경험할 수밖에 없다는 사실을 명료하게 알려 준다.

하지만 세 마리의 개구리가 교사 없이 스스로 알아간다고 해서 기존의 교육과 다른 진보적이면서 주체적이고 해방적인 교육이 저절로 이루어지는 것은 아니다. 그러면 어떤 노력이 필요한가? 여기서 우리는 다시 교육의 맥락, 교육자-학습자의 관계에 주목하게 된다.

우선, 우리가 있는 곳이 우물 안인지 밖인지 교육이 이루어지는 상황과 교육 주체들을 정확하게 찬찬히 살필 필요가 있다. 우리가 교육자와 학습자 간의 경계를 이야기할 때, 주안점은 '학습자가 좀 더 권력-세력-힘 power 를 갖게 되는 일'이라 할 수 있다. 이때 많은 경우 학습자가 교육자가 하던 일을 하면 학습자에게는 힘이 실린다는 가정을 한다. 학습자가 학습목표를 세우고 계획을 수립하며 학습 속도를 조절할 경우 우리는 '자기주도적 학습'이 이루어졌으며 교육자에서 학습자에게로 권한이 이양되었다고 판단한다.

그러나 앞서 말한 것처럼 학습자에 대한 관점을 온전히 바꾸지 않았다면 이는 모양만 바뀐 것에 불과하다. 개구리에 따라서는 학습자로서 자율성을 가졌지만 우물 안에서 계속 열심히 먹이 잡기를 더 잘하는 일에 몰두할 수도 있고, 우물 밖인지 안인지에 전혀 관심 없을 수도 있다. 다른 개구리의 이야기를 무시할 수도 있다. 그런 교육에 대해 우리는 과연 "기존의 교육의 경계를 넘어서는 교육을 하고 있다"라고 할 수 있을까? 즉, 학습자 스스로 자신이 어떤 상황에 있는지를 파악하고 자신과 세계를 이해하여 '존재하기 위해 그리고 더불어 살기 위해' 학습해 나갈 때 비로소 기존의 경계가 변화되는 것이다.

서동진 2009 은 저서 《자유의 의지, 자기계발의 의지》에서 자기계발과 자유를 구분하면서 국가와 자본이 사람들 개개인을 하나의 기업으로 호명하여 결과적으로 인간다움을 상실하게 만든다고 파악한다. 평생교육의 상당한 영역이 이런 자기계발영역에서 '긍정적 자아개발'이라는 미명하에 이루어지고 있다는 점을 염두에 두면, 서동진의 지적은 곧바로 평생교육의 전제에 대한 비판인 셈이다. 국가와 자본 모두가 개인들이 유연하고 자기계발적인 존재가 되도록 고무하고 있고 개인이 그런 요구를 '자유롭게' 실천하고 있으며 나아가 스스로 그런 요구를 욕망하고 있다면, 이런 상황 속에서 교육자와 학습자의 경계 허물기는 기존의 '기계화하는 교육'과 크게 다르지 않다. 오히려 개인은 자기 안의 교육자를 책망하면서 더 깊은 자괴감의 수렁으로 빠질 수도 있다.

다음으로 교육자-학습자 간의 관계 문제이다. 교육자와 학습자가 단지 역할만 다를 뿐 지적인 우월감이나 존재적인 차이를 가지지 않는다고 보면 교육 장면에는 언제나 열심히 가르치고 배우는 학습자가 존재할 뿐이다. 그런 학습자는 언제나 상호협력하되 긴장을 늦추지 않는 집단으로 상정될 필요가 있다. 물론 우리가 교육장면을 떠올릴 때, 학습자는 다수이고 그만큼 학습자는 집단으로 가정된다. 그러나 교육자가 주도하는 일방향식 수업에서 학습자는 무력화된 개인의 합일 뿐 학습자의 역동이나 집합적 정체성은 중요하게 등장하지 않는다. 그 전제가 바뀌어야 한다는 것이다.

학습자의 지적 평등을 교육과 사회구성의 출발점으로 본 랑시에르는 '학습자의 학습을 지속적으로 진행시킬 수 있는 교육자의 의지'를 강조한다. 이것이 꼭 '교육자'일 필요는 없다. 누군가의 의지와 모종의 긴장감이 필요하다는 것이다. 그런 차원에서 집단에 대한 세심한 관찰과 촉진이 상호 간에 이루어져야 한다. 교육자와 학습자의 경계가 없다는 말은 학습자가 교육자 역할을 하기도 한다는 의미가 아니라 진리체제 자체가 바뀌었음을 의미하는 것이다. 지식을 다루는 방식, 다른 학습자를 대하는 방식, 소통의 방식이 기존의 교육과 다르게 구성될 때 우리는 경계가 생명성을 얻었다고 할 수 있다.

하나 더 지적하자면 교육에는 언제나 페페와 같은 역할을 하는 사람이 항상 존재해야 한다는 것이다. 페페는 아무 이유도 없이 오로지 호기심으로 우물 밖으로 올라가 보려고 애쓴다. 이것 말고 다른 것이 있다는 사고, 모르는 것을 알아 보고자 하는 태도, 받아들여지지 않을 때 끝까지 말을 거는 집요함이 아마도 진정한 학습의 역동을 만들어 내는 동인일 것이다.

여러 학습자 가운데 한 명의 학습자가 다시 교육자의 권력을 획득되는 기존 교육의 구조를 바꾸는 일은 중요한 사회운동이다. 사회운동은 문화의 의미를 전복시켜 조직이나 사회실천을 구성하는 기존의 방식을 바꾼다. 현재의 사회운동은 이런 관점에서 바라보아야 한다. 대안적 가치와 도덕적 비전으로 동기화되어 있는 이질적 인간들과 집단들이 연대를 이루어 행위하는 장면을 보아야 한다. 개인이 타인과 함께 의미를 구성할 수 있도록 해 주는 일이 필요하다는 것이다 Kilgore, 1999. 집단이 개인에게 스며들고 개인이 집단의 문화코드를 바꿔 내는 실천이 새로 만들어져야 한다.

자생적으로 생겨나는 앎의 욕구를 조직하는 과정, 문제를 해결하기 위한 합리적 토론의 과정, 집합적 담론의 형성 과정은 평생교육의 중요한 역사를 이루어 왔다 Knowles, 1988. 외양이 같더라도 평생교육의 긴 호흡 속에서 생명력을 유지했던 쪽은 주도적이고 집합적인 학습자였다. 기존의 교육이 만들어 놓은 경계는 이런 행위 속에서 숨구멍이 나고 재설정된다. 시민학습자들의 새로운 실험들이 갖는 의미는 어쩌면 사후적으로 조망이 필요한지도 모른다.

Ⅳ. 평생교육의 역동: 끊임없이 착탈하는 경계

지금까지 논의를 정리하면 이렇다. 기존의 표준적 교육 패러다임은 학교에서뿐 아니라 기존의 사회운동에도 그대로 적용되어 왔다. 교육 내용은 진리로 간주되었고 학습자는 대상화되었다. 사회구조의 변화와 더불어 새로운 사회운동의 양식은 이런 패러다임에 변화를 촉발하고 있다. 학습자는 존중의 대상이 되었고 교육의 주체로 등장한다. 그러나 학습자를 존중한다고 해서 곧바로 학습자가 주체가 되는 교육이 이루어지는 것은 아니다. 그러면 학습자가 주체가 되는 교육이 이루어지기 위해서는 어떤 노력을 기울여야 하는가? 교육자가 자신의 권한을 이양하되, 의지를 가지고 기다려야 한다. 학습자의 맥락을 보아야 하고, 지속적인 촉발자가 있어야 하며, 개인을 넘어선 집단의 관점에서 학습역동을 찾아내야 한다.

현재 진행되는 여러 '학습자의 교육자 되기' 실험도 이런 맥락에서 그 의미를 탐색할 필요가 있다. 우선, 학습자가 자유롭게 교육자로 나설 수 있는 조건를 마련한다거나 학습자로 명명되던 시민이 교육자로 나서고 있는 모습은 기존의 문화코드, 즉 교육 경계를 넘어서는 중요한 시도이다. 교육자가 뚜렷한 제도적 경계 속에서 자신의 권한을 행사하는 우리나라의 문화 속에서 '교육자가 되어 보는 것'은 실험적인 의미를 넘어 변혁적이다. 그런 시도 자체가 교육의 강한 경계를 흔드는 일이기 때문이다.

하지만 동시에 이런 실험이 기존 교육의 경계를 반복하고 재설정하는 데 그칠 수도 있음을 인정해야 한다. 학습자가 교육자로 나서는 순간 학습자는 더 이상 학습자의 관점을 취하지 않게 되기 쉽다. 교육자를 둘러싼 문화적 프레임이 그 순간부터 작동한다. "아, 학습자가 날 무시하면 어떻게 하지? 틀리면 어쩌지? 정해진 내용을 잘 전달할 수 있을까?" 등등. 이는 역할 바꾸기 혹은 위치 바꾸기 혹은 권력의 이동일 뿐 경계의 전변이 아니다. 사실 패러다임을 바꾼 실천을 하는 것보다는 역할 바꾸기에 그치는 것이 훨씬 쉽다. 벨 훅스가 말한 대로 억압의 습관은 전형적인 행동양식이며 '전형'과 '습관'은 가장 변화가 힘든 범주이기 때문이다 bell hooks, 1994: 179 .

그렇다고 새로운 실천이 불가능한 것은 아니다. 드 세르토가 정의하듯 인간은 '아주 일상적인 차원'에서 재전유, 왜곡, 변형, 재가공하면서 자신의 삶을 만들어 가는 존재이다 박명진, 2007: 132 . 교육자의 자리에 선 학습자가 경계를 자유로이 넘나들기 위해서는 학습자의 관점을 온전히 취하면서 새로운 방식의 교육실천을 전개해야 한다. 외형적인 방식이나 환경은 그대로인 것처럼 보이지만, 사실은 사용하는 방식을 바꿈으로써 안으로부터 코드를 바꿔 내는 '창조적 저항'이 매 순간 구현되어야 하는 것이다. 이것은 노동사회를 넘어서는 '공생사회'의 삶의 방식이며 조한혜정, 2011 , '사건과 경험의 축적, 그리고 시간의 재구성이 가능한 사회'를 만들어 내는 일이다 Sennet, 2009: 209 .

창조적 저항은 아마도 다양한 질문과 그런 질문에 답을 찾아가는 과정과 연결될 것이다. "교육자인 나는 학습자들과 얼마나 수평적 관계를 맺는가?", "수업장면에서 정서적 교감에 대해 나는 어떻게 생각하는가?", "학습자와 학습자 간의 관계를 어떻게 보는가?", "학습자가 자기 삶의 주인이라면 수업에서는 어떠해야 하는가?"과 같이 교육장면에서 다차원적 경계에 대해 던질 수 있는 질문은 적지 않으며, 수업의 재구성과 나아가서 교육 패러다임의 전환은 이런 질문을 끝까지 붙잡고 작은 실천을 하는 데서 시작된다. 여러 학자들의 개념을 일상에 적용하고 기존의 상식을 조금씩 바꿔 가는 작업도 그 실천의 일환이다.

엄밀한 의미에서 경계는 허물어질 수 없다. 경계가 없는 세계는 존재하지 않기 때문이다. 문제는 닫힌-강고한 경계이고, 그 경계가 서민-시민-민중-학습자의 삶을 위축시킨다는 점에 있다. 경계는 계속 새롭게 만들어지고 이동하며 그 두께를 달리하는 일종의 유기체이다. 그 유기체성을 회복한 사회가 좋은 사회이다. 교육의 경계도 마찬가지이다. 학교와 비학교, 수업과 쉬는 시간, 교사와 학생의 경계가 없을 수는 없으며 없는 것이 바람직하지도 않다. 중요한 것은 경계선의 착탈이 어렵지 않아야 한다는 점이다.

시민들은 평생교육을 통해 지나치게 경직된 교육의 경계를 넘나들기 시작했다. 평생학습이 살아나기 시작하는 신호이다. 학습자인 '내 방식'대로 교육을 실천하기 시작했다. 배워서 남 주는 것이 곧 새로운 교육자의 탄생임을 확인한다. 경계를 떼고 붙이고 계속 절합articulate 하자. 평생학습운동의 교육코드를 공유하자. 사회는 이런 작은 실천의 주체화 속에서 좀 더 행복해지지 않겠는가.

박명진(2007). **문화, 일상, 대중**. 한나래.

서동진(2009). **자유의의지 자기계발의 의지**. 돌베개.

조한혜정(2011). **후기 근대 세대간 갈등과 공생의 전망**. 한국여성평생교육회 세미나.

bell hooks (1994). *Teaching to Transgress: Education as the Practice of Freedom*. 윤은진 역 (2008). **벨 훅스, 경계 넘기를 가르치기**. 모티브북.

Bingham, C. (2009). Under the name of method: On Jacques Rancière's Presumptive Tautology. *Journal of philosophy of Education, 43*(3), 405-420.

Ellsworth, E. (1992). Why doesn't this feel empowering? Working through the repressive myths of critical pedagogy. in Luke, C & Gore, J. (Eds.). *Feminisms and critical pedagogy*. New York: Routledge.

Fiedler, F. (2009). **변증법적 유물론**. 계명대학교출판부.

Freire, P. (1972). *Pedagogy of the oppressed*. 성찬석 역(1995). **페다고지**. 한마당.

Garcia, F. (2012). *Of maps and leapfrogs: Popular education and other disruptions*. 노일경 외 역(2012). **페페의 희망교육**. 학이시습.

Hemphil, D. (2001) Incorporating postmodernist perspectives into adult education. in Sheared, V. & Sissel, P. (Eds.). *Making space: Merging theory and practice in adult education*, pp. 15-28. Westport: Bergin & Garvey.

Illeris, K. (2003). Adult education as experienced by the learners. *International Journal of Lifelong Education, 22*(1), 13-23.

Kilgore, D. (1999). Understanding learning in social movements: A theory of collective learning. *International Journal of Lifelong Education, 18*(3), 191-202.

Knowles, M. (1988). *The modern practice of adult education: From pedagogy to andragogy.* NY: Jossey-Bass Publisher.

Melucchi, A. (1996). *Challenging Codes: Collective Action in the Information Age.* NY: Cambridge University Press.

Mezirow (1991). *Transformative dimension of adult learning.* San Francisco: Jossey-Bass.

Offe, C. (1985). New social movements: Challinging the boundries of institutional politics. *Social Research, 52*(1), 817-868.

Rancière, J. (2008). *Le maître ignorant.* 양창렬 역(2008). **무지한 스승**. 궁리.

Sennett, R. (2009). *New capitatlism.* 유병선 역(2009). **뉴캐피탈리즘**. 위스덤하우스.

Welton, M. (1995). *In defense of the lifeworld: Critical perspectives on adult learning.* Albany: State Universtiy of New York Press.

White, H. (1987). *The content of the form.* Baltimore: Johns Hopkins University Press.

호모 에루디티오, 그리고 학습의 콩나무

1.

악플로 사람이 죽는다. 전쟁보다 더 무섭다. 탕, 총 한 방에 죽는 것이 아니라 악의에 찬 메시지를 되씹고 되짚다가 그 말들이 목숨을 베어 버린 것이기 때문이다. 비트코인으로 벼락거지의 늪에서 헤어 나오지 못한다. 가난보다 더 무섭다. 돈이 없어 배가 고픈 것이 아니라 마음이 고파 눈이 충혈되니 해결이 불가능하다. 이렇게 채워지지 않는 허기가 갑질을 낳고 악플을 낳고 우울증을 낳고 있다. 우리는 어떤 존재이기에 충분한 음식을 놓고도 먹을 것이 없고, 바빠서 허덕거리면서도 악플을 달고야 마는 걸까?

그렇다고 인간이 이렇듯 악하게만 사는 건 아니다. 도처에 선행이 있다. 익명의 기부자에 대한 기사는 해마다 나오고 있고, 갑질을 당한 한 식당에는 사람들의 입금이 이어진다. 지하철이나 강물에 자기 몸을 던져 다른 사람을 구하기도 하고 일면식도 없는 사람을 수십 년씩 돕기도 한다. 우리는 어떤 존재이기에 이렇듯 자기를 버리고 남을 위해 희생하는 걸까?

이런 딜레마에 대해 성선설과 성악설이 답한다. '인간은 본디 악하니 반드시 선하게 만들어야 한다' 혹은 '인간은 본디 선하니 악행을 저지르도록 만드는 사회적 장치를 걷어내면 된다'라고 말이다. 좀 더 디테일하게 호모 루덴스, 호모 파베르, 호모 에코노미쿠스 등의 용어로 인간의 본성을 새롭게 조명하기도 한다. 우리는 본래 놀이하는 존재이므로, 사물을 만드는 존재이므로, 경제적 존재이므로 오늘날의 이런 현상이 생긴 것이다 등등. 이런 규정들을 아우르는 하나의 규정이 있다. 호모 에루디티오homo eruditio, 즉 학습하는 인간이다.

2.

별 내용이 없는데 기억에서 사라지지 않는 동화들이 있다. '잭과 콩나무'가 그렇다. 위키디피아가 정리한 동화의 내용은 대략 이렇다.

옛날 옛날에 홀어머니가 멍청한 외아들 잭을 기르며 살고 있었다. 어느날 먹을 것이 없어지자, 어머니는 겨우 내다 팔 만한 소 한 마리를 잭에게 주면서 소를 팔아서 먹을 것을 사 오라고 한다. 게으름뱅이 잭은 길을 가다가 어떤 아저씨를 만나 신비한 힘을 지닌 콩 3개와 소 한 마리를 바꿔 버렸다. 집에 돌아가니 소를 콩으로 바꿨다며 화난 어머니가 콩을 밖으로 던졌는데 하룻밤 사이에 크고 아름다운 콩나무로 자랐다.

잭은 하늘까지 자란 콩나무에 올라가 하늘나라에 있는 거인의 성에 도착했는데, 잭을 본 거인 성의 하녀는 성 주인이 인간을 잡아먹는 오우거이니 빨리 도망치라고 한다. 마침 거인이 돌아와 하녀는 잭을 숨기고 거인은 황금알을 낳는 닭을 꺼내 가지고 놀다 잠든다. 거인이 잠든 후 잭은 황금알을 낳는 닭을 훔쳐서 집에 돌아온다. 어머니는 깜짝 놀라면서 닭을 어디서 가져왔는지 물어봤으나 잭은 길에서 주웠다고 둘러댄다. 그리고 닭을 키우면서 황금알을 낳아 비싼 값에 내다 팔면서 집안 사정도 점점 나아졌다.

그후 잭은 또 다시 콩나무를 타고 올라가 숨는다. 거인은 이번에는 금화와 은화가 든 자루를 꺼내어 세면서 놀다가 또 잠들었고 잭은 몰래 자루를 가지고 내려온다. 세 번째로 잭이 올라갔을 때 거인은 노래하는 하프를 꺼내어 가지고 놀다가 또 다시 잠든다. 잭이 노래하는 하프를 가지고 가는 중에 하프 소리가 났고 그 소리에 거인이 깨버린다. 급히 지상으로 돌아온 잭은 도끼로 콩나무를 베었고, 쫓아오던 거인은 추락사한다. 이후에 잭은 어머니와 행복하게 살았다.

다시 읽어 봐도 이 동화에는 권선징악의 교훈도, 사필귀정의 후련함도 없다. 하지만 '잭과 콩나무'는 여전히 여러 판본으로, 애니메이션으로, 영화로 확대재생산되고 있다. 이 동화가 우리 안의 어떤 부분을 채워 주고 있어 이렇게 지속되는 것일까? 하나의 답은 잭이 우리 평범한 사람들을 닮았다는 것일 게다. 잭은 게을러서 엄마에게 매일 야단맞는 데다가 전 재산인 소를 콩 세 알과 바꿀 정도로 멍청하다. 남을 위하는 마음이 지극한 것도 아니고 도덕적이지도 않다. 게다가 가난하다. 내세울 어떤 장점도 없이 평범에 약간 못 미치는 이런 잭이 우리의 주인공이다. '올바름'에 포획되어 있는 뛰어난 다른 주인공들에 비해 훨씬 너그럽지 않은가?

좀 더 자세히 보면, '멍청하다'고 평가되는 잭은 상당한 능력자이다. 물론 잭은 상식적 차원의 이지에 밝지는 못하다. 호기심에 큰 재산을 날릴 정도로 돈에 관심이 없으며, 도망가라고 말하는 현명한 하녀의 말도 듣지 않고 버틴다. 정말 멍청하다. 그런데 이런 멍청함의 이면에는 놀라운 도전정신이 있다. 잭은 생명의 위협이 있어도 콩나무를 올라 거인성에 도달하며, 생명의 위협에도 불구하고 거인의 물건을 훔친다. 한 번이 아니라 세 번씩이나 말이다! 잭은 부모들이 싫어하는 게으르고 멍청한 아이여서 세속적인 성공코드에 비추어 보면 열등한 존재지만, 내면의 에너지가 엄청난 '가능성의 존재'이다. 잭은 누구보다도 단호하게 다음 경험으로 나아간다.

이성적으로는 도무지 말이 안 되는 동화가 생명력을 유지해 왔던 것은 아마도 이런 '가능태의 매력' 때문일 것이다. 잭은 제멋대로라는 야단을 들을 만큼 자기중심을 잃지 않으며 자기 판단을 신뢰하며 다음 단계로 나아간다. 세속적으로는 멍청하지만 본질을 꿰뚫어 보는 힘을 가지고 있다. 잭이 소와 바꾼 것은 콩으로, 콩은 씨앗이다. 얼마나 클지는 아무도 모르는 씨앗을 선택한 것이다. 잭의 콩나무는 그 크기를 하늘까지 확장한다. 하룻밤 새 자라 하늘에 닿아버린 나무. 잭의 콩나무는 동화적 환타지로 가능성의 현실화를 이렇게 멋지게 이루어 낸다. 잭이 믿었던 가능성이 현실화되자, 잭은 현실화된 가능성을 확인하러 하늘을 방문하고 과감하고 무모하던 땅의 멍청함을 멋진 전략으로 행사한다. 물론 그 전략은 대성공이다.

3.

학습의 관점에서 보면, 잭은 호모 에루디티오, 즉 학습하는 인간의 전형이다. 호모 에루디티오는 분명한 본성이 없는, 가능성과 개방성의 존재이다. 학습하는 인간은 어떤 존재도 될 수 있고 어떤 상황도 수용할 수 있다. 잭에게는 성선설도 성악설도 들어맞지 않는다. 오히려 동화가 주는 교훈은 '어떤 판단도 하지 말라'는 것이다. 지상에서의 게으름은 거인성에서의 민첩함이 될 수 있고, 지상에서의 멍청함은 거인성에서의 지략이 될 수도 있다. 이런 열린 가능성이 학습하는 인간의 특징이다.

호모 에루디티오의 반대편에는 편견 가득한 인간이 존재한다. 편견은 학습을 방해하는 일종의 심리적 철망으로, 상대와의 거리를 유지할 뿐 아니라 상대를 꼼짝 못 하게 만든다. 만약 우리가 잭에 대해 게으름뱅이나 멍청이라는 편견을 가졌다면, 이런 잭이 훌륭하게 문제를 해결해 나가는 이야기에 대해 재미보다는 황당함을 느낄 것이다. 만약 잭이 편견에 가득 찬 우리를 만났다면, 잭은 스스로를 멍청이로 보면서 방안에 가만히 갇히고 말았을 것이다. 콩을 소와 바꾸지도, 콩나무를 타고 위로 오르지도 못했을 것이고, 결국 콩나무의 기적은 일어나지 않았을 것이다.

불행하게도 인간은 원래 편견을 가지게 되어 있다. 두뇌는 인지적 구두쇠의 원리에 따라 상대를 범주화하고 낙인을 찍어 손쉽게 생각의 대상에서 제외해 버린다. 어떤 흑인이 셈을 못하면 원래 흑인은 지적인 능력이 떨어진다고 믿어 버린다. 이렇게 하면 상대의 행동이나 태도에 대한 판단에 에너지를 쓰지 않아도 되기 때문이다. 다른 말로 하면, 우리가 편견을 갖지 않기 위해서는 생물학적 규정을 넘어서는 상당한 의지와 노력이 필요하다는 말이다. 편견을 넘어서기 위해서는 '나의 편견의 원천'을 알기 위해 애를 써야 한다.

전 재산을 콩 세 알과 바꾼 사람을 나는 어떻게 보는가? 내 인생에서 콩나무를 오르는 것과 같은 위험을 감수한 적이 있는가? 내가 가진 편견의 근원은 무엇인가? 혐오와 적대, 차별을 낳는 편견에서 벗어나기 위해서는 통찰력 있는 지식이 필요하다. 자기 내면에 대한 지식, 역지사지의 태도, 감정에 대한 성찰 같은 것 말이다. 이런 질문을 던지다 보면 우리의 상식 속에는 '가능성과 개방성을 차단하는 방패'가 들어 있음을 알 수 있다. 유유자적하는 잭을 게으름뱅이로 몰아가는 시선, 호기심을 멍청함으로 규정하는 규범은 학습하는 인간을 무력화한다. '잭과 콩나무'가 좋은 동화인 이유는 상식이라는 방패에 작은 구멍을 내는 예리한 바늘이 들어 있기 때문이다.

잭이 하늘에서 마지막으로 가지고 내려온 물건은 하프이다. 하프 소리 때문에 잭의 존재가 발각되고, 결국 밤낮으로 돈을 세던 거인은 죽게 된다. 잭이 스스로를 드러내게 한 모멘텀, 돈의 축적에 취해 있던 자본을 닮은 거인을 거꾸러뜨린 힘이 예술이라는 말이다. 예술을 통해 사람들은 다른 사람의 생각과 감성을 알게 되고, 그들을 향해 마음을 열고 다른 존재가 되어간다. 학습하는 인간의 중심에는 예술이 있는 것이다.

4.

호모 에루디티오는 완성형이 아니다. 계속해서 '되어가는becoming' 존재다. 자신에 대한 규정을 넘어 다른 존재로 변화하는 과정 중인 존재being-in-process이다. 성인들도 예외가 아니다. 창신동에서 수십 년간 봉제일을 하던 김모씨는 라디오학교에서 여행방송을 시험 삼아 제작하면서 미디어를 처음 알게 되었다. 회를 거듭하다가 디제이를 맡으면서 사람들의 사정을 더 많이 듣고 정리하여 이야기하는 능력을 키웠고, 마을미디어 네트워크에서 이런 소식을 나눴다. 이런 활동을 하다 보니 생각지 않았던 강사를 하게 되었다. 시흥에 살던 한모씨는 참이슬마을학교에 등록해서 마을코디네이터 양성과정을 이수했다. 함께 등록한 몇 명 이수자들은 여러 활동을 시작했고, 영화 상영, 마을 노래 만들기, 마을살이 안내서 제작, 마을 의제 발굴, 마을 환경 감시단 등의 활동이 이어졌다. 퇴직 후 무료하게 보내던 일상이 완전히 달라졌고. 이런 과정을 통해 이제는 꽤 알려진 마을 강사가 되었다. 홍천의 이모씨는 친구인 주부들과 함께 가족 교육프로그램에 등록했는데, 그 이후로 자원봉사를 시작했고 친구들이 함께 학부모 역할을 어려워하는 국제결혼 이주여성들을 돕다가 교육프로그램을 제공하게 되었다. 이주여성들과의 만남과 다문화교육자들 간의 만남이 이어져 이모시는 이제 프로그램 코디네이터로 생활하고 있다.

봉제노동자에서 디제이로, 퇴직자에서 강사로, 주부에서 교육자로, 회사원에서 사회운동가로 '되어간' 사례들이다. 오산에서도 이천에서도, 제천이나 울산에서도 비슷한 사례들이 있다. 이런 전환은 집-일터만 오가던 이원적 삶의 축에 라디오 스튜디오나 마을모임, 마을학교와 같은 새로운 축이 하나 더 생기면서 시작되었다. 새로운 활동의 축은 그간의 정체성을 바꾸었고, 사람들은 더 넓은 네트워크를 만들어 나갔다. 그리고 이런 축들의 공통점은 평생교육이었다. 마을학교, 라디오학교, 문해학교, 다문화교실은 전형적인 평생교육을 하는 곳으로 이곳의 특징은 누구든지 모른다는 사실을 드러낼 수 있다는 점에 있다. 주민들은 배우는 위치가 되자, 그간 말하지 못했던 수줍은 꿈들을 내비쳐 보였고, 그것이 인정되고 실현되는 공간 속에서 다른 존재로 '되어갔'던 것이다. 학습공간은 '몰라도 된다'는 관용의 공간이다. 운영방식에 따라 이권이나 경쟁이 사라질 수 있는 평등의 공간이다. 주민들은 학습자라는 마음 편한 정체성 속에서, 주저하던 일들에 도전하며 다른 존재로 되어갈 수 있었다.

물론 평생학습이라는 외피를 썼다고 해서 모두 이와 동일한 것은 아니다. 평생학습도시를 내세워도 학원식 교육이 확장되는 것이 오히려 더 일반적이다. 배운다는 것을 모르는 지식을 받아들이는 과정으로 보는 인식이 더 일반적이기 때문이다. 심지어 우울이나 혐오, 비난의 문화를 체득하는 과정을 학습이라 칭하기도 한다. 악플을 왜 다는가? 과거의 억압을 타인에 대한 비난으로 발산하면 된다는 것을 학습했기 때문이다. 갑질을 왜 하는가? 인간의 품위보다는 폭압적 권력행사의 짜릿함을 학습했기 때문이다. 이런 행위들은 자기도 모르게 받아들인 습_{習, 익숙한 습성들}을 학_{學, 재조명하는 배움}하지 못했기 때문에 생겨난다. 습에 대한 학이 되지 않으면 타인의 상처를 공감하거나 이해하지 못한다.

그러므로 개념을 분명하게 해야 한다. 자아가 확장되는 경험이 평생학습이다. 자신의 내면의 습성들을 가치의 차원에서 조명하고 배워 나가는 하는 과정이 평생학습이다. 배움을 통한 존재의 변화는 그간의 배움을 넘어서서 타인과의 교류를 만들어 가는 '사람들'의 모임을 통해 시작되거나 증폭된다. 호모 에루디티오의 존재 조건이 배려와 돌봄을 아는 '사람들'인 것이다. 앞서 이야기한 봉제인과 퇴직자와 주부가 새로운 문화를 만들 수 있었던 것은, 그들을 인정하고 지지한 사람들 혹은 사람들의 공간이 있었기 때문이다. 일리치가 말했듯 창조는 사람들이 만남과 배움을 통해 함께 기뻐하는 공환_{共歡, conviviality}의 과정 속에서 이루어진다. 그것은 고립된 '나'를 벗어나는 데서 시작된다. '나'보다는 '우리'가 우월하다는 믿음을 가진 시민들이 서로를 환대하고 모이면 학습은 창조가 되고 민주주의가 된다.

어디에서 이런 사람들을 만날 것인가? 배움을 위해 모일 수 있는 공간이 있어야 한다. 이런 점에서 평생교육 정책이 중요하다. 정책은 건물의 골조와 같아서 사람들의 생활 반경을 만들어 준다. 내벽이 있으면 지나갈 수 없고, 싱크대 앞에 침대를 둘 수는 없다. 학습은 본질적으로 평등한 관계를 전제로 삼는다. 모르는 존재에서 시작하기 때문이다. 정책은 학습자들이 스스로 학습을 조직하는 공간에는 기본적으로 평등한 소통이 작동하도록 골조를 설계해야 한다. 교육자는 지식전달자가 아니라 촉진자가 되어야 한다는 인식과, 기관이 아니라 공간이, 수업이 아니라 집담회가, 지식이 아니라 담화가 더 교육적이라는 인식이 그 설계의 도면이 되어야 한다. 평생교육정책이라면 인간의 잠재력과 개방성을 키워 주는 지향성을 그 안에 담고 있어야 하며, 공동체가 구성원들의 '되어감'을 기다려 줄 수 있는 문화를 목표로 삼아야 한다.

인간은 어떤 존재인가? 지향하는 대로 변화하는 무서운 존재이다. 그리고 인간의 변화는 학습을 통해 이루어진다. 평생학습은 여러 나라에서 공환의 매개가 되어 왔고, 이를 통해 사회의 심각한 문제들을 해결해 왔다. 미국의 흑인 차별문제도, 브라질의 빈곤문제도 자기 안의 편견을 깨닫고 공동의 행동을 촉진한 학습프로젝트를 통해 해결의 실마리를 찾아냈다. 사회적 모순과 개인의 내면은 긴밀하게 연동하므로 나의 내면의 어두움을 인정하고 타인과의 연대를 이루어 나가는 학습이 진행된다면 사회문제는 해결된다. '내 안의 사회'를 '사회 속의 나'가 바꾸어 가는 인간의 놀라운 본성에 주목하자. 호모 에루디티오 시간은 항상 오늘이다.

원문 출처

1부 평생교육의 핵심 개념 다시 찾기

1장 정민승(2002). 사회교육의 합리적 핵심으로서의 공공성분석. **교육학연구**, **40**(1), 249-267.

2장 정민승(1999). 학습집단의 두 경향: 학습조직과 학습공동체. **평생교육학연구**, **5**(1), 99-119.

3장 정민승(2014). 교육자-학습자 위치전환에 대한 교육학적 해석: 학습자중심의 교육 실천 사례를 중심으로. **평생학습사회**, **10**(3), 27-46.

4장 정민승(2011). '학습동기'에서 '학습욕망'으로. **평생교육학연구**, **17**(1), 217-235.

5장 정민승(2006). 원격매체의 교육적 소통가능성에 대한 탐색적 연구. 방송대논문집, 41(2), 한국방송통신대학교.

2부 평생교육, 딜레마와 실천들

6장 정민승(2002). 평생학습 패러다임에서의 사회교육자: 위상과 역할. **평생교육학연구**, **8**(2), 41-59.

7장 정민승(2010). 평생교육사의 전문직 정체성 형성의 조건. **평생학습사회**, **6**(2), 151-167.

8장 정민승·조지연(2018). 고등평생학습을 통한 세계시민적 주체화는 어떻게 이루어 지는가?: 새로운 세계시민교육을 위한 결혼이주여성의 경험분석. **평생교육학연구**, **24**(4), 93-116.

9장 정민승(2019). 입시는 정체성이다: 스카이캐슬 인물에 대한 후기구조주의적 접근. 한국교육사회학회 학술대회자료집(2019), 53-71.

10장 정민승(2015). 인문교양학습자의 문화맥락 분석을 위한 시론. **교육인류학연구**, **18**(4), 51-83.

3부 경계를 넘어, 비판적 재구성

11장 정민승(2012). '학습자 중심성'의 준거로서의 평등: 랑시에르 이론을 중심으로. **평생교육학연구**, **18**(4), 103-118.

12장 정민승(2021). 평생교육의 두 얼굴, 신자유주의 통치기술과 해방적 자기 배려. **평생교육학연구**, **27**(2), 31-54.

13장 정민승(2020). 온라인 평생학습의 상상과 허상. 부천시 평생학습센터 평생학습세미나 발표문.

14장 정민승(2019). 평생학습의 지향성으로서의 페미니스트 페다고지: 벨훅스를 중심으로. 평생교육학연구. **평생교육학연구**, **26**(1), 79-101.

15장 정민승(2013). 교육의 경계를 허무는 시민의 힘: 가능성에서 일상으로. 전국평생학습도시협의회 연차대회 주제발표.

1 광고를 통해 소비자의 기호를 창출하고 그에 따라 매출액을 올리는 것은, 더 많은 소비자를 창출하는 길이기는 해도 소비자를 '위하는' 길은 아니다. 마찬가지로 학습자 중심성은 '더 많은 학습자의 유치'라는 의미가 아니다. 또한 시장기제가 교육의 기본 원리가 되면, 교육 불평등의 문제나 사회적-국가적 차원에서 요청되는 교육영역, 빈곤계층에 대한 교육지원의 문제 등을 고려할 수 있는 영역은 사라진다는 문제도 생겨난다.

2 공공성의 개념사를 추적하기 위해서는 공공영역에 대한 논의를 살펴보아야 한다. 공공성이라는 말 자체가 추상적 개념으로서 공공영역이 생성되고 공공영역 안에서 파생되는 성질을 지칭하기 때문이다.

3 interest는 흥미, 관심, 이자, 이해관계 등 여러 용어로 번역 가능한데, 여기서는 관심과 이해관계를 함께 드러내는 차원에서 이해관심이라는 용어를 사용하기로 한다.

4 하버마스의 저서는 직접 코젤렉과 대결하지는 않지만 내면적으로는 코젤렉에 대한 강한 비판이기도 하기 때문이다. 코젤렉의 논리에 따르면 프랑스 대혁명 또한 내전의 일종이며, 공산주의와 자본주의의 대결 또한 양심의 분리가 야기한 세계내전이다. 하버마스는 이런 코젤렉의 논리에 반대하여 부르주아 혁명이 사적인 양심의 세계의 정치로 난입한 것이 아니라는 점을 공공영역 개념을 통하여 밝히고자 한다.

5 우리의 이와 같은 도식은 다소 다른 개념을 사용하고 있지만 그람시의 체계와 비교해 본다면 흥미로운 유사성을 찾을 수 있다. 그람시의 경우, 다양한 해석이 경합하고 있지만 최근의 한 해석에 따르면(Cohen, J. L., & Arato, A., 1991) 그의 시민사회 개념은 경제를 시민사회로 파악하는 틀에서 벗어나 국가와 경제의 이분법을 극복하고, 국가와 경제 사이에 위치하는 영역을 지칭한다. 이 영역은 우리의 개념 체계로 한다면 비국가적 공공영역과 상당한 정도 일치한다.

6 스터디서클에 대표는 없지만 집단의 유지와 운영을 위하여 학습자들 스스로가 뽑은 리더는 존재한다. 수장은 필요없지만 '안내자'는 필요하다는 것이다. 이런 리더는 스터디서클을 운영하는 기본 원칙을 교육받으며 학습자를 촉진하는 역할을 수행한다.

7 국가의 지원이 이루어지면 스터디서클의 자발적 학습운동적 성격은 축소되는 경향이 있다. 국가적 지원과 함께 명시적인 '교육원칙'이 마련되고 그것이 제도화되어 모든 스터디서클이 원활하게 운영되었지만, 이를 긍정적으로만 볼 수는 없다. 시민운동의 자발성이 그대로 유지되기 어렵기 때문이다. 국가 지원의 양면성은 여전히 논쟁거리이다.

8 대개 학습자의 짝말은 교수자로 사용되는 경향이 있다. 교수(教授)라는 말에서 드러나듯이 교수자는 교실 수업에서 '가르치는 것을 전담하는 사람'이라는 의미를 가지는 것으로 심리학적-교수법적 기반의 역할 중심적 용어라는 특성을 갖는다. 이에 비해 '교육자'는 학문적으로는 별로 사용되지 않으나 가치지향성을 뚜렷하게 가지며 문화적이고 통합적이다. 이 책에서는 학습자가 수동적으로 지식을 습득하는 위치에서 벗어 다양한 경험을 조망하는 존재로 보며, 이런 차원에서 개념의 외연이 넓은 '교육자'를 사용한다.

9 U3A를 통한 평생학습은 프랑스의 피에르 벨라(Pierre Vellas)가 처음 제안하여 1973년부터 툴루즈 대학에서 시작되었다. 이를 캠브리지 대학의 사회학 교수 피터 라슬렛(Peter Laslett)이 1981년에 자원봉사에 대한 경험을 교육에 접목시켜 1981년에 새로운 모형으로 구체화시켰다. 이런 영국의 U3A 모형을 바탕으로 서울의 '지혜로운학교'가 구상되었다.

10 개념 정립이 미비한 상태에서 특정 개념을 정의하기 위해서는 다음 몇 가지 추진 방식이 유용하다. 첫째, 타개념과 비교를 통한 정의, 둘째, 개념의 활용방식에 대한 정의, 셋째, 개념의 속성에 대한 정의이다. 이 글에서는 기존의 '소통', '교육적 관계', '교육의 재개념화' 등의 문헌을 기반으로 해석학적 순환을 통해 도출한 세 번째 정의 방식을 택하기로 한다.

11 문제는 상당수의 제도교육의 경우 교육적 관계가 제도로 전환된다는 데 있다. 가르치는 자가 자신의 우월함의 근원을 '제도', 예컨대 교사 자격증이나 강사의 지위 등에서 찾고, 배우는 자에 대하여 열등한 자아 규정을 강요할 경우 교육적 관계는 사라지고 소외된 주체-객체 모델만이 남는다.

12 예를 들어 하이퍼텍스트 저작은 정보의 분산과 비계열적 조작을 가능하게 하며, 전자 적 데이터베이스와 색인은 다양한 그래픽, 문헌, 멀티미디어 정보에 대한 위계적-하이 퍼링크적 접근을 가능하게 한다.

13 평생교육현장에서 평생교육자라는 말을 거의 사용하지 않는다. 일상적으로는 자격의 차원에서 부여된 평생교육사가 사용되며, 자격증을 소지하지 않은 경우 평생교육활동 가로 지칭된다. 학교현장에서도 크게 다르지 않다. 교사와 강사는 교사자격 및 임용을 중심으로 나뉘어진다. 직무나 업무의 전문성 차원에서 가르치는 일을 전담하는 사람들 을 지칭하는 말이 없는 셈이다. 교육공학에서는 가르침-배움을 이원적으로 구분하여 교수자-학습자로 구분하지만 실제로 이 둘은 상호 교차하면서 교육현장을 이룬다. 교 수-학습이라는 교실상황은 가르침-배움의 역동적 일상을 포괄하지 못한다. 따라서 이 책에서는 이 둘을 교육자-학습자로, 평생교육현장에서의 교육자를 평생교육자로 명 명하기로 한다.

14 평생교육법에서는 이 두 기능을 '평생교육사'라는 동일한 범주로 묶고 있다. 평생교육 법 3장 17절을 보면, "평생교육사는 평생교육의 기획-진행-분석-평가 및 교수업무를 수행한다"라고 하여, 평생교육사를 진행할 교육의 내용 선정에서부터 평가에 이르는 전 과정을 조직할 뿐 아니라 가르치는 일도 담당하는 사람으로 규정하고 있다. 그런데 평생교육사 양성 과정은 교육프로그램의 기획-진행자를 목적으로 삼고 있어 평생교육 사가 전문적 강사로서 양성되기 어려운 상황이다. 현재 평생교육사는 교육기획-평가 자만을 지칭하며, 내용전문가는 '강사'로 불린다.

15 이런 경향은 구성주의적 교육관에 입각한 교육공학의 논의에서 쉽게 발견되며, 사이버 교육에 대한 논의에서 극대화된다. 교육자는 학습자가 학습하는 데 필요한 하나의 학 습자원으로 이는 자기주도적 학습에 의해 정당화된다. 그러나 구성주의의 철학 어디에 도 고립된 개별적 학습자에 의한 일방적 학습이 정당화되는 곳은 없다. 학습자는 철저 히 상황적인 존재이며, 상호작용을 통해 생존해 간다. 따라서 학습자의 학습 맥락을 이 해하고 학습의 길을 안내하는 교육자는 다른 학습자원을 살아 움직이게 만드는 필수 구 성요소이다(Hart, 2002; McNally & Martin, 1998).

16 어셔 등에 따르면 학습자의 자율성은 현실의 양상이라기보다는 '사회적'인 것을 좋지 않은 '외압'으로 보고, '개인 내면'의 것은 '진정성을 가진다'는 이분화된 구도 위에서

자율성에 대한 신념을 투영한 개념이다(Usher et al., 1997). 이분화된 구도 속에서는 학습자가 학습을 저해하는 상황 혹은 잘못된 학습으로 인한 진정한 경험을 할 수 없는 상황으로부터 벗어날 수 있는 힘을 '내면적-자율적'으로 가지고 있다면, 그런 내면의 힘은 어디에서 생겨난 것인지를 설명할 수 없다. 학습자의 자율성에 대한 선언적 신뢰는 결과적으로 학습자를 무력화시킬 가능성이 높다. 학습이 이루어지지 않을 경우, 내면적으로 자율적이지 못한 학습자 탓이 되기 때문이다.

17 롱은 초기 교육자들이 지닌 가장 중요한 능력 가운데 하나를 '창조성'이라고 본다. 이때 창조성은 완전히 새로운 것을 만들어 내는 능력이 아니라 기존의 생각이나 결과물을 특정한 문제나 주제에 새로운 방식으로 접합시키는 능력을 말한다. 어떤 맥락인가에 따라 고안된 교육방법은 전혀 다른 의미를 지니기 때문에, 교육자는 자신이 진행하는 교육상황의 특성을 충분히 파악하여 적절한 방식을 접합시킬 능력을 갖출 것이 요구된다(Long, 1991: 4-7).

18 다중적 정체성이란, 주체가 중심화된 것이 아니라 탈중심화되고 여럿이라는 인식에 기반한다. 탈중심화된 주체관은 많은 차별적이고 모순적인 정체성을 포괄하며, 변치 않는 고정된 정체성을 일종의 이데올로기로 보면서 사회적으로 구성되는 정체성에 주목한다. 정체성은 사람들이 살아가는 생활세계에서 생성될 뿐 아니라 주체를 반복적으로 형성해 내는 사회화 형식의 한 기능으로서 주체를 생성해 낸다는 것이다. 따라서 다중적 정체성은 대개 장(field)의존적 방식으로 드러나거나 특수한 사회적 맥락과 연관된다(Miyaharay, 2010).

19 신자유주의는 가치중립적이고 능력주의적 교육을 지향하여 이 기준에 따라 개혁을 지향하는 기획이다. 이에 따라 효율을 중시하는 개념, 즉 교육소비자, 인적자원, 지식노동자, 교원 성과급 등의 장치가 줄을 이어 들어선다. 이런 장치들은 호명의 방식을 바꾸면서 정체성을 변형한다. 인간 관계는 사라지고 상품 관계만 남는 것이다. 이런 점에서 신자유주의 교육에 대한 비판은 정책에 머물러서는 안 되고 주체의 변형을 대상으로 삼아야 한다(정민승, 2019).

20 '헬리콥터맘'이란 아이들의 뒤편 위쪽에서 헬리콥터처럼 감시하며 관리한다는 의미에서 붙여진 '매니저엄마'에 대한 별칭이다. 오래전 엄마들의 '치맛바람'과 유사해 보이지만, 치맛바람이 사회적으로 아이들의 입시에 관여하는 주부-모성을 공격하는 부정

적 함의를 가짐에 반해 '매니저맘'은 아이를 잘 키우기 위해서 필요한 엄마의 역할로 입시매니저를 상정한다. 신자유주의적 기획의 일환으로 매니저맘을 분석한 연구로는 박소정(2017) 참조할 것.

21 신자유주의에 대한 대비되는 입장으로는, '이인규(1998) 신자유주의의 흐름과 교원의 자율성-책무성. 한국교육연구소 세미나 자료집. **신자유주의와 교육**, 88-107'와 '나병현(2003) 교육개혁의 신자유주의적 성격: 오해와 이해. **아시아교육연구**, 4(2), 293-310'를 참조할 것.

22 engaged pedagogy는 학습자들의 참여를 촉발하는 교수법을 지향한다는 점에서 주로 '참여교육론'이라고 번역된다. 하지만 벨 훅스가 제시하는 engaged pedagogy는 학생들의 참여를 촉진하는 협동교육 방법을 도입하자는 것이 아니다. 학습자들이 교육장면 자체에 구조적-관계적 차원에서 얽혀 있어 그들의 학습과 성장이 곧 교육이 되는 상태를 의미한다. 이런 점에서 본 논문에서는 engaged를 participatory 와 구분하여 '관여적 교육론'이라고 번역한다.

23 이런 균열은 남성 중심의 합리성이라든가 산업사회적 개발론을 비판했다는 것 이상의 의미를 갖는다. 이원적 대립의 틀 자체에 대한 비판을 통해 새로운 의미 창출의 장을 마련하기 때문이다. 상식적으로 이성-문명-남성-산업의 반대편에는 감정-야만-여성-자연이 자리한다. 전자를 비판하면 후자가 권력자로 등장한다. 쇼비니즘에 대한 비판은 손쉽게 여성권력으로 연결된다. 새로운 사회운동은 여기서 더 나아가 이원적 대립 자체를 문제시한다. 근본적으로 남성주의적 시각이 여성뿐 아니라 남성도 피폐화시킬 수 있다고 보는 것이다.